建筑及装饰工程算量计价综合案例

王在生　王传勤　主编
黄伟典　主审

中国建筑工业出版社

图书在版编目（CIP）数据

建筑及装饰工程算量计价综合案例/王在生，王传勤主编. —北京：中国建筑工业出版社，2008
ISBN 978-7-112-10237-2

Ⅰ. 建… Ⅱ. ①王…②王… Ⅲ. ①建筑工程-工程造价-案例②建筑装饰-工程造价-案例 Ⅳ. TU723.3

中国版本图书馆 CIP 数据核字（2008）第 110165 号

本书以砖混结构办公楼和框架结构综合楼图纸为对象，通过手工算量、表格算量、图形算量等综合案例，展现定额及清单计价的步骤、方法和格式要求。工程造价人员通过学习，能全面、系统地掌握算量方法及软件使用，将复杂的工程量计算简单化，轻松、快捷地编制工程造价。

本书可供大中专院校土木工程、工程管理、造价管理等专业学生和造价工作人员学习和参考，也可供造价软件学习时使用。

* * *

责任编辑：邓 卫
责任设计：董建平
责任校对：孟 楠 关 健

建筑及装饰工程算量计价综合案例
王在生 王传勤 主编
黄伟典 主审
*
中国建筑工业出版社出版、发行（北京西郊百万庄）
各地新华书店、建筑书店经销
霸州市顺浩图文科技发展有限公司制版
北京市书林印刷有限公司印刷
*
开本：850×1168 毫米 1/16 印张：18½ 字数：522 千字
2008 年 10 月第一版 2008 年 10 月第一次印刷
定价：42.00 元
ISBN 978-7-112-10237-2
(17040)

序

工程造价工作，是工程建设中一项十分重要的工作。为了在社会主义市场经济条件下合理确定和有效控制工程造价，切实解决工程量计算复杂、繁琐、耗时多和易出错等问题，广大工程造价工作者做出了不懈努力。王在生、王传勤同志，积数十年计算机软件开发、工程造价工作经验，主笔撰写了《建筑及装饰工程算量计价综合案例》。

该书以实例方式，详细介绍了手工计算工程量、表格计算工程量和图形计算工程量的全过程。读者不但能全面、系统学会工程预算的编制，而且能掌握多种工程量的计算方法。该书介绍的表格计算工程量、图形计算工程量全部由计算机完成，为工程量计算开辟了新的途径，迈出了坚实的一步，是工程预算编制者摆脱手工计算工程量的良师益友。

该书内容丰实，实用性、可操作性强，是不同层次工程造价工作者编制工程预算时必备的工具书。

邓长松

前言

求真务实　清正简约

以人为本　精益求精

这16个字概括了本书的特点。

工程量计算是一项繁琐而又复杂的工作，多少年来一直有人认为："一个工程量十人算十个样，甚至一人算十遍也是十个样"。这说明一个客观存在的事实——"工程量计算结果不能统一"。由于工程量计算的准确性不能统一而引出了"宜粗不宜细"的观点和在投标过程中投标方可根据自己的算量结果"不平衡报价"的理论。

一个工程干一年、结算要审一年的例子屡见不鲜。这种情况的关键原因是计算书不公开。往往是双方宁可对照图纸一天天地在一起共同计算，也不肯把计算草底先拿出来让对方看。世界上怕就怕"认真"二字。只有把工程量算准，套的定额一致，才能真正实现量价分离，形成"公平、公开、公正"的竞争秩序。为了把工程量算准，本书介绍的手算方法是原理，表算形成公诸于众的工程量计算书，图算是验证的手段，这就叫做"图算加表算，不愁算准难"。

我们认为，产生"一个工程量十人算十个样"的结果，是由于缺乏科学的校核所致。为此、本书提出了"表算为主、图算为辅、两算并举、相互验证"的理念来确保工程量计算的准确。是为**"求真"**。

本书通过一个砖混结构的办公楼案例，来让读者了解手工算量的方法，然后用表格算量来进行校对。用一个简单而完整的工程例子来入门，这比一般书上按定额章节来举例计算简单且互不联系的工程量更为全面、详实和节约篇幅。

接下来是一个框架结构的综合楼案例，该工程是一个吊脚楼，分地下和地上部分，柱、梁采用平法设计，有平屋面、坡屋面和老虎窗，外墙为保温墙面，具有一定的代表性。它的工程量由表格算量完成，便于公布计算式。为了让读者学习和掌握图形算量，本书着重介绍了深圳斯维尔三维算量软件的详细操作步骤。通过此例，可以了解图算和表算的结果是否一致，图算尚有哪些问题不能解决。同时希望读者用其他软件的输出结果进行对比，根据实例共同探讨如何统一和简化工程量计算式，从而提高我国算量软件的整体水平。是为**"务实"**。

据资料介绍，通过对374名造价从业人员的抽样调查，目前使用纯手工算量的占41%，使用表格算量（含Excel）的占39%，使用图形和其他方式算量的占20%。本书的设想是，在不久的将来能让95%以上的造价从业人员，在算量工作中像套价软件那样完全脱离手算，而采用专业的算量软件。

"清正"的概念是：所有计算式均清楚地在工程量计算书正文中展现出来。一切辅助计算表格都是为了减少用户的录入数据而设计，其结果和计算式最后都反映在计算书中，这样做与手算格式完全一致，便于公布和校核。

"简约"可用一句广告词来解释，即："简约而不简单"。实行工程量清单计价不应是盲目照搬国外做法，应本着**"以人为本　精益求精"**的理念，使算量软件更加人性化。把算量中的"算来算去和抄来抄去"这两项单调的工作全部交由计算机完成，应用专业软件算量只需“改来改去”，而且改一个变量值，可改一片计算结果。这样的工作令人感到是在搞设计和科研，可提高算量人员的工作情趣。

什么是专业算量软件？它与Excel表格计算的区别在哪里？笔者认为它应包含以下十大功能：

1. 定额大全——包括所有清单和定额的名称、数据、计算规则、综合解释以及指导价；

2. 通用表格——做法定额表和基数表，适用于各专业定额；

3. 建筑装饰通用表格——门窗过梁表、构件清单表、装修做法表；

4. 视窗丰富——通过右侧视窗可查询和调用上述定额及表格内容，可使用辅助工具查阅钢材重量、管道刷油面积、保温体积、屋面延尺系数、隅延尺系数，可查阅各分部工程量，可按图形计算土方（放坡、工作面）工程量、弓形面积等；

5. 数据调用——可方便调用计算书中的任一分部、任一项定额、任一行数据的中间结果和计算式；可调用通用表格中的变量值；

6. 辅助计算表格——对屋面、门窗、室内装修、构造柱这些常用构件设有一表计算多项定额号工程量的建筑装饰统筹表格；

7. 多窗运作——可同时打开多个工程，多个工程之间的数据可进行复制、粘贴操作，可上下或左右并列两个工程，便于对比；

8. 两算兼容——既能算定额量（计价量），又能算清单量，同时还能把定额（计价）量组合到清单中去，以便能一步转入套价，生成报价文件；

9. 无缝连接——可一键导入相同文件名的钢筋计算结果，可一键生成同名套价文件，将市场价和取费调整后即可输出投标报价文件；

10. 报表简约——可生成 Word 或 Excel 文件输出，可多表连续打印、双面打印，可调整报表格式、输出内容。

有了功能强大的算量软件支持，算量人员的工作乐趣将会成倍增长。有人将算量人员分为入门级、初级、中级、高级和宗师级。达到宗师级才会对工程量计算感觉轻松、愉快，才会两天没有工程算觉得浑身不自在。若使用专业算量软件后，达到中级者即可有宗师级的感觉。

随着时代的发展，越来越多的造价人员对三维算量产生了极大的兴趣，全国每年有上万个成功案例。青岛有位预算员叫尹胜山，他在129天内应用TH-3DA2006三维算量软件完成了48个单位工程，总建筑面积36万m^2。但会不会产生同一个工程十个人画图出现十个结果的情况？有没有用不同的软件绘制得出不同计算结果的可能？可以肯定地说：图形算量仍有不少问题没有解决（譬如钢结构和精装修），不同软件计算结果也不尽相同。在这种情况下，如何保证准确性和完整性呢？只能通过表算（手算）来验证。

作者通过本书的编制，体会到了应用专业表格算量软件，彻底摆脱了用笔和纸算量的烦恼，而从内心里面感到一种享受，尤其是可以将计算成果公诸于众，展示自己的才华，便于同大家交流，提高自己的算量水平。使用三维图形算量更有一种着迷的感觉，完全是一面工作，一面在欣赏自己的成果，使整个算量工作变得轻松、愉快，彻底扭转算量老大难的问题。所以，我们对当代算量宗师的定位是既能熟悉表算又能熟练掌握图算，以表算为主公布，以图算为辅校核，才是算量的最高境界。

关于套价部分，国内自实行清单计价以来有关清单描述和综合单价计算方法花样繁多，本书按照简约和完整的原则采取以下形式：

1. 关于清单描述

建设部宣贯教材为清单名称加简述，山东省计价办法为清单名称加分行格式描述，上海案例为清单名称加定额号及名称。以上三种均只带清单量。本书采用的是清单名称加简述，带清单量，下面是定额号、名称，并带定额量。

2. 关于综合单价计算方法

宣贯教材和计价办法提供了正算法（按单位清单量列出定额量，直接算得综合单价）和反算法（按实际定额量算出总值后被清单量除，得出综合单价）。两种算法均有不足和可取之处，所以我们取长补短，采用了统一算法（详见案例）。

本书提供了简约的输出结果。由于在表格算量中完成了套定额的工作，所以一键导入套价软件，若只按指导价做标底，5 分钟即可生成报表，使套价工作也变得异常轻松。

读者通过本书的学习和上机操作可逐步达到以下效果：

入门级——读懂办公楼图纸和手工算量草稿；

初　级——掌握表格算量和定额计价的计算机操作，并与手工算量结果进行对比；

中　级——掌握综合楼工程表算和图算工程量以及清单报价的全过程。

砖混结构案例施工图和手工算量草稿由鲁煤工程造价咨询有限公司总工王传勤提供，框架结构案例施工图和三维算量原稿由深圳斯维尔软件科技有限公司提供，本书征得原著同意后作了更正和补充。

本书参编人员有青岛英特软件有限公司王在生、郝婧文、杨建辉、吴春雷、曹巧华、林丽丽、纪欣欣、熊鑫等，山东建筑大学黄伟典教授主审。

由于编者水平有限，书中错误和不妥之处在所难免，尤其是向“十人算十个样”的传统观念提出了挑战，为了实现将工程量计算更简化、更准确的目标，更需要大家来挑毛病，欢迎各位专家、造价和软件界同行以及广大师生赐正。

编者

2008 年 4 月

目　录

砖混结构篇

框架结构篇

砖混结构篇

建筑施工做法说明

1. 底层地面素土夯填(机夯),C15 混凝土垫层 80 厚,上抹 1∶2.5 水泥砂浆 20mm 厚,压光,踢脚线做法同地面面层,高 150mm;

2. 楼面预制板上细石混凝土 C20 找平 40mm 厚,办公室、会议室、走廊、楼梯面层均抹 1∶2.5 水泥砂浆 20mm 厚,压光,踢脚线做法同楼面面层,高 150mm;

3. 卫生间楼地面 1∶3 水泥砂浆找平 30mm 厚,1∶2.5 水泥砂浆结合层上铺 300mm×300mm 彩釉砖,楼面按结施 5 施工;

4. 室内天棚板下均抹 1∶3∶9 混合砂浆打底,1∶0.5∶1 抹中间层,麻刀石灰浆罩面,卫生间天棚 1∶3 水泥砂浆打底子,1∶2.5 水泥砂浆罩面;

5. 室内墙面(卫生间除外)抹 1∶3 石灰砂浆打底子,麻刀石灰浆罩面,走廊抹 1∶3 水泥砂浆打底子,1∶2.5 水泥砂浆压光墙裙,高 0.90m;

6. 卫生间室内墙面抹 1∶3 水泥砂浆打底子,1∶1 水泥砂浆结合层镶贴 200mm×150mm 釉面瓷砖,高 2.10m,2.10m 以上抹水泥砂浆,做法同走廊墙裙抹面;

7. 外墙面(含腰线、窗台线、挑檐、雨篷反檐)均抹 1∶3 水泥砂浆底子,1∶2 水泥砂浆面层压光;

8. 天棚、内墙抹灰面刮腻子三遍,室内刷乳胶漆二遍,外墙喷涂丙烯乳胶漆一底二涂;

9. 木制门框扇均刷底油一遍、调和漆二遍、磁漆一遍,M2、M3 门均为木制玻璃镶木板门,板扇均用马尾松制作安装,均外加工,运距 12.3km,木门扇上安装球型门锁,M2 为双扇带亮子,M3 为单扇带亮子,安装普通 3 厚玻璃,门扇上均不装纱扇。

建筑结构做法说明

1. 施工垂直运输采用 6t 塔式起重机,混凝土塔机基础 C15 现浇 2m×2m×1.5m,施工完毕后爆破拆除,混凝土渣石人工装车,自卸汽车运至 15.3km 处,运价为 35 元/m^3;

2. 基础土方采用人工开挖,槽边填土人工夯实,地坪填土机械夯实,回填后的余土人工装车,自卸汽车运至 15.3km 处,每立方米运价为市场价;

3. 槽底钎探后,灌砂填孔;

4. 基础下 3∶7 灰土垫层为就地取土;

5. 现浇混凝土构造柱、现浇混凝土平板采用钢模板、钢支撑;

6. 所有现浇混凝土构件中混凝土均为商品混凝土,场外搅拌(每小时搅拌 5m^3),混凝土车运至现场,运距 8.10km;

7. 预应力混凝土空心板、平板均为外购半成品,每立方米商品价分别为 400、500 元(含场外运输费用,场外运距 10.8km,采用汽车运输);

8. 内外脚手架搭设均采用钢管脚手架,木脚手板,外脚手架密目网全封;

9. 门窗凡使用混凝土预制过梁的,过梁在施工现场制作,距使用地点不超过 15m。

办公楼
说明

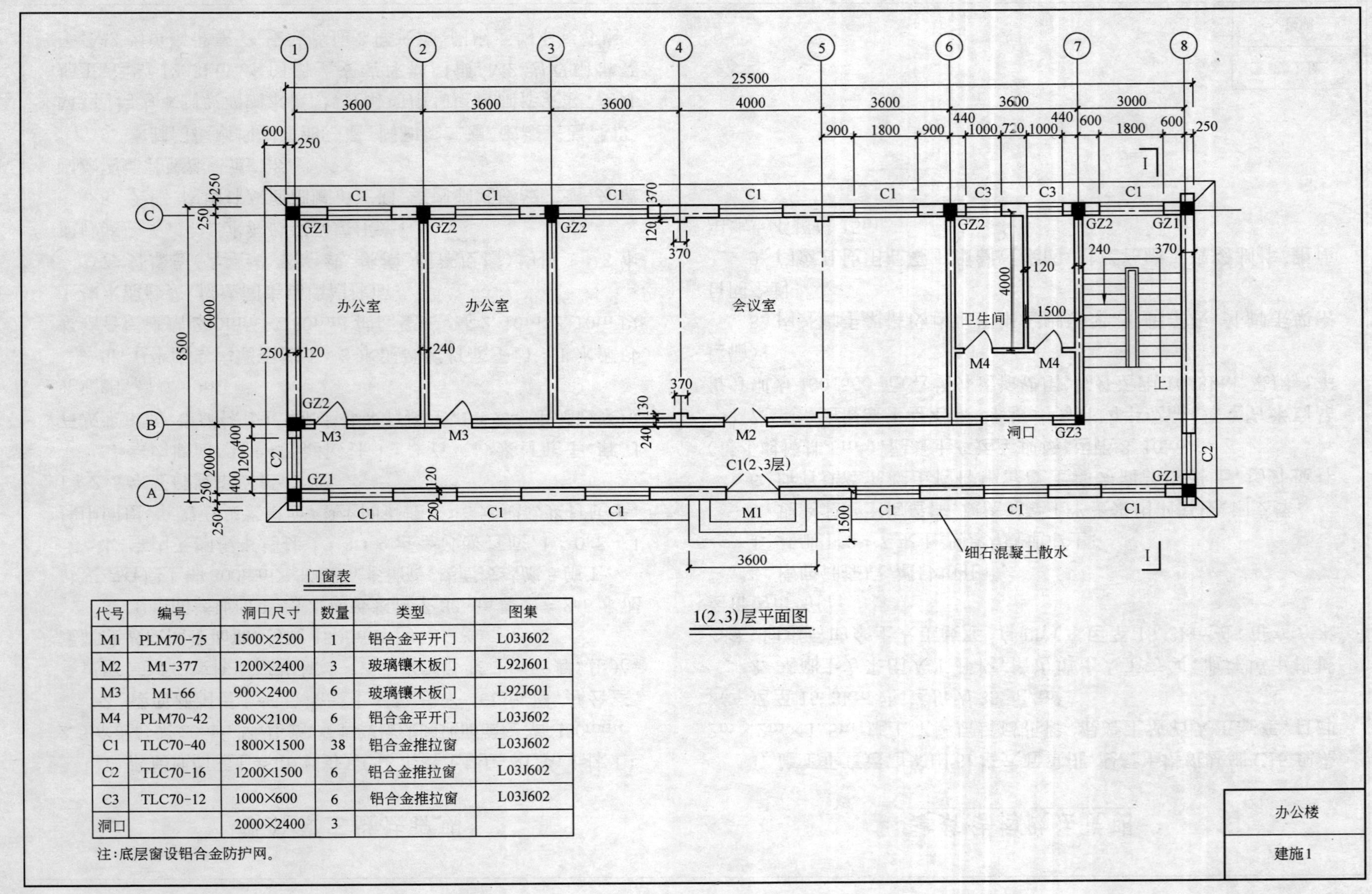

1(2、3)层平面图

门窗表

代号	编号	洞口尺寸	数量	类型	图集
M1	PLM70-75	1500×2500	1	铝合金平开门	L03J602
M2	M1-377	1200×2400	3	玻璃镶木板门	L92J601
M3	M1-66	900×2400	6	玻璃镶木板门	L92J601
M4	PLM70-42	800×2100	6	铝合金平开门	L03J602
C1	TLC70-40	1800×1500	38	铝合金推拉窗	L03J602
C2	TLC70-16	1200×1500	6	铝合金推拉窗	L03J602
C3	TLC70-12	1000×600	6	铝合金推拉窗	L03J602
洞口		2000×2400	3		

注：底层窗设铝合金防护网。

办公楼
建施1

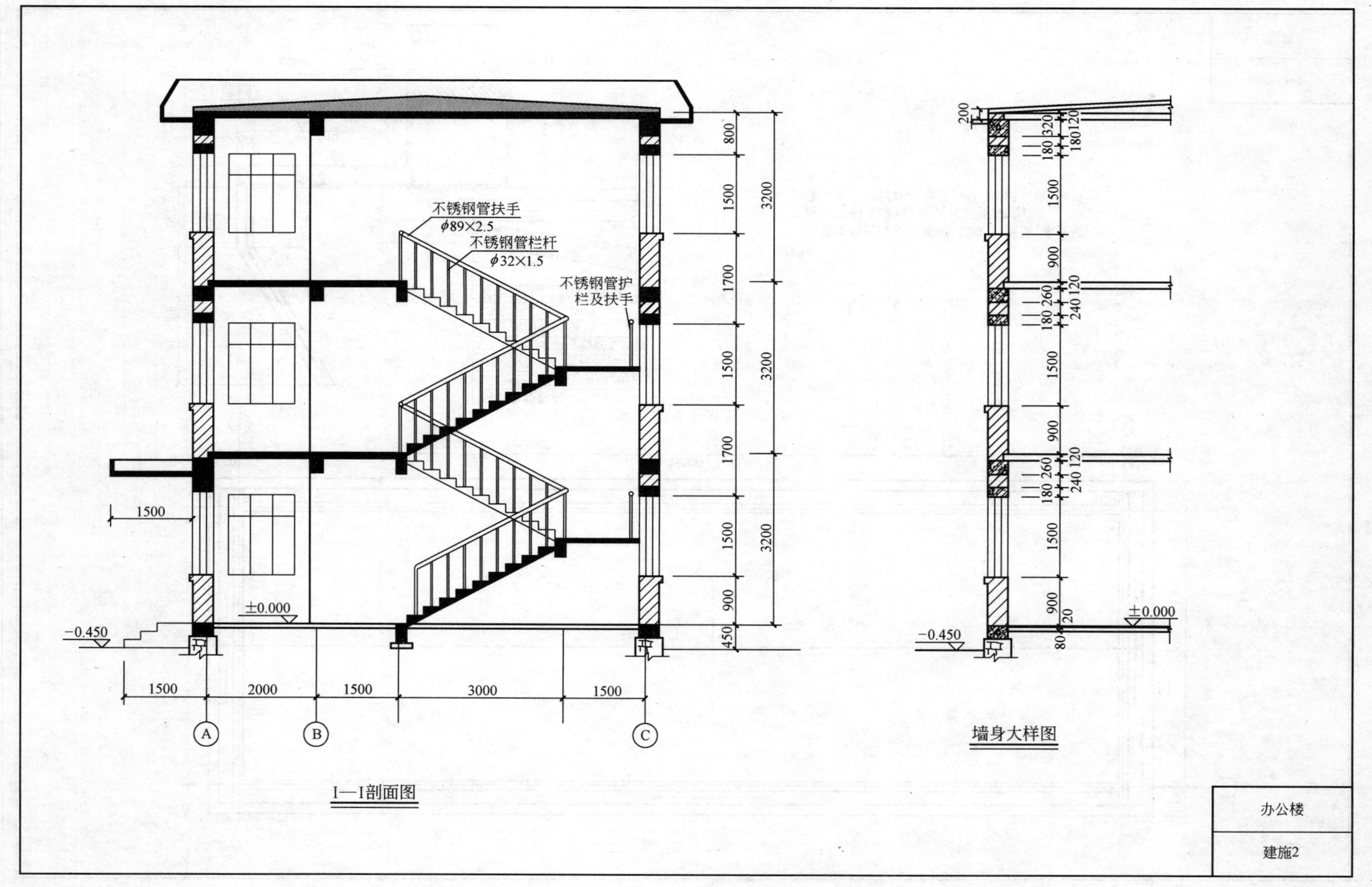
不锈钢管扶手
φ89×2.5
不锈钢管栏杆
φ32×1.5
不锈钢管护
栏及扶手
±0.000
−0.450
800
1500
1700
1500
1700
1500
900
450
3200
3200
3200
1500
2000
1500
3000
1500
A
B
C
I—I剖面图
200
320
120
180
180
1500
900
260
120
180
240
1500
900
260
120
180
240
1500
900
20
80
±0.000
−0.450
墙身大样图
办公楼
建施2

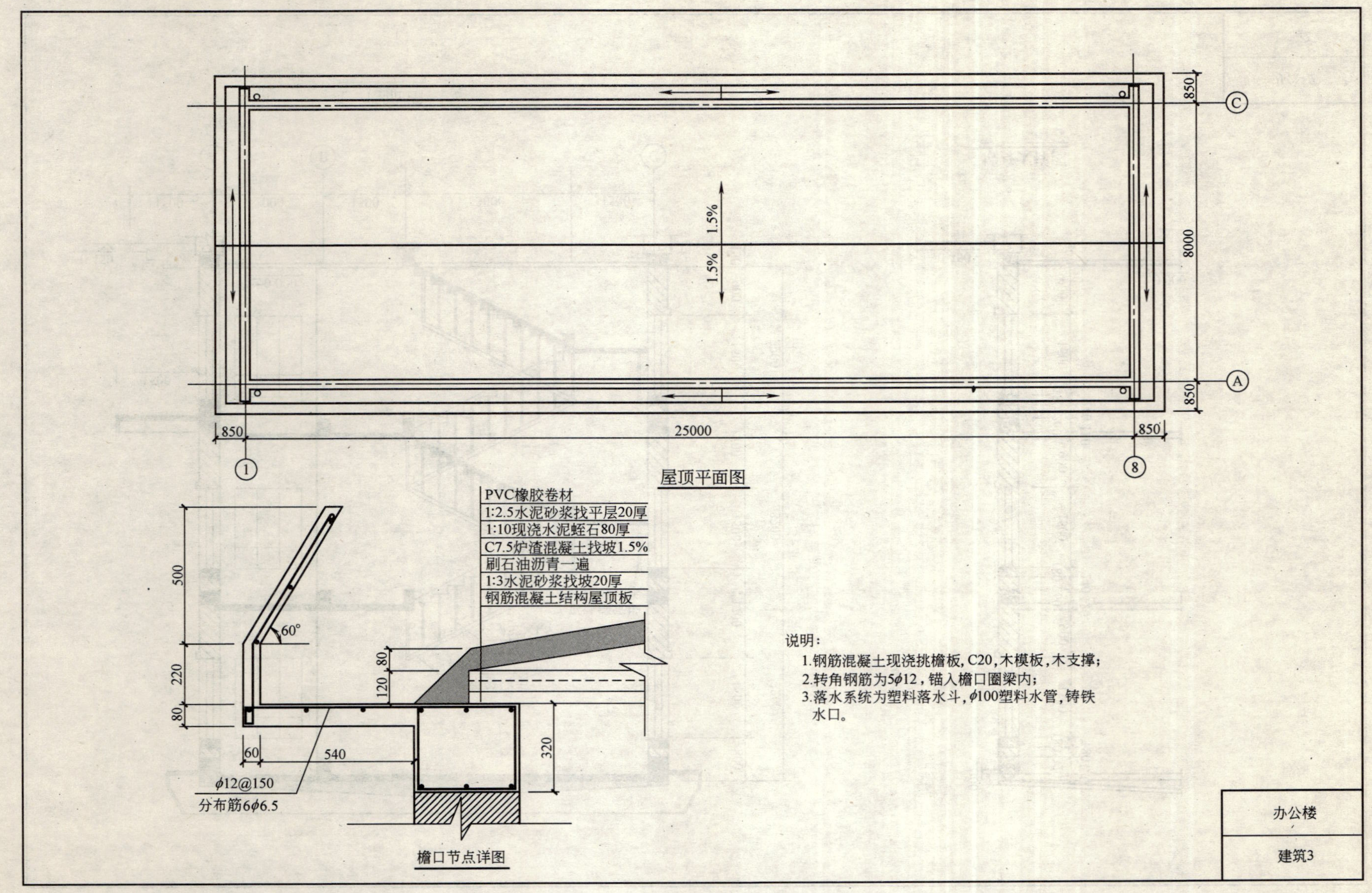

屋顶平面图

檐口节点详图

说明：

1.钢筋混凝土现浇挑檐板，C20，木模板，木支撑；

2.转角钢筋为5ϕ12，锚入檐口圈梁内；

3.落水系统为塑料落水斗，ϕ100塑料水管，铸铁水口。

办公楼
建筑3

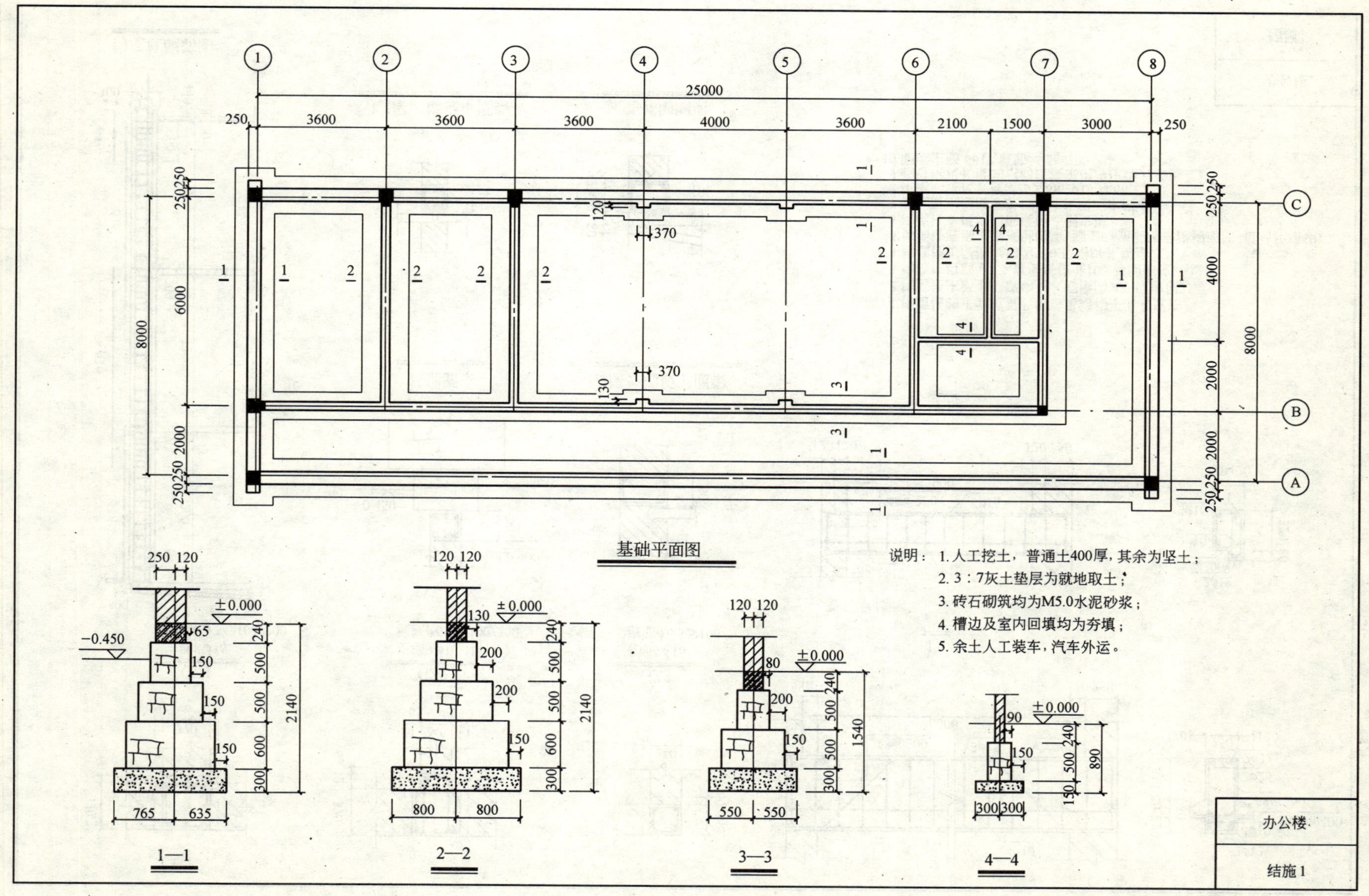
基础平面图
说明：1. 人工挖土，普通土400厚，其余为坚土；
2. 3：7灰土垫层为就地取土；
3. 砖石砌筑均为M5.0水泥砂浆；
4. 槽边及室内回填均为夯填；
5. 余土人工装车，汽车外运。
1—1
2—2
3—3
4—4
办公楼
结施 1

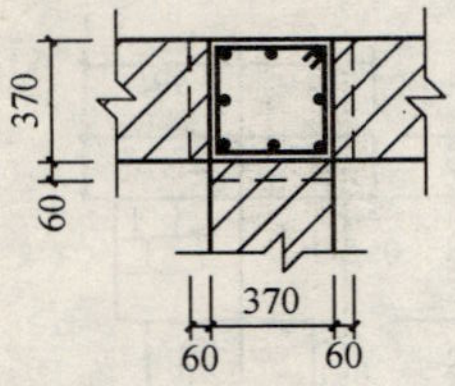

GZ1

主筋8 ϕ16

箍筋ϕ 6.5@100/200

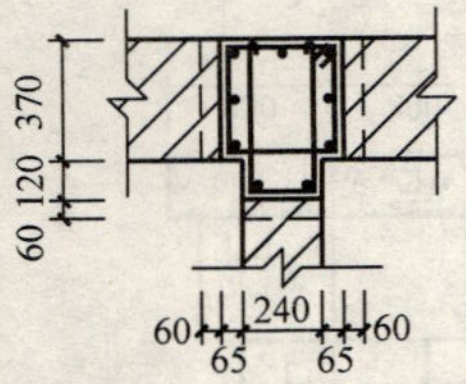

GZ2

主筋9 ϕ16

箍筋ϕ 6.5@100/200

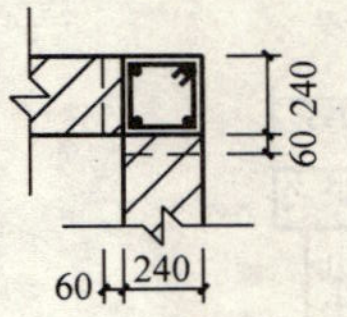

GZ3

主筋4 ϕ16

箍筋ϕ 6.5@100/200

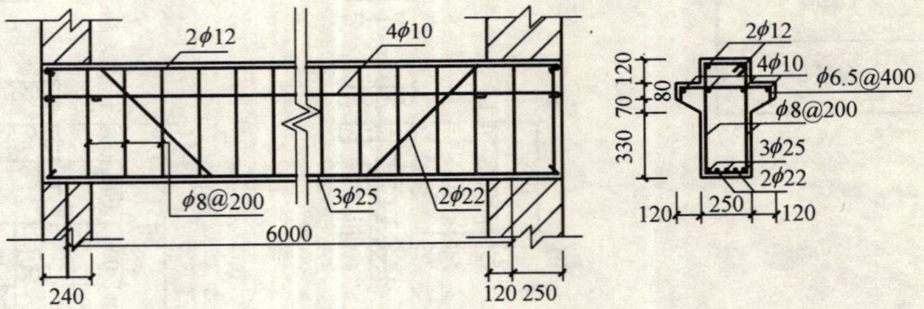

L1

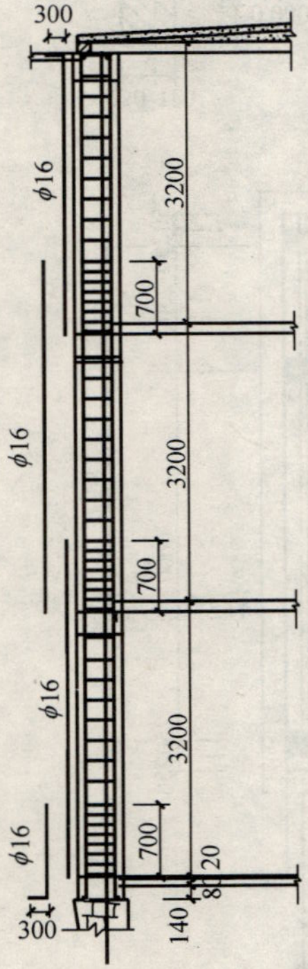

构造柱配筋图

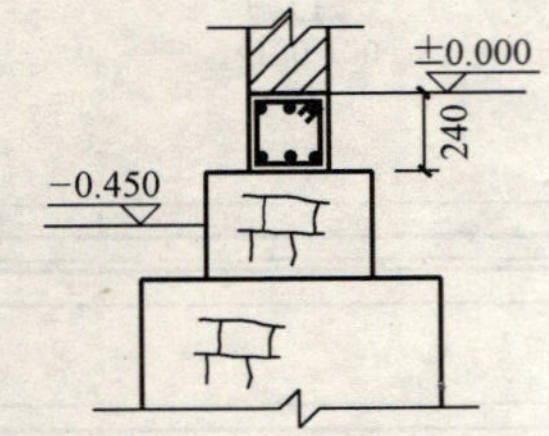

基础圈梁

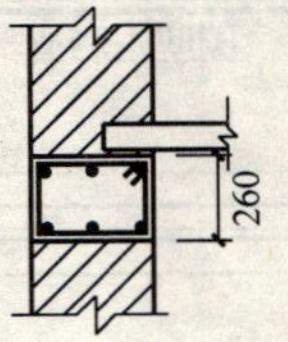

1,2层外墙板下圈梁

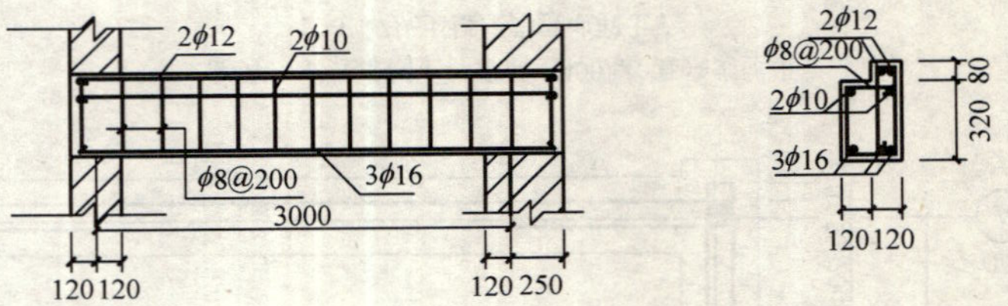

L2

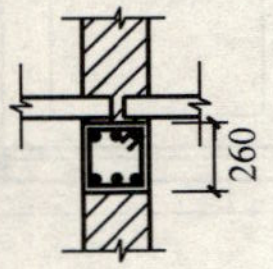

1,2层内墙板下圈梁

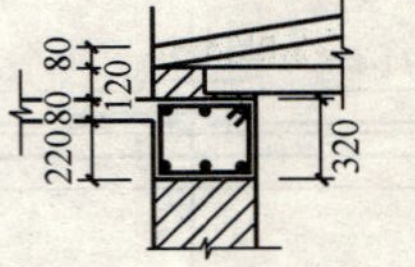

屋面外墙圈梁

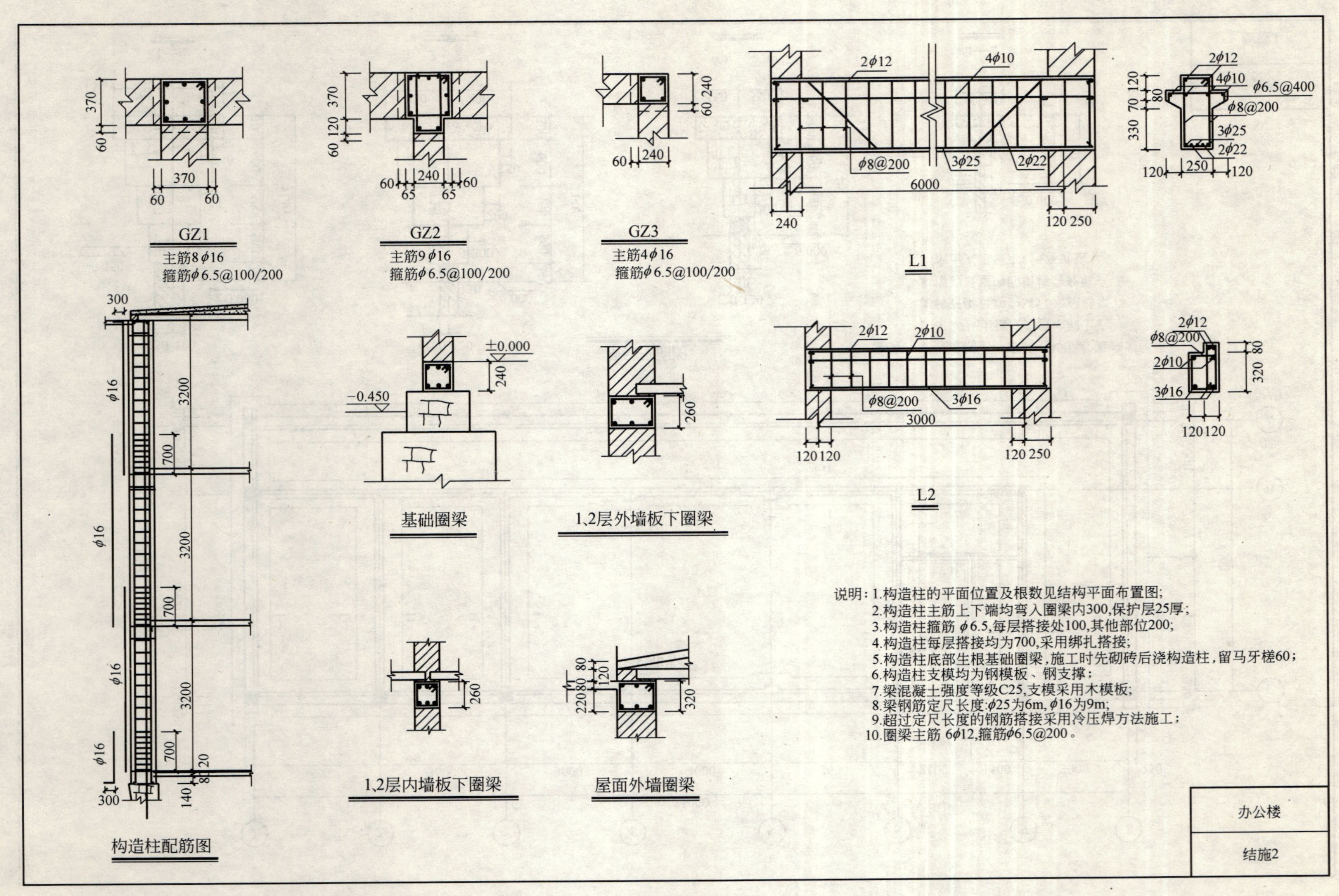

说明：1.构造柱的平面位置及根数见结构平面布置图；
2.构造柱主筋上下端均弯入圈梁内300,保护层25厚；
3.构造柱箍筋 ϕ6.5,每层搭接处100,其他部位200；
4.构造柱每层搭接均为700,采用绑扎搭接；
5.构造柱底部生根基础圈梁，施工时先砌砖后浇构造柱，留马牙槎60；
6.构造柱支模均为钢模板、钢支撑；
7.梁混凝土强度等级C25,支模采用木模板；
8.梁钢筋定尺长度：ϕ25为6m, ϕ16为9m；
9.超过定尺长度的钢筋搭接采用冷压焊方法施工；
10.圈梁主筋 6ϕ12,箍筋ϕ6.5@200。

办公楼	
结施2	

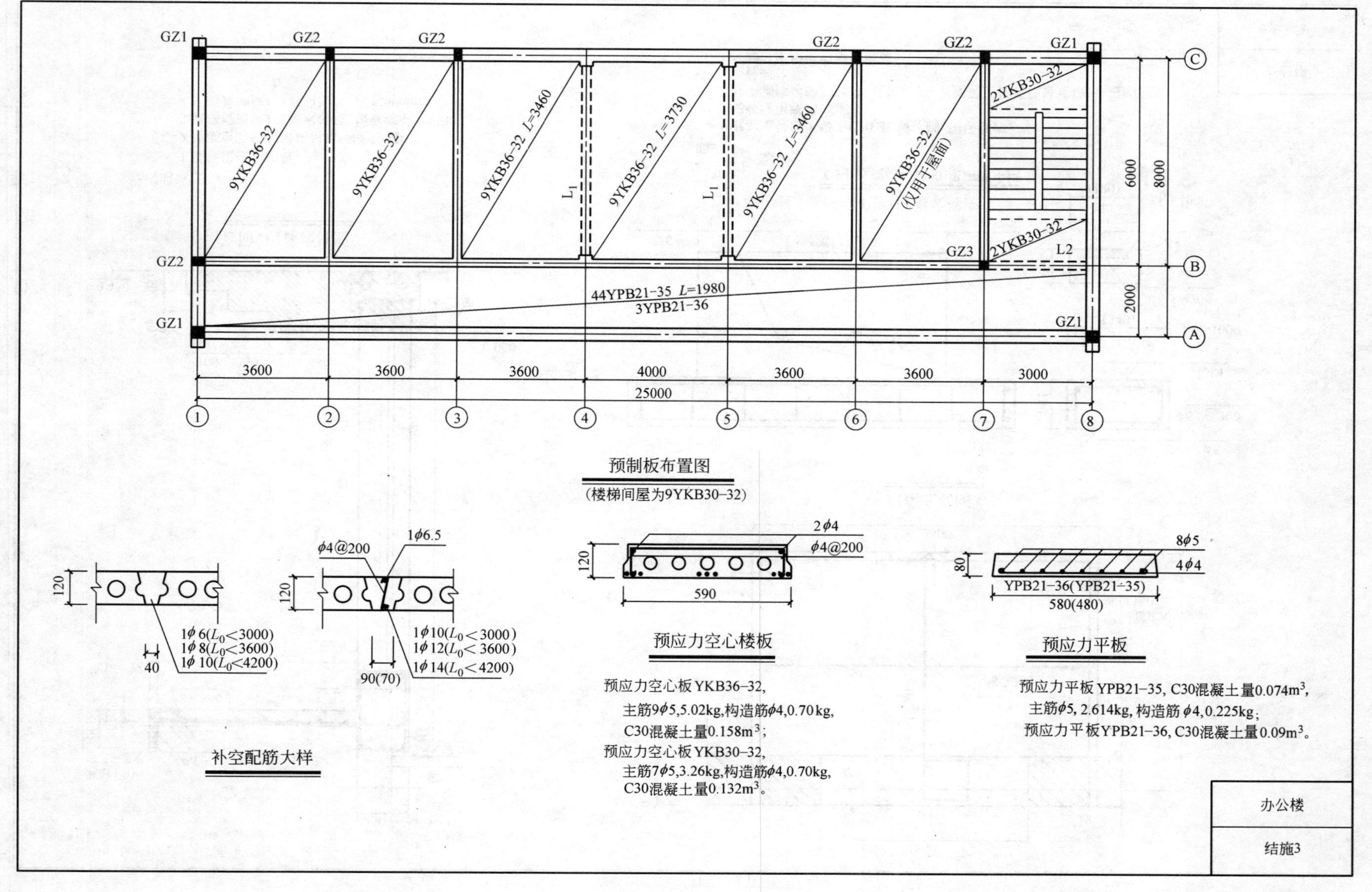
GZ1
GZ2
GZ3
9YKB36-32
9YKB36-32 L=3460
9YKB36-32 L=3730
9YKB36-32
(仅用于屋面)
2YKB30-32
L1
L2
44YPB21-35 L=1980
3YPB21-36
3600
4000
3000
25000
2000
6000
8000
预制板布置图
(楼梯间屋为9YKB30-32)
1φ 6(L0<3000)
1φ 8(L0<3600)
1φ 10(L0<4200)
120
40
补空配筋大样
φ4@200
1φ6.5
1φ10(L0< 3000)
1φ12(L0< 3600)
1φ14(L0< 4200)
90(70)
2φ4
φ4@200
590
预应力空心楼板
预应力空心板 YKB36-32,
主筋9φ5,5.02kg,构造筋φ4,0.70kg,
C30混凝土量0.158m3;
预应力空心板 YKB30-32,
主筋7φ5,3.26kg,构造筋φ4,0.70kg,
C30混凝土量0.132m3。
8φ5
4φ4
80
YPB21-36(YPB21-35)
580(480)
预应力平板
预应力平板 YPB21-35, C30混凝土量0.074m3,
主筋φ5, 2.614kg, 构造筋 φ4,0.225kg;
预应力平板YPB21-36, C30混凝土量0.09m3。
办公楼
结施3

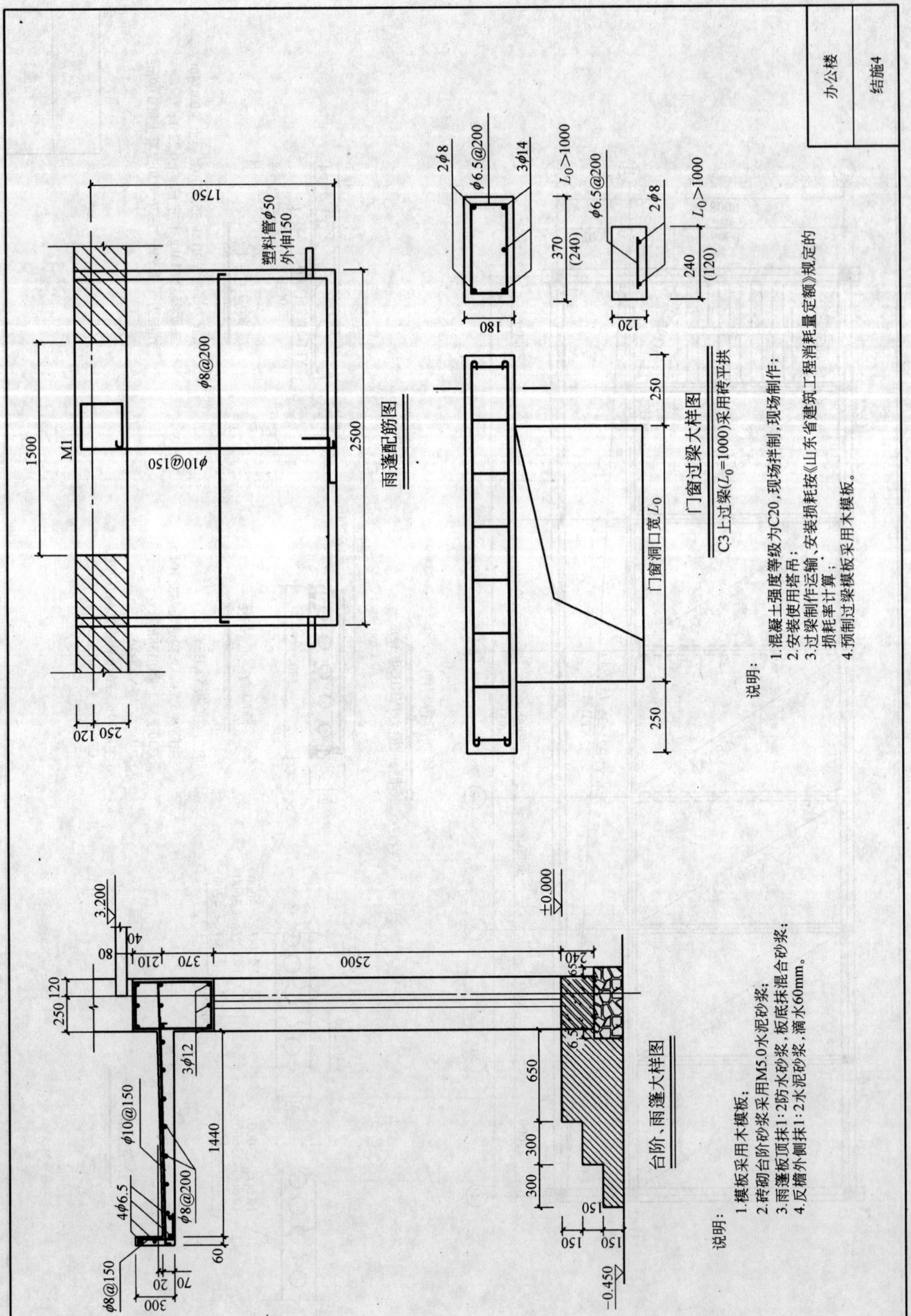
台阶、雨篷大样图
说明：
1.模板采用木模板；
2.砖砌台阶砂浆采用M5.0水泥砂浆；
3.雨篷板顶抹1:2防水砂浆，板底抹混合砂浆；
4.反檐外侧抹1:2水泥砂浆，滴水60mm。
ϕ8@150
4ϕ6.5
ϕ8@200
ϕ10@150
3ϕ12
300
70
20
60
1440
250
120
80
40
210
370
2500
240
650
300
150
3.200
±0.000
−0.450
雨篷配筋图
M1
ϕ10@150
ϕ8@200
塑料管ϕ50
外伸150
1500
2500
1750
250 120
门窗过梁大样图
C3上过梁(L_0=1000)采用砖平拱
门窗洞口宽L_0
2ϕ8
ϕ6.5@200
3ϕ14
L_0>1000
370
(240)
180
240
(120)
说明：
1.混凝土强度等级为C20，现场拌制，现场制作；
2.安装使用塔吊；
3.过梁制作运输、安装损耗按《山东省建筑工程消耗量定额》规定的损耗率计算；
4.预制过梁模板采用木模板。
办公楼
结施4

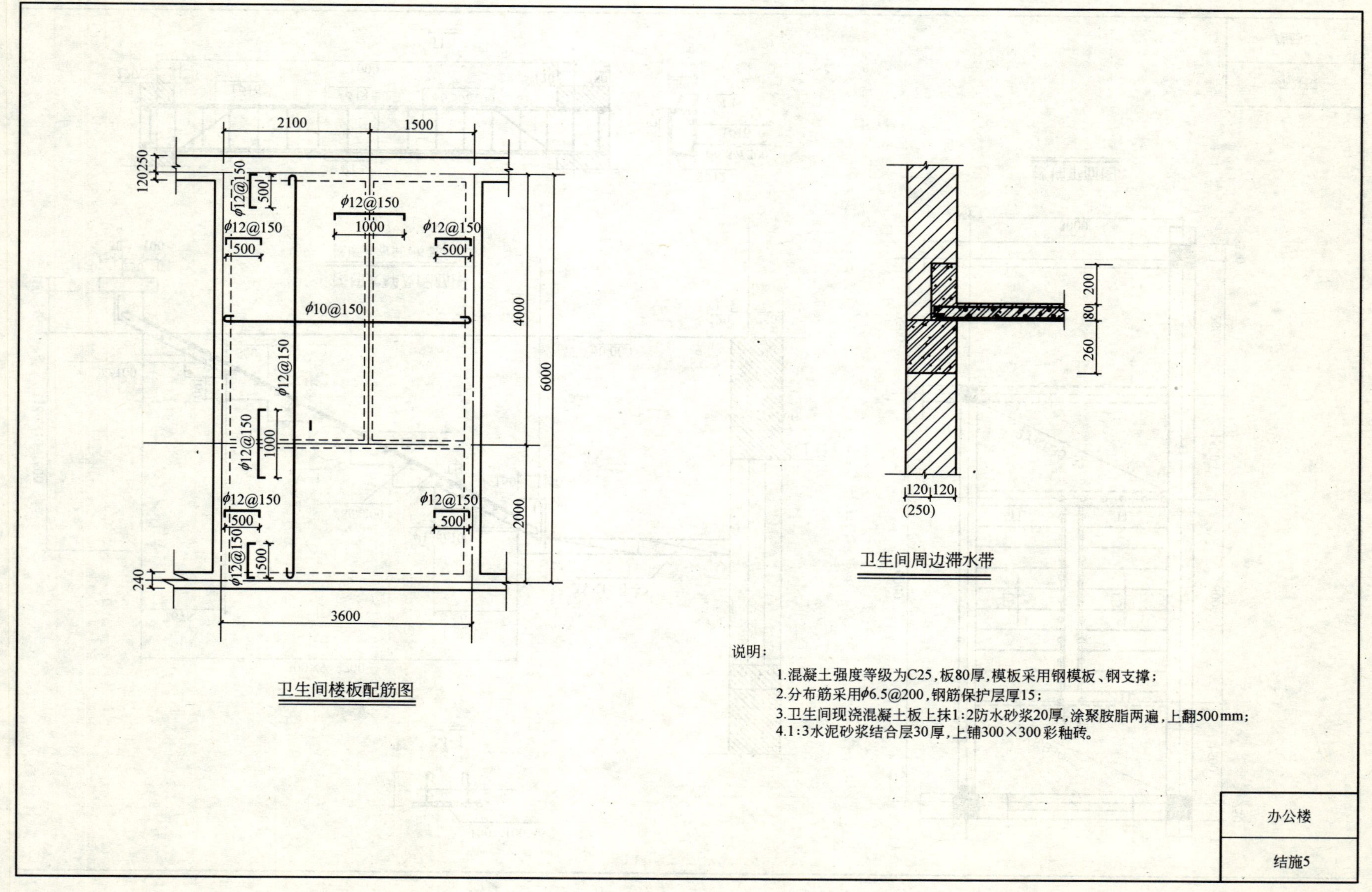

卫生间楼板配筋图

卫生间周边滞水带

说明：

1.混凝土强度等级为C25，板80厚，模板采用钢模板、钢支撑；
2.分布筋采用ϕ6.5@200，钢筋保护层厚15；
3.卫生间现浇混凝土板上抹1∶2防水砂浆20厚，涂聚胺脂两遍，上翻500mm；
4.1∶3水泥砂浆结合层30厚，上铺300×300彩釉砖。

办公楼
结施5

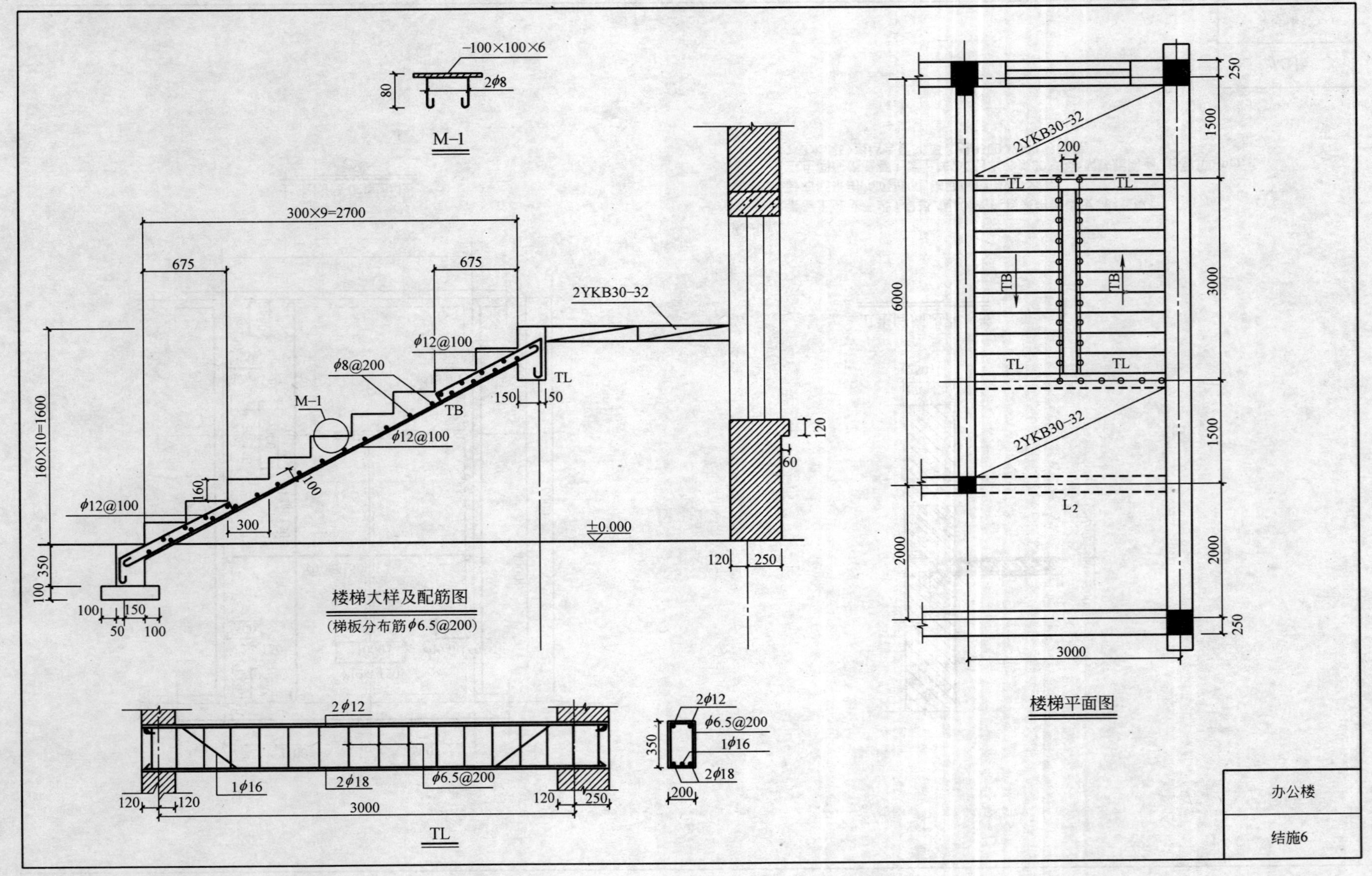
楼梯大样及配筋图
(梯板分布筋φ6.5@200)
160×10=1600
300×9=2700
675
675
φ12@100
φ8@200
φ12@100
φ12@100
M-1
TB
TL
2YKB30-32
±0.000
M-1
−100×100×6
2φ8
80
TL
1φ16
2φ18
2φ12
φ6.5@200
3000
楼梯平面图
2YKB30-32
L2
6000
2000
1500
3000
1500
2000
250
办公楼
结施6

第一章 手 工 算 量

第一节 手工算量计算草稿

序号	项 目 名 称	计 算 公 式	单位	数量	定额编号 单价
		一、场地平整 二、基础 三、墙体 四、门窗 五、垂直运输及脚手架 六、柱 七、梁、圈梁、过梁 八、板 九、挑檐 十、楼梯 十一、雨篷 十二、屋面、台阶、护坡及其他 十三、内装修 十四、外粉饰			
		一、场 地 平 整			
	场地平整	25.5×8.5+(25.5+8.5)×2+16=300.75m²	10m²	30.075	1-4-1 27.72
		二、基 础			
(一)	挖沟槽土方				
1.	地槽深度				
	1-1、2-2 剖	开挖放坡深度：2.14−0.45=1.69m			
		综合放坡系数：0.4÷1.69×0.5+1.29÷1.69×0.3=0.347			
	3-3 剖	1.54−0.45=1.09m			
	4-4 剖	0.89−0.45=0.44m			
2.	地槽宽度				
	1-1 剖	坚土：1.40m			
		普通土：1.4+0.347×1.29×2=2.30m			
	2-2 剖	坚土：1.60m			
		普通土：1.6+0.347×1.29×2=2.50m			
	3-3 剖	坚土(普通土)：1.10m			
	4-4 剖	坚土(普通土)：0.60m			
3.	地槽长度				
	1-1 基挖土长度	外墙中心线=[(25.5−0.37)+(8.5−0.37)]×2+0.25× 4+0.12×2=67.76m			
	2-2 基挖土长度	(6−0.635+0.55)×4=23.66m			
	3-3 基挖土长度	22−0.635−1.6×3−0.8+0.13×2=16.03m			
	4-4 基挖土长度	3.6−1.6+4−0.635−0.3=5.07m			
4.	挖坚土工程量				
	1-1	(1.4+0.347×1.29)×1.29×67.76=161.50m³			
	2-2	(1.6+0.347×1.29)×1.29×23.66=62.50m³			
	3-3	1.1×(1.09−0.4)×16.03=12.17m³			
	增附墙垛	2×0.13×0.13×(1.09−0.4)=0.02m³			
	4-4	0.6×(0.44−0.4)×5.07=0.12m³			
	小计	161.50+62.5+12.17+0.02+0.12=236.31m³	10m³	23.631	1-2-12 279.90
5.	挖普通土工程量				
	1-1	(2.3+0.347×0.4)×0.4×67.76=66.10m³			
	2-2	(2.5+0.347×0.4)×0.4×23.66=24.97m³			

续表

序号	项目名称	计算公式	单位	数量	定额编号/单价
	3-3	1.1×0.4×16.03=7.05m³			
	增附墙垛	2×0.13×0.13×0.4=0.01m³			
	4-4	0.6×0.4×5.07=1.22m³			
	小计	66.10+24.97+7.05+0.01+1.22=99.35m³	10m³	9.935	1-2-10
					142.18
6.	挖土总量	236.31+99.35=335.66m³			
（二）	槽底钎探				
1.	基底钎探	67.76×1.4+23.66×1.6+16.03×1.1=151 眼	十眼	15.10	1-4-4
					50.16
2.	钎探灌砂	同上	十眼	15.10	1-4-17
					1.80
（三）	3∶7 灰土基础垫层	（就地取土）垫层断面积×槽长			
1.	垫层长度				
	1-1	67.76m(同挖土长度)			
	2-2	23.66m(同挖土长度)			
	3-3	22−0.485−1.3×3−0.65=16.97m			
	4-4	3.6−0.9+4−0.3−0.385=6.02m			
2.	3∶7 灰土垫层				
	1-1	1.4×0.3×67.76=28.46m³			
	2-2	1.6×0.3×23.66=11.36m³			
	3-3	1.1×0.3×16.97=5.60m³			
		0.3×0.13×1.23×2=0.10m³			
	4-4	0.6×0.15×6.02=0.54m³			
	小计	28.46+11.36+5.60+0.10+0.54=46.06m³	10m³	4.606	2-1-1H
					713.98
	定额单价换算（条基就地取土）	1043.41+(8.37×44+0.44×27.65)×0.05−11.615×30 =713.98 元/10m³			
（四）	M5 水泥砂浆毛石墙基	基础断面积×槽长			
1.	毛石基础长				
	1-1	67.76m(同挖土长度)			
	2-2	(6−0.12+0.12)×4=24.00m			
	3-3	22−0.24×4+0.12×2=21.28m			
	4-4	3.6−0.24+4−0.12−0.06=7.18m			
2.	毛石基础体积				
	1-1	(0.5×0.5+0.8×0.5+1.1×0.6)×67.76=88.77m³			
	2-2	(0.5×0.5+0.9×0.5+1.3×0.6)×24=35.52m³			
	3-3	(0.4×0.5+0.8×0.5)×21.28=12.77m³			
	3-3 附垛增加量	0.13×1×0.12×2=0.03m³			
	4-4	0.3×0.5×7.18=1.08m³			
	小计	88.77+35.52+12.77+0.03+1.08=138.17m³	10m³	13.817	3-2-1
					1390.89
（五）	槽边人工夯填土				
1.	室外地坪下石基				
	1-1	88.77−0.5×(0.45−0.24)×67.76=81.66m³			
	2-2	35.52−0.5×(0.45−0.24)×24=33.00m³			
	3-3	12.77−0.4×(0.45−0.24)×21.28=10.98m³			
	3-3 附	0.03−0.13×0.13×0.21×2=0.02m³			
	4-4	1.08−0.3×(0.45−0.24)×7.18=0.63m³			
	小计	81.66+33+10.98+0.02+0.63=126.29m³			
2.	人工夯填土	挖土总量−设计室外地坪下总体积			
		335.66−46.06(灰土)−126.29(毛石基础)=163.31m³	10m³	16.331	1-4-12
					88.59

续表

序号	项目名称	计算公式	单位	数量	定额编号 单价
(六)	回填土机械夯实	(室内地坪垫层以下)			
1.	填土厚度	0.45−0.02−0.08=0.35m			
2.	室内填土净面积				
	小房间	(3.6−0.24)×(6−0.24)×2=38.71m²			
	大房间	(11.2−0.24)×(6−0.24)=63.13m²			
	卫生间	(4−0.12−0.06)×(3.6−0.36)=12.38m²			
		(3.6−0.24)×(2−0.12−0.06)=6.12m²			
	楼梯间	(3−0.24)×6=16.56m²			
	走廊	(25−0.24)×(2−0.24)=43.58m²			
	小计	38.71+63.13+12.38+6.12+16.56+43.58=180.48m²			
3.	室内地坪夯填土	180.48×0.35=63.17m³	10m³	6.317	1-4-11 40.30
(七)	余土外运、人力装车	(自卸汽车外运15.5km)			
1.	人工装土	335.66(挖土总体积)−163.31(槽边填土)×1.15−46.06(灰土)×1.15×0.77×1.01−63.17(室内回填土)×1.15=34.01m³	10m³	3.401	1-2-56 68.64
2.	汽车外运土	同上	10m³	3.401	1-3-57 68.55
3.	汽车外运土超运距	同上	10m³	3.401	1-3-58H 181.65
	超运距换算(15km)	12.11×15=181.65元/10m³			
(八)	毛石基础脚手架	长度按毛石基础长度计算，高度按室外地坪计算1.39m(超过1m) (按边砌边回填考虑，不予计算)			
	1-1剖	67.76×1.39=94.19m²			
	2-2剖	23.66×1.39=32.89m²			
		三、墙　　体			
(一)	M5水泥砂浆黏土砖				
1.	370外墙砌筑				
(1)	外墙长度	67.76(外墙中心线)−0.46×4−0.43×5(GZ)=63.77m			
(2)	外墙高度	9.6−0.32−0.26×2(QL)=8.76m			
(3)	外墙面积	63.77×8.76=558.63m²			
(4)	扣门窗	−[3.75(M1)+2.7×38(C1)+1.8×6(C2)+0.6×6(C3)] =−120.75m²			
(5)	扣过梁	−{0.18×[2.3×38(C1)+1.7×6(C2)]+0.32×2.5 (M1圈梁代过下侧)}=−18.37m²			
(6)	滞水	−0.12×0.2×3.17(卫生间滞水)×2=−0.15m³			
	小计	0.365×(558.63−120.75−18.37)−0.15=152.97m³	10m³	15.297	3-1-15H 2042.92
	M5混浆换为M5砂浆强度等级换算	2039.82+(119.48−118.19)×2.4=2042.92元/10m³			
2.	240内墙砌筑				
(1)	轴②③内墙	0.24×[6−0.12−0.27(构造柱)]×(9.6−0.26×2−0.32−0.12×3)×2 =0.24×5.61(墙长)×8.4(墙高)×2=22.62m³			
(2)	轴⑥内墙	0.24×(6−0.12−0.27)×[(9.6−(0.12+0.08)÷2×2−0.26×2−0.32−0.12]−0.12×0.2×5.61×2(滞水) =0.24×5.61(墙长)×8.44(墙高)−0.27=11.09m³			
(3)	轴⑦内墙	0.24×(6−0.15−0.27)×(9.6−0.08×2−0.12−0.26×2−0.32)−0.12×0.2×5.58×2(滞水) =0.24×5.58(墙长)×8.48(墙高)−0.27=11.09m³			

续表

序号	项目名称	计算公式	单位	数量	定额编号 单价
(4)	轴B内墙	0.24×[(22−0.15−0.27)×(9.6−0.08×3−0.26×2−0.32)−2×2.4×3(洞)−2.88×3(M2)−2.16×6(M3)]−0.24×0.18×[1.7×3(M2)+2.5×3(洞口)]−0.24×0.12×1.4×6(M3)+0.365×0.13×8.52×2(附墙垛)−0.12×0.2×(3.36−2−0.03)×2(滞水) =0.24×[21.58(墙长)×8.52(墙高)−36(洞口)]−0.79(过梁)+0.81(附墙垛)−0.06(滞水) =0.24×147.86−0.04=35.45m^3			
	小计	22.62+11.09+11.09+35.45=80.25m^3	10m^3	8.025	3-1-14H 2035.14
	M5砂浆强度等级换算	2032.24+(119.48−118.19)×2.25=2035.14元/10m^3			
3.	120内墙砌筑	0.115×[(4−0.18+3.6−0.24)×(9.6+0.24−0.08×2−0.12)−1.68×6(M4)]−0.12×0.12×1.3×6 =0.115×[7.18×9.56−10.08]−0.11 =0.115×58.56−0.11=6.62m^3	10m^3	0.662	3-1-12H 2263.51
	M5砂浆强度等级换算	2260.99+(119.48−118.19)×1.95=2263.51元/10m^3			
		四、门　窗			
(一)	铝合金门　M1	1.5×2.5=3.75m^2			
	M4	0.8×2.1×6=10.08m^2			
	小计	3.75+10.08=13.83m^2	10m^2	1.383	5-5-2 3670.73
(二)	带纱铝合金推拉窗	(成品窗)			
	C1	1.8×1.5×38=102.60m^2			
	C2	1.2×1.5×6=10.80m^2			
	C3	1×0.6×6=3.60m^2			
	小计	102.6+10.8+3.6=117m^2	10m^2	11.700	5-5-4 2666.82
(三)	铝合金窗设防护网	(底层)			
	C1	1.8×1.5×12=32.40m^2			
	C2	1.2×1.5×2=3.60m^2			
	C3	1×0.6×2=1.20m^2			
	小计	32.4+3.6+1.2=37.20m^2	10m^2	3.720	5-5-7 1179.57
(四)	M2门	双扇带亮无纱玻璃镶木板门			
1.	门框制作	1.2×2.4×3=8.64m^2	10m^2	0.864	5-1-11H 278.64
	三、四类材换算	269.08+(26.84+5.04)×0.3=278.64元/10m^2			
2.	门框安装	1.2×2.4×3=8.64m^2	10m^2	0.864	5-1-12H 103.03
	三、四类材换算	86.82+(46.2+0.11)×0.35=103.03元/10m^2			
3.	门扇制作	1.2×2.4×3=8.64m^2	10m^2	0.864	5-1-43H 711.52
	三、四类材换算	677.87+(95.04+17.13)×0.3=711.52元/10m^2			
4.	门扇安装	1.2×2.4×3=8.64m^2	10m^2	0.864	5-1-44H 128.21
	三、四类材换算	105.42+65.12×0.35=128.21元/10m^2			
5.	安装五金	3樘(含门锁)	10樘	0.300	5-9-2H 1439.43
	安门锁扣插销	[5-9-2]594.06−20×1.25−0.8×3.2=566.50元/10樘			
	三、四类材安门锁	[5-1-110]860.76+34.76×0.35=872.93元/10把			

续表

序号	项目名称	计算公式	单位	数量	定额编号 单价
（五）	M3门	单扇带亮无纱玻璃镶木板门			
1.	门框制作	$0.9\times2.4\times6=12.96m^2$	$10m^2$	1.296	5-1-9H
					383.66
	三、四类材换算	$370.26+(37.84+6.82)\times0.3=383.66$ 元/$10m^2$			
2.	门框安装	$0.9\times2.4\times6=12.96m^2$	$10m^2$	1.296	5-1-10H
					148.25
	三、四类材换算	$125.55+(64.68+0.17)\times0.35=148.25$ 元/$10m^2$			
3.	门扇制作	$0.9\times2.4\times6=12.96m^2$	$10m^2$	1.296	5-1-41H
					661.34
	三、四类材换算	$630.11+(87.12+16.97)\times0.3=661.34$ 元/$10m^2$			
4.	门扇安装	$0.9\times2.4\times6=12.96m^2$	$10m^2$	1.296	5-1-42H
					110.72
	三、四类材换算	$90.55+57.64\times0.35=110.72$ 元/$10m^2$			
5.	安装五金	6樘（含门锁）	10樘	0.600	5-9-1H
					1178.62
	安门锁扣插销	[5-9-1]$320.75+10\times1.25-0.8\times3.2=330.69$ 元/10樘			
	三、四类材安门锁	[5-1-110]$860.76+34.76\times0.35=872.93$ 元/10把			
（六）	M2、M3木门	板扇场外制作运输，运距12.3km			
1.	基本运距	$[8.64(M2)+12.96(M3)]\times0.975=21.06m^2$	$10m^2$	2.106	10-3-38
					40.74
2.	超运距	同上	$10m^2$	2.106	10-3-39H
					75.21
	超运距3km换算	$25.07\times3=75.21$ 元/$10m^2$			
（七）	木门油漆	$8.64+12.96=21.60m^2$	$10m^2$	2.160	9-4-1
					143.09
（八）	涮磁漆一遍	同上	$10m^2$	2.160	9-4-26
					55.47
		五、垂直运输及脚手架			
（一）	建筑面积	$25.5\times8.5\times3=216.75\times3=650.25m^2$			
（二）	垂直运输费	同上	$10m^2$	65.025	10-2-5
					204.96
（三）	脚手架				
1.	外脚手架	$(9.48+0.45+0.22+0.5)\times(25.5+8.5)\times2=724.20m^2$	$10m^2$	72.420	10-1-4
					84.93
2.	里脚手架				
	②③⑥⑦轴	$(9.6-0.12\times3)\times(6-0.24)\times4=212.89m^2$			
	走廊	$(9.6-0.08\times3)\times(22-0.12+0.12)=205.92m^2$			
	隔墙	$(9.6-0.08\times2-0.12)\times(3.6-0.24+4-0.12-0.06)=66.92m^2$			
	小计	$212.89+205.92+66.92=485.73m^2$	$10m^2$	48.573	10-1-21
					32.28
		六、柱			
（一）	混凝土				
1.	GZ1	$0.37\times0.46\times9.48\times4=6.45m^3$			
2.	GZ2	$0.37\times0.43\times9.48\times5=7.54m^3$			
		$0.24\times0.15\times9.48\times5=1.71m^3$			
3.	GZ3	$0.24\times0.3\times9.48\times1=0.68m^3$			
	小计	$6.45+7.54+1.71+0.68=16.38m^3$	$10m^3$	1.638	4-2-20
					2583.52
（二）	混凝土拌制及运输				
	混凝土拌制	$16.38\times1.015=16.63m^3$	$10m^3$	1.663	4-4-1
	混凝土场外运输	同上	$10m^3$	1.663	4-4-3
	运输每增1km	同上	$10m^3$	1.663	4-4-4

续表

序号	项目名称	计算公式	单位	数量	定额编号 单价
(三)	模板				
1.	GZ1	(0.37+0.06×6)×9.48×4=27.68m²			
2.	GZ2	[(0.37+0.12)×2−0.24+0.18×2]×9.48×5=52.14m²			
3.	GZ3	(0.3×2+0.06×2)×9.48×1=6.83m²			
	小计	27.68+52.14+6.83=86.65m²	10m²	8.665	10-4-98 446.59
(四)	钢筋				
1.	主筋 $\phi16$	(9.48+0.7×3+0.3×2+0.24−0.05)×(8×4+9×5+4)×1.58kg/m =12.37×81×1.58=1583kg			
2.	箍筋 $\phi6.5$				
(1)	GZ1	0.37×4×[7×3+(9.48−2.1−0.05)÷0.2+1]×4×0.26 =347.21×0.26=90kg			
(2)	GZ2	0.37×4×59×5×0.26=436.6×0.26=114kg			
	GZ2	(0.24+0.49×2)×59×5×0.26=359.9×0.26 =94kg			
(3)	GZ3	0.24×4×59×1×0.26=15kg			
	小计	90+114+94+15=313kg			
		七、梁、圈梁、过梁			
(一)	梁				
1.	花兰梁 L1 梁	共 6			
(1)	混凝土	[0.25×0.6×6.37+(0.08+0.15)÷2×0.12×2×5.76]×6 =6.69m³	10m³	0.669	4-2-25 2233.68
(2)	混凝土拌制及运输				
	混凝土拌制	6.69×1.015=6.79m³	10m³	0.679	4-4-1
	混凝土场外运输	同上	10m³	0.679	4-4-3
	运输每增 1km	同上	10m³	0.679	4-4-4
(3)	模板	(木模板、木支撑) [(0.12+0.08+0.14+0.33)×2+0.25]×6.37×6=60.77m²	10m²	6.077	10-4-123 562.59
(4)	钢筋				
	①号筋 $\phi25$	(6+0.12+0.25−0.05)×3×6×3.85=438kg			
	②号筋 $\phi22$	(6+0.12+0.25−0.05+0.46)×2×6×2.98=242kg			
	③号筋 $\phi12$	(6+0.12+0.25−0.05+0.15)×2×6×0.888=69kg			
	④号筋 $\phi10$	(6+0.12+0.25−0.05+0.13)×2×6×0.617=48kg			
	$\phi10$	(6−0.12×2−0.05+0.13)×2×6×0.617 =43kg			
	⑤号筋 $\phi8$	(0.25+0.6)×2×[(6.37−0.05)÷0.2+1]×6×0.395=131kg			
	⑥号筋 $\phi6.5$	(0.49−0.03+0.05×2)×[(5.76−0.05)÷0.4+1]×6×0.26=13kg			
	小计	438+242+69+48+43+131+13=984kg=0.984t			
	⑦号筋冷挤压焊接头	3×6=18 个	10 个	1.800	4-1-85 126.88
2.	异形 L2 梁	共 3 根			
(1)	混凝土	(0.24×0.32+0.08×0.12)×3.37×3=0.87m³	10m³	0.087	4-2-25 2233.68
(2)	混凝土拌制及运输				
	混凝土拌制	0.87×1.015=0.88m³	10m³	0.088	4-4-1
	混凝土场外运输	同上	10m³	0.088	4-4-3
	运输每增 1km	同上	10m³	0.088	4-4-4
(3)	模板	(0.4×2+0.24)×3.37×3=10.51m²	10m²	1.051	10-4-123 562.59

续表

序号	项目名称	计算公式	单位	数量	定额编号 单价
(4)	钢筋				
	①号筋 ϕ16	(3.37－0.05)×3×3×1.58＝47kg			
	②号筋 ϕ10	(3.37－0.05＋0.13)×2×3×0.617＝13kg			
	③号筋 ϕ12	(3.37－0.05＋0.15)×2×3×0.888＝18kg			
	④号筋 ϕ8	[(0.24＋0.4)×2＋0.12＋0.32]×18×3×0.395＝37kg			
	小计	47＋13＋18＋37＝115kg＝0.115t			
3.	脚手架				
(1)	L1	5.76×2.6×6＝89.86m²			
(2)	L2	2.76×2.8×3＝23.18m²			
	小计	89.86＋23.18＝113.04m²	10m²	11.304	10-1-103 83.84
(二)	圈梁				
1.	浇制C20圈梁混凝土				
(1)	基础圈梁				
	外墙	0.37×0.24×67.76＝6.02m³			
	内墙	0.24×0.24×[(6－0.24)×4＋22]＋0.37×0.24×0.13×2＝2.62m³			
(2)	1、2层楼板下圈梁				
	外墙	0.37×0.26×[67.76－0.37×4(GZ1)－0.37×5(GZ2)－0.25×2(L1)－0.24(L2)]×2＝12.25m³			
	内墙	0.24×0.26×{(6－0.36)×4＋[22－0.12－0.25×2(L1)－0.24(GZ3)]}×2＋0.37×0.26×0.13×4(垛)＝5.50m³			
(3)	檐口圈梁				
	外墙	0.37×0.32×[67.76－0.37×4(GZ1)－0.37×5(GZ2)－0.25×2(L1)－0.24(L2)]＝7.54m³			
	内墙	0.24×0.32×{(6－0.36)×4＋[22－0.12－0.25×2(L1)－0.24(GZ3)]}＋0.37×0.32×0.13×2＝3.39m³			
	小计	6.02＋2.62＋12.25＋5.5＋7.54＋3.39＝37.32m³	10m³	3.732	4-2-26 2583.49
2.	混凝土拌制及运输				
	混凝土拌制	37.32×1.015＝37.88m³	10m³	3.788	4-4-1
	混凝土场外运输	同上	10m³	3.788	4-4-3
	运输每增1km	同上	10m³	3.788	4-4-4
3.	钢模板、木支撑				
(1)	基础圈梁				
	外墙	0.24×2×67.76＝32.52m²			
	内墙	0.24×2×[(6－0.36)×4＋22]＋0.24×2×0.13×2＝21.51m²			
(2)	1、2层楼板下圈梁				
	外墙	0.26×2×(67.76－0.37×9－0.25×2－0.24)×2＝66.24m²			
	内墙	0.26×2×[(6－0.36)×4＋(22－0.12－0.25×2－0.24)＋0.13×2]×2＝45.72m²			
(3)	檐口圈梁				
	外墙	0.32×2×(67.76－0.37×9－0.25×2－0.24)＝40.76m²			
	内墙	0.32×2×[(6－0.36)×4＋(22－0.12－0.25×2－0.24)＋0.13×2]＝28.13m²			
	小计	32.52＋21.51＋66.24＋45.72＋40.76＋28.13＝234.88m²	10m²	23.488	10-4-125 281.21

续表

序号	项目名称	计算公式	单位	数量	定额编号/单价
4.	钢筋				
(1)	ϕ12 主筋				
a	沿墙圈梁	(25.5−0.05+0.15+47.5×0.012×2)×6×2×4×0.888			
		=1283.52×0.888=1139.77kg			
b	走廊内墙圈梁	(22.37−0.05+0.15+47.5×0.012)×6×4×0.888			
		=23.04×6×4×0.888=491.03kg			
c	外山墙圈梁	(8+0.49×2−0.05+0.15)×6×2×4×0.888			
		=9.08×6×2×4×0.888=387.03kg			
d	内墙圈梁	(6.37−0.05+0.15)×6×2×4×0.888 =275.78kg			
e	转角圈梁增加筋				
	转角处	(0.24+0.5−0.025)×4×4×0.888=10.16kg			
	转角处	(0.24−0.05)×4×4×0.888=2.70kg			
	转角处	($\sqrt{0.24^2\times2}$+0.2×2−0.05+0.15)×2×4×0.888=5.96kg			
	T形处	0.2×2×4×9×4×0.888=51.15kg			
	小计	1139.77+491.03+387.03+275.78+10.16+2.7+5.96+51.15			
		=2363.58kg			
(2)	ϕ6.5 箍筋				
a	外墙箍筋				
	基础圈梁	(0.37+0.24)×2×(67.76÷0.2)×0.26=107.47kg			
	一、二板下	(0.37+0.26)×2×339×2×0.26=222.11kg			
	檐口圈梁	(0.37+0.32)×2×339×0.26=121.63kg			
b	内墙箍筋				
	基础圈梁	0.24×4×(44.2÷0.2)×0.26=55.16kg			
	一、二板下	(0.24+0.26)×2×221×2×0.26=114.92kg			
	檐口圈梁	(0.24+0.32)×2×221×0.26=64.36kg			
	小计	107.47+222.11+121.63+55.16+114.92+64.36=685.65kg			
5.	箍筋个数	讨论按计算规则与按圈梁长度简化计算之区别:			
(1)	外墙箍筋个数	(每楼层)			
a	沿墙	[(3.6−0.24)÷0.2+1]×3=53.40 个			
		[(11.2−0.24)÷0.2+1]×1=55.80 个			
		[(3−0.24)÷0.2+1]×1=14.80 个			
		[(25−0.24)÷0.2+1]×1=124.80 个			
b	山墙	[(2−0.24)÷0.2+1]×2=19.60 个			
		[(6−0.24)÷0.2+1]×2=59.60 个			
	(垛)	每个垛设 2 个×4=8 个			
(2)	内墙箍筋个数	(每楼层)			
		[(3.6−0.24)÷0.2+1]×3=53.40 个			
		[(11.2−0.24)÷0.2+1]×1=55.80 个			
		[(6−0.24)÷0.2+1]×4=119.20 个			
(3)	圈梁箍筋总数	53.4+55.8+14.8+124.8+19.6+59.6+8+53.4+55.8+			
		119.2=564.4 个			
(4)	按圈梁内外墙长度计算	(67.76+44.2)÷0.2=559.80 个			
(三)	雨篷过梁				
1.	混凝土	2.5×0.37×0.32=0.3m^3	10m^3	0.030	4-2-27
					2699.19
2.	混凝土拌制及运输				
	混凝土拌制	0.3×1.015	10m^3	0.030	4-4-1
	混凝土场外运输	同上	10m^3	0.030	4-4-3
	运输每增 1km	同上	10m^3	0.030	4-4-4
3.	模板	2.5×(0.32×2−0.09+0.37)=2.30m^2	10m^2	0.230	10-4-116
					506.53

续表

序号	项目名称	计算公式	单位	数量	定额编号 单价
(四)	预制过梁				
1.	过梁预制	0.37×0.18×[2.3×38(C1)+1.7×6(C2)]=6.50m³			
		0.24×0.18×[1.7×3(M2)+2.5×3(洞)]=0.54m³			
		0.24×0.12×1.4×6(M3)=0.24m³			
		0.12×0.12×1.3×6(M4)=0.11m³			
	小计	(6.5+0.54+0.24+0.11)×1.015=7.50m³	10m³	0.750	4-3-22 2636.47
2.	运输、安装、灌缝				
(1)	运输(运距场内150m)	7.50m³(同混凝土体积)	10m³	0.750	10-3-13 1355.04
(2)	安装	(6.5+0.54+0.24+0.11)×1.005=7.43m³	10m³	0.743	10-3-94H 773.84
	定额换算(扣成品过梁)	7833.84−706×10=773.84元/10m³			
(3)	灌缝	6.5+0.54+0.24+0.11=7.39m³	10m³	0.739	10-3-100 252.10
3.	模板	7.50m³(同混凝土体积)	10m³	0.750	10-4-237 5226.99
4.	钢筋				
(1)	φ14	(2.25×38+1.65×6+1.65×3+2.45×3)×3×1.21×1.015 =397kg			
(2)	φ8	(2.35×38+1.75×6+1.75×3+2.55×3)×2×0.395×1.015 =90kg			
		[1.35×6(M3)+1.25×6(M4)]×2×0.395×1.015=13kg			
(3)	φ6.5箍	1.1×(12×38+9×6)×0.26×1.015=148kg			
(4)		0.84×(9×3+13×3)×0.26×1.015=15kg			
		(0.22×8×6+0.1×8×6)×0.26×1.015=4kg			
	(3)～(4)小计	148+15+4=167kg			

八、板

序号	项目名称	计算公式	单位	数量	定额编号 单价
(一)	现浇板				
1.	混凝土				
(1)	板	0.08×6×3.6×2=3.46m³			
(2)	上翻	0.12×0.2×[(6−0.12)+(3.6−0.12)]×2×2 =0.90m³			
	小计	3.46+0.9=4.36m³	10m³	0.436	4-2-38 2189.12
2.	混凝土搅拌及运输				
	混凝土拌制	4.36×1.015=4.43m³	10m³	0.443	4-4-1
	混凝土场外运输	同上	10m³	0.443	4-4-3
	运输每增1km	同上	10m³	0.443	4-4-4
3.	模板				
(1)	板	(6−0.24)×(3.6−0.24)×2=38.71m²			
(2)	上翻	0.2×2×[(6−0.12)+(3.6−0.12)]×2×2=14.98m²			
	小计	38.71+14.98=53.69m²	10m²	5.369	10-4-168 302.48
4.	钢筋				
(1)	φ12	(6−0.03+0.15)×[(3.6−0.03)÷0.15+1]×2×0.888=270kg			
(2)	φ12 ⊓	(0.5−0.02+0.1)×(25+41)×2×2×0.888 =136kg			
		(1+0.1)×(24+26)×2×0.888=98kg			
	小计	270+136+98=504kg			
(3)	φ10	(3.6−0.03+0.13)×[(6−0.03)÷0.15+1]×2×0.617=186kg			
(4)	φ6.5分布筋	(5.98+3.58)×2×4×2×0.26=40kg			
(5)	φ10马凳	长度按底板厚度的2倍加200mm计算,1个/m²			
		(3.6+6−1)×2×0.5+(4−1+3.6−1)×1=14个			
		14个×2×(0.08×2+0.2)×0.617=6kg			

续表

序号	项目名称	计算公式	单位	数量	定额编号 单价
(二)	预制楼板				
1.	预应力空心楼板				
(1)	制作量	(外购成品构件,每立方米为500元)			
	YKB36-32 板长 3.58	0.158×63×1.01=10.05m^3			
	YKB36-32 板长 3.46	0.158÷3.58×3.46×54×1.01=8.33m^3			
	YKB36-32 板长 3.73	0.158÷3.58×3.73×27×1.01=4.49m^3			
	YKB30-32 板长 2.98	0.132×17×1.01=2.27m^3			
	小计	10.05+8.33+4.49+2.27=25.14m^3			
(2)	空心板安装	25.14m^3(同制作量)	10m^3	2.514	10-3-168
					4127.64
(3)	空心板灌缝	25.14÷1.01=24.89m^3	10m^3	2.489	10-3-170
					1004.14
2.	预应力平板				
(1)	制作量	(外购成品构件,每立方米为500元)			
	YPB21-35 板长 1.98	0.074÷2.08×1.98×132=9.30m^3			
	YPB21-36 板长 1.98	0.09÷2.08×1.98×9=0.77m^3			
	小计	(9.30+0.77)×1.01 =10.17m^3			
(2)	平板安装	10.17m^3(同制作量)	10m^3	1.017	10-3-177H
					5294.16
	定额单价临时换算	294.16+10×500=5294.16元/10m^3			
(3)	平板灌缝	9.30+0.77=10.07m^3	10m^3	1.007	10-3-179
					1004.14
(三)	预制板缝				
1.	混凝土	(3.6×7+3.48×6+3.75×3+3×1)×0.09×0.12=0.65m^3			
		3×4×0.07×0.12=0.1m^3			
	小计	0.65+0.1=0.75m^3	10m^3	0.075	4-2-55
					2930.47
2.	混凝土拌制及运输				
	混凝土拌制	0.75×1.015=0.76m^3	10m^3	0.076	4-4-1
	混凝土运输	同上	10m^3	0.076	4-4-3
	每增 1km	同上	10m^3	0.076	4-4-4
3.	模板	同混凝土量	10m^2	0.075	10-4-212
					571.48
4.	钢筋				
	ϕ10	3.13×5×0.617=10kg			
	ϕ12	(3.73×7+3.61×6)×0.888=42kg			
	ϕ14	3.88×3×1.21=14kg			
	ϕ6.5	(3.66×7+3.54×6+3.81×3+3.06×5)×0.26=19kg			
	ϕ4	(19×13+20×3+16×5)×0.15×0.1=6kg			

九、挑　檐

	计算公式	檐底体积=檐底断面×(外挑长+4×外挑宽)			
		檐边体积=檐边断面×(外挑长+8×外挑宽)			
(一)	混凝土	外挑长=(25.5+8.5)×2=68m,外挑宽=0.60m			
1.	檐底混凝土量	0.6×0.08×(68+4×0.6)=3.38m^3	10m^3	0.338	4-2-56
					2615.06
2.	直檐子	0.22×0.06×(68+8×0.57)=0.96m^3			
3.	斜檐子	0.5×0.06×(68+8×0.57)=2.18m^3			
	2～3 小计	0.96+2.18=3.14m^3	10m^3	0.314	4-2-51
					2847.45
(二)	混凝土拌制及运输				
1.	场外集中搅拌	(3.38+3.14)×1.015=6.62m^3	10m^3	0.662	4-4-1
2.	运输车运混凝土 25(m^3/h)	同上	10m^3	0.662	4-4-3
3.	运输每增 1km	同上	10m^3	0.662	4-4-4

续表

序号	项目名称	计算公式	单位	数量	定额编号 单价
(三)	木模				
1.	檐底	0.6×(68+4×0.6)+0.08×(68+8×0.6)=48.06m²	10m²	4.806	10-4-211 447.20
2.	直檐子	0.22×2×(68+8×0.57)=31.93m²			
3.	斜檐子(角度大于15°)	0.5/sin60°×2×(68+8×0.57)=83.79m²			
	2～3小计	31.93+83.79=115.72m²	10m²	11.572	10-4-206 559.39
(四)	钢筋				
1.	φ12主筋				
(1)	单根长	0.57+0.28+0.04+0.05+0.94+0.27+0.15=2.30m			
(2)	根数	[(25.5−0.05)÷0.15+1+(8.5−0.05)÷0.15+1]×2=450根			
	φ12主筋数量	2.3×450×0.888=919.08kg			
2.	φ12转筋				
	①号筋长	(2.3−0.94+1.34)×4=10.80m			
	②号筋长	(2.3−0.94+1.34×0.854)×8=20.03m			
	③号筋长	(2.3−0.94+1.34×0.781)×8=19.25m			
	φ12转筋数量	(10.8+20.04+19.25)×0.888=44.48kg			
	1～2小计	919.08+44.48=963.56kg			
3.	φ6.5分布筋				
		(25.5+0.6×2−0.02)×6×2=320.16m			
		(8.5+0.6×2−0.02)×6×2=116.16m			
	φ6.5分布筋数量	(320.16+116.16)×0.26=113.44kg			

十、楼　梯

序号	项目名称	计算公式	单位	数量	定额编号 单价
(一)	混凝土(C25)				
	板厚100mm	(3−0.24)×3.1×2=17.11m²	10m²	1.711	4-2-42H 563.01
	定额单价强度等级换算	538.18+(163.22−151.88)×2.19=563.01元/10m²			
(二)	混凝土拌制及运输				
	混凝土拌制	1.711×2.19=3.75m³	10m³	0.375	4-4-1
	混凝土运输	同上	10m³	0.375	4-4-3
	每增1km	同上	10m³	0.375	4-4-4
(三)	木模板、木支撑	17.11m²[同十(一)]	10m²	1.711	10-4-201 1041.26
(四)	楼梯踏步上铁件	(共68个)			
1.	6mm厚钢板	0.1×0.1×68×47.1=32kg			
2.	φ8圆钢	0.33×2×68×0.395=18kg			
	小计	32+18=50kg	t	0.050	4-1-96 7031.54
(五)	钢筋				
1.	TB板(共4块)				
	斜长系数	$\sqrt{3^2+1.6^2}\div3=1.133$			
	φ12	(3.05×1.133+0.18)×14×4×0.888=181kg			
	φ12	(0.08+0.18+0.85×1.133+0.07)×28×4×0.888 =129kg			
	分布筋φ6.5	1.33×27×4×0.26=37kg			
2.	TL梁				
	主筋φ18	3.32×2×4×2.0=53kg			

续表

序号	项目名称	计算公式	单位	数量	定额编号/单价
	弯长 $\phi16$	(3.32+0.25)×1×4×1.58=23kg			
	$\phi12$	(3.32+0.13)×2×4×0.888=25kg			
	$\phi6.5$	(0.2+0.35)×2×18×4×0.26=21kg			
		十一、雨　篷			
(一)	混凝土				
1.	底板(80mm 厚)	$2.5\times1.5=3.75m^2$			
	翻沿(60mm 厚)	$0.22\times(2.44+1.47\times2)=1.18m^2$			
	小计	3.75+1.18=4.93	$10m^2$	0.493	4-2-49H
					262.93
	定额单价强度等级换算	251.59+(163.22−151.88)×1=262.93 元/$10m^2$			
2.	雨篷−20mm 厚	$-1.18m^2$(60 厚的翻沿应减 20 厚)	$10m^2$	−0.118	4-2-65H
					52.09
	定额单价厚度换算	[24.89+(163.22−151.88)×0.102]×2=52.09 元/$10m^2$			
(二)	混凝土拌制及运输				
	混凝土拌制	$0.493-0.118\times2=0.26m^3$	$10m^3$	0.026	4-4-1
	混凝土运输	同上	$10m^3$	0.026	4-4-3
	运输每增 1km	同上	$10m^3$	0.026	4-4-4
(三)	木模板				
1.	底板	$3.75m^2$(同混凝土量)			
2.	翻沿	$0.22\times2\times(2.44+1.47\times2)=2.37m^2$			
	小计	$3.75+2.37=6.12m^2$	$10m^2$	0.612	10-4-203
					852.46
(四)	钢筋				
1.	$\phi10$ 主筋	2.91×(2.5÷0.15+1)×0.617=32kg			
2.	$\phi12$ 主筋	2.58×3×0.888=7kg			
3.	$\phi8$ 副筋	2.57×8×0.395=8kg			
		0.53×(5.5÷0.15)×0.395=8kg			
4.	$\phi6.5$ 分布筋	5.38×3×0.26=4kg			
		4.78×1×0.26=1kg			
		十二、屋面、台阶、护坡及其他			
(一)	屋面				
1.	水泥砂浆找平				
(1)	石油沥青隔汽层下	1∶3 水泥砂浆找平 20			
		$25.5\times8.5=216.75m^2$	$10m^2$	21.675	9-1-1
					77.16
(2)	PVC 防水层下	1∶2.5 水泥砂浆找平 20			
	屋面	$25.5\times8.5=216.75m^2$			
	檐沟底	$0.54\times[(25.5+8.5)\times2+4\times0.54]=37.89m^2$			
	檐沟内侧	$0.2\times(25.5+8.5)\times2=13.60m^2$			
	檐沟外侧	$0.22\times[(25.5+8.5)\times2+8\times0.54]=15.91m^2$			
	小计	216.75+37.89+13.6+15.91=284.15	$10m^2$	28.415	9-1-1H
					81.28
	定额单价强度等级换算	77.16+(198.96−178.55)×0.202=81.28 元/$10m^2$			
2.	石油沥青隔汽层及 PVC	橡胶防水			
(1)	石油沥青隔汽层	2.5 范围 1∶3 水泥砂浆找平 $216.75m^2$[同十二(一)]	$10m^2$	21.675	6-2-72
					69.51
(2)	PVC 防水层下	橡胶卷材 $284.15m^2$[同十二(一)]	$10m^2$	28.415	6-2-44
					552.63
3.	屋面保温层				
(1)	C7.5 炉渣混凝土找坡层 1.5%	$25.5\times8.5\times(8.5\div2\times0.015\div2+0)=6.91m^3$	$10m^3$	0.691	6-3-21
					1690.00

续表

序号	项目名称	计算公式	单位	数量	定额编号 单价
(2)	1∶10现浇水泥蛭石	$25.5\times8.5\times0.08=17.34m^3$	$10m^3$	1.734	6-3-16 1611.97
4.	铸铁雨水口	4个	10个	0.4	6-4-20 505.15
5.	塑料落水斗	4个	10个	0.4	6-4-10 112.75
6.	塑料落水管	$(3.2\times3-0.2+0.45)\times4=39.40m$	10m	3.940	6-4-9 183.02
(二)	砖砌M1门口前台阶	(M5水泥砂浆砌筑)			
1.		$0.15\times[3.6\times(1.5-0.25)+3\times0.95+2.4\times0.65]=1.34m^3$			
2.	平台	$0.45\times1.8\times0.35=0.28m^3$	$10m^3$	0.028	3-1-1 1883.92
3.	台阶	$1.34-0.28=1.06m^3$	$10m^3$	0.106	3-1-27 1999.08
(三)	雨篷防水				
	雨篷上抹防水砂浆	$2.5\times1.5+0.22\times(2.38+1.44\times2)=4.91m^2$	$10m^2$	0.491	6-2-10 96.67
	塑料泄水管 $\phi50$	2个	10个	0.2	6-4-18H 101.72
	玻璃钢管换塑料管换算	$160.3-(10-4.2)\times10.1=101.72$元/10个			
(四)	室外散水	细石C15混凝土60厚，上抹水泥压光，3∶7灰土垫层就地取土			
1.	混凝土散水	$0.535\times[(25.5+0.13+8.5+0.13)\times2-3.6+0.535\times4]=35.88m^2$	$10m^2$	3.588	8-7-51H 406.79
	3∶7灰土(就地取土)换算	$459.06-(65.64-31.14)\times1.515=406.79$元/$10m^2$			
2.	散水模板	$[2\times(25.5+8.5)-3.6+0.6\times8]\times0.06=4.15m^2$	$10m^2$	0.415	10-4-49 278.14
(五)	竣工清理	$216.75\times9.6=2080.80m^3$	$10m^3$	208.080	1-4-3 7.04
(六)	塔式起重机混凝土基础				
1.	浇筑养护	$2\times2\times1.5=6m^3$	$10m^3$	0.600	10-5-1 2015.98
2.	拆除	同上	$10m^3$	0.600	10-5-3 1369.37
3.	螺栓	$4\times4=16$个	10个	1.600	[措]4-1-131 554.87
4.	模板	$2\times4\times1.5=12m^2$	$10m^2$	1.200	10-4-63 325.46
5.	爆破	$6m^3$	$10m^3$	0.600	[措]1-1-17 181.78
6.	外运石渣	$6m^3$	m^3	6.000	[措]补1 35.00
(七)	6t塔式起重机				
1.	安、拆	1	台次	1	10-5-20 7902.60
2.	场外运输	1	台次	1	10-5-20-1 10649.76

十三、内 装 修

序号	项目名称	计算公式	单位	数量	定额编号 单价
(一)	室内地面C15混凝土垫层				
1.	设计混凝土垫层厚度	0.08m			
	室内净面积	$180.48m^2$(同填土净面积)			
	C15混凝土地面垫层	$180.48\times0.08=14.44m^3$	$10m^3$	1.444	2-1-13 1781.33

续表

序号	项目名称	计算公式	单位	数量	定额编号 单价
2.	混凝土拌制	14.44×1.015=14.66m³	10m³	1.466	4-4-1
3.	混凝土场外运输	同上	10m³	1.466	4-4-3
4.	运输每增 1km	同上	10m³	1.466	4-4-4
(二)	楼地面				
1.	1∶2.5 水泥砂浆 20mm 厚				
	办公间	(6−0.24)×(3.6−0.24)×2×3=116.12m²			
	会议室	(6−0.24)×(11.2−0.24)×3=189.39m²			
	走廊	[(25−0.24)×(2−0.24)+2.76×1.57]×3=143.73m²			
	楼梯间(1层)	2.76×4.43=12.23m²			
	楼梯间	−2.76×0.1×2+1.38×0.3=−0.14m²			
	台阶	1.8×0.35=0.63m²			
	小计	116.12+189.39+143.73+12.23−0.14+0.63=461.96m²	10m²	46.196	9-1-9
					96.73
2.	楼梯抹灰	2.76×4.53×2−1.38×0.3=24.59m²	10m²	2.459	9-1-10
					242.57
3.	踢脚线				
	办公间	(6+3.6−0.24×2)×4×3=109.44m			
	会议室	(6+11.2−0.24×2+0.25×2)×2×3=103.32m			
	扣门洞	−0.9×6(M3)−1.2×3(M2)=−9.00m			
	小计	109.44+103.32−9=203.76m	10m	20.376	9-1-13
					28.23
4.	C20 细石混凝土找平层 40mm				
	办公间	(3.6−0.24)×(6−0.24)×2×2=77.41m²			
	会议室	(11.2−0.24)×(6−0.24)×2=126.26m²			
	走廊	(25−0.24)×(2−0.24)×2=87.16m²			
	梯间	(3−0.24)×(6−3.1)×2=16.01m²			
	小计(2、3层)	77.41+126.26+87.16+16.01=306.84m²	10m²	30.684	9-1-4
					114.70
5.	卫生间				
	1∶3 砂浆硬基层上找平层 20mm	[(3.6−0.24)×(6−0.24)−(4−0.18+3.6−0.24)×0.12(隔墙)]×3=55.48m²	10m²	5.548	9-1-1
					77.16
	1∶3 砂浆找平层+5mm×2	同上	10m²	5.548	9-1-3H
					32.00
	定额单价倍数换算	16×2=32 元/10m²			
	1∶2.5 砂浆彩釉砖楼地面	55.48+0.8×0.12(M4)×2×3=56.06m²	10m²	5.606	9-1-82
					349.56
6.	现浇板上抹防水砂浆				
(1)	卫生间(防水砂浆楼面)	[5.76×3.36−0.12×(3.36+3.82)]×2=36.98m²	10m²	3.698	6-2-10
					96.67
(2)	弯入墙上	0.5×[5.64×2+3.36×2+3.24×2+3.82×2−0.8(M4)×4−1(洞)×2]×2=26.92m²	10m²	2.692	6-2-11
					117.79
7.	聚氨酯二遍	36.98+26.92=63.90m²	10m²	6.390	6-2-71
					603.30
(三)	内墙				
1.	墙面抹灰				
(1)	水泥墙面				
	走廊墙裙	[(25+2−0.24×2)×2+6×2]×0.9×3=175.61m²			
	扣门窗洞	−[1.5(M1)+1.2×3(M2)+0.9×6(M3)+2×3(洞)]×0.9−1.8×0.8×2(C1)=−17.73m²			
	梯三角	0.3×0.16÷2×40=0.96m²			

续表

序号	项目名称	计算公式	单位	数量	定额编号 单价
	卫生间 2.1m 以上	[(3.6−0.24)×4−0.12×2+(6−0.24−0.12)×2+(4−0.18)×2]×[(3.2−0.08−2.1)×2+3.2−0.12−2.1]=97.00m^2			
	扣门	−[1×0.3(C3)×2+2×0.3(洞)]×3=−3.6m^2			
	小计	175.61−17.73+0.96+97−3.6=252.24m^2	10m^2	25.224	9-2-20 109.88
(2)	麻刀灰面				
	办公间	(6+3.6−0.24×2)×4×(3.2−0.12)×3−[1.8×1.5(C1)+0.9×2.4(M3)]×2×3=307.92m^2			
	会议室	{(6−0.24+11.2−0.24+0.25×2)×2×(3.2−0.12)−[1.8×1.5×3(C1)+1.2×2.4(M2)]}×3=285.29m^2			
	走廊	[(25+2−0.24×2)×2−2.76]×(3.2−0.08−0.9)×3=334.86m^2			
	楼梯	3.1×2×(9.6−0.12−0.19×2−2.7)=39.68m^2			
	梯平台	(2.9×2+2.76)×(9.6−0.12×3−2.7)=55.98m^2			
	扣门窗洞	−[0.9×1.5×2(M3)+1.2×1.5(M2)+2×1.5(洞口)+1.2×1.5×2(C2)]×3−1.5×1.6(M1)−1.8×1.5×21(C1)−1.8×0.7×2(C1)=−94.92m^2			
	扣梯三角	−0.3×0.16÷2×40=−0.96m^2			
	小计	307.92+285.29+334.86+39.68+55.98−94.92−0.96=927.85m^2	10m^2	92.785	9-2-1 81.97
(3)	卫生间釉面瓷砖	[(3.6−0.24)×4−0.12×2+(6−0.24−0.12)×2+(4−0.18)×2]×2.1×3=202.36m^2			
	扣门窗	−{[0.8(M4)×4+2(洞)]×2.1+1×0.3(C3)×2}×3=−34.56m^2			
	小计	202.36−34.56=167.80m^2	10m^2	16.780	9-2-172 454.10
2.	刮腻子(二遍)	252.24+927.85=1180.09m^2	10m^2	118.009	9-4-209 24.77
	每增一遍腻子	同上	10m^2	118.009	9-4-210 8.95
3.	乳胶漆二遍	同上	10m^2	118.009	9-4-152 75.37
4.	侧壁				
	卫生间门侧壁	[0.12×4×2(M4)+0.3×2(洞)]×2.1×3=9.83m^2			
	窗侧壁、窗台	0.17×(2×0.3+1)×2×3=1.63m^2			
	小计	9.83+1.63=11.46m^2	10m^2	1.146	9-2-173 514.15
5.	面砖阳角 45°角对缝	[4×2(M4)+2(洞)]×2.1×3+(2×0.3+1)×2(C3)×3=72.60m	10m	7.260	9-2-334 82.77
(四)	顶棚				
1.	现浇板顶棚抹灰	(麻刀灰面) 2.76×3.1×2×1.31=22.42m^2	10m^2	2.242	9-3-1 99.15
2.	预制板顶棚抹灰	(麻刀灰面)			
(1)	办公间	116.12m^2(同地面)			
(2)	会议室	189.39m^2(同地面)			
	梁侧	(6−0.24)×(0.6−0.12)×2×6(L1)+(3−0.24)×(0.4−0.08)×2×3(L2)=38.48m^2			
(3)	走廊	[(25−0.24)×(2−0.24)+(3−0.24)×(1.5+0.12−0.05)]×3=143.73m^2			
(4)	息板	2.76×(1.5−0.12−0.05)×2×1.31=9.62m^2			
	梯顶板	2.76×4.43=12.23m^2			
(5)	小计	116.12+189.39+38.48+143.73+9.62+12.23=509.57m^2	10m^2	50.957	9-3-2 109.72

续表

序号	项目名称	计算公式	单位	数量	定额编号 单价
3.	现浇天棚水泥面(卫生间)	[(3.6−0.24)×(6−0.24)−(4−0.18+3.36)×0.12]×3=55.48m^2	10m^2	5.548	9-3-3 108.51
4.	顶棚刮腻子(二遍)	22.42+509.57+55.48=587.47m^2	10m^2	58.747	9-4-209 24.77
	每增一遍腻子	同上	10m^2	58.747	9-4-210 8.95
5.	乳胶漆二遍	同上	10m^2	58.747	9-4-151 81.17
(五)	装饰脚手架				
1.	办公间	2×(6−0.24+3.6−0.24)×(3.2−0.12)×6=337.08m^2			
2.	会议室	2×(6−0.24+11.2−0.24)×(3.2−0.12)×3=308.99m^2			
3.	走廊	[(25+2−0.24×2)×2−3+0.24]×(3.2−0.08)×3=470.62m^2			
4.	梯间	(2×1.57×3+2.76×2+1.33×2×2)×3.08=62.40m^2			
	梯间(2、3层)	2×3.1×3.01×2=37.32m^2			
5.	卫生间	[(3.6−0.24)×4−0.12×2+(6−0.24−0.12)×2+(4−0.18)×2]×[(3.2−0.08)×2+3.2−0.12]=299.36m^2			
6.	小计	337.08+308.99+470.62+62.40+37.32+299.36=1515.77m^2	10m^2	151.577	10-1-22H 13.06
	定额单价换算	43.54×0.3=13.06元/10m^2			
(六)	满堂脚手架	2.76×4.43(1层梯间)=12.23m^2	10m^2	1.223	10-1-27 90.88
(七)	室外台阶抹面	3.6×1.25−1.8×0.35=3.87m^2	10m^2	0.387	9-1-11 199.80
(八)	栏杆	(2.7+3×3)×1.15+0.3×3+1.53+2×2.76=21.41m	10m	2.141	9-5-203 8301.66
(九)	弯头	4个	10个	0.400	9-5-204 509.20
		十四、外粉饰			
(一)	外墙抹灰				
1.	外墙外围长	(9+0.37×2)×2+[25−0.24+(0.5−0.25)×2]×2=70m			
		70×(9.6−0.2+0.24)=674.80m^2			
	扣门窗	−(1.8×1.5×38+1×0.6×6+1.2×1.5×6+1.5×2.5)=−120.75m^2			
	扣雨篷台阶	−3×0.24=−0.72m^2			
	小计	674.80−120.75−0.72=553.33m^2	10m^2	55.333	9-2-20 109.88
2.	檐板抹灰	[2×(25.5+8.5)+8×0.6]×(0.3+0.5×1.15+0.06)=68.07m^2			
	雨篷檐	(2.5+2×1.5)×(0.3+0.06)=1.98m^2			
	小计	68.07+1.98=70.05m^2	10m^2	7.005	9-2-25 337.07
3.	檐板抹灰	[2×(25.5+8.5)+4×0.6]×0.6=42.24m^2			
	雨篷底	2.5×1.5=3.75m^2			
	小计	42.24+3.75=45.99m^2	10m^2	4.599	9-3-3 108.51
(二)	丙烯涂料	553.33+70.05+45.99=669.37m^2	10m^2	66.937	9-4-184 113.39
(三)	毛石墙勾凸缝	[68(外墙长)+4×0.5+8×0.065−3.6]×0.21=14.05m^2	10m^2	1.405	9-2-65 46.85

第二节　手工计算钢筋汇总表

工程名称：办公楼

序号	名称 类型	构造柱	梁	圈梁	预制过梁	板	板缝	挑檐	楼梯	雨篷	合计	定额号
1	ϕ4						0.006				0.006	4-1-1
2	ϕ6.5		0.013			0.040	0.019	0.114	0.059	0.005	0.250	4-1-2
3	ϕ8									0.016	0.016	4-1-3
4	ϕ10		0.104			0.193	0.010			0.032	0.339	4-1-4
5	ϕ12		0.088	2.640		0.506	0.042	0.980	0.335	0.007	4.598	4-1-5
6	ϕ14						0.014				0.014	4-1-6
7	ϕ16	1.583	0.047						0.023		1.653	4-1-15
8	ϕ18								0.053		0.053	4-1-16
9	ϕ22		0.243								0.243	4-1-18
10	ϕ25		0.438								0.438	4-1-19
11	ϕ8				0.103						0.103	4-1-27
12	ϕ14				0.397						0.397	4-1-43
13	ϕ6.5箍	0.314		0.686							1.000	4-1-52
14	ϕ8箍		0.168								0.168	4-1-53
15	ϕ6.5箍				0.167						0.167	4-1-56
16	冷挤压焊接头		18(个)								18(个)	4-1-85
17	合计	1.897	1.101 18(个)	3.326	0.667	0.739	0.091	1.094	0.470	0.060	9.445 18(个)	

第二章　表格算量

第一节　表格算量入门知识

一、算量不能脱离定额

建国初期，我国引进了前苏联的定额计价方法，50 多年来已深入人心并积累了大量的经验。进入 WTO 后，有些学者认为定额是计划经济的产物，现在执行的是过渡阶段清单模式，主张 5 年内取消定额。当时，有人在会上讲“外国人都说定额是个好东西”来应对这些观点。

至今，5 年过去了，社会平均消耗量定额并未取消，这说明定额确实是个好东西，它好在一个定额号可以代表以下 6 项内容：

1. 项目名称和计量单位；
2. 工程量计算规则；
3. 工作内容；
4. 定额说明和综合解释；
5. 人、材、机组成；
6. 省基价（计费基础）和地市价。

相对定额而言，工程量清单的编码只能表示前 2 项内容，通过描述，它不可能把后 4 项内容表达清楚，清单只能通过定额来计价，故有人把定额模式称为计价模式。

计算工程量的目的是为了计价，有人习惯于先算工程量再套定额，然后再根据定额计算规则进行整理和补充。我们则主张在熟悉清单和定额计算规则的基础上，根据清单编码和定额编号来计算工程量，这样才能达到事半功倍的效果。定额也可以称作计算工程量的法规，古人云“无规矩不成方圆”，没有定额，将无法统一工程量的计算方法。自称“工程量计算专家”的软件，在造价界只能作为半个专家，因为它不能直接套价，只有与定额相结合的工程量计算专家才是完整的。

所以，我们设计表格算量的原则是不能脱离定额，首先要编制做法定额表（可以复制模板），然后根据定额号来算量。

二、换算定额号的表示方法

上面说过一个定额号可以代表 6 项内容，当遇到换算的情况下如何表示是计价软件的一个难题。最原始的方法是定额号后面加上一个 H 表示换算，但换算名称、换算依据和价格是表达不清楚的。根据 20 多年来开发造价软件的经验，我们采取了 5 种方法来处理换算定额号的问题：

1. 强度等级换算——指混凝土和砂浆强度等级的换算，用定额号带小数表示，小数部分可以是定额中多单价的顺序号，也可以是配合比表中的序号，如 3-1-8.2 与 3-1-8.03 均表示为 M5.0 混浆单面清水砖墙 240。

2. 倍数换算——用定额号带 * 号乘倍数表示，如 4-2-46 * -2，表示 C202 现浇梯板厚-10×2。

3. 常用换算——指定额说明中影响大量定额的系数调整和有关规定，由于它具有唯一性，故统一用定额号和换算号后面加“'”表示。

(1) 商品混凝土——在套价软件中进行价格调整；

(2) 三、四类材——木门窗制作人工、机械乘系数 1.3，木门窗安装人工、机械乘系数 1.35；

(3) 弧形墙砌筑——人工乘系数 1.1，材料乘系数 1.03；

(4) 弧形墙抹灰——人工乘系数 1.15；

(5) 竹胶板制作——济南、青岛、淄博规定的将胶合板模板定额中胶合板扣除；

(6) 安装定额中法兰单位由副改片，主材数量为 1 片，人、材、机乘系数 0.61，螺栓数量不变。

4. 换算定额——指定额说明或综合解释提到的换算，将视同定额一样建立换算库来解决，一劳永逸。这些换算定额已被许多地市采用，并刊登在价目表上。如 2-1-1-4 表示 3∶7 灰土垫层（条形基础就地取土）。

5. 临时换算——指针对个别工程进行的换算，不具有普遍性，用定额号或换算号后面加 H 来表示，在套价中进行换算数据与价格调整。

三、工作流程（图 2-1）

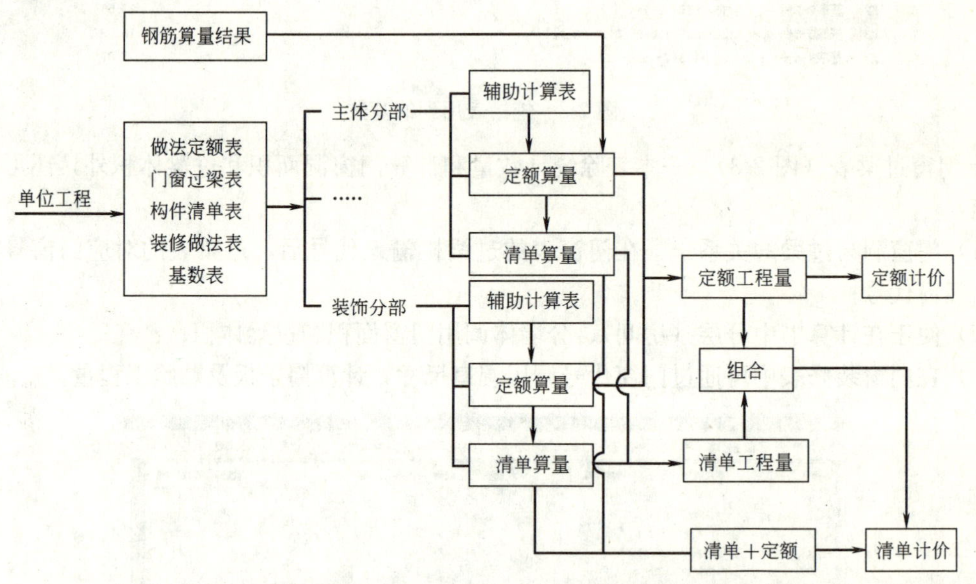

图 2-1 表格算量工作流程

算量文件以单位工程为基础，可分为三级（工程项目、单项工程、单位工程）、二级（工程项目、单位工程）或一级（单位工程）存储。这样做可方便归档管理，也符合清单要求。

进入单位工程后，前 5 种表形成的变量和钢筋算量结果可在任意分部中调用，以下设置分部，在分部内设有专用的辅助计算表进行定额算量和清单算量，可直接形成定额工程量文件，其清单计价文件可在清单/定额窗口中组合而成，也可在清单算量中用清单＋定额模式完成。

四、统筹通用表格的功能与应用

1. 做法定额表——在熟悉图纸和定额的基础上编制做法定额表，该表用于明确工程做法和套用的相应定额，它是表算或图算工程量、编审预算和竣工结算的提纲和依据，可调用已有同类工程的做法定额模板。同时，软件中也做好了建筑做法库，内容包括山东省建筑工程做法标准图集 L96J002 和 L06J002 的工作内容和对应定额号及名称，在装饰工程中可以直接调用。这样，可以防止错项、漏项，并能大幅度提高工作效率。

2. 基数表——基数的概念源于统筹法计算工程量的三线一面，在表格算量中将基数的定义扩充到在工程中所有分部均可重复利用的数据，并增加了对基数必须进行校核的要求，其校核公式为：$S=R+Q$（其中 S 为外围面积、R 为室内面积、Q 为墙体面积）。Q 是由各类外墙的中心线乘墙宽加各类内墙的净长线乘墙宽之和。经过校核后，可保证各类墙体长度计算的准确性，在以后的墙体计算中，不按传统的按轴线分段计算和扣减门窗洞口面积，而是根据统筹法利用各类墙体的总长度乘高度算出总面积再扣除门窗表中该类墙体的门窗洞口面积。这样做可节省大量计算篇幅，并可大大减少出错机会。

图 2-2 是挖槽表用到的基数。其中 K1 的长度是外墙中 L 加上附墙垛的长度；K2 的长度中减外墙的基底，增内墙的基底由于 J2 的深度大于 J3，应先满足 J2 的要求；K3 中的出墙垛先按与墙宽 240mm 一致考虑，墙垛 370-240 的差量另行计算。

序号	编号/部位		项目名称/计算式	工程量
			基数	
1	W	外墙长	2(25.5+8.5)	68.00
2	S	外围面积	25.5*8.5	216.75
3	L	外墙37中	W-4*.37	66.52
4	T	综合放坡系数	(.4*.5+1.29*.3)/1.69	0.347
5	K1	基底1-1长	L+4*.25+2*.12[垛]	67.76
6	K2	基底2-2长	(6-.635+.55)*4	23.66
7	K3	基底3-3长	22-.635-1.6*3-.8+2*.13[垛]	16.03
8	K4	基底4-4长	3.6-1.6+4-.635-.3	5.07

图 2-2 挖槽表用到的基数

3. 门窗过梁表（图 2-3）——本表除统计数量和计算门窗洞面积和过梁体积外，还可实现以下功能：

（1）门窗洞与过梁的关系——在门窗表的过梁栏输入代号后，过梁表的对应门窗号栏会自动带出门窗代号；

（2）便于在计算书中分层（房间）、分墙体调用门窗面积和过梁体积；

（3）在门窗装修表中可通过门窗代号调用洞口尺寸，计算筒子板及贴脸工程量。

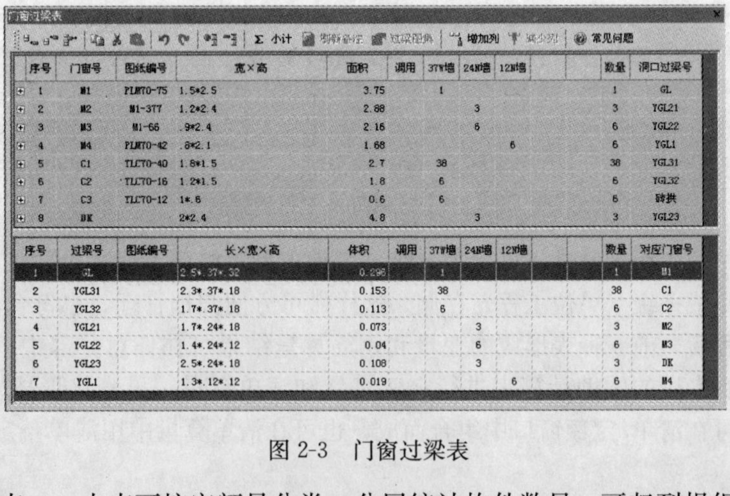

门窗过梁表

Σ 小计　增加列　常见问题

序号	门窗号	图纸编号	宽×高	面积	调用	37W墙	24N墙	12N墙			数量	洞口过梁号
1	M1	PLMT0-75	1.5*2.5	3.75		1					1	GL
2	M2	M1-377	1.2*2.4	2.88			3				3	YGL21
3	M3	M1-66	.9*2.4	2.16			6				6	YGL22
4	M4	PLMT0-42	.8*2.1	1.68				6			6	YGL1
5	C1	TLCT0-40	1.8*1.5	2.7		38					38	YGL31
6	C2	TLCT0-16	1.2*1.5	1.8		6					6	YGL32
7	C3	TLCT0-12	1*.6	0.6		6					6	砖拱
8	DK		2*2.4	4.8			3				3	YGL23

序号	过梁号	图纸编号	长×宽×高	体积	调用	37W墙	24N墙	12N墙			数量	对应门窗号
1	GL		2.5*.37*.32	0.296		1					1	M1
2	YGL31		2.3*.37*.18	0.153		38					38	C1
3	YGL32		1.7*.37*.18	0.113		6					6	C2
4	YGL21		1.7*.24*.18	0.073			3				3	M2
5	YGL22		1.4*.24*.12	0.04			6				6	M3
6	YGL23		2.5*.24*.18	0.108			3				3	DK
7	YGL1		1.3*.12*.12	0.019				6			6	M4

图 2-3 门窗过梁表

4. 构件清单表——本表可按定额号分类，分层统计构件数量，可起到提纲作用，以便有序计算构件体积和模板，并提供与钢筋计算软件的共同数据。

5. 装修做法表——本表是辅助计算表中室内装修表的配套用表，它以单位工程来设置，可存为历史文件模板供其他工程调用。本表以房间为单位，设置了两行 12 列定额号（其中踢脚、墙裙 2 个，内墙 3 个，脚手架 1 个，楼地面 4 个，顶棚 2 个）。上行的定额号可直接调入室内装修表，下行的定额号起参照作用，在计算书中另行计算工程量。

五、辅助计算表格的设计原理

在表格算量软件中共设计了 12 种辅助计算表，分别为 A 表（基础综合表）、B 表（挖槽表）、C 表（挖坑表）、D 表（带形基础表）、E 表（截头方锥体表）、F 表（独立基础表）、G 表（工形柱表）、H 表（构造柱表）、I 表（现浇构件表）、J 表（室内装修表）、K 表（门窗装修表）、L 表（屋面表）。下面介绍 B 表和 J 表的应用。

1. B 表

双击图 2-4 中定额号行，出现定额号录入窗口（图 2-5）。

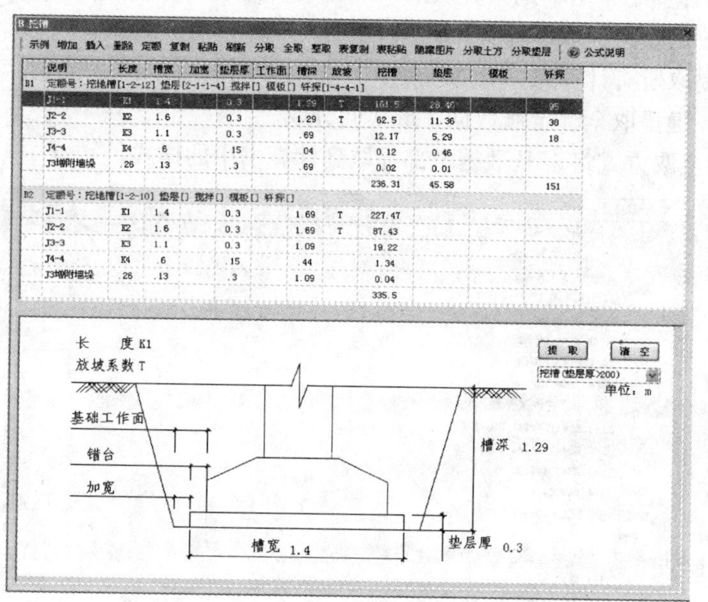

说明	长度	槽宽	加宽	垫层厚	工作面	槽深	放坡	挖槽	垫层	模板	钎探
B1 定额号：挖地槽[1-2-12] 垫层[2-1-1-4] 搅拌[] 模板[] 钎探[1-4-4-1]											
J1-1	K1	1.4		0.3		1.29	T	161.5	28.40		95
J2-2	K2	1.6		0.3		1.29	T	62.5	11.36		38
J3-3	K3	1.1		0.3		.69		12.17	5.29		18
J4-4	K4	.6		.15		.04		0.12	0.46		
J3增附墙垛	.26	.13		.3		.69		0.02	0.01		
								236.31	45.58		151
B2 定额号：挖地槽[1-2-10] 垫层[] 搅拌[] 模板[] 钎探[]											
J1-1	K1	1.4		0.3		1.69	T	227.47			
J2-2	K2	1.6		0.3		1.69	T	87.43			
J3-3	K3	1.1		0.3		1.09		19.22			
J4-4	K4	.6		.15		.44		1.34			
J3增附墙垛	.26	.13		.3		1.09		0.04			
								335.5			

图 2-4　挖槽工程数据录入窗口

图 2-5　挖槽定额号录入窗口

B 表共设计 5 项定额号，本例只输入 3 个，当采用混凝土垫层时，应填写垫层搅拌和垫层模板定额号。右边窗口存有 4 个定额号模板，图 2-4 显示模板 1，与右侧应用情况相同。可修改左侧定额号组，存为新模板。

现在我们可对照办公楼结施 1 来解释图 2-4 中第 1 行数据行 J1-1 中各列录入数据的意义：

☆ 长度列 *K*1 为基础长度，取自基数，它将附墙垛并入外墙中；

☆ 槽宽列录入地槽宽度 1.4m；

☆ 加宽列指的是基础工作面，由于灰土垫层的错台 150mm 已满足毛石基础的工作面，故加宽列为 0；

☆ 垫层厚列录入垫层厚度 0.3m；

☆ 工作面列为垫层工作面，由于灰土垫层不需要工作面，故此列为 0；

☆ 槽深列录入坚土的深度为 2.14－0.45－0.4＝1.29m；

☆ 放坡列录入放坡系数 T，此例为混合土质，取自基数。

第 5 行数据用于计算 J3 附墙垛的增量，由于在 240mm 墙上出 370mm 垛，其基础宽度相应增加 0.13m，其长度为 2 个垛，共 0.26m。

以上各列数据的录入也可在图中相应位置录入，通过“提取”调入表中。

接下来的列为工程量计算结果，其中钎探数量按 1 个/m^2 计，槽宽≤0.6m 时不计算。双击某结果可以查看计算式。

将定额工程量计算结果由辅助计算表调入工程量计算书，可由三种方法完成：

△ 分取——按定额组提取计算式，计算书中按 B1、B2 分别列式；

△ 全取——提取所有计算式，合并定额，计算书中用 B 表示；

△ 整取——一键提取全部定额数据，形式同分取。

图 2-6 是采用全取方式将表 B 数据全部提取到计算书中的样式。

序号		编号/部位	项目名称/计算式		工程量
			主体工程		
⊞ 1		1-4-1	人工场地平整	m^2	368.75
⊟ 2	B	1-2-12	人工挖沟槽坚土深2m内	m^3	236.31
	1	J1-1	K1*(1.4+T*1.29)*1.29	161.50	
	2	J2-2	K2*(1.6+T*1.29)*1.29	62.50	
	3	J3-3	K3*1.1*.69	12.17	
	4	J4-4	K4*.6*.04	0.12	
	5	J3增附墙垛	.26*.13*.69	0.02	
⊟ 3	B	1-2-10	人工挖沟槽普通土深2m内	m^3	99.19
	1	J1-1	K1*(1.4+T*1.69)*1.69	227.47	
	2	J2-2	K2*(1.6+T*1.69)*1.69	87.43	
	3	J3-3	K3*1.1*1.09	19.22	
	4	J4-4	K4*.6*.44	1.34	
	5	J3增附墙垛	.26*.13*1.09	0.04	
	6+	扣除坚土	-D2	-236.31	
⊟ 4	B	2-1-1-4	3:7灰土垫层(条形基础就地取土)	m^3	46.07
	1	J1-1	K1*1.4*0.3	28.46	
	2	J2-2	K2*1.6*0.3	11.36	
	3	J3-3	K3*1.1*0.3	5.29	
	4	J4-4	K4*.6*.15	0.46	
	5	J3增附墙垛	.26*.13*.3	0.01	
	6+	3-3搭接	.3*.3*1.1*4	0.40	
	7+	4-4搭接	(.35*2+.3)*.15*.6	0.09	
⊟ 5	B	1-4-4-1	基底钎探(灌砂)	眼	151
	1		95+38+18	151	

图 2-6　全取方式提取辅助计算表数据

在计算书中需要增加计算式时，可在后面追加，如本案例的普通土挖土是按地槽深度 1.69m 计算了全部挖土量，这样做是为了不计算上部普通土放坡后的宽度。所以它需要扣除坚土挖土量，见计算书中第 3 项第 6 行“扣除坚土，-D2”，此行的序号自动带上“+”号以示区别。当再次提取时，将保留此行数据。

第 4 项第 6、7 行数据是考虑基础深度不同垫层需要搭接的部分。

2. J 表

在 12 种辅助计算表中，唯有室内装修表的定额号可由装修做法表直接导入，在右侧视窗中双击即可，如图 2-7 所示。

下面以走廊为例讲解使用方法：

如图 2-8 所示，由建施 1 得出第 1 行数据为：a 边为 24.76m，b 边为 1.76m，高度为 3.2－0.08＝3.12m，扣墙（增墙垛）列中将楼梯间的墙长 2.76m 扣去，立面洞口暂按 2～3 层扣除 1 个 M2、2 个 M3、1 个洞口 4.8m、7 个 C1 和 2 个 C2，在计算书中调整 1 层数量，即扣 1 个 C1，加 1 个 M1。第 2 行数据为楼梯平台，b 边长应为 1.5＋0.12－0.05＝1.57m，此处应扣 2 面墙，故输入 2.76×2。第 3 行数据为休息平台板位置，注意此处的间数填 2，是考虑了 2 层，因为楼梯的最上一层高度超过了 3.6m，按计算规则应计算满堂脚手架，故另表计算。b 边长为 1.5－

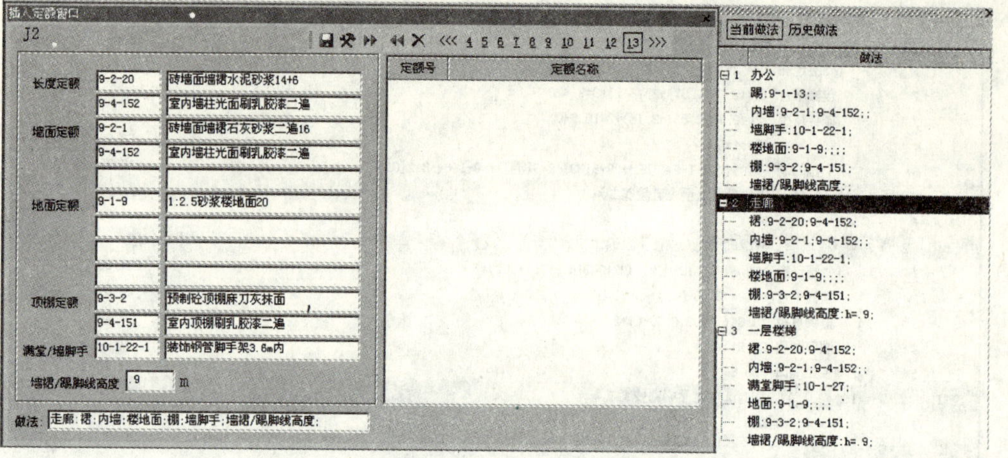

图 2-7　由装修做法索引导入定额号

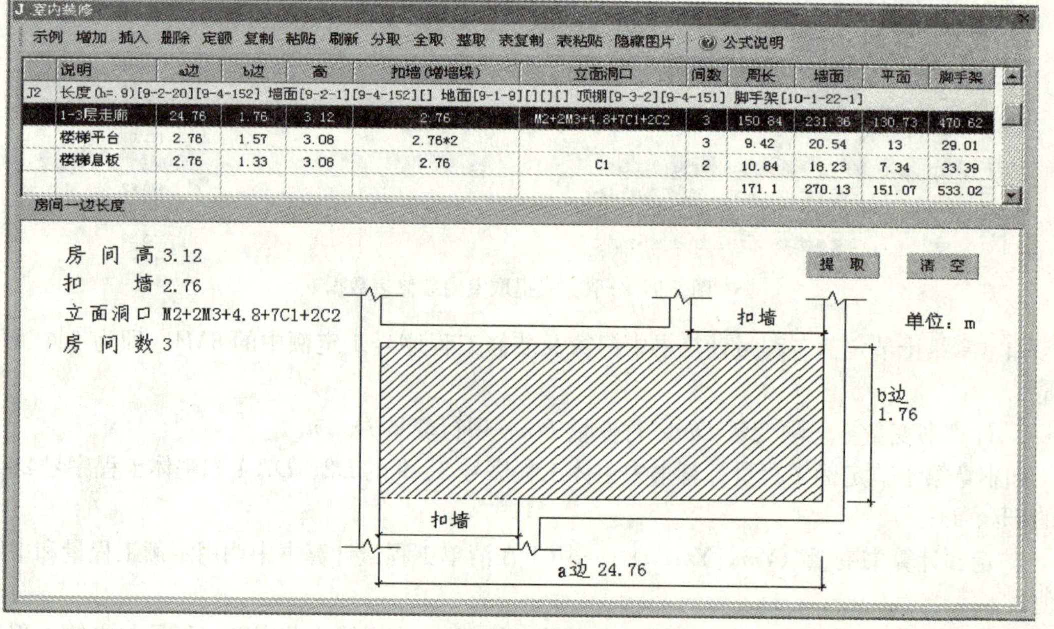

图 2-8　走廊室内装修表

0.12−0.05=1.33m，此处应扣 1 面墙，输入 2.76。

图 2-9 为采用分取方法提取到计算书中的样式。

六、工程量计算书中的变量表示方法

工程量计算书中的计算式和中间结果皆可通过变量来调用。

1. 基数变量——通过变量名和行值 Zm（m 为序号）来调用。

如本章第十节定额工程量计算书中主体工程序号 1 人工场地平整计算式中的 W 表示外墙长 68.00m，也可用 $Z1$ 表示。

2. 门窗及过梁变量

C、M、GL、YGL——全部门、窗、过梁和预制过梁总量。

分类表示，以窗为例（其他类推）：

C(37)——37 墙窗口总量，C(37W)——37 外墙窗口总量，3C1——3 个 C1 总工程量。

序号	编号/部位	项目名称/计算式		工程量
⊟ 8	J2 9-2-20	砖墙面墙裙水泥砂浆14+6	m²	136.26
1	1-3层走廊	(2*(24.76+1.76)-2.76)*3=150.840		
2	楼梯平台	(2*(2.76+1.57)-2.76*2)*3=9.420		
3	楼梯息板	(2*(2.76+1.33)-2.76)*2=10.840		
4		171.1*0.9	153.99	
5+	扣门洞	-(1.5[M1]+1.2*3[M2]+.9*6[M3]+2*3[洞])*.9-1.8*.8*2[C1]	-17.73	
⊟ 9	J2 9-4-152	室内墙柱光面刷乳胶漆二遍	m²	136.26
1		D8	136.26	
⊟ 10	J2 9-2-1	砖墙面墙裙石灰砂浆二遍16	m²	286.81
1	1-3层走廊	150.84*(3.12-0.9)-(M2+2M3+4.8+7C1+2C2)*3	231.36	
2	楼梯平台	9.42*(3.08-0.9)	20.54	
3	楼梯息板	10.84*(3.08-0.9)-C1*2	18.23	
4+	洞口调整	C1-M1	-1.05	
5+	增多扣洞口	-D8.5	17.73	
⊟ 11	J2 9-4-152	室内墙柱光面刷乳胶漆二遍	m²	286.81
1		D10	286.81	
⊟ 12	J2 9-1-9	1:2.5砂浆楼地面20	m²	151.07
1	1-3层走廊	24.76*1.76*3	130.73	
2	楼梯平台	2.76*1.57*3	13.00	
3	楼梯息板	2.76*1.33*2	7.34	
⊟ 13	J2 9-3-2	预制砼顶棚麻刀灰抹面	m²	151.07
1	1-3层走廊	24.76*1.76*3	130.73	
2	楼梯平台	2.76*1.57*3	13.00	
3	楼梯息板	2.76*1.33*2	7.34	
⊟ 14	J2 9-4-151	室内顶棚刷乳胶漆二遍	m²	151.07
1		D13	151.07	
⊟ 15	J2 10-1-22-1	装饰双排里钢管脚手架3.6m内	m²	533.02
1	1-3层走廊	(2*(24.76+1.76)-2.76)*3.12*3	470.62	
2	楼梯平台	(2*(2.76+1.57)-2.76*2)*3.08*3	29.01	
3	楼梯息板	(2*(2.76+1.33)-2.76)*3.08*2	33.39	

图 2-9　分取方式提取室内装修表数据

如本章第十节定额工程量计算书中门窗及装修工程序号 1 定额中的 6$M4$，即为 6 个 $M4$ 工程量。

3. 计算书变量——项变量 Dm、行变量 Hn、项行变量 $Dm.n$。

如本章第十节定额工程量计算书中主体工程序号 3、9 的 $D2$、$D7.1$ 和主体工程序号 26、28 中的 H_5、H_3。

4. 定额计算书变量（Ym、$Ym.n$）——用于在清单工程量计算书中调用定额工程量和中间计算值。

如本章第十一节清单工程量计算书中序号 4 的 Y6，表示第十节定额工程量中主体工程序号 6 的定额工程量值 138.17。

七、关于钢筋箍筋、拉结筋和马凳筋的计算

手工算量的箍筋是按传统的构件外包尺寸计算长度的。表格计算中是按 03G101-1 图集中的规定来计算的。箍筋与拉筋在图形上标注的是扣除保护层的净长度，即箍内尺寸。135°的弯钩部分为 $1.9d$，平直部分取 $10d$、75mm 中较大值（按构造要求时为 $5d$）。封闭箍筋弯钩的计算长度为 $2(1.9+10+2)d=27.8d$ 或 $2(1.9+2)d+150=7.8d+150$mm。当拉筋起箍筋作用时要钩住箍筋，长度计算同上；当拉筋起构造作用时，平直部分取 $5d$，弯钩计算长度为 $2(1.9+5+1)d=15.8d$。

马凳筋的规格比底板钢筋降低一个规格，按每平方米 1 个计取，长度为 2 倍板厚加 200mm。

墙体拉结 S 钩如设计无规定时按 $\phi8$ 计，长度为墙厚加 150mm，每平方米 3 个。

由于 $\phi6$ 钢筋无货，按 $\phi6.5$ 计算。

八、工程量清单模式

1. 清单量模式——清单与定额完全脱离

(1) 清单项目工作内容规范描述如表 2-1 所示。

清单项目工作内容规范描述 **表 2-1**

序号	项目编码	项目名称	计量单位	工程数量
1	010101001001	平整场地	m^2	760
2	010301001001	砖基础 1. 基础形式：条形 2. 砖品种、规格：机制红砖 3. 砂浆强度等级：M10 水泥浆	m^3	78.78

注：摘自 2006 年 3 月《青岛市工程量清单及计价编制实例集》P149。

(2) 清单项目工作内容简化描述如表 2-2 所示。

清单项目工作内容简化描述 **表 2-2**

序号	项目编码	项目名称	计量单位	工程数量
1	010101001001	平整场地	m^2	760
2	010301001001	砖基础：条形，M10 水泥砂浆	m^3	78.78

注：参照建设部宣贯教材案例样式（见 P357）。

2. 清单量/定额模式——清单项目工作内容的描述用定额号加项目名称来代替（表 2-3）

清单量/定额模式 **表 2-3**

序号	项目编码	项目名称	计量单位	工程数量
1	010302001012	实心砖墙 A17-1 建筑物超高降效高度 30m 以内 A3-4 灰砂砖外墙墙体厚度 3/4 砖（±0 以上）	m^3	669.700

注：参照《上海·2004 工程造价案例集》样式。

3. 清单量/定额量模式——清单量与定额量紧密结合

建设部《建筑工程工程量清单计价规范》第 4.0.8 条要求："投标报价应根据招标文件中的工程量清单和有关要求、施工现场实际情况及拟定的施工方案或施工组织设计，依据企业定额和市场价格信息，或参照建设行政主管部门发布的社会平均消耗量定额进行编制。"

实行清单计价 5 年来，至今采用企业定额报价的案例极为少见，说明目前依然是采用社会平均消耗量定额来编制标底和报价。由于工程量清单没有与定额相结合，而清单无参考价，不能详细描述做法，投标人理解不一致，量价混合，体现不出企业水平。我们认为清单只有与定额计价紧密结合，才能真正体现量价分离，便于公平竞争，同时建议企业定额应和清单一样执行四统一原则（人、材、机含量及单价可以不同），便于交流。

目前，国内的算量软件输出的结果大都采用清单量/定额量模式（表 2-4）。

清单量/定额量模式 **表 2-4**

序号	清单/定额编号	项目名称	单位	工程量	
1	010101001001	平整场地	m^2		760.00
	1-4-2	机械场地平整	$10m^2$	79.01	
2	010301001001	砖基础：M10 砂浆	m^3		78.78
	3-1-1.09	M10 砂浆砖基础	$10m^3$	7.878	
	6-2-5	防水砂浆 防潮层 20	$10m^3$	6.565	

第二节 做法定额表

工程名称：办公楼　　　　建筑消耗量（06）

序号	部位及做法名称	做法说明	定额号	定额名称
1	施工技术措施	1. 现浇混凝土均采用商品混凝土 2. 设6t塔吊一座，塔吊基础按 2m×2m×1.5m现浇 3. 塔吊基础爆破拆除，石渣外运，运费35元/m³ 4. 设钢管依附斜道一座（安全施工费） 5. 采用密目网垂直封闭（安全施工费） 6. 立挂式安全网（安全施工费） 7. 采用钢管脚手架 8. 塔吊垂直运输	10-5-1-1' 4-1-131 10-4-63 1-1-17 补1 10-5-20 10-5-20-1 10-1-4 10-1-21 10-2-5 10-1-103	塔式起重机混凝土基础浇养护 现浇混凝土埋设螺栓 20m³ 内设备基础组合钢模钢支撑 机械打孔爆破坚石 石渣外运（35元/m³） 6t塔式起重机安、拆 6t塔式起重机场外运输 单排外钢管脚手架15m内 单排里钢管脚手架3.6m内 20m内建筑混合结构垂直运输 双排外钢管脚手架6m内
2	平整场地	平整场地	1-4-1	人工场地平整
3	毛石基	1. 挖地槽（普通土0.4m，以下为坚土） 2. 钎探（灌砂填孔） 3. 3：7灰土垫层（就地取土） 4. M5.0砂浆毛石基 5. 脚手架（边砌边填，不考虑）	1-2-10 1-2-12 1-4-4-1 2-1-1-4 3-2-1	人工挖沟槽普通土深2m内 人工挖沟槽坚土深2m内 基底钎探（灌砂） 3：7灰土垫层（条形基础就地取土） M5.0砂浆乱毛石基础
4	基础圈梁	1. C253圈梁	4-2-26' 10-4-125	C253商品混凝土圈梁 圈梁组合钢模板木支撑
5	回填	1. 槽坑回填 2. 地面回填	1-4-12 1-4-11	槽坑人工夯填土 机械夯填土（地坪）
6	运余土	1. 余土外运15.3km	1-2-56 1-3-57 1-3-58＊15	人工装车土方 自卸汽车运土方1km内 自卸汽车运土方增运1km×15
7	墙体	1. M5.0砂浆砌黏土砖	3-1-15.07 3-1-14.07 3-1-12.07	M5.0砂浆混水砖墙365 M5.0砂浆混水砖墙240 M5.0砂浆混水砖墙115
8	柱	1. 构造柱	4-2-20' 10-4-98	C253商品混凝土构造柱 构造柱组合钢模板钢支撑
9	梁	1. 花篮梁，异形梁	4-2-25' 10-4-123 10-1-103	C253商品混凝土异形梁 异形梁木模板木支撑 双排外钢管脚手架6m内
10	圈梁	1. C253圈梁	4-2-26' 10-4-125	C253商品混凝土圈梁 圈梁组合钢模板木支撑
11	过梁	1. C253现浇过梁 2. 预制过梁	4-2-27' 10-4-116 10-3-100 10-3-94H	C253商品混凝土过梁 过梁组合钢模板木支撑 梁灌缝 现场预制过梁塔吊安装
12	板	1. C252平板 2. C202大于4cm板缝 3. 预应力空心板 4. 预应力平板	4-2-38' 10-4-168 4-2-55' 10-4-212 10-3-170 10-3-168 10-3-177H 10-3-179	C252商品混凝土平板 平板组合钢模板钢支撑 C202商品混凝土小型构件 小型构件木模板木支撑 空心板灌缝 0.6m³ 内空心板塔吊安装 0.2m³ 内平板塔吊安装 平板灌缝

续表

序号	部位及做法名称	做法说明	定额号	定额名称
13	雨篷、栏板	1. C252 雨篷	4-2-49.2' 4-2-65.2*-2' 10-4-203	C252 商品混凝土雨篷 C252 商品混凝土阳台、雨篷每－10×2 直形悬挑板阳台雨篷木模板木支撑
14	挑檐、天沟	1. C202 挑檐、天沟 2. C202 栏板	4-2-56' 10-4-211 4-2-51' 10-4-206	C202 商品混凝土挑檐、天沟 挑檐、天沟木模板木支撑 C202 商品混凝土栏板 栏板木模板木支撑
15	楼梯	1. C252 楼梯	4-2-42.2' 10-4-201 4-1-96	C252 商品混凝土直形楼梯无斜梁 100 直形楼梯木模板木支撑 铁件
16	保温屋面	1. 1∶3 水泥砂浆找平层 20 2. 刷石油沥青一道 3. C7.5 矿渣混凝土找坡 1.5% 4. 1∶10 水泥蛭石保温层 80 5. 20 厚 1∶2.5 水泥砂浆找平层 6. PVC 橡胶卷材	9-1-1 6-2-72 6-3-21 6-3-16 9-1-1-2 6-2-44	1∶3 砂浆硬基层上找平层 20 平面石油沥青一遍 混凝土板上铺 C7.5 矿渣混凝土 混凝土板上现浇水泥蛭石 1∶10 1∶2.5 砂浆硬基层上找平层 20 平面 PVC 橡胶卷材防水层
17	屋面排水	1. 塑料落水管 2. 铸铁雨水口 3. 塑料水斗	6-4-9 6-4-20 6-4-10	塑料落水管 ϕ100 铸铁雨水口 塑料水斗
18	雨篷顶防水	1. 防水砂浆 2. ϕ50 塑料泄水管	6-2-10 6-4-18H	平面防水砂浆防水层 塑料短管 ϕ50
19	混凝土散水	1. 素土夯实 2. 150 厚 3∶7 灰土夯实(就地取土) 3. 60 厚 C20 细石混凝土	8-7-51-1' 10-4-49	C20 细石商品混凝土散水 3∶7 灰土垫层(就地取土) 混凝土基础垫层木模板
20	铝合金门	1. 铝合金门	5-5-2	铝合金平开门安装
21	铝合金窗	1. 铝合金窗 2. 铝合金防盗网	5-5-4 5-5-7	铝合金推拉窗安装 铝合金防盗网安装(扇面积)
22	木门	1. 木板门(三、四类木材) 2. 刷底油一遍，调和漆二遍，磁漆一遍 3. 运距 12.3km	5-1-11' 5-1-12' 5-1-43' 5-1-44' 5-9-2-1' 5-1-9' 5-1-10' 5-1-41' 5-1-42' 5-9-1-1' 10-3-38 10-3-39*3 9-4-11	双扇带亮木门框制作 3-4 类材 双扇带亮木门框安装 3-4 类材 双扇带亮玻璃木门扇制作 3-4 类材 双扇带亮玻璃木门扇安装 3-4 类材 双扇带亮木门配件(安执手锁)3-4 类材 单扇带亮木门框制作 3-4 类材 单扇带亮木门框安装 3-4 类材 单扇带亮玻璃木门扇制作 3-4 类材 单扇带亮玻璃木门扇安装 3-4 类材 单扇带亮木门配件(安执手锁)3-4 类材 木门窗运输 10km 内 木门窗运输每增 1km×3 调和漆二遍磁漆一遍(单层木门)
23	室外砖台阶	1. 素土夯实 2. 砖台阶	3-1-27 3-1-1 9-1-11 9-1-9	M5.0 砂浆砖台阶 M5.0 砂浆砖基础 1∶2.5 砂浆台阶 20 1∶2.5 砂浆楼地面 20
24	水泥砂浆踢脚	1. 20 厚 1∶2.5 水泥砂浆踢脚	9-1-13	1∶3 砂浆踢脚线 20
25	1 层水泥地面	1. 素土夯实 2. 80 厚 C15 混凝土垫层 3. 20 厚 1∶2.5 水泥砂浆地面	2-1-13' 9-1-9	C154 商品混凝土无筋混凝土垫层 1∶2.5 砂浆楼地面 20

续表

序号	部位及做法名称	做法说明	定额号	定额名称
26	1层卫生间彩色釉面地瓷砖地面	1. 素土夯实 2. 80厚C15混凝土垫层 3. 30厚1∶3水泥砂浆找平层 4. 1∶2.5水泥砂浆粘贴彩色釉面地瓷砖	2-1-13' 9-1-1 9-1-3＊2 9-1-82	C154商品混凝土无筋混凝土垫层 1∶3砂浆硬基层上找平层20 1∶3砂浆找平层＋5×2 1∶2.5砂浆10彩釉砖楼地面1200内
27	2～3层卫生间彩色釉面地瓷砖楼面	1. 现浇钢筋混凝土楼板 2. 20厚1∶2防水砂浆 3. 聚氨酯防水涂料二遍，上翻500 4. 30厚1∶3水泥砂浆结合层 5. 1∶2.5水泥砂浆粘贴彩色釉面地瓷砖	6-2-10 6-2-11 6-2-71 9-1-1 9-1-3＊2 9-1-82	平面防水砂浆防水层 立面防水砂浆防水层 聚氨酯二遍 1∶3砂浆硬基层上找平层20 1∶3砂浆找平层＋5×2 1∶2.5砂浆10彩釉砖楼地面1200内
28	2层水泥楼面	1. 预制钢筋混凝土楼板 2. 40厚C20细石混凝土 3. 20厚1∶2.5水泥砂浆楼面	9-1-4' 9-1-9	C20细石商品混凝土找平层40 1∶2.5砂浆楼地面20
29	2层水泥楼梯面	1. 现浇钢筋混凝土楼梯 2. 20厚1∶2.5水泥砂浆楼梯面	9-1-10	1∶2.5砂浆楼梯20
30	麻刀灰顶棚	1. 预制钢筋混凝土板 2. 刷素水泥浆一道 3. 7厚1∶3∶9水泥石灰膏砂浆打底扫毛 4. 9厚1∶0.5∶1水泥石灰膏砂浆中间层 5. 麻刀石灰浆罩面 6. 刮腻子三遍 7. 乳胶漆二遍	9-3-1 9-3-2 9-4-209 9-4-210 9-4-151	现浇混凝土顶棚麻刀灰抹面 预制混凝土顶棚麻刀灰抹面 顶棚、内墙抹灰面满刮腻子二遍 顶棚、内墙抹灰面满刮腻子增一遍 室内顶棚刷乳胶漆二遍
31	水泥砂浆顶棚	1. 现浇钢筋混凝土板 2. 刷素水泥浆一道 3. 10厚1∶3水泥砂浆打底扫毛 4. 7厚1∶2.5水泥砂罩面 5. 刮腻子三遍 6. 乳胶漆二遍	9-3-3 9-4-209 9-4-210 9-4-151	现浇混凝土顶棚水泥砂浆抹灰 顶棚、内墙抹灰面满刮腻子二遍 顶棚、内墙抹灰面满刮腻子增一遍 室内顶棚刷乳胶漆二遍
32	卫生间墙裙(2100)瓷砖面	1. 8厚1∶3水泥砂浆打底扫毛 2. 8厚1∶3水泥砂浆找平扫毛 3. 6厚1∶1水泥砂浆结合层 4. 粘贴内墙釉面瓷砖200×150	9-2-172 9-2-173 9-2-334	墙面墙裙砂浆粘贴瓷砖200×150 零星项目砂浆粘贴瓷砖200×150 面砖阳角45°角对缝
33	水泥砂浆内墙面墙裙(900)	1. 7厚1∶3水泥砂浆打底扫毛 2. 7厚1∶3水泥砂浆找平扫毛 3. 6厚1∶2.5水泥砂浆压实抹光 4. 刮腻子三遍 5. 乳胶漆二遍	9-2-20 9-4-152 9-4-209 9-4-210 10-1-22-1	砖墙面墙裙水泥砂浆14＋6 室内墙柱光面刷乳胶漆二遍 顶棚、内墙抹灰面满刮腻子二遍 顶棚、内墙抹灰面满刮腻子增一遍 装饰钢管脚手架3.6m内
34	麻刀石灰浆内墙面	1. 16厚1∶3石灰砂浆 2. 麻刀灰罩面厚 3. 刮腻子三遍 4. 乳胶漆二遍	9-2-1 9-4-152 9-4-209 9-4-210 10-1-22-1	砖墙面墙裙石灰砂浆二遍16 室内墙柱光面刷乳胶漆二遍 顶棚、内墙抹灰面满刮腻子二遍 顶棚、内墙抹灰面满刮腻子增一遍 装饰钢管脚手架3.6m内
35	水泥砂浆外墙面	1. 7厚1∶3水泥砂浆打底扫毛 2. 7厚1∶3水泥砂浆找平扫毛 3. 6厚1∶2.5水泥砂浆抹面	9-2-20 9-2-25	砖墙面墙裙水泥砂浆14＋6 零星项目水泥砂浆6＋14
36	丙烯酸硅外墙涂料	1. 水泥砂浆面 2. 喷封底涂料一遍 3. 喷丙烯酸硅外墙涂料二遍	9-4-184	抹灰外墙面丙烯酸涂料(一底二涂)
37	竣工清理	竣工清理	1-4-3	竣工清理

第三节　装修做法表

工程名称：办公楼　　　　建筑消耗量（06）

序号	房间名称	装修做法/定额号					
1	办公	踢		内墙			墙脚手
		9-1-13		9-2-1	9-4-152		10-1-22-1
				9-4-209	9-4-210		
		楼地面				棚	
		9-1-9				9-3-2	9-4-151
		2-1-13'地	9-1-4 楼			9-4-209	9-4-210
2	走廊	裙		内墙			墙脚手
		9-2-20	9-4-152	9-2-1	9-4-152		10-1-22-1
		h=0.9	9-4-209	9-4-209	9-4-210		
		楼地面				棚	
		9-1-9				9-3-2	9-4-151
		2-1-13'地	9-1-4 楼			9-4-209	9-4-210
3	1层楼梯	裙		内墙			满堂脚手
		9-2-20	9-4-152	9-2-1	9-4-152		10-1-27
		h=0.9	9-4-209	9-4-209	9-4-210		
		地面				棚	
		9-1-9				9-3-2	9-4-151
		2-1-13'地	9-1-4 楼			9-4-209	9-4-210
4	2～3层楼梯	裙		内墙			墙脚手
		9-2-20	9-4-152	9-2-1	9-4-152		10-1-22-1
		h=0.9	9-4-209	9-4-209	9-4-210		
		楼梯				棚	
		9-1-10				9-3-1	9-4-151
						9-4-209	9-4-210
5	卫生间	裙		内墙			墙脚手
		9-2-172		9-2-20	9-4-152		10-1-22-1
		h=2.1		9-4-209	9-4-210		
		地面				棚	
		9-1-1	9-1-3＊2	9-1-82		9-3-3	9-4-151
		2-1-13'地	6-2-10 楼	6-2-44 楼		9-4-209	9-4-210

第四节　门窗过梁表

工程名称：办公楼　　　　建筑消耗量（06）

门窗号	图纸编号	宽×高(m×m)	面积(m^2)	37W墙	24N墙	12N墙	数量	洞口过梁号
C1	TLC70-40	1.8×1.5	2.7	38			38	YGL31
1层				12			12	
2～3层				13×2			26	
C2	TLC70-16	1.2×1.5	1.8	6			6	YGL32

续表

门窗号	图纸编号	宽×高(m×m)	面积(m²)	37W墙	24N墙	12N墙	数量	洞口过梁号
1～3层				2×3			6	
C3	TLC70-12	1×0.6	0.6	6			6	砖拱
1～3层				2×3			6	
DK		2×2.4	4.8		3		3	YGL23
1～3层					1×3		3	
M1	PLM70-75	1.5×2.5	3.75	1			1	GL
1层				1			1	
M2	M1-377	1.2×2.4	2.88		3		3	YGL21
1～3层					1×3		3	
M3	M1-66	0.9×2.4	2.16		6		6	YGL22
1～3层					2×3		6	
M4	PLM70-42	0.8×2.1	1.68			6	6	YGL1
1～3层						2×3	6	
			小计	51	12	6	69	

过梁号	图纸编号	长×宽×高(m×m×m)	体积(m³)	37W墙	24N墙	12N墙	数量	对应门窗号
GL		2.5×0.37×0.32	0.296	1			1	M1
YGL31		2.3×0.37×0.18	0.153	38			38	C1
YGL32		1.7×0.37×0.18	0.113	6			6	C2
YGL21		1.7×0.24×0.18	0.073		3		3	M2
YGL22		1.4×0.24×0.12	0.04		6		6	M3
YGL23		2.5×0.24×0.18	0.108		3		3	DK
YGL1		1.3×0.12×0.12	0.019			6	6	M4
			小计	45	12	6	63	

第五节 构件清单表

工程名称：办公楼　　　　建筑消耗量（06）

序号	构件类别/名称	定额号/构件尺寸	基础	1层	2层	顶层	数量
1	圈梁	4-2-25.27’,10-4-125					
	基础QL	$K1$×0.37×0.24	1				1
		($J2$+$J3$)×0.24×0.24	1				1
	1-2层QL外	$K1$×0.37×0.26		1	1		2
	内墙QL	$N24$×0.24×0.26		1	1		2
	顶层QL外	$K1$×0.37×0.32				1	1
	内墙QL	$N24$×0.24×0.32				1	1
2	过梁	4-2-27’,10-4-116					
	雨篷过梁	2.5×0.37×0.32		1			1
3	梁	4-2-25’,10-4-123,10-1-103					
	L1	6.37×0.25×0.6		2	2	2	6
	L2	3.37×0.24×0.4		1	1	1	3
4	构造柱	4-2-20’,10-4-98					
	GZ1	0.37×0.46×9.48		4	4	4	12
	GZ2	(0.37×0.43+0.15×0.24)×9.48		5	5	5	15
	GZ3	0.27×0.27×9.48		1	1	1	3
5	板	4-2-38’,10-4-168					
	厕所板	6×3×0.08		1	1		2
6	板缝	4-2-55’,10-4-212					
	空心板缝90	板长×0.09×0.12		5	5	7	17
	空心板缝70	3×0.07×0.12		2	2		4
7	挑檐	4-2-56’,10-4-211					
		(W+4×0.85)×0.85×0.08				1	1

续表

序号	构件类别/名称	定额号/构件尺寸	基础	1层	2层	顶层	数量
8	栏板	4-2-51.2',10-4-206					
		(W+8×0.82)×0.06×0.72				1	1
9	雨篷	4-2-49.2',10-4-211					
		2.5×1.5×0.08		1			1
10	楼梯	4-2-42.2',4-2-46.2',10-4-201					
		4.58×2.76		1	1		2
11	预应力空心板	10-3-168,10-3-170					
	YKB36-32	3.58×0.59×0.12		18	18	27	63
	L=3.46	3.46×0.59×0.12		18	18	18	54
	L=3.73	3.73×0.59×0.12		9	9	9	27
	YKB30-32	2.98×0.59×0.12		4	4	9	17
12	预应力平板	10-3-177,10-3-179					
	YPB21-35L=1.98	1.98×0.49×0.08		44	44	44	132
	YPB21-36L=1.98	1.98×0.59×0.08		3	3	3	9

第六节 钢筋明细表

工程名称：办公楼

序号	构件名称	数量	筋号	规格	图形	计算式	长度(mm)	根数	重量(kg)
1	构造柱								
1	GZ1	4	基础角筋	φ16	300 875	300+240−65+700	1175	4	29.7
2			基础b边中部筋	φ16	300 875	300+240−65+700	1175	2	14.85
3			基础h边中部筋	φ16	300 875	300+240−65+700	1175	2	14.85
4			中间层角筋	φ16	3900	3200+700	3900	8	197.18
5			中间层b边中部筋	φ16	3900	3200+700	3900	4	98.6
6			中间层h边中部筋	φ16	3900	3200+700	3900	4	98.6
7			顶层角筋1	φ16	300 3175	3200+355−80	3475	4	87.85
8			顶层b边中部筋1	φ16	300 3175	3200+355−80	3475	2	43.92
9			顶层h边中部筋1	φ16	300 3175	3200+355−80	3475	2	43.92
10			箍筋1	φ6.5	320 320	2×(320+320)+7.8d+150	1481	63	97.3
11	GZ2	5	基础角筋	φ16	300 875	300+240−65+700	1175	4	37.13
12			基础b边中部筋	φ16	300 875	300+240−65+700	1175	3	27.85
13			基础h边中部筋	φ16	300 875	300+240−65+700	1175	2	18.57
14			中间层角筋	φ16	3900	3200+700	3900	8	246.48
15			中间层b边中部筋	φ16	3900	3200+700	3900	6	184.86
16			中间层h边中部筋	φ16	3900	3200+700	3900	4	123.24
17			顶层角筋1	φ16	300 3175	3200+355−80	3475	4	109.81
18			顶层b边中部筋1	φ16	300 3175	3200+355−80	3475	3	82.36
19			顶层h边中部筋1	φ16	300 3175	3200+355−80	3475	2	54.91
20			箍筋1	φ6.5	190 320	2×(190+320)+7.8d+150	1221	63	100.26
21			箍筋2	φ6.5	440 190 440	190+440+440+12.5d	1151	63	94.5
22	GZ3	1	基础角筋	φ16	300 875	300+240−65+700	1175	4	7.43
23			中间层角筋	φ16	3900	3200+700	3900	8	49.3
24			顶层角筋1	φ16	300 3175	3200+355−80	3475	4	21.96
25			箍筋1	φ6.5	190 190	2×(190+190)+7.8d+150	961	63	15.78

续表

序号	构件名称	数量	筋号	规格	图形	计算式	长度(mm)	根数	重量(kg)
2	梁								
1	L1	6	1号筋	φ25	6320	6320	6320	3	437.98
2			2号筋	φ22	335 778 465 45 4420 778	4420+778+778+335+465	6776	2	242.31
3			3号筋	φ12	6320	6320+12.5d	6470	2	68.94
4			4号筋	φ10	6320	6320+12.5d	6445	2	47.72
5			4号筋'	φ10	5710	5710+12.5d	5835	2	43.2
6			5号筋	φ8	200 550	2×(200+550)+27.8d	1722	33	134.68
7			6号筋	φ6.5	40 440 40	440+40+40	520	15	12.2
8	L2	3	1号筋	φ16	3320	3320	3320	3	47.21
9			2号筋	φ10	3320	3320+12.5d	3445	3	19.13
10			3号筋	φ12	3320	3320+12.5d	3470	2	18.49
11			箍筋	φ8	70 350 270 190	350×2+270+70+190×2+12.5d	1520	18	32.42
3	圈梁								
1	基础QL37	2	主筋	φ12	25450	25450+12.5d+(35d+12.5d)×2+200×2	27140	4	192.8
2		2	主筋	φ12	25450	25450+12.5d+(35d+12.5d)×2	26740	2	94.98
3		2	主筋	φ12	8930	8930+12.5d	9080	6	96.76
4		2	箍筋	φ6.5	320 190	2×(320+190)+7.8d+150	1221	174	110.87
5		2	转角筋	φ12	500 340 500 45	340+2×500+12.5d	1490	2	5.29
6	基础QL24	1	外侧主筋	φ12	22320	22320+12.5d+(35d+12.5d)+200+715	23955	2	42.54
7		1	内侧主筋	φ12	22320	22320+12.5d+(35d+12.5d)+200+190	23430	2	41.61
8		1	主筋	φ12	22320	22320+12.5d+(35d+12.5d)	23040	2	40.92
9		1	外侧主筋	φ12	6320	6320+12.5d+200+715	7385	2	13.12
10		1	内侧主筋	φ12	6320	6320+12.5d+200+190	6860	2	12.18
11		3	主筋	φ12	6320	6320+12.5d+200×2	6870	4	73.21
12		1	主筋	φ12	6320	6320+12.5d	6470	8	45.96
13		1	箍筋	φ6.5	190 190	2×(190+190)+7.8d+150	961	245	61.42
14	1~2层QL37	4	主筋	φ12	25450	25450+12.5d+(35d+12.5d)×2+200×2	27140	4	385.61
15		4	主筋	φ12	25450	25450+12.5d+(35d+12.5d)×2	26740	2	189.96
16		4	主筋	φ12	8930	8930+12.5d	9080	6	193.51
17		4	箍筋	φ6.5	320 210	2(320+210)+7.8d+150	1261	174	229.01
18		4	转角筋	φ12	500 340 500 45	340+2×500+12.5d	1490	2	10.58
19	1~2层QL24	2	主筋	φ12	22320	22320+12.5d+(35d+12.5d)+200+715	23955	2	85.09
20		2	主筋	φ12	22320	22320+12.5d+(35d+12.5d)+200+190	23430	2	83.22
21		2	主筋	φ12	22320	22320+12.5d+(35d+12.5d)	23040	2	81.84
22		2	主筋	φ12	6320	6320+12.5d+200+715	7385	2	26.23
23		2	主筋	φ12	6320	6320+12.5d+200+190	6860	2	24.37
24		6	主筋	φ12	6320	6320+12.5d+200×2	6870	4	146.41
25		2	主筋	φ12	6320	6320+12.5d	6470	8	91.92
26		2	箍筋	φ6.5	190 210	2×(190+210)+7.8d+150	1001	245	127.98
27	屋面QL37	2	主筋	φ12	25450	25450+12.5d+(35d+12.5d)×2+200×2	27140	4	192.8

续表

序号	构件名称	数量	筋号	规格	图形	计算式	长度(mm)	根数	重量(kg)
28		2	主筋	φ12	25450	25450+12.5d+(35d+12.5d)×2	26740	2	94.98
29		2	主筋	φ12	8930	8930+12.5d	9080	6	96.76
30		2	箍筋	φ6.5	320 270	2×(320+270)+7.8d+150	1381	174	125.4
31		2	转角筋	φ12	500 340 500 45	340+2×500+12.5d	1490	2	5.29
32	屋面QL24	1	主筋	φ12	22320	22320+12.5d+(35d+12.5d)+200+715	23955	2	42.54
33		1	主筋	φ12	22320	22320+12.5d+(35d+12.5d)+200+190	23430	2	41.61
34		1	主筋	φ12	22320	22320+12.5d+(35d+12.5d)	23040	2	40.92
35		1	主筋	φ12	6320	6320+12.5d+200+715	7385	2	13.12
36		1	主筋	φ12	6320	6320+12.5d+200+190	6860	2	12.18
37		3	主筋	φ12	6320	6320+12.5d+200×2	6870	4	73.21
38		1	主筋	φ12	6320	6320+12.5d	6470	8	45.96
39		1	箍筋	φ6.5	190 270	2×(190+270)+7.8d+150	1121	245	71.66
4	过梁								
1	YGL21	3	梁纵筋	φ14	1650	1650	1650	3	17.97
2			架立筋	φ8	1650	1650+12.5d	1750	2	4.15
3			箍筋	φ6.5	190 130	2×(190+130)+7.8d+150	841	9	5.92
4	YGL22	6	纵筋	φ8	1350	1350+12.5d	1450	2	6.87
5			分布筋	φ6.5	220	220	220	8	2.76
6	YGL23	3	梁纵筋	φ14	2450	2450	2450	3	26.68
7			架立筋	φ8	2450	2450+12.5d	2550	2	6.04
8			箍筋	φ6.5	190 130	2×(190+130)+7.8d+150	841	13	8.56
9	YGL1	6	纵筋	φ8	1350	1350+12.5d	1450	2	6.87
10			分布筋	φ6.5	100	100	100	8	1.25
11	YGL31	38	梁纵筋	φ14	2250	2250	2250	3	310.37
12			架立筋	φ8	2250	2250+12.5d	2350	2	70.55
13			箍筋	φ6.5	320 130	2×(320+130)+7.8d+150	1101	12	131
14	YGL32	6	梁纵筋	φ14	1650	1650	1650	3	35.94
15			架立筋	φ8	1650	1650+12.5d	1750	2	8.3
16			箍筋	φ6.5	320 130	2×(320+130)+7.8d+150	1101	9	15.51
5	板								
1	卫生间顶板	2	横向底筋	φ10	3600	3600+12.5d	3725	39	179.27
2			纵向底筋	φ12	6000	6000+12.5d	6150	23	251.22
3			负筋	φ12	65 639 65	639+65+65	769	121	165.23
4			负筋分布筋	φ6.5	2600	2600+12.5d	2681	3	4.2
5			负筋分布筋	φ6.5	1600	1600+12.5d	1681	3	2.63
6			负筋分布筋	φ6.5	1100	1100+12.5d	1181	6	3.7
7			负筋分布筋	φ6.5	3000	3000+12.5d	3081	12	19.31
8			负筋	φ12	65 1000 65	1000+65+65	1130	47	94.32
9			负筋分布筋	φ6.5	500	500+12.5d	581	6	1.82
10			负筋分布筋	φ6.5	1000	1000+12.5d	1081	9	5.07
11			小马凳	φ10	53 200 90 50	80×2+200	360	14	6.22

续表

序号	构件名称	数量	筋号	规格	图形	计算式	长度(mm)	根数	重量(kg)
6	板缝								
1	板缝 90	7	上部筋	$\phi6$	3600	3600+12.5d	3675	1	6.71
2			下部筋	$\phi12$	3600	3600+12.5d	3750	1	23.31
3			拉筋	$\phi4$	90	90+15.8d	153	19	2.01
4		6	上部筋	$\phi6$	3480	3480+12.5d	3555	1	5.57
5			下部筋	$\phi12$	3480	3480+12.5d	3630	1	19.34
6			拉筋	$\phi4$	90	90+15.8d	153	18	1.64
7		3	上部筋	$\phi6$	3750	3750+12.5d	3825	1	2.99
8			下部筋	$\phi14$	3750	3750+12.5d	3900	1	14.16
9			拉筋	$\phi4$	90	90+15.8d	153	20	0.91
10	板缝 70+90	5	上部筋	$\phi6$	3000	3000+12.5d	3075	1	4.01
11			下部筋	$\phi10$	3000	3000+12.5d	3125	1	9.64
12			拉筋	$\phi4$	90	90+15.8d	153	16	1.21
7	挑檐								
1	TY	2	受力筋	$\phi12$	570 280 50 40 940 270	570+280+40+50+940+270+12.5d	2300	171	698.5
2			底板分布筋	$\phi6.5$	27180	27180+12.5d	27261	6	85.28
3			受力筋	$\phi12$	570 280 50 40 940 270	570+280+40+50+940+270+12.5d	2300	58	236.92
4			底板分布筋	$\phi6.5$	10180	10180+12.5d	10261	6	32.1
5		4	转角筋 1	$\phi12$	570 280 50 40 1340 270	570+280+40+50+1340+270+12.5d	2700	1	9.59
6			转角筋 2	$\phi12$	570 280 50 40 1144 270	570+280+40+50+1144+270+12.5d	2504	2	17.79
7			转角筋 3	$\phi12$	570 280 50 40 1047 270	570+280+40+50+1047+270+12.5d	2407	2	17.1
8	楼梯								
1	TB	4	底筋	$\phi12$	3456	3456+12.5d	3606	14	179.32
2			下负筋	$\phi12$	963 70 180 28	70+963+180+6.25d	1288	14	64.05
3			上负筋	$\phi12$	963 180 70 28	70+963+180+6.25d	1288	14	64.05
4			分布筋	$\phi6.5$	1250	1250+12.5d	1331	27	37.52
5	TL	4	1 号筋	$\phi18$	3320	3320	3320	2	53.12
6			2 号筋	$\phi16$	335 424 465 45 1920 424	1920+424+424+335+465	3568	1	22.55
7			3 号筋	$\phi12$	3320	3320+12.5d	3470	2	24.65
8			4 号筋	$\phi6.5$	150 300	2×(150+300)+27.8d	1081	18	20.29
9	雨篷								
1	YP-M1	1	梁下部筋	$\phi12$	2450	2450+12.5d	2600	3	6.93
2			受力筋	$\phi10$	320 1830 55 320	55+1830+320×2+320+6.25d	2908	18	32.3
3			底板分布筋	$\phi8$	45 2480 45	2480+45+45	2570	8	8.12
4			挡板筋	$\phi8$	280 200 35	280+35+200	515	37	7.53
5			前挡板分布筋	$\phi6.5$	1460 2460 1460	2460+1460+1460	5380	3	4.21
6			侧挡板分布筋'	$\phi6.5$	1260 2460 1260	2060+1260+1260	4580	1	1.2

第七节 钢筋汇总表（按类型）

工程名称：办公楼

序号	类型	规 格	理论重量(kg)	损耗系数	重量(t)	定额号	名 称
1	现浇Ⅰ级钢	ϕ4	5.77	1	0.006	4-1-1	现浇构件圆钢筋ϕ4
2		ϕ6.5	228.52	1	0.228	4-1-2	现浇构件圆钢筋ϕ6.5
3		ϕ8	15.65	1	0.016	4-1-3	现浇构件圆钢筋ϕ8
4		ϕ10	331.1	1	0.331	4-1-4	现浇构件圆钢筋ϕ10
5		ϕ12	4597.23	1	4.597	4-1-5	现浇构件圆钢筋ϕ12
6		ϕ14	14.16	1	0.014	4-1-6	现浇构件圆钢筋ϕ14
7	现浇Ⅱ级钢	ϕ16	1663.13	1	1.663	4-1-15	现浇构件螺纹钢筋ϕ16
8		ϕ18	53.12	1	0.053	4-1-16	现浇构件螺纹钢筋ϕ18
9		ϕ22	242.31	1	0.242	4-1-18	现浇构件螺纹钢筋ϕ22
10		ϕ25	437.98	1	0.438	4-1-19	现浇构件螺纹钢筋ϕ25
11	现浇箍筋	ϕ6.5	1054.47	1	1.054	4-1-52	现浇构件箍筋ϕ6.5
12		ϕ8	167.1	1	0.167	4-1-53	现浇构件箍筋ϕ8
13	预制Ⅰ级钢	ϕ8	102.78	1.015	0.104	4-1-27	预制构件圆钢筋ϕ8绑扎
14	预制Ⅱ级钢	ϕ14	390.96	1.015	0.397	4-1-43	预制构件螺纹钢筋ϕ14
15	预制箍筋	ϕ6.5	165	1.015	0.167	4-1-56	预制构件箍筋ϕ6.5
16	合计				9.477		

第八节 钢筋汇总表（按构件）

工程名称：办公楼

序号	构件名称	ϕ4	ϕ6.5	ϕ8	ϕ10	ϕ12	ϕ14	ϕ14	ϕ16	ϕ18	ϕ22	ϕ25	合计
1	构造柱		307.84						1593.37				1901.21
2	梁		12.2	167.1	103.67	87.43			47.21		242.31	437.98	1097.9
3	圈梁		726.34			2637.48							3363.82
4	过梁		165	102.78				390.96					658.74
5	板		36.73		185.49	510.77							732.99
6	板缝	5.77	19.28		9.64	42.65	14.16						91.5
7	挑檐		117.38			979.90							1097.28
8	楼梯		57.81			332.07			22.55	53.12			465.55
9	雨篷		5.41	15.65	32.3	6.93							60.29
	合计	5.77	1447.99	285.53	331.1	4597.23	14.16	390.96	1663.13	53.12	242.31	437.98	9469.28

第九节　辅助计算表

工程名称：办公楼　　　　建筑消耗量（06）

主体工程

B1:挖地槽 1-2-12　垫层 2-1-1-4　钎探 1-4-4-1

说明	长度	槽宽	加宽	垫层厚	工作面	槽深	放坡	挖槽	垫层	模板	钎探
J1-1	K1	1.4		0.3		1.29	T	161.5	28.46		95
J2-2	K2	1.6		0.3		1.29	T	62.5	11.36		38
J3-3	K3	1.1		0.3		0.69		12.17	5.29		18
J4-4	K4	0.6		0.15		0.04		0.12	0.46		
J3 增附墙垛	0.26	0.13		0.3		0.69		0.02	0.01		
								236.31	45.58		151

B2:挖地槽 1-2-10

说明	长度	槽宽	加宽	垫层厚	工作面	槽深	放坡	挖槽	垫层	模板	钎探
J1-1	K1	1.4		0.3		1.69	T	227.47			
J2-2	K2	1.6		0.3		1.69	T	87.43			
J3-3	K3	1.1		0.3		1.09		19.22			
J4-4	K4	0.6		0.15		0.44		1.34			
J3 增附墙垛	0.26	0.13		0.3		1.09		0.04			
								335.5			

L1:屋面 9-1-1　6-2-72　屋面＋泛水　9-1-1-2　6-2-44　找坡 6-3-21　保温 6-3-16

说明	a边(周长)	b边	b1边	泛水	找坡厚	保温厚	屋面	泛水	找坡	保温
屋面	25.5	8.5		0.2	0.032	0.08	216.75	13.60	6.94	17.34
檐沟底	W＋4×0.54			0.54				37.89		
檐沟外侧	W＋8×0.54			0.22				15.91		
							216.75	67.4	6.94	17.34

装饰

J1:长度 9-1-13　墙面 9-2-1　9-4-152　地面 9-1-9　顶棚 9-3-2　9-4-151　脚手架 10-1-22-1

说明	a边	b边	高	扣墙(增墙垛)	立面洞口	间数	周长	墙面	平面	脚手架
办公	5.76	3.36	3.08		M3＋C1	6	109.44	307.92	116.12	337.08
会议	5.76	10.96	3.08	－0.25×4	M2＋3C1	3	103.32	285.29	189.39	308.99
							212.76	593.21	305.51	646.07

J2:墙裙(h=0.9) 9-2-20　9-4-152　墙面 9-2-1　9-4-152

地面 9-1-9　顶棚 9-3-2　9-4-151　脚手架 10-1-22-1

说明	a边	b边	高	扣墙(增墙垛)	立面洞口	间数	周长	墙面	平面	脚手架
1～3层走廊	24.76	1.76	3.12	2.76	M2＋2M3＋4.8＋7C1＋2C2	3	150.84	231.36	130.73	470.62
楼梯道	2.76	1.57	3.08	2.76×2		3	9.42	20.54	13	29.01
							160.26	251.9	143.73	499.63

J3:墙裙(h=0.9) 9-2-20　9-4-152　墙面 9-2-1　9-4-152

地面 9-1-9　顶棚 9-3-2　9-4-151　脚手架 10-1-27

说明	a边	b边	高	扣墙(增墙垛)	立面洞口	间数	周长	墙面	平面	脚手架
1层楼梯	2.76	4.43	3.08	2.76	C1	1	11.62	22.63	12.23	12.23
							11.62	22.63	12.23	12.23

J4：墙裙(h=0.9) 9-2-20　9-4-152　墙面 9-2-1　9-4-152

地面 9-1-10　顶棚 9-3-2 9-4-151　脚手架 10-1-22-1

说明	a边	b边	高	扣墙(增墙垛)	立面洞口	间数	周长	墙面	平面	脚手架
2～3层楼梯	2.76	3.1	3.01	2.76×2		2	12.4	26.16	17.11	37.32
楼梯息板	2.76	1.33	3.08	2.76	C1	2	10.84	18.23	7.34	33.39
							23.24	44.39	24.45	70.71

续表

J5:墙裙(h=2.1) 9-2-172 墙面 9-2-20 9-4-152

地面 9-1-1 9-1-3*2 9-1-82 顶棚 9-3-3 9-4-151 脚手架 10-1-22-1

说明	a边	b边	高	扣墙(增墙垛)	立面洞口	间数	周长	墙面	平面	脚手架
卫生间	3.82	1.92	3.12		$M4+C3$	2	22.96	18.86	14.67	71.64
	3.82	1.32	3.12		$M4+C3$	2	20.56	16.41	10.08	64.15
	1.82	3.36	3.12		$2M4+2\times2.4$	2	20.72	4.81	12.23	64.65
	3.82	1.92	3.08		$M4+C3$	1	11.48	8.97	7.33	35.36
	3.82	1.32	3.08		$M4+C3$	1	10.28	7.79	5.04	31.66
	1.82	3.36	3.08		$2M4+2\times2.4$	1	10.36	1.99	6.12	31.91
							96.36	58.83	55.47	299.37

第十节 定额工程量计算书

工程名称：办公楼　　　　建筑消耗量（06）

序号	编号/部位	项目名称/计算式		工程量
		基数计算式		基数名
1	外墙长	2×(25.5+8.5)	68.00	W
2	外墙 37 中	W−4×0.37	66.52	L
3	内墙 24 长	22+4×5.76	45.04	$N24$
4	内墙 12 长	3.36+3.82	7.18	$N12$
5	外围面积	25.5×8.5	216.75	S
6	会议室	10.96×5.76=63.13		
7	办公室	3.36×5.76×2=38.707		
8	卫生间	3.82×3.24+1.82×3.36=18.492		
9	楼梯间	4.53×2.76=12.503		
10	走廊	24.76×1.76+1.47×2.76=47.635		
11	室内面积	Σ	180.47	R
12	墙体面积	L×0.37+$N24$×0.24+$N12$×0.12	36.28	Q
13	校核	S-R-Q	0.00	
14	建筑面积	S×3	650.25	JM
15	建筑体积	S×9.6	2080.80	JT
16	基础数据			
17	基础断面 1-1	1.1×0.6+0.8×0.5+0.5×0.5	1.310	$A1$
18	基础断面 2-2	1.3×0.6+0.9×0.5+0.5×0.5	1.480	$A2$
19	基础断面 3-3	0.8×0.5+0.4×0.5	0.600	$A3$
20	基础断面 4-4	0.3×0.5	0.150	$A4$
21	综合放坡系数	(0.4×0.5+1.29×0.3)/1.69	0.347	T
22	基底 1-1 长	L+4×0.25+2×0.12(垛)	67.76	$K1$
23	基底 2-2 长	(6-0.635+0.55)×4	23.66	$K2$
24	基底 3-3 长	22−0.635−1.6×3−0.8+2×0.13(垛)	16.03	$K3$
25	基底 4-4 长	3.6−1.6+4−0.635−0.3	5.07	$K4$
26	石基 2-2 长	4×6	24.00	$J2$
27	石基 3-3 长	22−4×0.24+0.12×2	21.28	$J3$

续表

序号		编号/部位	项目名称/计算式		工程量
			主体工程		
1		1-4-1	人工场地平整	m^2	300.75
			S+2W+16	300.75	
2	B	1-2-12	人工挖沟槽坚土深2m内	m^3	236.31
	1	J1-1	K1×(1.4+T×1.29)×1.29	161.50	
	2	J2-2	K2×(1.6+T×1.29)×1.29	62.50	
	3	J3-3	K3×1.1×0.69	12.17	
	4	J4-4	K4×0.6×0.04	0.12	
	5	J3 增附墙垛	0.26×0.13×0.69	0.02	
3	B	1-2-10	人工挖沟槽普通土深2m内	m^3	99.19
	1	J1-1	K1×(1.4+T×1.69)×1.69	227.47	
	2	J2-2	K2×(1.6+T×1.69)×1.69	87.43	
	3	J3-3	K3×1.1×1.09	19.22	
	4	J4-4	K4×0.6×0.44	1.34	
	5	J3 增附墙垛	0.26×0.13×1.09	0.04	
	6+	扣除坚土	−D2	−236.31	
4	B	2-1-1-4	3:7灰土垫层(条形基础就地取土)	m^3	46.07
	1	J1-1	K1×1.4×0.3	28.46	
	2	J2-2	K2×1.6×0.3	11.36	
	3	J3-3	K3×1.1×0.3	5.29	
	4	J4-4	K4×0.6×0.15	0.46	
	5	J3 增附墙垛	0.26×0.13×0.3	0.01	
	6+	3-3 搭接	0.3×0.3×1.1×4	0.40	
	7+	4-4 搭接	(0.35×2+0.3)×0.15×0.6	0.09	
5	B	1-4-4-1	基底钎探(灌砂)	眼	151
			95+38+18	151	
6		3-2-1	M5.0 砂浆乱毛石基础	m^3	138.17
	1	J1-1	`K1×A1	88.77	
	2	J2-2	J2×A2	35.52	
	3	J3-3	J3×A3+0.13×1×0.13×2(垛宽)	12.80	
	4	J4-4	N12×A4	1.08	
7		1-4-12	槽、坑人工夯填土	m^3	163.13
	1	挖土量	D2+D3	335.50	
	2	扣垫层、石基	−D4−D6+[(K1+J2)×0.5+J3×0.4+N12×0.3]×0.21	−172.37	
8		1-4-11	机械夯填土(地坪)	m^3	63.16
			R×0.35	63.16	
9		1-2-56	人工装车土方	m^3	34.06
		余土外运	D7.1−(D7+D8)×1.15−D4×1.01×1.15×0.77(虚土)	34.06	
10		1-3-57	自卸汽车运土方1km内	m^3	34.06
			=	34.06	
11		1-3-58*15	自卸汽车运土方增运1km×15	m^3	34.06
			=	34.06	
12		4-2-20'	C253 商品混凝土构造柱	m^3	16.39
	1	GZ1	0.37×0.46×9.48×4	6.45	
	2	GZ2	(0.37×0.43+0.15×0.24)×9.48×5	9.25	
	3	GZ3	0.27×0.27×9.48	0.69	
13		10-4-98	构造柱组合钢模板钢支撑	m^2	86,65

续表

序号		编号/部位	项目名称/计算式		工程量
	1	GZ1	(0.49+4×0.06)×9.48×4	27.68	
	2	GZ2	[0.49+(0.125+0.18)×2]×9.48×5	52.14	
	3	GZ3	(0.3×2+0.06×2)×9.48	6.83	
14		4-2-25'	C253 商品混凝土异形梁	m^3	7.56
	1	L1	(0.25×0.6×6.37+0.12×0.23×5.76)×6	6.69	
	2	L2	(0.24×0.32+0.12×0.08)×3.37×3	0.87	
15		10-4-123	异形梁木模板木支撑	m^2	71.28
	1	花篮斜长	$\sqrt{0.07^2+0.12^2}=0.139$		
	2	L1	(0.25+0.67×2)×6.37×6	60.77	
	3	L2	(0.24+0.4×2)×3.37×3	10.51	
16		10-1-103	双排外钢管脚手架 6m 内	m^2	113.04
	1	L1	5.76×2.6×6	89.86	
	2	L2	2.76×2.8×3	23.18	
17		4-2-26'	C253 商品混凝土圈梁	m^3	37.30
	1	基础 QL	[*K*1×0.37+(*J*2+*J*3)×0.24]×0.24	8.63	
	2	1～2 层外 QL	[*K*1−0.37×9−0.25×2(L1)−0.24(L2)]×0.37×0.26×2	12.25	
	3	1～2 层内 QL	[*N*24−0.12×5(GZ2)−0.24(GZ3)−0.25×2(L1)]×0.24×0.26×2	5.45	
	4	附墙垛	0.37×0.12×0.26×2×2	0.05	
	5	顶层外 QL	*H*2/2×0.32/0.26	7.54	
	6	顶层内 QL	*H*3/2×0.32/0.26	3.35	
	7	附墙垛	0.37×0.12×0.32×2	0.03	
18		10-4-125	圈梁组合钢模板木支撑	m^2	234.97
	1	基础 QL	(*K*1+*J*2+*J*3)×0.24×2	54.26	
	2	1～2 层 QL	*D*17.2/0.37×2+*D*17.3/0.24×2+0.12×0.26×8	111.88	
	3	顶层 QL	*D*17.5/0.37×2+*D*17.6/0.24×2+0.12×0.32×4	68.83	
19		4-2-27'	C253 商品混凝土过梁	m^3	0.30
			GL	0.30	
20		10-4-116	过梁组合钢模板木支撑	m^3	2.30
			2.5×(0.32×2−0.08+0.37)	2.30	
21		4-3-22	C302 预制小型构件	m^3	7.50
		预制过梁	*YGL*×1.015	7.50	
22		10-4-237	现场预制小型构件木模板	m^3	7.50
			=	7.50	
23		10-3-13	Ⅳ类预制构件运输 1km 内	m^3	7.50
			=	7.50	
24		10-3-94H	现场预制过梁塔吊安装	m^3	7.43
			YGL×1.005	7.43	
25		10-3-100	梁灌缝	m^3	7.39
			YGL	7.39	
26		10-3-168	0.6m^3 内空心板塔吊安装	m^3	25.13
	1	YKB36-32	0.158×63=9.954		
	2	*L*=3.46	0.158×3.46/3.58×54=8.246		
	3	*L*=3.73	0.158×3.73/3.58×27=4.445		
	4	*L*=2.98	0.158×2.98/3.58×17=2.236		
	5		Σ	24.88	
	6	损耗	*H*5×0.01	0.25	
27		10-3-170	空心板灌缝	m^3	24.88
			*D*26.5	24.88	

续表

序号		编号/部位	项目名称/计算式		工程量
28		10-3-177H	0.2m³ 内平板塔吊安装	m³	10.17
	1	YPB21-35	0.074/2.08×1.98(L:1.98)×132=9.298		
	2	YPB21-36	0.09/2.08×1.98(L:1.98)×9=0.771		
	3		Σ	10.07	
	4	损耗	H3×0.01	0.10	
29		10-3-179	平板灌缝	m³	10.07
			D28.3	10.07	
30		4-2-38'	C252 商品混凝土平板	m³	4.36
	1	厕所板	6×3.6×0.08×2	3.46	
	2	上翻	2×(5.88+3.48)×0.12×0.2×2	0.90	
31		10-4-168	平板组合钢模板钢支撑	m²	53.69
	1	厕所板	5.76×3.36×2	38.71	
	2	上翻	2×(5.88+3.48)×0.2×2×2	14.98	
32		4-2-55'	C202 商品混凝土小型构件	m³	0.75
	1	空心板缝 90	(3.6×7+3.48×6+3.75×3+3×1)×0.09×0.12	0.65	
	2	空心板缝 70	3×4×0.07×0.12	0.10	
33		10-4-212	小型构件木模板木支撑	m²	0.75
			=	0.75	
34		4-2-56'	C202 商品混凝土挑檐、天沟	m³	3.38
		檐底	(W+4×0.6)×0.6×0.08	3.38	
35		10-4-211	挑檐、天沟木模板木支撑	m²	48.06
	1	檐底	(W+4×0.6)×0.6	42.24	
	2	檐边	(W+8×0.6)×0.08	5.82	
36		4-2-51'	C202 商品混凝土栏板	m³	3.14
	1	直檐	(W+8×0.57)×0.22×0.06	0.96	
	2	斜檐	(W+8×0.57)×0.5×0.06	2.18	
37		10-4-206	栏板木模板木支撑	m²	115.72
	1	直檐	(W+8×0.57)×0.22×2	31.93	
	2	斜檐	(W+8×0.57)×0.5/sin60°×2	83.79	
38		4-2-49.2'	C252 商品混凝土雨篷	m²	4.93
	1		2.5×1.5	3.75	
	2	翻檐	(2.44+1.47×2)×0.22	1.18	
39		4-2-65.2*-2'	C252 商品混凝土阳台、雨篷每−10×2	m²	1.18
		翻檐	D38.2	1.18	
40		10-4-203	直形悬挑板阳台、雨篷木模板木支撑	m²	6.12
	1		2.5×1.5	3.75	
	2	翻檐	(2.44+1.47×2)×0.22×2	2.37	
41		4-2-42.2'	C252 商品混凝土直形楼梯无斜梁 100	m²	17.11
		板 100	3.1×2.76×2	17.11	
42		10-4-201	直形楼梯木模板木支撑	m²	17.11
			=	17.11	
43		4-1-96	铁件	t	0.050
	1	M-1(件)	10+11×3+5+10×2=68		
	2		[100×100×6 铁板]H1×0.1×0.1×0.047	0.032	
	3		[2ϕ8]H1×2×0.33×0.395/1000	0.018	
44		3-1-15.07	M5.0 砂浆混水砖墙 365	m³	152.98
	1	外墙长	K1−0.46×4−0.43×5=63.77		
	2		{H1×(9.6−0.32−0.26×2)−M(37)−C(37)−[YGL(37)+GL]/0.37}×0.365	153.13	

续表

序号		编号/部位	项目名称/计算式		工程量
	3	扣厕所滑水	$-3.14\times0.12\times0.2\times2$	−0.15	
45		3-1-14.07	M5.0 砂浆混水砖墙 240	m^3	80.26
	1	24 墙长	$N24-0.15\times5(GZ2)-0.3(GZ3)=43.99$		
	2	24 墙高	$9.6-0.12\times3-0.32-0.26\times2=8.4$		
	3		[$H1\times H2-M(24)-2\times2.4\times3$(洞口)]$\times0.24$	80.04	
	4	扣过梁、滑水	$-YGL(24)-(2\times6+3.36-2-0.15\times2-0.06)\times0.12\times0.2\times2$	−1.41	
	5	增墙高	[21.58×0.04×3(廊)+5.61×0.04×2(厕)+3×0.12/2×2(梯)]×0.24	0.82	
	6	增墙垛	$0.365\times0.13\times8.52\times2$	0.81	
46		3-1-12.07	M5.0 砂浆混水砖墙 115	m^3	6.62
	1		$[N12\times(9.6+0.24-0.08\times2-0.12)-6M4]\times0.115$	6.73	
	2	扣过梁	$-6YGL1$	−0.11	
47		10-1-4	单排外钢管脚手架 15m 内	m^2	724.20
		外墙架	$W\times(9.6+0.45+0.6)$	724.20	
48		10-1-21	单排里钢管脚手架 3.6m 内	m^2	485.73
	1	23 内墙	$N24\times(9.6-0.12\times3)$	416.17	
	2	增走廊墙高	$22\times0.04\times3$	2.64	
	3		$N12\times(9.6-0.12-0.08\times2)$	66.92	
49	L1	9-1-1	1∶3 砂浆硬基层上找平层 20	m^2	216.75
		屋面	25.5×8.5	216.75	
50	L1	6-2-72	平面石油沥青一遍	m^2	216.75
			=	216.75	
51	L1	9-1-1-2	1∶2.5 砂浆硬基层上找平层 20	m^2	284.15
	1		=	216.75	
	2	屋面	$(25.5+8.5)\times2\times0.2$	13.60	
	3	檐沟底	$(W+4\times0.54)\times0.54$	37.89	
	4	檐沟外侧	$(W+8\times0.54)\times0.22$	15.91	
52	L1	6-2-44	平面 PVC 橡胶卷材防水层	m^2	284.15
			=	284.15	
53	L1	6-3-21	混凝土板上铺 C7.5 矿渣混凝土	m^3	6.94
		屋面	$25.5\times8.5\times0.032$	6.94	
54	L1	6-3-16	混凝土板上现浇水泥蛭石 1∶10	m^3	17.34
		屋面	$25.5\times8.5\times0.08$	17.34	
55		6-4-20	铸铁雨水口	个	4
56		6-4-10	塑料水斗	个	4
57		6-4-9	塑料水落管 $\phi100$	m	39.40
			$(9.6-0.2+0.45)\times4$	39.40	
58		6-2-10	平面防水砂浆防水层	m^2	4.91
		雨篷顶防水	$2.5\times1.5+(2.38+2\times1.44)\times0.22$	4.91	
59		6-4-18H	塑料短管 $\phi50$	个	2
60		3-1-1	M5.0 砂浆砖基础	m^3	0.28
		台阶心	$1.8\times0.35\times0.45$	0.28	
61		3-1-27	M5.0 砂浆砖台阶	m^3	1.06
	1		$(3.6\times1.25+3\times0.95+2.4\times0.65)\times0.15$	1.34	
	2	扣台阶心	$-D60$	−0.28	
62		8-7-51-1'	C20 细石商品混凝土散水 3∶7 灰土垫层(就地取土)	m^2	35.88
			$(W+4\times0.13+4\times0.535-3.6)\times0.535$	35.88	
63		10-4-49	混凝土基础垫层木模板	m^2	4.15
			$(W+8\times0.6-3.6)\times0.06$	4.15	

续表

序号	编号/部位	项目名称/计算式		工程量
64	1-4-3	竣工清理	m^3	2080.80
		JT	2080.80	
65	10-5-1-1'	C204 商品混凝土塔吊基础	m^3	6
66	4-1-131	[措]现浇混凝土埋设螺栓	个	16
67	10-4-63	$20m^3$ 内设备基础组合钢模板钢支撑	m^2	12.00
		$2\times4\times1.5$	12.00	
68	10-5-3	塔式起重机混凝土基础拆除	m^3	6
69	1-1-17	[措]机械打孔爆破坚石	m^3	6
70	补 1	[措]石渣外运(35 元/m^3)	m^3	6
71	10-5-20	6t 塔式起重机安、拆	次	1
72	10-5-20-1	6t 塔式起重机场外运输	次	1
73	10-2-5	20m 内建筑混合结构垂直运输	m^2	650.25
		JM	650.25	
74	4-1-1	现浇构件圆钢筋 ϕ4	t	0.006
75	4-1-2	现浇构件圆钢筋 ϕ6.5	t	0.228
76	4-1-3	现浇构件圆钢筋 ϕ8	t	0.016
77	4-1-4	现浇构件圆钢筋 ϕ10	t	0.331
78	4-1-5	现浇构件圆钢筋 ϕ12	t	4.597
79	4-1-6	现浇构件圆钢筋 ϕ14	t	0.014
80	4-1-15	现浇构件螺纹钢筋 ϕ16	t	1.663
81	4-1-16	现浇构件螺纹钢筋 ϕ18	t	0.053
82	4-1-18	现浇构件螺纹钢筋 ϕ22	t	0.242
83	4-1-19	现浇构件螺纹钢筋 ϕ25	t	0.438
84	4-1-52	现浇构件箍筋 ϕ6.5	t	1.054
85	4-1-53	现浇构件箍筋 ϕ8	t	0.167
86	4-1-27	预制构件圆钢筋 ϕ8 绑扎	t	0.104
87	4-1-43	预制构件螺纹钢筋 ϕ14	t	0.397
88	4-1-56	预制构件箍筋 ϕ6.5	t	0.167
89	4-1-85	带肋钢筋接头冷挤压连接 ϕ25	个	18
		门窗及装修工程		
1	5-5-2	铝合金平开门安装	m^2	13.83
		$M1+6M4$	13.83	
2	5-5-4	铝合金推拉窗安装	m^2	117.00
		C	117	
3	5-5-7	铝合金防盗网安装(扇面积)	m^2	37.20
		$12C1+2C2+2C3$	37.20	
4	5-1-11'	双扇带亮木门框制作 3-4 类材	m^2	8.64
		$3M2$	8.64	
5	5-1-12'	双扇带亮木门框安装 3-4 类材	m^2	8.64
		=	8.64	
6	5-1-43'	双扇带亮玻璃木门扇制作 3-4 类材	m^2	8.64
		=	8.64	
7	5-1-44'	双扇带亮玻璃木门扇安装 3-4 类材	m^2	8.64
		=	8.64	
8	5-9-2-1'	双扇带亮木门配件(安执手锁)3-4 类材	樘	3
		3	3	
9	5-1-9'	单扇带亮木门框制作 3-4 类材	m^2	12.96
		$6M3$	12.96	

续表

序号		编号/部位	项目名称/计算式		工程量
10		5-1-10’	单扇带亮木门框安装 3-4 类材	m^2	12.96
			=	12.96	
11		5-1-41’	单扇带亮玻璃木门扇制作 3-4 类材	m^2	12.96
			=	12.96	
12		5-1-42’	单扇带亮玻璃木门扇安装 3-4 类材	m^2	12.96
			=	12.96	
13		5-9-1-1’	单扇带亮木门配件(安执手锁)3-4 类材	樘	6
			6	6	
14		10-3-38	木门窗运输 10km 内	m^2	21.06
			(D4+D9)×0.975	21.06	
15		10-3-39＊3	木门窗运输每增 1km×3	m^2	21.06
			=	21.06	
16		9-4-1	底油一遍、调和漆二遍 单层木门	m^2	21.60
			D4+D9	21.60	
17		9-4-26	磁漆增一遍 单层木门	m^2	21.60
			=	21.60	
			装饰		
1	J	9-1-13	1∶3 砂浆踢脚线 20	m	203.76
	1	办公	2×(5.76+3.36)×6	109.44	
	2	会议	[2×(5.76+10.96)+0.25×4]×3	103.32	
	3+	扣门口	−0.9×6(M3)−1.2×3(M2)	−9.00	
2	J	9-2-20	砖墙面墙裙水泥砂浆 14+6	m^2	158.84
	1	1～3 层走廊	[2×(24.76+1.76)−2.76]×3=150.84		
	2	楼梯道	[2×(2.76+1.57)−2.76×2]×3=9.42		
	3		160.26×0.9	144.23	
	4	1 层楼梯	2×(2.76+4.43)−2.76=11.62		
	5		11.62×0.9	10.46	
	6	2～3 层楼梯	[2×(2.76+3.1)−2.76×2]×2=12.4		
	7	楼梯息板	[2×(2.76+1.33)−2.76]×2=10.84		
	8		23.24×0.9	20.92	
	9+	扣门窗洞	−[1.5(M1)+1.2×3(M2)+0.9×6(M3)+2×3(洞)]×0.9−1.8×0.8×2(C1)	−17.73	
	10+	增踏步三角	0.3×0.16/2×40	0.96	
3	J	9-4-152	室内墙柱光面刷乳胶漆二遍		158.84
			=	158.84	
4	J	9-2-172	墙面墙裙砂浆粘贴瓷砖 200×150		167.80
	1	卫生间	2×(3.82+1.92)×2=22.96		
	2		2×(3.82+1.32)×2=20.56		
	3		2×(1.82+3.36)×2=20.72		
	4		2×(3.82+1.92)=11.48		
	5		2×(3.82+1.32)=10.28		
	6		2×(1.82+3.36)=10.36		
	7		96.36×2.1	202.36	
	8+	扣门窗口	−[0.8×4(M4)+2×1(洞)]×2.1×3−1×0.3×6(C3)	−34.56	
5	J	9-2-1	砖墙面墙裙石灰砂浆二遍 16		927.85
	1	办公	109.44×3.08−(M3+C1)×6	307.92	
	2	会议	103.32×3.08−(M2+3C1)×3	285.29	
	3	1～3 层走廊	150.84×(3.12−0.9)−(M2+2M3+4.8+7C1+2C2)×3	231.36	
	4	楼梯道	9.42×(3.08−0.9)	20.54	

续表

序号		编号/部位	项目名称/计算式		工程量
	5	1层楼梯	11.62×(3.08−0.9)−C1	22.63	
	6	2～3层楼梯	12.4×(3.01−0.9)	26.16	
	7	楼梯息板	10.84×(3.08−0.9)−C1×2	18.23	
	8+	洞口调整	C1−M1	−1.05	
	9+	墙裙增减量	−(D2.9+D2.10)	16.77	
6	J	9-4-152	室内墙柱光面刷乳胶漆二遍		927.85
			=	927.85	
7	J	9-2-20	砖墙面墙裙水泥砂浆 14+6		93.39
	1	卫生间	22.96×(3.12−2.1)−(M4+C3)×2	18.86	
	2		20.56×(3.12−2.1)−(M4+C3)×2	16.41	
	3		20.72×(3.12−2.1)−(2M4+2×2.4)×2	4.81	
	4		11.48×(3.08−2.1)−M4−C3	8.97	
	5		10.28×(3.08−2.1)−M4−C3	7.79	
	6		10.36×(3.08−2.1)−2M4−2×2.4	1.99	
	7+	增多扣门窗口	−D4.8	34.56	
8	J	9-4-152	室内墙柱光面刷乳胶漆二遍		93.39
			=	93.39	
9	J	9-1-9	1∶2.5砂浆楼地面 20		299.49
	1	办公	5.76×3.36×6	116.12	
	2	会议	5.76×10.96×3	189.39	
	3	1～3层走廊	24.76×1.76×3	130.73	
	4	楼梯道	2.76×1.57×3	13	
	5	1层楼梯	2.76×4.43	12.23	
	6+	扣1层地面	−(H1+…+H4)/3−H5	−161.98	
10	J	9-1-10	1∶2.5砂浆楼梯 20		24.59
	1	2～3层楼梯	2.76×3.1×2	17.11	
	2	楼梯息板	2.76×1.33×2	7.34	
	3+	增一步	2.76×0.1×2−1.38×0.3	0.14	
11	J	9-1-1	1∶3砂浆硬基层上找平层 20		36.98
	1	卫生间	3.82×1.92×2	14.67	
	2		3.82×1.32×2	10.08	
	3		1.82×3.36×2	12.23	
	4		3.82×1.92	7.33	
	5		3.82×1.32	5.04	
	6		1.82×3.36	6.12	
	7+	扣1层地面	−H4−H5−H6	−18.49	
12	J	9-1-3*2	1∶3砂浆找平层+5×2		36.98
			=	36.98	
13	J	9-1-82	1∶2.5砂浆10彩釉砖楼地面1200内		37.36
	1		=	36.98	
	2+	增门口	0.8×0.12×2×2	0.38	
14	J	9-3-2	预制混凝土顶棚麻刀灰抹面		499.95
	1	办公	5.76×3.36×6	116.12	
	2	会议	5.76×10.96×3	189.39	
	3	1～3层走廊	24.76×1.76×3	130.73	
	4	楼梯道	2.76×1.57×3	13	
	5	1层楼梯	2.76×4.43	12.23	
	6+	梁侧	5.76×0.48×2×6(L1)+2.76×0.32×2×3(L2)	38.48	

续表

序号		编号/部位	项目名称/计算式		工程量
15	J	9-4-151	室内顶棚刷乳胶漆二遍		499.95
			=	499.95	
16	J	9-3-1	现浇混凝土顶棚麻刀灰抹面		22.41
	1	2～3层楼梯	2.76×3.1×2	17.11	
	2	楼梯息板	2.76×1.33×2	7.34	
	3+	楼梯系数	$H1$×0.31	5.30	
	4+	扣预制息板	$-H2$	−7.34	
17	J	9-4-151	室内顶棚刷乳胶漆二遍		22.41
			=	22.41	
18	J	9-3-3	现浇混凝土顶棚水泥砂浆抹灰		55.47
	1	卫生间	3.82×1.92×2	14.67	
	2		3.82×1.32×2	10.08	
	3		1.82×3.36×2	12.23	
	4		3.82×1.92	7.33	
	5		3.82×1.32	5.04	
	6		1.82×3.36	6.12	
19	J	9-4-151	室内顶棚刷乳胶漆二遍		55.47
			=	55.47	
20	J	10-1-22-1	装饰钢管脚手架3.6m内		1515.78
	1	办公	2×(5.76+3.36)×3.08×6	337.08	
	2	会议	2×(5.76+10.96)×3.08×3	308.99	
	3	1～3层走廊	[2×(24.76+1.76)−2.76]×3.12×3	470.62	
	4	楼梯道	[2×(2.76+1.57)−2.76×2]×3.08×3	29.01	
	5	2～3层楼梯	[2×(2.76+3.1)−2.76×2]×3.01×2	37.32	
	6	楼梯息板	[2×(2.76+1.33)−2.76]×3.08×2	33.39	
	7	卫生间	2×(3.82+1.92)×3.12×2	71.64	
	8		2×(3.82+1.32)×3.12×2	64.15	
	9		2×(1.82+3.36)×3.12×2	64.65	
	10		2×(3.82+1.92)×3.08	35.36	
	11		2×(3.82+1.32)×3.08	31.66	
	12		2×(1.82+3.36)×3.08	31.91	
21	J	10-1-27	满堂钢管脚手架		12.23
		1层楼梯	2.76×4.43	12.23	
22		9-3-2	预制混凝土顶棚麻刀灰抹面		9.62
		楼梯息板	$D16.2$×1.31	9.62	
23		9-4-151	室内顶棚刷乳胶漆二遍		9.62
			=	9.62	
24		9-1-1	1∶3砂浆硬基层上找平层20		18.49
		1层卫生间	$-D11.7$	18.49	
25		9-1-3＊2	1∶3砂浆找平层+5×2		18.49
			=	18.49	
26		9-1-82	1∶2.5砂浆10彩釉砖楼地面1200内		18.68
	1		=	18.49	
	2	增门口	0.8×0.12×2	0.19	
27		9-1-9	1∶2.5砂浆楼地面20		162.47

续表

序号		编号/部位	项目名称/计算式			工程量
	1	1层地面	$-D9.6$	161.98		
	2	台阶平台	1.8×0.35	0.63		
	3	扣楼梯面	−0.14	−0.14		
28		9-1-11	1∶2.5砂浆台阶20			3.87
		台阶抹面	$3.6\times1.25-D27.2$	3.87		
29		9-1-4’.	C20细石商品混凝土找平层40			306.84
	1	办公会议	$(Z6+Z7)\times2$	203.67		
	2	走廊	24.76×1.76×2	87.16		
	3	息板	2.76×(1.33×2+0.24)×2	16.01		
30		9-4-209	顶棚、内墙抹灰面满刮腻子二遍			1767.53
	1	墙面	$D3+D6+D8$	1180.08		
	2	顶棚	$D15+D17+D19+D23$	587.45		
31		9-4-210	顶棚、内墙抹灰面满刮腻子增一遍			1767.53
		顶棚、墙面	=	1767.53		
32		2-1-13’	C154商品混凝土无筋混凝土垫层			1.48
		1层卫生间	$-D11.7\times0.08$	1.48		
33		2-1-13’	C154商品混凝土无筋混凝土垫层			12.96
			$D27.1\times0.08$	12.96		
34		6-2-10	平面防水砂浆防水层			36.98
		卫生间平面	$Z8\times2$	36.98		
35		6-2-11	立面防水砂浆防水层			26.92
		卫生间立面	2(3.82×2+1.92+1.32+1.82+3.36−0.8×2−1)×0.5×2	26.92		
36		6-2-71	聚氨酯二遍			63.90
			$D34+D35$	63.90		
37		9-2-173	零星项目砂浆粘贴瓷砖200×150			11.46
	1	卫生间门侧壁	[0.12×4×2(M4)+0.3×2(洞口)]×2.1×3	9.83		
	2	窗侧壁、窗台	0.17×(2×0.3+1)×2(C3)×3	1.63		
38		9-2-334	面砖阳角45°角对缝		m	72.60
			[4×2(M4)+2(洞口)]×2.1×3+(2×0.3+1)×2(C3)×3	72.60		
39		9-3-3	现浇混凝土顶棚水泥砂浆抹灰			45.99
	1	檐板底抹灰	$(W+4\times0.6)\times0.6$	42.24		
	2	雨篷底抹灰	2.5×1.5	3.75		
40		9-2-20	砖墙面墙裙水泥砂浆14+6			553.33
	1	外墙抹灰	$(W+4\times0.5)\times(9.6-0.2+0.24)-C-M1$	554.05		
	2	扣雨篷台阶	−3×0.24	−0.72		
41		9-2-25	零星项目水泥砂浆6+14			70.05
	1	檐板抹灰	$(W+8\times0.6)\times(0.3+0.5\times1.15+0.06)$	68.07		
	2	雨篷檐抹灰	(2.5+2×1.5)×(0.3+0.06)	1.98		
42		9-4-184	抹灰外墙面丙烯酸涂料(一底二涂)			669.37
			$D39+D40+D41$	669.37		
43		9-2-65	毛石墙勾凸缝			14.05
		勾石缝	$(W+4\times0.5+8\times0.065-3.6)\times0.21$	14.05		
44		9-5-203	不锈钢管扶手不锈钢栏杆		m	21.41
			(2.7+3×3)×1.15+0.3×3+1.53+2×2.76	21.41		
45		9-5-204	不锈钢管扶手弯头另加工料		个	8

第十一节 清单工程量计算书

工程名称：办公楼　　　　建筑消耗量（06）

序号		编号/部位	项目名称/计算式		工程量
			主体工程		
1		010101001001	平整场地	m²	216.75
			S	216.75	
2		010101003001	挖基础土方：坚土，地槽，2m内	m³	183.51
	1	J1-1	$K1$×1.4×1.29	122.37	
	2	J2-2	$K2$×1.6×1.29	48.83	
	3	J3-3	$K3$×1.1×0.69	12.17	
	4	J4-4	$K4$×0.6×0.04	0.12	
	5	J3增附墙垛	0.26×0.13×0.69	0.02	
3		010101003002	挖基础土方：普通土，地槽，2m内	m³	61.37
	1	J1-1	$K1$×1.4×0.4	37.95	
	2	J2-2	$K2$×1.6×0.4	15.14	
	3	J3-3	$K3$×1.1×0.4	7.05	
	4	J4-4	$K4$×0.6×0.4	1.22	
	5	J3增附墙垛	0.26×0.13×0.4	0.01	
4		010305001001	石基础：毛石条基，M5.0砂浆，3：7灰土垫层	m³	138.17
			$Y6$	138.17	
5		010103001001	土(石)方回填	m³	135.07
	1	挖土量-基础	$D2$＋$D3$－$D4$	106.71	
	2	扣垫层	－$Y4$	－46.07	
	3	地坪以上基础	[($K1$＋$K2$)×0.5＋$K3$×0.4＋$K4$×0.3]×0.21	11.27	
	4	地坪回填	$Y8$	63.16	
6		010402001002	矩形柱：构造柱，C25	m³	16.39
			$Y12$	16.39	
7		010403004001	圈梁：C25	m³	37.30
			$Y17$	37.30	
8		010403005001	过梁：现浇，C25	m³	0.30
			$Y19$	0.30	
9		010403003001	异形梁：C25	m³	7.56
			$Y14$	7.56	
10		010405003001	平板：C25	m³	4.36
			$Y30$	4.36	
11		010405006001	栏板、雨篷栏板：C20	m³	3.14
			$Y36$	3.14	
12		010405007001	天沟、挑檐板：C20	m³	3.38
			$Y34$	3.38	
13		010405008001	雨篷、阳台板：雨篷，C25	m³	0.37
	1	雨篷	2.5×1.5×0.08	0.30	
	2	翻檐	(2.5×0.23＋2×1.44×0.22)×0.06	0.07	
14		010406001001	直形楼梯：C25	m²	17.11
			$Y41$	17.11	

续表

序号	编号/部位	项目名称/计算式		工程量
15	010417002001	预埋铁件	t	0.050
		Y43	0.050	
16	010407001001	其他构件:板缝,C20	m^3	0.75
		Y32	0.75	
17	010410003001	过梁:现场预制,C25	m^3	7.39
		YGL	7.39	
18	010412001001	平板:外加工,吊装	m^3	10.07
		Y29	10.07	
19	010412002001	空心板:外加工,吊装	m^3	24.88
		Y27	24.88	
20	010302001001	实心砖墙:365,M5.0 砂浆	m^3	152.98
		Y44	152.98	
21	010302001002	实心砖墙:240,M5.0 砂浆	m^3	80.26
		Y45	80.26	
22	010302001003	实心砖墙:115,M5.0 砂浆	m^3	6.62
		Y46	6.62	
23	010702001001	屋面卷材防水:PVC 橡胶卷材防水	m^2	284.15
		Y52	284.15	
24	010803001001	保温隔热屋面:现浇 1:10 水泥蛭石 80	m^2	216.75
		Y50	216.75	
25	010803001002	保温隔热屋面:C7.5 炉渣找坡	m^2	216.75
		=	216.75	
26	010702004001	屋面排水管:塑料落水管 ϕ100	m	39.40
		Y57	39.40	
27	010702003001	屋面刚性防水:雨篷顶防水砂浆	m^2	4.91
		Y58	4.91	
28	010302006001	零星砌砖:砖台阶	m^3	1.06
		Y61	1.06	
29	010407002001	散水、坡道:混凝土散水	m^2	35.88
		Y62	35.88	
30	补 01010400101	竣工清理	m^2	2080.80
		JT	2080.80	
31	010416001001	现浇混凝土钢筋:Ⅰ级钢	t	6.413
		Y74+…+Y79+Y84+Y85	6.413	
32	010416001002	现浇混凝土钢筋:Ⅱ级钢	t	2.396
		Y80+…+Y83	2.396	
33	010416002001	预制构件钢筋:Ⅰ级钢	t	0.271
		Y86+Y88	0.271	
34	010416002002	预制构件钢筋:Ⅱ级钢	t	0.397
		Y87	0.397	
35	cs0101001001	脚手架	项	1
36	cs0101002001	混凝土、钢筋混凝土模板及支架	项	1
37	cs0101003001	大型机械设备进出场及安拆费	项	1
38	cs0101004001	垂直运输机械	项	1

续表

序号	编号/部位	项目名称/计算式	工程量
		门窗及装修	
1	020402001001	金属平开门:铝合金门	13.83
		Y1　13.83	
2	020406002001	金属平开窗:铝合金窗	117.00
		Y2　117	
3	020401001001	镶板木门	21.60
		Y4+Y9　21.60	
4	020406008001	金属防盗窗:铝合金防盗窗	37.20
		Y3　37.20	
5	020501001001	门油漆:底油一遍,调和漆二遍,磁漆一遍	21.60
		Y16　21.60	
		装饰	
1	020105001001	水泥砂浆踢脚线　m	203.76
		Y1　203.76	
2	020201001001	墙面一般抹灰:水泥砂浆内墙面	252.23
		Y2+Y7　252.23	
3	020201001002	墙面一般抹灰:石灰砂浆内墙面	927.85
		Y5　927.85	
4	020204003001	块料墙面:内墙,贴瓷砖	167.80
		Y4　167.80	
5	020206003001	块料零星项目:门窗侧壁贴瓷砖	11.46
		Y37　11.46	
6	020102002001	块料楼地面:1层卫生间地面	18.49
		Y24　18.49	
7	020102002002	块料楼地面:卫生间防水楼面	36.98
		Y11　36.98	
8	020101001003	水泥砂浆楼地面:地面	162.47
		Y27　162.47	
9	020101001004	水泥砂浆楼地面:楼面	299.49
		Y9　299.49	
10	020108003002	水泥砂浆台阶面	28.46
		Y10+Y28　28.46	
11	020301001001	顶棚抹灰:水泥砂浆面	101.46
		Y18+Y39　101.46	
12	020301001002	顶棚抹灰:麻刀灰面	531.98
		Y16+Y14+Y22　531.98	
13	020507001001	刷喷涂料:抹灰面刮腻子三遍,乳胶漆二遍	1767.53
		Y3+Y6+Y8+Y15+Y17+Y19+Y23　1767.53	
14	020201003001	墙面勾缝:勾石缝	14.05
		Y43　14.05	
15	020201001004	墙面一般抹灰:水泥砂浆外墙面	553.33
		Y40　553.33	
16	020203001001	零星项目一般抹灰:外墙檐口,水泥砂浆	70.05
		Y41　70.05	
17	020507001004	刷喷涂料:外墙刷丙烯酸涂料	669.37
		Y42　669.37	
18	020107001001	金属扶手带栏杆、栏板、不锈钢扶手带栏杆　m	21.41
		Y44　21.41	
19	cs0201001001	脚手架　项	1

第十二节 清单/定额工程量组合表

工程名称：办公楼 建筑消耗量（06）

序号	清单/定额编号	项目名称	单位	工程量	
		主体工程			
1	010101001001	平整场地	m^2		216.75
1	1-4-1	人工场地平整	$10m^2$	36.875	
2	010101003001	挖基础土方：坚土，地槽，2m 内	m^3		183.51
2	1-2-12	人工挖沟槽坚土深 2m 内	$10m^3$	23.631	
9	1-2-56	人工装车土方	$10m^3$	3.406	
10	1-3-57	自卸汽车运土方 1km 内	$10m^3$	3.406	
11	1-3-58＊15	自卸汽车运土方增运 1km×15	$10m^3$	3.406	
5	1-4-4-1	基底钎探（灌砂）	十眼	15.10	
3	010101003002	挖基础土方：普通土，地槽，2m 内	m^3		61.37
3	1-2-10	人工挖沟槽普通土深 2m 内	$10m^3$	9.919	
4	010305001001	石基础：毛石条基，M5.0 砂浆，3：7 灰土垫层	m^3		138.17
6	3-2-1	M5.0 砂浆乱毛石基础	$10m^3$	13.817	
4	2-1-1-4	3：7 灰土垫层（条形基础就地取土）	$10m^3$	4.607	
5	010103001001	土（石）方回填	m^3		135.07
7	1-4-12	槽、坑人工夯填土	$10m^3$	16.313	
8	1-4-11	机械夯填土（地坪）	$10m^3$	6.316	
6	010402001002	矩形柱：构造柱，C25	m^3		16.39
12	4-2-20’	C253 商品混凝土构造柱	$10m^3$	1.639	
7	010403004001	圈梁：C25	m^3		37.30
17	4-2-26’	C253 商品混凝土圈梁	$10m^3$	3.73	
8	010403005001	过梁：现浇，C25	m^3		0.30
19	4-2-27’	C253 商品混凝土过梁	$10m^3$	0.03	
9	010403003001	异形梁：C25	m^3		7.56
14	4-2-25’	C253 商品混凝土异形梁	$10m^3$	0.756	
10	010405003001	平板：C25	m^3		4.36
30	4-2-38’	C252 商品混凝土平板	$10m^3$	0.436	
11	010405006001	栏板、雨篷栏板：C20	m^3		3.14
36	4-2-51’	C202 商品混凝土栏板	$10m^3$	0.314	
12	010405007001	天沟、挑檐板：C20	m^3		3.38
34	4-2-56’	C202 商品混凝土挑檐、天沟	$10m^3$	0.338	
13	010405008001	雨篷、阳台板、雨篷，C25	m^3		0.37
38	4-2-49.2’	C252 商品混凝土雨篷	$10m^2$	0.493	
39	4-2-65.2＊-2’	C252 商品混凝土阳台、雨篷每－10×2	$10m^2$	－0.118	
14	010406001001	直形楼梯：C25	m^2		17.11

续表

序号	清单/定额编号	项目名称	单位	工程量	
41	4-2-42.2'	C252 商品混凝土直形楼梯无斜梁 100	10m^2	1.711	
15	010417002001	预埋铁件	t		0.050
43	4-1-96	铁件	t	0.050	
16	010407001001	其他构件:板缝,C20	m^3		0.75
32	4-2-55'	C202 商品混凝土小型构件	10m^3	0.075	
17	010410003001	过梁:现场预制,C25	m^3		7.39
21	4-3-22	C302 预制小型构件	10m^3	0.75	
23	10-3-13	Ⅳ类预制构件运输 1km 内	10m^3	0.75	
24	10-3-94H	现场预制过梁塔吊安装	10m^3	0.743	
25	10-3-100	梁灌缝	10m^3	0.739	
18	010412001001	平板:外加工,吊装	m^3		10.07
28	10-3-177H	0.2m^3 内平板塔吊安装	10m^3	1.017	
29	10-3-179	平板灌缝	10m^3	1.007	
19	010412002001	空心板:外加工,吊装	m^3		24.88
26	10-3-168	0.6m^3 内空心板塔吊安装	10m^3	2.513	
27	10-3-170	空心板灌缝	10m^3	2.488	
20	010302001001	实心砖墙:365,M5.0 砂浆	m^3		152.98
44	3-1-15.07	M5.0 砂浆混水砖墙 365	10m^3	15.298	
21	010302001002	实心砖墙:240,M5.0 砂浆	m^3		80.26
45	3-1-14.07	M5.0 砂浆混水砖墙 240	10m^3	8.026	
22	010302001003	实心砖墙:115,M5.0 砂浆	m^3		6.62
46	3-1-12.07	M5.0 砂浆混水砖墙 115	10m^3	0.662	
23	010702001001	屋面卷材防水:PVC 橡胶卷材防水	m^2		284.15
49	9-1-1	1∶3 砂浆硬基层上找平层 20	10m^2	21.675	
50	6-2-72	平面石油沥青一遍	10m^2	21.675	
51	9-1-1-2	1∶2.5 砂浆硬基层上找平层 20	10m^2	28.415	
52	6-2-44	平面 PVC 橡胶卷材防水层	10m^2	28.415	
24	010803001001	保温隔热屋面:现浇 1∶10 水泥蛭石 80	m^2		216.75
54	6-3-16	混凝土板上现浇水泥蛭石 1∶10	10m^3	1.734	
25	010803001002	保温隔热屋面:C7.5 炉渣找坡	m^2		216.75
53	6-3-21	混凝土板上铺 C7.5 矿渣混凝土	10m^3	0.694	
26	010702004001	屋面排水管:塑料水落管 ϕ100	m		39.40
57	6-4-9	塑料水落管 ϕ100	10m	3.94	
55	6-4-20	铸铁雨水口	10 个	0.40	
56	6-4-10	塑料水斗	10 个	0.40	
27	010702003001	屋面刚性防水:雨篷顶防水砂浆	m^2		4.91
58	6-2-10	平面防水砂浆防水层	10m^2	0.491	
59	6-4-18H	塑料短管 ϕ50	10 个	0.20	

续表

序号	清单/定额编号	项目名称	单位	工程量	
28	010302006001	零星砌砖:砖台阶	m^3		1.06
60	3-1-1	M5.0 砂浆砖基础	$10m^3$	0.028	
61	3-1-27	M5.0 砂浆砖台阶	$10m^3$	0.106	
29	010407002001	散水、坡道:混凝土散水	m^2		35.88
62	8-7-51-1'	C20 细石商品混凝土散水 3:7 灰土垫层(就地取土)	$10m^2$	3.588	
30	补 01010400101	竣工清理	m^3		2080.80
64	1-4-3	竣工清理	$10m^3$	208.08	
31	010416001001	现浇混凝土钢筋:Ⅰ级钢	t		6.413
74	4-1-1	现浇构件圆钢筋 $\phi4$	t	0.006	
75	4-1-2	现浇构件圆钢筋 $\phi6.5$	t	0.228	
76	4-1-3	现浇构件圆钢筋 $\phi8$	t	0.016	
77	4-1-4	现浇构件圆钢筋 $\phi10$	t	0.331	
78	4-1-5	现浇构件圆钢筋 $\phi12$	t	4.597	
79	4-1-6	现浇构件圆钢筋 $\phi14$	t	0.014	
84	4-1-52	现浇构件箍筋 $\phi6.5$	t	1.054	
85	4-1-53	现浇构件箍筋 $\phi8$	t	0.167	
32	010416001002	现浇混凝土钢筋:Ⅱ级钢	t		2.396
80	4-1-15	现浇构件螺纹钢筋 $\phi16$	t	1.663	
81	4-1-16	现浇构件螺纹钢筋 $\phi18$	t	0.053	
82	4-1-18	现浇构件螺纹钢筋 $\phi22$	t	0.242	
83	4-1-19	现浇构件螺纹钢筋 $\phi25$	t	0.438	
89	4-1-85	带肋钢筋接头冷挤压连接 $\phi25$	10 个	1.80	
33	010416002001	预制构件钢筋:Ⅰ级钢	t		0.271
86	4-1-27	预制构件圆钢筋 $\phi8$ 绑扎	t	0.104	
88	4-1-56	预制构件箍筋 $\phi6.5$	t	0.167	
34	010416002002	预制构件钢筋:Ⅱ级钢	t		0.397
87	4-1-43	预制构件螺纹钢筋 $\phi14$	t	0.397	
35	cs0101001001	脚手架	项		1
16	10-1-103	双排外钢管脚手架 6m 内	$10m^2$	11.304	
47	10-1-4	单排外钢管脚手架 15m 内	$10m^2$	72.42	
48	10-1-21	单排里钢管脚手架 3.6m 内	$10m^2$	48.573	
36	cs0101002001	混凝土、钢筋混凝土模板及支架	项		1
13	10-4-98	构造柱组合钢模板钢支撑	$10m^2$	8.665	
15	10-4-123	异形梁木模板木支撑	$10m^2$	7.128	
18	10-4-125	圈梁组合钢模板木支撑	$10m^2$	23.497	
20	10-4-116	过梁组合钢模板木支撑	$10m^2$	0.23	
22	10-4-237	现场预制小型构件木模板	$10m^3$	0.75	
31	10-4-168	平板组合钢模板钢支撑	$10m^2$	5.369	

续表

序号	清单/定额编号	项目名称	单位	工程量	
33	10-4-212	小型构件木模板木支撑	$10m^2$	0.075	
35	10-4-211	挑檐、天沟木模板木支撑	$10m^2$	4.806	
37	10-4-206	栏板木模板木支撑	$10m^2$	11.572	
40	10-4-203	直形悬挑板阳台雨篷木模板木支撑	$10m^2$	0.612	
42	10-4-201	直形楼梯木模板木支撑	$10m^2$	1.711	
63	10-4-49	混凝土基础垫层木模板	$10m^2$	0.415	
37	cs0101003001	大型机械设备进出场及安拆费	项		1
65	10-5-1-1’	C204 商品混凝土塔吊基础	$10m^3$	0.60	
66	4-1-131	[措]现浇混凝土埋设螺栓	10 个	1.60	
67	10-4-63	$20m^3$ 内设备基础组合钢模板钢支撑	$10m^2$	1.20	
68	10-5-3	塔式起重机混凝土基础拆除	$10m^2$	0.60	
69	1-1-17	[措]机械打孔爆破坚石	$10m^3$	0.60	
70	补 1	[措]石渣外运(35 元/m^3)	m^3	6	
71	10-5-20	6t 塔式起重机安、拆	次	1	
72	10-5-20-1	6t 塔式起重机场外运输	次	1	
38	cs0101004001	垂直运输机械	项		1
73	10-2-5	20m 内建筑混合结构垂直运输	$10m^2$	65.025	
		门窗及装修			
1	020402001001	金属平开门:铝合金门	m^2		13.83
1	5-5-2	铝合金平开门安装	$10m^2$	1.383	
2	020406002001	金属平开窗:铝合金窗	m^2		117.00
2	5-5-4	铝合金推拉窗安装	$10m^2$	11.70	
3	020401001001	镶板木门	m^2		21.60
4	5-1-11’	双扇带亮木门框制作 3-4 类材	$10m^2$	0.864	
5	5-1-12’	双扇带亮木门框安装 3-4 类材	$10m^2$	0.864	
6	5-1-43’	双扇带亮玻璃木门扇制作 3-4 类材	$10m^2$	0.864	
7	5-1-44’	双扇带亮玻璃木门扇安装 3-4 类材	$10m^2$	0.864	
8	5-9-2-1’	双扇带亮木门配件(安执手锁)3-4 类材	10 樘	0.30	
9	5-1-9’	单扇带亮木门框制作 3-4 类材	$10m^2$	1.296	
10	5-1-10’	单扇带亮木门框安装 3-4 类材	$10m^2$	1.296	
11	5-1-41’	单扇带亮玻璃木门扇制作 3-4 类材	$10m^2$	1.296	
12	5-1-42’	单扇带亮玻璃木门扇安装 3-4 类材	$10m^2$	1.296	
13	5-9-1-1’	单扇带亮木门配件(安执手锁)3-4 类材	10 樘	0.60	
14	10-3-38	木门窗运输 10km 内	$10m^2$	2.106	
15	10-3-39＊3	木门窗运输每增 1km×3	$10m^2$	2.106	
4	020406008001	金属防盗窗:铝合金防盗窗	m^2		37.20
3	5-5-7	铝合金防盗网安装(扇面积)	$10m^2$	3.72	
5	020501001001	门油漆:底油一遍,调和漆二遍,磁漆一遍	m^2		21.60

续表

序号	清单/定额编号	项 目 名 称	单位	工程量	
16	9-4-1	底油一遍调和漆二遍(单层木门)	10m²	2.16	
17	9-4-26	磁漆增一遍(单层木门)	10m²	2.16	
		装饰			
1	020105001001	水泥砂浆踢脚线	m		203.76
1	9-1-13	1:3砂浆踢脚线 20	10m	20.376	
2	020201001001	墙面一般抹灰:水泥砂浆内墙面	m²		252.23
2	9-2-20	砖墙面墙裙水泥砂浆 14+6	10m²	15.884	
7	9-2-20	砖墙面墙裙水泥砂浆 14+6	10m²	9.339	
3	020201001002	墙面一般抹灰:石灰砂浆内墙面	m²		927.85
5	9-2-1	砖墙面墙裙石灰砂浆二遍 16	10m²	92.785	
4	020204003001	块料墙面:内墙,贴瓷砖	m²		167.80
4	9-2-172	墙面墙裙砂浆粘贴瓷砖 200×150	10m²	16.78	
5	020206003001	块料零星项目:门窗侧壁贴瓷砖	m²		11.46
37	9-2-173	零星项目砂浆粘贴瓷砖 200×150	10m²	1.146	
38	9-2-334	外墙面砖阳角 45°角对缝	10m	7.26	
6	020102002001	块料楼地面:一层卫生间地面	m²		18.49
26	9-1-82	1:2.5砂浆 10 彩釉砖楼地面 1200 内	10m²	1.868	
24	9-1-1	1:3砂浆硬基层上找平层 20	10m²	1.849	
25	9-1-3*2	1:3砂浆找平层+5×2	10m²	1.849	
32	2-1-13'	C154 商品混凝土无筋混凝土垫层	10m³	0.148	
7	020102002002	块料楼地面:卫生间防水楼面	m²		36.98
13	9-1-82	1:2.5砂浆 10 彩釉砖楼地面 1200 内	10m²	3.736	
11	9-1-1	1:3砂浆硬基层上找平层 20	10m²	3.698	
12	9-1-3*2	1:3砂浆找平层+5×2	10m²	3.698	
34	6-2-10	平面防水砂浆防水层	10m²	3.698	
35	6-2-11	立面防水砂浆防水层	10m²	2.692	
36	6-2-71	聚氨酯二遍	10m²	6.39	
8	020101001003	水泥砂浆楼地面:地面	m²		162.47
27	9-1-9	1:2.5砂浆楼地面 20	10m²	16.247	
33	2-1-13'	C154 商品混凝土无筋混凝土垫层	10m³	1.296	
9	020101001004	水泥砂浆楼地面:楼面	m²		299.49
9	9-1-9	1:2.5砂浆楼地面 20	10m²	29.949	
29	9-1-4'	C20 细石商品混凝土找平层 40	10m²	30.684	
10	020108003002	水泥砂浆台阶面	m²		28.46
10	9-1-10	1:2.5砂浆楼梯 20	10m²	2.459	
28	9-1-11	1:2.5砂浆台阶 20	10m²	0.387	
11	020301001001	顶棚抹灰:水泥砂浆面	m²		101.46
18	9-3-3	现浇混凝土顶棚水泥砂浆抹灰	10m²	5.547	

续表

序号	清单/定额编号	项 目 名 称	单位	工 程 量	
39	9-3-3	现浇混凝土顶棚水泥砂浆抹灰	$10m^2$	4.599	
12	020301001002	顶棚抹灰:麻刀灰面	m^2		531.98
14	9-3-2	预制混凝土顶棚麻刀灰抹面	$10m^2$	49.995	
22	9-3-2	预制混凝土顶棚麻刀灰抹面	$10m^2$	0.962	
16	9-3-1	现浇混凝土顶棚麻刀灰抹面	$10m^2$	2.241	
13	020507001001	刷喷涂料:抹灰面刮腻子三遍,乳胶漆二遍	m^2		1767.53
3	9-4-152	室内墙柱光面刷乳胶漆二遍	$10m^2$	15.884	
6	9-4-152	室内墙柱光面刷乳胶漆二遍	$10m^2$	92.785	
8	9-4-152	室内墙柱光面刷乳胶漆二遍	$10m^2$	9.339	
15	9-4-151	室内顶棚刷乳胶漆二遍	$10m^2$	49.995	
17	9-4-151	室内顶棚刷乳胶漆二遍	$10m^2$	2.241	
19	9-4-151	室内顶棚刷乳胶漆二遍	$10m^2$	5.547	
23	9-4-151	室内顶棚刷乳胶漆二遍	$10m^2$	0.962	
30	9-4-209	顶棚、内墙抹灰面满刮腻子二遍	$10m^2$	176.753	
31	9-4-210	顶棚、内墙抹灰面满刮腻子增一遍	$10m^2$	176.753	
14	020201003001	墙面勾缝:勾石缝	m^2		14.05
43	9-2-65	毛石墙勾凸缝	$10m^2$	1.405	
15	020201001004	墙面一般抹灰:水泥砂浆外墙面	m^2		553.33
40	9-2-20	砖墙面墙裙水泥砂浆 14+6	$10m^2$	55.333	
16	020203001001	零星项目一般抹灰:外墙檐口,水泥砂浆	m^2		70.05
41	9-2-25	零星项目水泥砂浆 6+14	$10m^2$	7.005	
17	020507001004	刷喷涂料:外墙刷丙烯酸涂料	m^2		669.37
42	9-4-184	抹灰外墙面丙烯酸涂料(一底二涂)	$10m^2$	66.937	
18	020107001001	金属扶手带栏杆、栏板:不锈钢扶手带栏杆	m		21.41
44	9-5-203	不锈钢管扶手不锈钢栏杆	10m	2.141	
45	9-5-204	不锈钢管扶手弯头另加工料	10 个	0.80	
19	cs0201001001	脚手架	项		1
20	10-1-22-1	装饰钢管脚手架 3.6m 内	$10m^2$	151.578	
21	10-1-27	满堂钢管脚手架	$10m^2$	1.223	

第三章　工程量清单计价

第一节　综合单价计算方法简述

（摘自《青岛工程造价信息》2004年第2期，略作修改）

《建设工程工程量清单计价规范》宣贯辅导教材中提出了两种综合单价的计算方法，在建筑部分主要采用的是正算法，在安装工程中主要采用的是反算法。

所谓“正算”是指表中的合计值即为综合单价，也就是说工程内容的工程量是清单计量单位的工程量，是定额工程量被清单工程量相除得出的。该工程量乘以消耗量定额的人工、材料和机械单价得出组成综合单价的分项单价，其和即综合单价中人工、材料、机械的单价组成，然后算出管理费和利润，组成综合单价。

所谓“反算”是指表中的合计值为总价，它被清单量相除得出综合单价，也就是说工程内容的工程量采用定额工程量，该量乘以定额的人工、材料、机械单价得出人工费、材料费、机械费，将各项工程内容的合价取费后得出总价再被清单工程量相除，得出综合单价。

下面以实例来说明两种算法的计算格式及优缺点，并提出统一综合单价计算方法。

该实例取自《山东省建设工程工程量清单计价办法应用教材》（上册）P85，管理费率10%，利润率6%。

一、正算法（表4-1）

正算法示例　　表4-1

项目编码（定额编号）	项目名称	单位	工程量	综合单价组成（元）					综合单价（元）
				人工费	材料费	机械费	管理费	利润	
010301001001	砖基础：黏土砖，条基，M5.0砂浆	m^3	1	42.34	135.05	2.40	17.98	10.79	208.56
2-1-1-1	3：7灰土垫层（条形基础）	m^3	0.73	14.11	21.05	0.81			
3-1-1	M5.0砂浆砖基础	m^3	1.00	26.80	110.71	1.48			
6-2-5	防水砂浆20	m^2	0.60	1.43	3.29	0.11			

二、反算法（表4-2）

反算法示例　　表4-2

项目编码（定额编号）	项目名称	单位	工程量	其中（元）					小计（元）
				人工费	材料费	机械费	管理费	利润	
010301001001	砖基础：黏土砖，条基，M5.0砂浆	m^3	10.15						
2-1-1-1	3：7灰土垫层（条形基础）	$10m^3$	0.744	143.85	214.54	8.28			
3-1-1	M5.0砂浆砖基础	$10m^3$	1.015	271.98	1123.70	14.98			
6-2-5	防水砂浆20	$10m^2$	0.613	14.56	33.62	1.07			
	小计			430.39	1371.86	24.33	182.66	109.59	2118.83

由反算法得出的综合单价为 2118.83/10.15=208.75 元。

若反求出综合单价组成的人工费、材料费和机械费后，则综合单价为 208.79 元，如表 4-3 所示。

综合单价 **表 4-3**

项目编码（定额编号）	项目名称	单位	工程量	综合单价组成(元)					综合单价（元）
				人工费	材料费	机械费	管理费	利润	
010301001001	砖基础：黏土砖，条基，M5.0 砂浆	m^3	1	42.40	135.19	2.40	18.00	10.80	208.79

三、两种算法的优缺点

（一）优点

1. 正算法的单价组成与分析表一致；
2. 反算法的工程量和单位能保持与消耗量定额一致，便于核对，其结果计算准确。

（二）正算法缺点

1. 正算法的单位在教材案例中不统一，有的采用基本单位，有的采用定额单位；
2. 当工程量很小时，如点缀面积、套管个数等无法用两位小数表示，且按 2 位小数进行四舍五入取整后影响计算结果；
3. 当工程量换算成清单单位用量后，不便与原计算结果核对；
4. 正算法的工程量无法转换成工料单价法计算，不便于进行对比。

（三）反算法缺点

1. 在表中列出的是费用组成，与分析表内容不一致；
2. 若反算出分析表中的单价组成，则与求出的综合单价有出入；
3. 反算法需要在表外求出综合单价。

四、统一综合单价计算方法的格式（表 4-4）

我们取正、反两种算法的优点，设计了一种统一格式，其原理是：

1. 工程内容的计量单位和工程量均按反算法表示，采用定额单位和定额工程量；
2. 综合单价组成部分按正算法表示，计算出人工费、材料费和机械费后被清单工程量相除，得出组成单价。

统一综合单价计算方法的格式 **表 4-4**

项目编码（定额编号）	项目名称	单位	工程量	综合单价组成(元)					综合单价（元）
				人工费	材料费	机械费	管理费	利润	
010301001001	砖基础：黏土砖，条基，M5.0 砂浆	m^3	10.15	42.40	135.16	2.40	18.00	10.80	208.76
2-1-1-1	3：7 灰土垫层(条形基础)	$10m^3$	0.744	14.17	21.14	0.81			
3-1-1	M5.0 砂浆砖基础	$10m^3$	1.015	26.80	110.71	1.48			
6-2-5	防水砂浆 20	$10m^2$	0.613	1.43	3.31	0.11			

本书统一采用此种计算方法计算综合单价。

第二节　工程量清单计价封面

投　标　总　价

建设单位：

工程名称：　办　公　楼

投标总价(小写)：　535396元

(大写)：　伍拾叁万伍仟叁佰玖拾陆元

投　标　人：　(单位签字盖章)

法定代表人：　(签字盖章)

编 制 时 间：　2008-04-17

第三节　单位工程费汇总表

工程名称：办公楼　　　建筑消耗量 (06)

序号	项 目 名 称	金额(元)
1	一、分部分项工程量清单计价合计	396213.37
2	二、措施项目清单计价合计	106268.20
3	三、其他项目清单计价合计	1028.99
4	四、清单计价合计:一+二+三	503510.56
5	其中人工费 R	124357.77
6	五、规费:1+…+6	26736.41
7	1. 工程排污费:四×0.26%	1309.13
8	2. 定额测定费:四×0.1%	503.51
9	3. 社会保障费:四×2.6%	13091.27
10	4. 住房公积金:四×0.2%	1007.02
11	5. 危险作业意外伤害保险:四×0.15%	755.27
12	6. 安全施工费:四×2%	10070.21
13	六、税金:(四+五)×3.44%	18240.50
14	七、合计:四+五+六-社会保障费	535396.20

第四节　分部分项工程量清单计价表

工程名称：办公楼　　　　建筑消耗量（06）

序号	项目编码	项目名称	计量单位	工程数量	金额(元)	
					综合单价	合价
		A.1　土石方工程				
1	010101001001	平整场地	m^2	216.75	5.11	1107.59
2	010101003001	挖基础土方：坚土，地槽，2m内	m^3	183.51	50.07	9188.35
3	010101003002	挖基础土方：普通土，地槽，2m内	m^3	61.37	24.89	1527.50
4	010103001001	土(石)方回填	m^3	135.07	13.62	1839.65
5	补01010400101	竣工清理	m^3	2080.80	0.76	1581.41
		小　计				15244.50
		A.3　砌筑工程				
6	010302001001	实心砖墙：365，M5.0砂浆	m^3	152.98	221.25	33846.83
7	010302001002	实心砖墙：240，M5.0砂浆	m^3	80.26	220.41	17690.11
8	010302001003	实心砖墙：115，M5.0砂浆	m^3	6.62	245.13	1622.76
9	010302006001	零星砌砖：砖台阶	m^3	1.06	270.40	286.62
10	010305001001	石基础：毛石条基，M5.0砂浆，3∶7灰土垫层	m^3	138.17	176.42	24375.95
		小　计				77822.27
		A.4　混凝土及钢筋混凝土工程				
11	010402001002	矩形柱：构造柱，C25	m^3	16.39	361.53	5925.48
12	010403003001	异形梁：C25	m^3	7.56	324.86	2455.94
13	010403004001	圈梁：C25	m^3	37.30	362.74	13530.20
14	010403005001	过梁：现浇，C25	m^3	0.30	375.27	112.58
15	010405003001	平板：C25	m^3	4.36	315.01	1373.44
16	010405006001	栏板、雨篷栏板：C20	m^3	3.14	377.52	1185.41
17	010405007001	天沟、挑檐板：C20	m^3	3.38	352.37	1191.01
18	010405008001	雨篷、阳台板：C25	m^3	0.37	458.74	169.73
19	010406001001	直形楼梯：C25	m^3	17.11	77.79	1330.99
20	010407001001	其他构件：板缝，C20	m^3	0.75	386.52	289.89
21	010407002001	散水、坡道：混凝土散水	m^3	35.88	47.64	1709.32
22	010410003001	过梁：现场预制，C25	m^3	7.39	550.26	4066.42
23	010412001001	平板：外加工，吊装	m^3	10.07	687.81	6926.25
24	010412002001	空心板：外加工，吊装	m^3	24.88	560.26	13939.27
25	010416001001	现浇混凝土钢筋：Ⅰ级钢	t	6.413	4936.62	31658.54
26	010416001002	现浇混凝土钢筋：Ⅱ级钢	t	2.396	4518.75	10826.93
27	010416002001	预制构件钢筋：Ⅰ级钢	t	0.271	5291.42	1433.97
28	010416002002	预制构件钢筋：Ⅱ级钢	t	0.397	4548.01	1805.56
29	010417002001	预埋铁件	t	0.05	7615.16	380.76
		小　计				100311.69
		A.7　屋面及防水工程				
30	010702001001	屋面卷材防水：PVC橡胶卷材防水	m^2	284.15	80.78	22953.64

续表

序号	项目编码	项 目 名 称	计量单位	工程数量	金额(元)	
					综合单价	合价
31	010702003001	屋面刚性防水:雨篷顶防水砂浆	m^2	4.91	14.96	73.45
32	010702004001	屋面排水管:塑料水落管 ϕ100	m	39.40	26.61	1048.43
		小　计				24075.52
		A.8　防腐、隔热、保温工程				
33	010803001001	保温隔热屋面:现浇 1:10 水泥蛭石 80	m^2	216.75	13.96	3025.83
34	010803001002	保温隔热屋面:C7.5 炉渣找坡	m^2	216.75	5.86	1270.16
		小　计				4295.99
		B.1　楼地面工程				
35	020101001003	水泥砂浆楼地面:地面	m^2	162.47	36.75	5970.77
36	020101001004	水泥砂浆楼地面:楼面	m^2	299.49	30.11	9017.64
37	020102002001	块料楼地面:1层卫生间地面	m^2	18.49	82.26	1520.99
38	020102002002	块料楼地面:卫生间防水楼面	m^2	36.98	188.58	6973.69
39	020105001001	水泥砂浆踢脚线	m	203.76	4.31	878.21
40	020107001001	金属扶手带栏杆、栏板:不锈钢扶手带栏杆	m	21.41	870.32	18633.55
41	020108003002	水泥砂浆台阶面	m^2	28.46	35.05	997.52
		小　计				43992.37
		B.2　墙、柱面工程				
42	020201001001	墙面一般抹灰:水泥砂浆内墙面	m^2	252.23	15.32	3864.16
43	020201001002	墙面一般抹灰:石灰砂浆内墙面	m^2	927.85	12.08	11208.43
44	020201001004	墙面一般抹灰:水泥砂浆外墙面	m^2	553.33	15.32	8477.02
45	020201003001	墙面勾缝:勾石缝	m^2	14.05	7.45	104.67
46	020203001001	零星项目一般抹灰:外墙檐口,水泥砂浆	m^2	70.05	53.33	3735.77
47	020204003001	块料墙面:内墙,贴瓷砖	m^2	167.80	57.24	9604.87
48	020206003001	块料零星项目:门窗侧壁贴瓷砖	m^2	11.46	143.45	1643.94
		小　计				38638.86
		B.3　顶棚工程				
49	020301001001	顶棚抹灰:水泥砂浆面	m^2	101.46	15.57	1579.73
50	020301001002	顶棚抹灰:麻刀灰面	m^2	531.98	15.46	8224.41
		小　计				9804.14
		B.4　门窗工程				
51	020401001001	镶板木门	m^2	21.60	215.44	4653.50
52	020402001001	金属平开门:铝合金门	m^2	13.83	382.03	5283.47
53	020406002001	金属平开窗:铝合金窗	m^2	117.00	281.35	32917.95
54	020406008001	金属防盗窗:铝合金防盗窗	m^2	37.20	129.03	4799.92
		小　计				47654.84
		B.5　油漆、涂料、裱糊工程				
55	020501001001	门油漆:底油一遍,调和漆二遍,磁漆一遍	m^2	21.60	27.19	587.30
56	020507001001	刷喷涂料:抹灰面刮腻子三遍,乳胶漆二遍	m^2	1767.53	13.90	24568.67
57	020507001004	刷喷涂料:外墙刷丙烯酸涂料	m^2	669.37	13.77	9217.22
		小　计				34373.19
		合　计				396213.37

第五节　措施项目清单计价表

工程名称：办公楼　　　　建筑消耗量（06）

序号	项目名称	金额(元)
	建筑技术措施项目	
1	脚手架	9385.58
2	混凝土、钢筋混凝土模板及支架	33824.56
3	大型机械设备进出场及安拆费	24353.90
4	垂直运输机械	14433.70
5	临时设施	2153.73
6	文明施工	861.50
7	二次搬运	1292.23
8	已完工程及设备保护	323.06
9	环境保护	323.06
10	夜间施工	1507.62
11	冬、雨季施工	1722.99
	小　计	90181.93
	装饰技术措施项目	
12	脚手架	2862.32
13	临时设施	6206.44
14	文明施工	354.67
15	二次搬运	1791.87
16	已完工程及设备保护	230.90
17	环境保护	443.32
18	夜间施工	1980.49
19	冬、雨季施工	2216.26
	小　计	16086.27
	合　计	106268.20

第六节　其他项目清单计价表

工程名称：办公楼　　　　建筑消耗量（06）

序号	项目名称	金额(元)
1	(一)招标人部分	
2	(1)预留金	
3	(2)材料购置费	
4	(3)其他	
5	(二)投标人部分	
6	(4)总承包服务费(计费基础 342996.18×0.3%)	1028.99
7	(5)零星工作项目费	
8	(6)其他	

第七节　分部分项工程量清单综合单价计算表

工程名称：办公楼　　　　　　建筑消耗量（06）

序号	项目编码	项目名称	单位	工程量	综合单价组成(元)					综合单价(元)
					人工费	材料费	机械费	管理费	利润	
		A.1　土石方工程								
1	010101001001	平整场地	m^2	216.75	4.72			0.24	0.15	5.11
	1-4-1	人工场地平整	$10m^2$	36.875	4.72					
2	010101003001	挖基础土方：坚土，地槽，2m内	m^3	183.51	41.48	0.08	4.67	2.36	1.48	50.07
	1-2-12	人工挖沟槽坚土深2m内	$10m^3$	23.631	35.98		0.06			
	1-2-56	人工装车土方	$10m^3$	3.406	1.27					
	1-3-57	自卸汽车运土方1km内	$10m^3$	3.406	0.02	0.01	1.24			
	1-3-58*15	自卸汽车运土方增运1km×15	$10m^3$	3.406			3.37			
	1-4-4-1	基底钎探(灌砂)	十眼	15.10	4.21	0.07				
3	010101003002	挖基础土方：普通土，地槽，2m内	m^3	61.37	22.90		0.08	1.17	0.74	24.89
	1-2-10	人工挖沟槽普通土深2m内	$10m^3$	9.919	22.90		0.08			
4	010103001001	土(石)方回填	m^3	135.07	11.72	0.07	0.79	0.64	0.40	13.62
	1-4-11	机械夯填土(地坪)	$10m^3$	6.316	1.09		0.79			
	1-4-12	槽、坑人工夯填土	$10m^3$	16.313	10.63	0.07				
5	补01010400101	竣工清理	m^3	2080.80	0.70			0.04	0.02	0.76
	1-4-3	竣工清理	$10m^3$	208.08	0.70					
		A.3　砌筑工程								
6	010302001001	实心砖墙：365，M5.0砂浆	m^3	152.98	65.78	136.08	2.43	10.42	6.54	221.25
	3-1-15.07	M5.0砂浆混水砖墙365	$10m^3$	15.298	65.78	136.08	2.43			
7	010302001002	实心砖墙：240，M5.0砂浆	m^3	80.26	67.67	133.57	2.28	10.38	6.51	220.41
	3-1-14.07	M5.0砂浆混水砖墙240	$10m^3$	8.026	67.67	133.57	2.28			
8	010302001003	实心砖墙：115，M5.0砂浆	m^3	6.62	87.82	136.55	1.98	11.54	7.24	245.13
	3-1-12.07	M5.0砂浆混水砖墙115	$10m^3$	0.662	87.82	136.55	1.98			
9	010302006001	零星砌砖：砖台阶	m^3	1.06	74.66	172.00	3.02	12.73	7.99	270.40
	3-1-1	M5.0砂浆砖基础	$10m^3$	0.028	14.16	34.98	0.63			
	3-1-27	M5.0砂浆砖台阶	$10m^3$	0.106	60.50	137.02	2.39			
10	010305001001	石基础：毛石条基，M5.0砂浆，3：灰土垫层	m^3	138.17	64.85	93.64	4.41	8.31	5.21	176.42
	2-1-1-4	3：7灰土垫层(条形基础就地取土)	$10m^3$	4.607	12.89	10.49	0.43			
	3-2-1	M5.0砂浆乱毛石基础	$10m^3$	13.817	51.96	83.15	3.98			
		A.4　混凝土及钢筋混凝土工程								
11	010402001002	矩形柱：构造柱，C25	m^3	16.39	95.44	243.55	1.09	13.18	8.27	361.53

续表

序号	项目编码	项目名称	单位	工程量	综合单价组成(元)					综合单价(元)
					人工费	材料费	机械费	管理费	利润	
	4-2-20'	C253 商品混凝土构造柱	10m³	1.639	95.44	243.55	1.09			
12	010403003001	异形梁:C25	m³	7.56	60.46	245.10	0.76	11.39	7.15	324.86
	4-2-25'	C253 商品混凝土异形梁	10m³	0.756	60.46	245.10	0.76			
13	010403004001	圈梁:C25	m³	37.30	95.08	245.45	0.76	13.18	8.27	362.74
	4-2-26'	C253 商品混凝土圈梁	10m³	3.73	95.08	245.45	0.76			
14	010403005001	过梁:现浇,C25	m³	0.30	103.88	248.22	0.76	13.77	8.64	375.27
	4-2-27'	C253 商品混凝土过梁	10m³	0.03	103.88	248.22	0.76			
15	010405003001	平板:C25	m³	4.36	48.49	247.48	0.87	11.16	7.01	315.01
	4-2-38'	C252 商品混凝土平板	10m³	0.436	48.49	247.48	0.87			
16	010405006001	栏板、雨篷栏板:C20	m³	3.14	124.96	228.93		14.52	9.11	377.52
	4-2-51'	C202 商品混凝土栏板	10m³	0.314	124.96	228.93				
17	010405007001	天沟、挑檐板:C20	m³	3.38	100.28	228.10	2.28	13.34	8.37	352.37
	4-2-56'	C202 商品混凝土挑檐、天沟	10m³	0.338	100.28	228.10	2.28			
18	010405008001	雨篷、阳台板:C25	m³	0.37	116.64	312.67	1.73	17.02	10.68	458.74
	4-2-49.2'	C252 商品混凝土雨篷	10m²	0.493	122.53	328.28	1.83			
	4-2-65.2 * -2'	C252 商品混凝土阳台板每－10×2	10m²	－0.118	－5.89	－15.61	－0.10			
19	010406001001	直形楼梯:C25	m²	17.11	19.45	53.20	0.47	2.87	1.80	77.79
	4-2-42.2'	C252 商品混凝土直形楼梯无斜梁 100	10m²	1.711	19.45	53.20	0.47			
20	010407001001	其他构件:板缝,C20	m³	0.75	121.66	240.53		14.95	9.38	386.52
	4-2-55'	C202 商品混凝土小型构件	10m³	0.075	121.66	240.53				
21	010407002001	散水、坡道:混凝土散水	m²	35.88	19.80	24.02	0.45	2.07	1.30	47.64
	8-7-51-1'	C20 细石商品混凝土散水 3:7 灰土垫层就地取土	10m²	3.588	19.80	24.02	0.45			
22	010410003001	过梁:现场预制,C25	m³	7.39	163.24	223.84	121.01	25.91	16.26	550.26
	4-3-22	C302 预制小型构件	10m³	0.75	76.14	182.73	8.70			
	10-3-13	Ⅳ类预制构件运输 1km 内	10m³	0.75	16.25	9.58	111.69			
	10-3-94H	现场预制过梁塔吊安装	10m³	0.743	59.28	18.52				
	10-3-100	梁灌缝	10m³	0.739	11.57	13.01	0.62			
23	010412001001	平板:外加工,吊装	m³	10.07	70.08	563.45	1.57	32.39	20.32	687.81
	10-3-177H	0.2m³ 内平板塔吊安装	10m³	1.017	25.51	509.17				
	10-3-179	平板灌缝	10m³	1.007	44.57	54.28	1.57			
24	010412002001	空心板:外加工,吊装	m³	24.88	56.17	459.59	1.57	26.38	16.55	560.26
	10-3-168	0.6m³ 内空心板塔吊安装	10m³	2.513	11.60	405.31				
	10-3-170	空心板灌缝	10m³	2.488	44.57	54.28	1.57			
25	010416001001	现浇混凝土钢筋:Ⅰ级钢	t	6.413	576.46	3911.12	70.70	232.47	145.87	4936.62

续表

序号	项目编码	项目名称	单位	工程量	综合单价组成(元)					综合单价(元)
					人工费	材料费	机械费	管理费	利润	
	4-1-1	现浇构件圆钢筋ϕ4	t	0.006	0.80	3.86	0.04			
	4-1-2	现浇构件圆钢筋ϕ6.5	t	0.228	34.57	139.95	1.34			
	4-1-3	现浇构件圆钢筋ϕ8	t	0.016	1.57	9.72	0.10			
	4-1-4	现浇构件圆钢筋ϕ10	t	0.331	23.85	199.11	1.92			
	4-1-5	现浇构件圆钢筋ϕ12	t	4.597	292.06	2801.73	58.90			
	4-1-6	现浇构件圆钢筋ϕ14	t	0.014	0.76	8.34	0.16			
	4-1-52	现浇构件箍筋ϕ6.5	t	1.054	202.27	646.94	6.63			
	4-1-53	现浇构件箍筋ϕ8	t	0.167	20.58	101.47	1.61			
26	010416001002	现浇混凝土钢筋:Ⅱ级钢	t	2.396	301.42	3778.42	92.60	212.79	133.52	4518.75
	4-1-15	现浇构件螺纹钢筋ϕ16	t	1.663	213.16	2580.07	57.19			
	4-1-16	现浇构件螺纹钢筋ϕ18	t	0.053	5.99	82.69	1.66			
	4-1-18	现浇构件螺纹钢筋ϕ22	t	0.242	22.18	376.77	6.80			
	4-1-19	现浇构件螺纹钢筋ϕ25	t	0.438	35.63	684.71	10.27			
	4-1-85	带肋钢筋接头冷挤压连接ϕ25	10个	1.80	24.46	54.18	16.68			
27	010416002001	预制构件钢筋:Ⅰ级钢	t	0.271	947.30	3902.15	36.44	249.18	156.35	5291.42
	4-1-27	预制构件圆钢筋ϕ8绑扎	t	0.104	229.31	1488.08	14.06			
	4-1-56	预制构件箍筋ϕ6.5	t	0.167	717.99	2414.07	22.38			
28	010416002002	预制构件钢筋:Ⅱ级钢	t	0.397	355.52	3759.57	84.37	214.17	134.38	4548.01
	4-1-43	预制构件螺纹钢筋ϕ14	t	0.397	355.52	3759.57	84.37			
29	010417002001	预埋铁件	t	0.05	1078.00	5532.80	420.74	358.61	225.01	7615.16
	4-1-96	铁件	t	0.05	1078.00	5532.80	420.74			
		A.7　屋面及防水工程								
30	010702001001	屋面卷材防水:PVC橡胶卷材防水	m^2	284.15	9.70	64.40	0.49	3.80	2.39	80.78
	6-2-44	平面PVC橡胶卷材防水层	$10m^2$	28.415	3.21	52.05				
	6-2-72	平面石油沥青一遍	$10m^2$	21.675	0.44	4.87				
	9-1-1	1∶3砂浆硬基层上找平层20	$10m^2$	21.675	2.62	3.06	0.21			
	9-1-1-2	1∶2.5砂浆硬基层上找平层20	$10m^2$	28.415	3.43	4.42	0.28			
31	010702003001	屋面刚性防水:雨篷顶防水砂浆	m^2	4.91	6.40	7.14	0.28	0.70	0.44	14.96
	6-2-10	平面防水砂浆防水层	$10m^2$	0.491	4.05	5.34	0.28			
	6-4-18H	塑料短管ϕ50	10个	0.20	2.35	1.80				
32	010702004001	屋面排水管:塑料落水管ϕ100	m	39.40	3.86	20.71		1.25	0.79	26.61
	6-4-9	塑料落水管ϕ100	10m	3.94	2.20	16.10				
	6-4-10	塑料水斗	10个	0.40	0.22	0.92				
	6-4-20	铸铁雨水口	10个	0.40	1.44	3.69				

续表

序号	项目编码	项目名称	单位	工程量	综合单价组成(元)					综合单价(元)
					人工费	材料费	机械费	管理费	利润	
		A.8 防腐、隔热、保温工程								
33	010803001001	保温隔热屋面:现浇 1∶10 水泥蛭石 80	m²	216.75	2.53	10.36		0.66	0.41	13.96
	6-3-16	混凝土板上现浇水泥蛭石 1∶10	10m³	1.734	2.53	10.36				
34	010803001002	保温隔热屋面:C7.5 炉渣找坡	m²	216.75	0.94	4.47		0.28	0.17	5.86
	6-3-21	混凝土板上铺 C7.5 矿渣混凝土	10m³	0.694	0.94	4.47				
		B.1 楼地面工程								
35	020101001003	水泥砂浆楼地面:地面	m²	162.47	8.11	22.75	0.37	4.14	1.38	36.75
	2-1-13'	C154 商品混凝土无筋混凝土垫层	10m³	1.296	3.58	17.88	0.09			
	9-1-9	1∶2.5 砂浆楼地面 20	10m²	16.247	4.53	4.87	0.28			
36	020101001004	水泥砂浆楼地面:楼面	m²	299.49	9.17	14.39	0.31	4.68	1.56	30.11
	9-1-4'	C20 细石商品混凝土找平层 40	10m²	30.684	4.64	9.52	0.03			
	9-1-9	1∶2.5 砂浆楼地面 20	10m²	29.949	4.53	4.87	0.28			
37	020102002001	块料楼地面:1层卫生间地面	m²	18.49	21.15	45.30	1.42	10.79	3.60	82.26
	2-1-13'	C154 商品混凝土无筋混凝土垫层	10m³	0.148	3.60	17.94	0.09			
	9-1-1	1∶3 砂浆硬基层上找平层 20	10m²	1.849	3.43	4.01	0.28			
	9-1-3 * 2	1∶3 砂浆找平层+5×2	10m²	1.849	1.23	1.82	0.15			
	9-1-82	1∶2.5 砂浆 10 彩釉砖楼地面 1200 内	10m²	1.868	12.89	21.53	0.90			
38	020102002002	块料楼地面:卫生间防水楼面	m²	36.98	29.20	137.72	1.81	14.89	4.96	188.58
	6-2-10	平面防水砂浆防水层	10m²	3.698	4.05	5.34	0.28			
	6-2-11	立面防水砂浆防水层	10m²	2.692	4.48	3.89	0.20			
	6-2-71	聚氨酯二遍	10m²	6.39	3.12	101.13				
	9-1-1	1∶3 砂浆硬基层上找平层 20	10m²	3.698	3.43	4.01	0.28			
	9-1-3 * 2	1∶3 砂浆找平层+5×2	10m²	3.698	1.23	1.82	0.15			
	9-1-82	1∶2.5 砂浆 10 彩釉砖楼地面 1200 内	10m²	3.736	12.89	21.53	0.90			
39	020105001001	水泥砂浆踢脚线	m	203.76	2.20	0.58	0.04	1.12	0.37	4.31
	9-1-13	1∶3 砂浆踢脚线 20	10m	20.376	2.20	0.58	0.04			
40	020107001001	金属扶手带栏杆、栏板:不锈钢扶手带栏杆	m	21.41	31.06	807.77	10.37	15.84	5.28	870.32
	9-5-203	不锈钢管扶手不锈钢栏杆	10m	2.141	20.06	806.36	3.75			
	9-5-204	不锈钢管扶手弯头另加工料	10 个	0.80	11.00	1.41	6.62			
41	020108003002	水泥砂浆台阶面	m²	28.46	16.73	6.57	0.38	8.53	2.84	35.05
	9-1-10	1∶2.5 砂浆楼梯 20	10m²	2.459	15.05	5.59	0.32			

续表

序号	项目编码	项目名称	单位	工程量	综合单价组成(元)					综合单价(元)
					人工费	材料费	机械费	管理费	利润	
	9-1-11	1∶2.5 砂浆台阶 20	10m^2	0.387	1.68	0.98	0.06			
		B.2 墙、柱面工程								
42	020201001001	墙面一般抹灰：水泥砂浆内墙面	m^2	252.23	6.38	4.29	0.32	3.25	1.08	15.32
	9-2-20	砖墙面墙裙水泥砂浆 14+6	10m^2	25.223	6.38	4.29	0.32			
43	020201001002	墙面一般抹灰：石灰砂浆内墙面	m^2	927.85	5.68	2.25	0.28	2.90	0.97	12.08
	9-2-1	砖墙面墙裙石灰砂浆二遍 16	10m^2	92.785	5.68	2.25	0.28			
44	020201001004	墙面一般抹灰：水泥砂浆外墙面	m^2	553.33	6.38	4.29	0.32	3.25	1.08	15.32
	9-2-20	砖墙面墙裙水泥砂浆 14+6	10m^2	55.333	6.38	4.29	0.32			
45	020201003001	墙面勾缝：勾石缝	m^2	14.05	4.05	0.60	0.04	2.07	0.69	7.45
	9-2-65	毛石墙勾凸缝	10m^2	1.405	4.05	0.60	0.04			
46	020203001001	零星项目一般抹灰：外墙檐口，水泥砂浆	m^2	70.05	28.86	4.54	0.30	14.72	4.91	53.33
	9-2-25	零星项目水泥砂浆 6+14	10m^2	7.005	28.86	4.54	0.30			
47	020204003001	块料墙面：内墙，贴瓷砖	m^2	167.80	17.42	27.01	0.97	8.88	2.96	57.24
	9-2-172	墙面墙裙砂浆粘贴瓷砖 200×150	10m^2	16.78	17.42	27.01	0.97			
48	020206003001	块料零星项目：门窗侧壁贴瓷砖	m^2	11.46	58.24	38.47	7.14	29.70	9.90	143.45
	9-2-173	零星项目砂浆粘贴瓷砖 200×150	10m^2	1.146	19.27	31.06	1.08			
	9-2-334	外墙面砖阳角 45°角对缝	10m	7.26	38.97	7.41	6.06			
		B.3 顶棚工程								
49	020301001001	顶棚抹灰：水泥砂浆面	m^2	101.46	6.95	3.66	0.24	3.54	1.18	15.57
	9-3-3	现浇混凝土顶棚水泥砂浆抹灰	10m^2	10.146	6.95	3.66	0.24			
50	020301001002	顶棚抹灰：麻刀灰面	m^2	531.98	6.67	3.99	0.27	3.40	1.13	15.46
	9-3-1	现浇混凝土顶棚麻刀灰抹面	10m^2	2.241	0.26	0.15	0.01			
	9-3-2	预制混凝土顶棚麻刀灰抹面	10m^2	50.957	6.41	3.84	0.26			
		B.4 门窗工程								
51	020401001001	镶板木门	m^2	21.60	35.76	142.84	12.52	18.24	6.08	215.44
	5-1-9’	单扇带亮木门框制作 3-4 类材	10m^2	1.296	2.95	19.54	0.53			
	5-1-10’	单扇带亮木门框安装 3-4 类材	10m^2	1.296	5.24	3.64	0.01			
	5-1-11’	双扇带亮木门框制作 3-4 类材	10m^2	0.864	1.40	9.49	0.26			
	5-1-12’	双扇带亮木门框安装 3-4 类材	10m^2	0.864	2.49	1.62	0.01			
	5-1-41’	单扇带亮玻璃木门扇制作 3-4 类材	10m^2	1.296	6.80	31.56	1.32			
	5-1-42’	单扇带亮玻璃木门扇安装 3-4 类材	10m^2	1.296	4.67	1.97				
	5-1-43’	双扇带亮玻璃木门扇制作 3-4 类材	10m^2	0.864	4.94	22.63	0.89			
	5-1-44’	双扇带亮玻璃木门扇安装 3-4 类材	10m^2	0.864	3.52	1.61				
	5-9-1-1’	单扇带亮木门配件（安执手锁）(3-4 类材）	10 樘	0.60	1.30	31.44				

续表

序号	项目编码	项目名称	单位	工程量	综合单价组成(元)					综合单价(元)
					人工费	材料费	机械费	管理费	利润	
	5-9-2-1'	双扇带亮木门配件(安执手锁)(3-4类材)	10樘	0.30	0.65	19.34				
	10-3-38	木门窗运输10km内	10m²	2.106	0.64		3.33			
	10-3-39 * 3	木门窗运输每增1km×3	10m²	2.106	1.16		6.17			
52	020402001001	金属平开门:铝合金门	m²	13.83	22.00	345.04	0.03	11.22	3.74	382.03
	5-5-2	铝合金平开门安装	10m²	1.383	22.00	345.04	0.03			
53	020406002001	金属平开窗:铝合金窗	m²	117.00	21.56	245.10	0.02	11.00	3.67	281.35
	5-5-4	铝合金推拉窗安装	10m²	11.70	21.56	245.10	0.02			
54	020406008001	金属防盗窗:铝合金防盗窗	m²	37.20	16.28	101.67	0.01	8.30	2.77	129.03
	5-5-7	铝合金防盗网安装(扇面积)	10m²	3.72	16.28	101.67	0.01			
		B.5　油漆、涂料、裱糊工程								
55	020501001001	门油漆:底油一遍,调合漆二遍,磁漆一遍	m²	21.60	10.78	9.08		5.50	1.83	27.19
	9-4-1	底油一遍调和漆二遍单层木门	10m²	2.16	7.79	6.52				
	9-4-26	磁漆增一遍单层木门	10m²	2.16	2.99	2.56				
56	020507001001	刷喷涂料:抹灰面刮腻子三遍,乳胶漆二遍	m²	1767.53	4.10	7.01		2.09	0.70	13.90
	9-4-151	室内顶棚刷乳胶漆二遍	10m²	58.745	0.56	2.14				
	9-4-152	室内墙柱光面刷乳胶漆二遍	10m²	118.008	0.94	4.09				
	9-4-209	顶棚、内墙抹灰面满刮腻子二遍	10m²	176.753	1.94	0.54				
	9-4-210	顶棚、内墙抹灰面满刮腻子增一遍	10m²	176.753	0.66	0.24				
57	020507001004	刷喷涂料:外墙刷丙烯酸涂料	m²	669.37	3.56	7.78		1.82	0.61	13.77
	9-4-184	抹灰外墙面丙烯酸涂料(一底二涂)	10m²	66.937	3.56	7.78				

第八节　措施项目费计算表

工程名称：办公楼　　　　建筑消耗量（06）

序号	措施项目名称	单位	数量	金额(元)					
				人工费	材料费	机械费	管理费	利润	小计
	建筑技术措施项目								
1	脚手架	项	1.00	3188.22	4170.97	1307.09	441.98	277.32	9385.58
	[10-1-4]单排外钢管脚手架15m内	10m²	72.42	2071.21	3363.91	715.51			
	[10-1-21]单排里钢管脚手架3.6m内	10m²	48.573	833.51	254.52	479.90			
	[10-1-103]双排外钢管脚手架6m内	10m²	11.304	283.50	552.54	111.68			
2	混凝土、钢筋混凝土模板及支架	项	1.00	13569.94	16657.49	1004.85	1592.85	999.43	33824.56
	[10-4-49]混凝土基础垫层木模板	10m²	0.415	23.37	89.81	2.24			
	[10-4-98]构造柱组合钢模板钢支撑	10m²	8.665	1864.36	1812.98	192.36			
	[10-4-116]过梁组合钢模板木支撑	10m²	0.23	59.30	52.78	4.42			
	[10-4-123]异形梁木模板木支撑	10m²	7.128	1699.89	2192.79	117.47			
	[10-4-125]圈梁组合钢模板木支撑	10m²	23.497	3732.26	2634.25	241.08			
	[10-4-168]平板组合钢模板钢支撑	10m²	5.369	855.17	638.59	130.25			

续表

序号	措施项目名称	单位	数量	金额(元)					
				人工费	材料费	机械费	管理费	利润	小计
	[10-4-201]直形楼梯木模板木支撑	$10m^2$	1.711	800.27	918.35	62.98			
	[10-4-203]直形悬挑板阳台、雨篷木模板木支撑	$10m^2$	0.612	200.34	298.72	22.64			
	[10-4-206]栏板木模板木支撑	$10m^2$	11.572	1542.78	4795.67	134.81			
	[10-4-211]挑檐、天沟木模板木支撑	$10m^2$	4.806	1133.45	944.23	71.56			
	[10-4-212]小型构件木模板木支撑	$10m^2$	0.075	15.02	26.56	1.29			
	[10-4-237]现场预制小型构件木模板	$10m^3$	0.75	1643.73	2252.76	23.75			
3	大型机械设备进出场及安拆费	项	1.00	4257.86	2658.13	15623.51	1114.87	699.53	24353.90
	[1-1-17]机械打孔爆破坚石	$10m^3$	0.60	36.17	23.50	49.40			
	[4-1-131]现浇混凝土埋设螺栓	10个	1.60	165.44	703.98	18.37			
	[10-4-63]$20m^3$ 内设备基础组合钢模板钢支撑	$10m^2$	1.20	197.47	170.47	22.61			
	[10-5-1-1]C204 现浇混凝土塔吊基础	$10m^3$	0.60	212.94	1351.28	3.89			
	[10-5-3]塔式起重机混凝土基础拆除	$10m^3$	0.60	477.84	4.76	339.02			
	[10-5-20]6t 塔式起重机安、拆	台次	1.00	2640.00	138.84	5123.76			
	[10-5-20-1]6t 塔式起重机场外运输	台次	1.00	528.00	55.30	10066.46			
	[措]石渣外运(35元/m^3)	m^3	6.00		210.00				
4	垂直运输机械	项	1.00			13327.52	679.70	426.48	14433.70
	[10-2-5]20m 内建筑混合结构垂直运输	$10m^2$	65.025			13327.52			
5	临时设施	项	1	198.87	1789.80		101.42	63.64	2153.73
	计费基础 198867.06×1%,人工占 10%								
6	文明施工	项	1	79.55	715.92		40.57	25.46	861.50
	计费基础 198867.06×0.4%,人工占 10%								
7	二次搬运	项	1	238.64	954.56		60.85	38.18	1292.23
	计费基础 198867.06×0.6%,人工占 20%								
8	已完工程及设备保护	项	1	29.83	268.47		15.21	9.55	323.06
	计费基础 198867.06×0.15%,人工占 10%								
9	环境保护	项	1	29.83	268.47		15.21	9.55	323.06
	计费基础 198867.06×0.15%,人工占 10%								
10	夜间施工	项	1	278.41	1113.66		71.00	44.55	1507.62
	计费基础 198867.06×0.7%,人工占 20%								
11	冬、雨季施工	项	1	318.19	1272.75		81.14	50.91	1722.99
	计费基础 198867.06×0.8%,人工占 20%								
	小　计			22189.34	29870.25	31262.97	4214.80	2644.60	90181.93
	装饰技术措施项目								
12	脚手架	项	1.00	1132.41	320.78	639.09	577.53	192.51	2862.32
	[10-1-22-1]装饰钢管脚手架 3.6m 内	$10m^2$	151.578	1080.75	266.78	633.60			
	[10-1-27]满堂钢管脚手架	$10m^2$	1.223	51.66	54.00	5.49			
13	临时设施	项	1	581.13	5230.14		296.38	98.79	6206.44
	计费基础 41509.07×14%,人工占 10%								
14	文明施工	项	1	33.21	298.87		16.94	5.65	354.67
	计费基础 41509.07×0.8%,人工占 10%								

续表

序号	措施项目名称	单位	数量	金额(元)					
				人工费	材料费	机械费	管理费	利润	小计
15	二次搬运	项	1	315.47	1261.88		160.89	53.63	1791.87
	计费基础 41509.07×3.8%,人工占 20%								
16	已完工程及设备保护	项	1	21.62	194.57		11.03	3.68	230.90
	计费基础 144129.12×0.15%,人工占 10%								
17	环境保护	项	1	41.51	373.58		21.17	7.06	443.32
	计费基础 41509.07×1%,人工占 10%								
18	夜间施工	项	1	348.68	1394.70		177.83	59.28	1980.49
	计费基础 41509.07×4.2%,人工占 20%								
19	冬、雨季施工	项	1	390.19	1560.74		199.00	66.33	2216.26
	计费基础 41509.07×4.7%,人工占 20%								
	小　计			2864.22	10635.23	639.09	1460.77	486.93	16086.27
	合　计			25053.56	40505.48	31902.06	5675.57	3131.53	106268.20

第四章　定额计价

第一节　工程预算书封面、编制说明

工程预算书

建设单位：______

工程名称：办　公　楼

工程类别：Ⅲ类　　　　建筑面积：650.25m^2

工程造价：536076元　　　　平方造价：824.41元/m^2

编 制 人：英　特　　　　编制日期：2008-04-17

编制说明

1. 本工程按Ⅲ类工程取费，建筑部分管理费率5.1%，利润率3.2%，以山东省定额价直接费为计费基础；装饰部分管理费率51%，利润率17%，以山东省定额价人工费为计费基础。

2. 本工程依据办公楼图纸，按《山东省建筑工程消耗量定额》计算工程量，依据2008年山东省定额价计算工程直接费。

3. 本工程的临时换算说明如下：

(1) 10-3-94H，指将消耗量定额中的混凝土过梁（成品）扣除，改为现场预制过梁；

(2) 10-3-177H，指将消耗量定额中的现场预制平板改为外购成品混凝土预制平板，500元/m^3；

(3) 6-4-18H，指将消耗量定额中的玻璃钢短管改为塑料套管。

4. 本工程统一按商品混凝土考虑，C15、C20商品混凝土价格为220元/m^3，C25商品混凝土价格为240元/m^3。采用商品混凝土价格后，将不再套用混凝土搅拌和运输项目，计费基础不变，商品混凝土与原消耗量的差价按价差处理。

第二节　建筑项目预算费用表

工程名称：办公楼　　　　建筑消耗量（06）

序号	费用名称	费率	费用说明	金额(元)
1	一、直接费		(一)+(二)	341593.10
2	(一)直接工程费			233201.86
3	(一)'省价直接工程费			225493.65
4	(二)措施费		1+2+3	108391.24
5	1. 定额规定计取的措施费			99146.00
6	1'. 按定额计取的省价措施费			98466.77
7	2. 参照费率计取的措施费			9245.24
8	(1)环境保护费	0.15%	(一)'	338.24
9	(2)文明施工费	0.4%	(一)'	901.97
10	(3)临时设施费	1%	(一)'	2254.94
11	(4)夜间施工费	0.7%	(一)'	1578.46
12	(5)二次搬运费	0.6%	(一)'	1352.96
13	(6)冬雨季施工增加费	0.8%	(一)'	1803.95
14	(7)已完工程及设备保护费	0.15%	(一)'	338.24
15	(8)总承包服务费	0.3%	(一)'	676.48
16	其中人工费		[(4)+(5)+(6)]×0.2+[(1)+(2)+(3)+(7)+(8)]×0.1	1398.06
17	3. 施工组织设计计取的措施费			
18	(二)'省价措施费			107712.01
19	二、企业管理费	5.1%	(一)'+(二)'	16993.49
20	三、利润	3.2%	(一)'+(二)'	10662.58
21	四、规费		1+…+6	19607.13
22	1. 工程排污费	0.26%	一+…+四	960.05
23	2. 定额测定费	0.1%	一+…+四	369.25
24	3. 社会保障费	2.6%	一+…+四	9600.48
25	4. 住房公积金	0.2%	一+…+四	738.50
26	5. 危险作业意外伤害保险	0.15%	一+…+四	553.87
27	6. 安全施工费	2%	一+…+四	7384.98
28	五、税金	3.44%	一+…+四	13376.66
29	六、建筑工程费用合计		一+…+五-社会保障费	392632.48

第三节　装饰项目预算费用表

工程名称：办公楼　　　　建筑消耗量（06）

序号	费用名称	费率	费用说明	金额(元)
1	一、直接费		(一)+(二)	108018.03
2	(一)直接工程费			96945.90
3	(一)'省价直接工程费			96214.39
4	其中人工费 R1			37943.79
5	(二)措施费		1+2+3	11072.13
6	1. 参照定额规定计取的措施费			

续表

序号	费用名称	费率	费用说明	金额(元)
7	其中人工费			
8	2. 参照费率计取的措施费			11072.13
9	(1)环境保护费	1%	$R1$	379.44
10	(2)文明施工费	0.8%	$R1$	303.55
11	(3)临时设施费	14%	$R1$	5312.13
12	(4)夜间施工费	4.2%	$R1$	1593.64
13	(5)二次搬运费	3.8%	$R1$	1441.86
14	(6)冬雨季施工增加费	4.7%	$R1$	1783.36
15	(7)已完工程及设备保护费	0.15%	(一)'	144.32
16	(8)总承包服务费	0.3%	$R1$	113.83
17	其中人工费		[(4)+(5)+(6)]×0.2+[(1)+(2)+(3)+(7)+(8)]×0.1	1589.10
18	3. 施工组织设计计取的措施费			
19	其中人工费 $R2$		7+17	1589.10
20	二、企业管理费	51%	$R1+R2$	20161.77
21	三、利润	17%	$R1+R2$	6720.59
22	四、规费		1+…+6	7163.21
23	1. 工程排污费	0.26%	一+二+三	350.74
24	2. 定额测定费	0.1%	一+二+三	134.90
25	3. 社会保障费	2.6%	一+二+三	3507.41
26	4. 住房公积金	0.2%	一+二+三	269.80
27	5. 危险作业意外伤害保险	0.15%	一+二+三	202.35
28	6. 安全施工费	2%	一+二+三	2698.01
29	五、税金	3.44%	一+…+四	4886.99
30	六、装饰工程费用合计		一+…+五-社会保障费	143443.18

第四节　单位工程费汇总表

工程名称：办公楼　　　　建筑消耗量（06）

序号	项目名称	金额(元)	造价(元/m²)
1	建筑项目	392632.48	603.82
2	装饰项目	143443.18	220.60
	合 计	536075.66	824.41

第五节　建筑工程预算表

工程名称：办公楼　　　　建筑消耗量（06）

序号	定额号	项目名称	单位	数量	单价(元)	合价(元)	计费单价(元)	计费基础(元)
		建筑项目						
1	1-2-10	人工挖沟槽普通土深2m内	10m³	9.919	142.18	1410.28	142.18	1410.28
2	1-2-12	人工挖沟槽坚土深2m内	10m³	23.631	279.90	6614.32	279.90	6614.32

续表

序号	定额号	项　目　名　称	单位	数量	单价(元)	合价(元)	计费单价(元)	计费基础(元)
3	1-2-56	人工装车土方	$10m^3$	3.406	68.64	233.79	68.64	233.79
4	1-3-57	自卸汽车运土方 1km 内	$10m^3$	3.406	68.55	233.48	68.55	233.48
5	1-3-58＊15	自卸汽车运土方增运 1km×15	$10m^3$	3.406	181.65	618.70	181.65	618.70
6	1-4-1	人工场地平整	$10m^2$	36.875	27.72	1022.18	27.72	1022.18
7	1-4-3	竣工清理	$10m^3$	208.08	7.04	1464.88	7.04	1464.88
8	1-4-4-1	基底钎探(灌砂)	十眼	15.10	51.96	784.60	51.96	784.60
9	1-4-11	机械夯填土(地坪)	$10m^3$	6.316	40.30	254.53	40.30	254.53
10	1-4-12	槽、坑人工夯填土	$10m^3$	16.313	88.59	1445.17	88.59	1445.17
11	2-1-1-4	3：7 灰土垫层(条形基础就地取土)	$10m^3$	4.607	713.97	3289.26	713.97	3289.26
12	2-1-13’	C154 商品混凝土无筋混凝土垫层	$10m^3$	1.444	2700.93	3900.14	1781.33	2572.24
13	3-1-1	M5.0 砂浆砖基础	$10m^3$	0.028	1883.92	52.75	1883.92	52.75
14	3-1-12.07	M5.0 砂浆混水砖墙 115	$10m^3$	0.662	2263.51	1498.44	2263.51	1498.44
15	3-1-14.07	M5.0 砂浆混水砖墙 240	$10m^3$	8.026	2035.14	16334.03	2035.14	16334.03
16	3-1-15.07	M5.0 砂浆混水砖墙 365	$10m^3$	15.298	2042.92	31252.59	2042.91	31252.44
17	3-1-27	M5.0 砂浆砖台阶	$10m^3$	0.106	1999.08	211.90	1999.08	211.90
18	3-2-1	M5.0 砂浆乱毛石基础	$10m^3$	13.817	1390.89	19217.93	1390.89	19217.93
19	4-1-1	现浇构件圆钢筋 $\phi4$	t	0.006	5030.30	30.18	5030.30	30.18
20	4-1-2	现浇构件圆钢筋 $\phi6.5$	t	0.228	4946.38	1127.77	4946.38	1127.77
21	4-1-3	现浇构件圆钢筋 $\phi8$	t	0.016	4567.46	73.08	4567.46	73.08
22	4-1-4	现浇构件圆钢筋 $\phi10$	t	0.331	4356.99	1442.16	4356.99	1442.16
23	4-1-5	现浇构件圆钢筋 $\phi12$	t	4.597	4398.14	20218.25	4398.14	20218.25
24	4-1-6	现浇构件圆钢筋 $\phi14$	t	0.014	4241.21	59.38	4241.21	59.38
25	4-1-15	现浇构件螺纹钢筋 $\phi16$	t	1.663	4106.81	6829.63	4106.81	6829.63
26	4-1-16	现浇构件螺纹钢筋 $\phi18$	t	0.053	4083.79	216.44	4083.79	216.44
27	4-1-18	现浇构件螺纹钢筋 $\phi22$	t	0.242	4017.22	972.17	4017.22	972.17
28	4-1-19	现浇构件螺纹钢筋 $\phi25$	t	0.438	3996.71	1750.56	3996.71	1750.56
29	4-1-27	预制构件圆钢筋 $\phi8$ 绑扎	t	0.104	4511.75	469.22	4511.75	469.22
30	4-1-43	预制构件螺纹钢筋 $\phi14$	t	0.397	4199.46	1667.19	4199.46	1667.19
31	4-1-52	现浇构件箍筋 $\phi6.5$	t	1.054	5207.34	5488.54	5207.34	5488.54
32	4-1-53	现浇构件箍筋 $\phi8$	t	0.167	4748.46	792.99	4748.46	792.99
33	4-1-56	预制构件箍筋 $\phi6.5$	t	0.167	5118.88	854.85	5118.88	854.85
34	4-1-85	带肋钢筋接头冷挤压连接 $\phi25$	10 个	1.80	126.88	228.38	126.88	228.38
35	4-1-96	铁件	t	0.05	7031.54	351.58	7031.54	351.58
36	4-2-20’	C253 商品混凝土构造柱	$10m^3$	1.639	3400.72	5573.78	2583.52	4234.39
37	4-2-25’	C253 商品混凝土异形梁	$10m^3$	0.756	3063.14	2315.73	2233.68	1688.66
38	4-2-26’	C253 商品混凝土圈梁	$10m^3$	3.73	3412.95	12730.30	2583.49	9636.42
39	4-2-27’	C253 商品混凝土过梁	$10m^3$	0.03	3528.64	105.86	2699.19	80.98
40	4-2-38’	C252 商品混凝土平板	$10m^3$	0.436	2968.44	1294.24	2189.12	954.46
41	4-2-42.2’	C252 商品混凝土直形楼梯无斜梁 100	$10m^2$	1.711	731.16	1251.01	563.01	963.31
42	4-2-49.2’	C252 商品混凝土雨篷	$10m^2$	0.493	339.71	167.48	262.93	129.62
43	4-2-51’	C202 商品混凝土栏板	$10m^3$	0.314	3538.87	1111.21	2847.45	894.10

续表

序号	定额号	项目名称	单位	数量	单价(元)	合价(元)	计费单价(元)	计费基础(元)
44	4-2-55'	C202 商品混凝土小型构件	$10m^3$	0.075	3621.89	271.64	2930.47	219.79
45	4-2-56'	C202 商品混凝土挑檐、天沟	$10m^3$	0.338	3306.48	1117.59	2615.06	883.89
46	4-2-65.2*-2'	C252 商品混凝土阳台、雨篷每-10×2	$10m^2$	-0.118	67.76	-8.00	52.10	-6.15
47	4-3-22	C302 预制小型构件	$10m^3$	0.75	2636.47	1977.35	2636.47	1977.35
48	5-1-9'	单扇带亮木门框制作 3-4 类材	$10m^2$	1.296	383.66	497.22	383.65	497.21
49	5-1-10'	单扇带亮木门框安装 3-4 类材	$10m^2$	1.296	148.25	192.13	148.25	192.13
50	5-1-11'	双扇带亮木门框制作 3-4 类材	$10m^2$	0.864	278.64	240.74	278.64	240.74
51	5-1-12'	双扇带亮木门框安装 3-4 类材	$10m^2$	0.864	103.03	89.02	103.03	89.02
52	5-1-41'	单扇带亮玻璃木门扇制作 3-4 类材	$10m^2$	1.296	661.34	857.10	661.34	857.10
53	5-1-42'	单扇带亮玻璃木门扇安装 3-4 类材	$10m^2$	1.296	110.72	143.49	110.72	143.49
54	5-1-43'	双扇带亮玻璃木门扇制作 3-4 类材	$10m^2$	0.864	711.52	614.75	711.52	614.75
55	5-1-44'	双扇带亮玻璃木门扇安装 3-4 类材	$10m^2$	0.864	128.21	110.77	128.21	110.77
56	5-5-2	铝合金平开门安装	$10m^2$	1.383	3670.73	5076.62	3670.73	5076.62
57	5-5-4	铝合金推拉窗安装	$10m^2$	11.70	2666.82	31201.79	2666.82	31201.79
58	5-5-7	铝合金防盗网安装(扇面积)	$10m^2$	3.72	1179.57	4388.00	1179.57	4388.00
59	5-9-1-1'	单扇带亮木门配件(安执手锁)3-4 类材	10 樘	0.60	1178.62	707.17	1178.62	707.17
60	5-9-2-1'	双扇带亮木门配件(安执手锁)3-4 类材	10 樘	0.30	1439.43	431.83	1439.43	431.83
61	6-2-10	平面防水砂浆防水层	$10m^2$	4.189	96.67	404.95	96.67	404.95
62	6-2-11	立面防水砂浆防水层	$10m^2$	2.692	117.79	317.09	117.79	317.09
63	6-2-44	平面 PVC 橡胶卷材防水层	$10m^2$	28.415	552.63	15702.98	552.63	15702.98
64	6-2-71	聚氨酯二遍	$10m^2$	6.39	603.30	3855.09	603.30	3855.09
65	6-2-72	平面石油沥青一遍	$10m^2$	21.675	69.51	1506.63	69.51	1506.63
66	6-3-16	混凝土板上现浇水泥蛭石 1∶10	$10m^3$	1.734	1611.97	2795.16	1611.97	2795.16
67	6-3-21	混凝土板上铺 C7.5 矿渣混凝土	$10m^3$	0.694	1690.00	1172.86	1690.00	1172.86
68	6-4-9	塑料水落管 ϕ100	10m	3.94	183.02	721.10	183.02	721.10
69	6-4-10	塑料水斗	10 个	0.40	112.75	45.10	112.75	45.10
70	6-4-18H	塑料短管 ϕ50	10 个	0.20	101.72	20.34	101.72	20.34
71	6-4-20	铸铁雨水口	10 个	0.40	505.15	202.06	505.15	202.06
72	8-7-51-1'	C20 细石商品混凝土散水 3∶7 灰土垫层(就地取土)	$10m^2$	3.588	442.68	1588.34	406.79	1459.56
		小　计				233201.86		225493.65
		装饰项目						
73	9-1-1	1∶3 砂浆硬基层上找平层 20	$10m^2$	27.222	77.16	2100.45	34.32	934.26
74	9-1-1-2	1∶2.5 砂浆硬基层上找平层 20	$10m^2$	28.415	81.28	2309.57	34.32	975.20
75	9-1-3*2	1∶3 砂浆找平层+5×2	$10m^2$	5.547	32.00	177.50	12.32	68.34
76	9-1-4'	C20 细石商品混凝土找平层 40	$10m^2$	30.684	138.54	4250.96	45.32	1390.60
77	9-1-9	1∶2.5 砂浆楼地面 20	$10m^2$	46.196	96.73	4468.54	45.32	2093.60
78	9-1-10	1∶2.5 砂浆楼梯 20	$10m^2$	2.459	242.57	596.48	174.24	428.46
79	9-1-11	1∶2.5 砂浆台阶 20	$10m^2$	0.387	199.80	77.32	123.64	47.85
80	9-1-13	1∶3 砂浆踢脚线 20	10m	20.376	28.23	575.21	22.00	448.27
81	9-1-82	1∶2.5 砂浆 10 彩釉砖楼地面 1200 内	$10m^2$	5.604	349.56	1958.93	127.60	715.07
82	9-2-1	砖墙面墙裙石灰砂浆二遍 16	$10m^2$	92.785	81.97	7605.59	56.76	5266.48

续表

序号	定额号	项 目 名 称	单位	数量	单价(元)	合价(元)	计费单价(元)	计费基础(元)
83	9-2-20	砖墙面墙裙水泥砂浆 14+6	$10m^2$	80.556	109.88	8851.49	63.80	5139.47
84	9-2-25	零星项目水泥砂浆 6+14	$10m^2$	7.005	337.07	2361.18	288.64	2021.92
85	9-2-65	毛石墙勾凸缝	$10m^2$	1.405	46.85	65.82	40.48	56.87
86	9-2-172	墙面墙裙砂浆粘贴瓷砖 200×150	$10m^2$	16.78	454.10	7619.80	174.24	2923.75
87	9-2-173	零星项目砂浆粘贴瓷砖 200×150	$10m^2$	1.146	514.15	589.22	192.72	220.86
88	9-2-334	外墙面砖阳角 45°角对缝	10m	7.26	82.77	600.91	61.51	446.56
89	9-3-1	现浇混凝土顶棚麻刀灰抹面	$10m^2$	2.241	99.15	222.20	61.16	137.06
90	9-3-2	预制混凝土顶棚麻刀灰抹面	$10m^2$	50.957	109.72	5591.00	66.88	3408.00
91	9-3-3	现浇混凝土顶棚水泥砂浆抹灰	$10m^2$	10.146	108.51	1100.94	69.52	705.35
92	9-4-1	底油一遍调和漆二遍(单层木门)	$10m^2$	2.16	143.09	309.07	77.88	168.22
93	9-4-26	磁漆增一遍(单层木门)	$10m^2$	2.16	55.47	119.82	29.92	64.63
94	9-4-151	室内顶棚刷乳胶漆二遍	$10m^2$	58.745	81.17	4768.33	16.72	982.22
95	9-4-152	室内墙柱光面刷乳胶漆二遍	$10m^2$	118.008	75.37	8894.26	14.08	1661.55
96	9-4-184	抹灰外墙面丙烯酸涂料(一底二涂)	$10m^2$	66.937	113.39	7589.99	35.64	2385.63
97	9-4-209	顶棚、内墙抹灰面满刮腻子二遍	$10m^2$	176.753	24.77	4378.17	19.36	3421.94
98	9-4-210	顶棚、内墙抹灰面满刮腻子增一遍	$10m^2$	176.753	8.95	1581.94	6.60	1166.57
99	9-5-203	不锈钢管扶手不锈钢栏杆	10m	2.141	8301.66	17773.85	200.64	429.57
100	9-5-204	不锈钢管扶手弯头另加工料	10 个	0.80	509.20	407.36	294.36	235.49
		小 计				96945.90		37943.79
		措施项目						
101	1-1-17	机械打孔爆破坚石	$10m^3$	0.60	181.78	109.07	181.78	109.07
102	4-1-131	现浇混凝土埋设螺栓	10 个	1.60	554.87	887.79	554.87	887.79
103	10-1-4	单排外钢管脚手架 15m 内	$10m^2$	72.42	84.93	6150.63	84.93	6150.63
104	10-1-21	单排里钢管脚手架 3.6m 内	$10m^2$	48.573	32.28	1567.94	32.28	1567.94
105	10-1-22-1	装饰钢管脚手架 3.6m 内	$10m^2$	151.578	13.07	1981.12	13.07	1981.12
106	10-1-27	满堂钢管脚手架	$10m^2$	1.223	90.88	111.15	90.88	111.15
107	10-1-103	双排外钢管脚手架 6m 内	$10m^2$	11.304	83.84	947.73	83.84	947.73
108	10-2-5	20m 内建筑混合结构垂直运输	$10m^2$	65.025	204.96	13327.52	204.96	13327.52
109	10-3-13	Ⅳ类预制构件运输 1km 内	$10m^2$	0.75	1355.04	1016.28	1355.04	1016.28
110	10-3-38	木门窗运输 10km 内	$10m^2$	2.106	40.74	85.80	40.74	85.80
111	10-3-39 * 3	木门窗运输每增 1km×3	$10m^2$	2.106	75.21	158.39	75.21	158.39
112	10-3-94H	现场预制过梁塔吊安装	$10m^3$	0.743	773.84	574.96	773.84	574.96
113	10-3-100	梁灌缝	$10m^3$	0.739	252.10	186.30	252.10	186.30
114	10-3-168	0.6m^3 内空心板塔吊安装	$10m^3$	2.513	4127.64	10372.76	4127.64	10372.76
115	10-3-170	空心板灌缝	$10m^3$	2.488	1004.14	2498.30	1004.14	2498.30
116	10-3-177H	0.2m^3 内平板塔吊安装	$10m^3$	1.017	5294.16	5384.16	5294.16	5384.16
117	10-3-179	平板灌缝	$10m^3$	1.007	1004.14	1011.17	1004.14	1011.17
118	10-4-49	混凝土基础垫层木模板	$10m^2$	0.415	278.14	115.43	278.14	115.43
119	10-4-63	20m^3 内设备基础组合钢模板钢支撑	$10m^2$	1.20	325.46	390.55	325.46	390.55
120	10-4-98	构造柱组合钢模板钢支撑	$10m^2$	8.665	446.59	3869.70	446.59	3869.70
121	10-4-116	过梁组合钢模板木支撑	$10m^2$	0.23	506.53	116.50	506.53	116.50

续表

序号	定额号	项目名称	单位	数量	单价(元)	合价(元)	计费单价(元)	计费基础(元)
122	10-4-123	异形梁木模板木支撑	$10m^2$	7.128	562.59	4010.14	562.59	4010.14
123	10-4-125	圈梁组合钢模板木支撑	$10m^2$	23.497	281.21	6607.59	281.21	6607.59
124	10-4-168	平板组合钢模板钢支撑	$10m^2$	5.369	302.48	1624.02	302.48	1624.02
125	10-4-201	直形楼梯木模板木支撑	$10m^2$	1.711	1041.26	1781.60	1041.26	1781.60
126	10-4-203	直形悬挑板阳台、雨篷木模板木支撑	$10m^2$	0.612	852.46	521.71	852.46	521.71
127	10-4-206	栏板木模板木支撑	$10m^2$	11.572	559.39	6473.26	559.39	6473.26
128	10-4-211	挑檐、天沟木模板木支撑	$10m^2$	4.806	447.20	2149.24	447.20	2149.24
129	10-4-212	小型构件木模板木支撑	$10m^2$	0.075	571.48	42.86	571.48	42.86
130	10-4-237	现场预制小型构件木模板	$10m^3$	0.75	5226.99	3920.24	5226.99	3920.24
131	10-5-1-1'	C204 现浇混凝土塔吊基础	$10m^3$	0.60	2613.52	1568.11	1831.46	1098.88
132	10-5-3	塔式起重机混凝土基础拆除	$10m^3$	0.60	1369.37	821.62	1369.37	821.62
133	10-5-20	6t 塔式起重机安、拆	台次	1.00	7902.60	7902.60	7902.60	7902.60
134	10-5-20-1	6t 塔式起重机场外运输	台次	1.00	10649.76	10649.76	10649.76	10649.76
135	补-1	[措]石渣外运(35 元/m^3)	m^3	6.00	35.00	210.00		
		小　计				99146.00		98466.77
		建筑项目合计				233201.86		225493.65
		建筑项目技术措施项目合计				99146.00		98466.77
		装饰项目合计				96945.90		37943.79

第六节　主要材料价格表

工程名称：办公楼　　　　建筑消耗量 (06)

序号	材料编码	材料名称及规格	单位	数量	单价(元)	合价(元)	每平方米指标
1	1004	钢筋 $\phi6.5$	t	1.477	3770.00	5568.29	0.002
2	1005	钢筋 $\phi8$	t	0.292	3770.00	1100.84	
3	1006	钢筋 $\phi10$	t	0.338	3750.00	1267.50	0.001
4	1007	钢筋 $\phi12$	t	4.689	3750.00	17583.75	0.007
5	1023	钢筋 $\phi8$	kg	34.95	3.77	131.76	0.054
6	1039	螺纹钢筋 $\phi14$	t	0.403	3624.00	1460.47	0.001
7	1040	螺纹钢筋 $\phi16$	t	1.696	3574.00	6061.50	0.003
8	1041	螺纹钢筋 $\phi18$	t	0.054	3574.00	193.00	
9	1043	螺纹钢筋 $\phi22$	t	0.247	3574.00	882.78	
10	1044	螺纹钢筋 $\phi25$	t	0.447	3574.00	1597.58	0.001
11	1570	铁件	kg	65.29	5.20	339.53	0.100
12	3030	木薄板(一等)12	m^3	0.12	1100.00	134.20	
13	3051	门窗材	m^3	0.97	1800.00	1737.00	0.001
14	3055	模板材	m^3	5.15	1400.00	7215.60	0.008
15	3068	方撑木	m^3	3.86	1300.00	5020.60	0.006
16	3071	垫木	m^3	0.06	1600.00	102.40	
17	4006	普通硅酸盐水泥 32.5MPa	t	62.688	252.00	15797.38	0.096

续表

序号	材料编码	材料名称及规格	单位	数量	单价(元)	合价(元)	每平方米指标
18	4007	普通硅酸盐水泥 42.5MPa	t	1.51	263.00	397.13	0.002
19	5001	机制红砖 240×115×53	千块	128.946	200.00	25789.20	0.198
20	5107	石灰	t	18.912	125.00	2364.00	0.029
21	5116	石灰膏	m^3	3.69	95.00	350.46	0.006
22	5167	黄砂(过筛中砂)	m^3	206.93	63.00	13036.78	0.318
23	5194	碎石 15	m^3	10.62	35.00	371.70	0.016
24	5251	毛石	m^3	155.03	32.00	4960.86	0.238
25	5363	预制混凝土块	m^3	0.80	260.00	209.04	0.001
26	5374	混凝土平台板(成品)	m^3	10.17	500.00	5085.00	0.016
27	5376	混凝土空心板(成品)	m^3	25.13	400.00	10052.00	0.039
28	6005	平板玻璃 5 厚	m^2	111.15	17.00	1889.55	0.171
29	6007	平板玻璃 6 厚	m^2	13.28	25.00	331.93	0.020
30	6068	瓷砖 200×150	m^2	185.70	20.70	3843.91	0.286
31	6083	彩釉砖 300×300	块	633.25	1.62	1025.87	0.974
32	8048	蛭石	m^3	23.08	65.00	1500.40	0.035
33	8086	软填料	kg	49.90	4.00	199.60	0.077
34	8090	矿渣	m^3	10.55	55.00	580.09	0.016
35	9012	电焊条 E4303ϕ3.2	kg	61.40	7.80	478.89	0.094
36	9043	不锈钢焊丝	kg	3.03	40.00	121.24	0.005
37	9089	钍钨棒	kg	1.24	390.00	482.04	0.002
38	10015	无光调和漆	kg	10.15	10.33	104.81	0.016
39	10020	红丹防锈漆	kg	32.56	14.50	472.09	0.050
40	10024	乳胶漆	kg	499.72	21.92	10953.77	0.768
41	10025	丙烯乳胶漆	kg	281.14	11.37	3196.50	0.432
42	10058	丙烯酸清漆	kg	80.32	25.00	2008.10	0.124
43	10146	聚氨酯甲乙料	kg	176.40	20.90	3686.68	0.271
44	10226	滑石粉	kg	871.39	0.25	217.85	1.340
45	12004	石油沥青 10 号	kg	400.55	1.90	761.05	0.616
46	12027	PVC 橡胶卷材	m^2	326.20	28.00	9133.71	0.502
47	12044	建筑油膏	kg	40.55	3.24	131.39	0.062
48	12046	密封油膏	kg	50.17	4.70	235.78	0.077
49	12068	冷底子油 30：70	kg	105.08	5.06	531.70	0.162
50	13193	氩气	m^3	8.52	13.20	112.40	0.013
51	13246	隔离剂	kg	104.56	3.31	346.09	0.161
52	13299	108 胶	kg	261.64	1.50	392.46	0.402
53	13331	玻璃胶 310g	支	66.96	8.00	535.68	0.103
54	13340	FL-15 胶粘剂	kg	332.74	17.00	5656.58	0.512

续表

序号	材料编码	材料名称及规格	单位	数量	单价(元)	合价(元)	每平方米指标
55	13362	环氧树脂	kg	3.21	36.00	115.63	0.005
56	14244	膨胀螺栓 M8	套	856.51	0.93	796.56	1.317
57	14313	螺栓 M20×110-150	套	44.00	3.28	144.32	0.068
58	14716	圆钉	kg	230.93	5.30	1223.92	0.355
59	14786	执手锁	把	9.00	82.60	743.40	0.014
60	14858	地脚	个	856.51	1.54	1319.03	1.317
61	14881	立式磁性吸门器	个	12.00	10.50	126.00	0.018
62	14929	镀锌钢丝 8 号	kg	527.80	4.70	2480.65	0.812
63	14945	镀锌钢丝 22 号	kg	56.89	5.80	329.96	0.087
64	15047	无缝钢管 ϕ50×3.5	m	11.79	27.26	321.40	0.018
65	15087	不锈钢管 ϕ32×1.5	m	121.89	25.00	3047.18	0.187
66	15092	不锈钢管 ϕ60×2	m	22.70	70.50	1600.00	0.035
67	15096	不锈钢管 ϕ89×2.5	m	22.70	100.50	2280.85	0.035
68	15383	塑料水落管 ϕ100	m	41.37	12.60	521.26	0.064
69	17501	铸铁雨水口(带罩) DN100	套	4.04	33.89	136.92	0.006
70	23318	不锈钢法兰 ϕ59	只	123.56	77.17	9534.89	0.190
71	25042	铝合金平开门 70 系列白色	m^2	13.14	310.00	4073.09	0.020
72	25051	铝合金防盗网	m^2	37.20	90.00	3348.00	0.057
73	25057	铝合金推拉窗 90 系列白色	m^2	111.15	220.00	24453.00	0.171
74	26105	草袋	m^2	205.41	1.47	301.95	0.316
75	26122	砂纸	张	1718.95	0.50	859.47	2.644
76	26200	石料切割锯片	片	2.41	95.02	228.52	0.004
77	26244	草板纸 80 号	张	116.88	4.44	518.96	0.180
78	26371	水	m^3	230.90	3.80	877.42	0.355
79	27003	木脚手板	m^3	0.75	1920.00	1432.32	0.001
80	27024	钢管 ϕ48×3.5	m	86.18	14.98	1291.02	0.133
81	27030	零星卡具	kg	20.41	5.80	118.37	0.031
82	27032	支撑钢管及扣件	kg	61.89	3.90	241.36	0.095
83	27038	直角扣件	个	73.09	5.70	416.63	0.112
84	27050	组合钢模板	kg	360.83	3.80	1371.15	0.555
85	29007	钢套筒(加工价)	kg	23.60	5.50	129.82	0.036
86	29053	回程费占人材机费				2129.95	3.276
87	81020	C202 现浇混凝土碎石粒径<20(商品混凝土)	m^3	7.38	220.00	1623.38	0.011
88	81021	C252 现浇混凝土碎石粒径<20(商品混凝土)	m^3	8.64	240.00	2073.84	0.013
89	81028	C253 现浇混凝土碎石粒径<31.5(商品混凝土)	m^3	62.23	240.00	14934.48	0.096
90	81036	C154 现浇混凝土碎石粒径<40(商品混凝土)	m^3	14.58	220.00	3208.48	0.022
91	81037	C204 现浇混凝土碎石粒径<40(商品混凝土)	m^3	6.09	220.00	1339.80	0.009
92	81046	C20 细石混凝土(商品混凝土)	m^3	14.58	220.00	3207.16	0.022

注：本表列出合价大于 100 元的材料，除 t 取 3 位小数外，其余均取 2 位小数。

第七节　办公楼费用分析表

定额计价					清单计价				
名称		金额(元)	权重(%)		名称		金额(元)	权重(%)	
实体项目	人工费	96518	18.01	69.89	分部分项	人工费	99304	18.55	74.00
	材料费	228950	42.71			材料费	246362	46.01	
	机械费	4679	0.87			机械费	5769	1.08	
	管理费利润	44517	8.30			管理费利润	44752	8.36	
措施项目	措施费	119463	22.28	24.15	措施项目	措施及其他	98490	18.40	20.04
	管理费利润	10020	1.87			管理费利润	8807	1.64	
规费(扣社保)		13662	2.55		规费(扣社保)		13645	2.55	
税金		18263	3.41		税金		18240	3.41	
费用合计		536075			费用合计		535396		

框架结构篇

建筑设计说明

1. 本工程为××学院综合楼工程，建筑面积为 2145.85m²。

2. 本工程的设计是依据甲方提供的设计任务书、规划部门的意见、本工程的岩土工程勘察报告及国家现行设计规范进行的。

3. 本单体建筑消防等级为 2 级。

4. 高程系统采用当地规划部门规定的绝对标高系统，±0.000 相当于当地规划部门规定的绝对标高+26.600m。

5. 图中尺寸以 mm 为单位，标高以 m 为单位。

6. 本工程填充墙采用 300mm 厚加气混凝土砌块墙(180，120)，女儿墙采用 240 厚煤矸石砖墙，均为 M5.0 混合砂浆砌筑。厕所四周填充墙下做 200mm 高 C20 混凝土墙(与 C20 细石混凝土垫层整浇)。

7. 地下室墙及低于室内地坪 50mm 以下填充墙采用 300mm 厚硅酸钙砌块墙(180，120)，均为 M5.0 水泥砂浆砌筑，挡土墙由建设单位自理。

8. 建筑构造用料及做法。

(1)室内装饰(参见山东省建筑标准设计图集 L06J002)：

地 14：地面砖地面(取消 3：7 灰土垫层)
地 16：磨光花岗石地面(用于室外平台，取消 3：7 灰土垫层)
楼 15：地面砖楼面
楼 17：地面砖防水楼面(厕所)
踢 5：面砖踢脚(混凝土墙)
踢 6：面砖踢脚(加气混凝土砌块墙)
裙 13：面砖墙裙
内墙 2：水泥砂浆抹面内墙(混凝土墙)
内墙 5：混合砂浆抹面内墙(加气混凝土砌块墙)
棚 3：水泥砂浆涂料顶棚
棚 7：纸面石膏板吊顶(1 层高 3.4m，2～4 层高 2.5m)

(2)外墙面：

外墙 9：涂料外墙(砖墙)
外墙 13：面砖外墙(混凝土圆柱、雨篷拦板)
外墙 19：粘贴聚苯板 50mm 厚保温涂料外墙
参踢 9：磨光花岗石勒脚

(3)台阶做法：参见图集 L03J004 (1/11)

(4)散水做法：参见图集 L03J004 (4/3)

(5)屋面做法：

屋 22：防滑地砖上人平屋面
屋 7：琉璃瓦屋面

(6)YP1 雨篷顶采用防水砂浆抹面。

9. 楼梯做法：

(1)梯面：同走廊楼面；
(2)楼梯底板：同顶棚；
(3)楼梯扶手：选用图集 L96J401 (T-28/16)
(4)栏杆地脚采用螺栓后化学固定。

10. 门窗：

(1)预埋在墙或柱中的木(铁)件均应作防腐(防锈)处理；
(2)除特别标注外，所有门窗均按墙中线定位；
(3)门详见图集 L03J602、L92J601、L92J606；
(4)窗采用成品铝合金窗，详见图集 L03J602，飘窗和老虎窗采用塑钢窗，详见建施 10；
(5)门窗按设计要求由厂家加工，构造节点做法及安装均由厂家负责提供图纸，经甲方看样认可后方可施工；
(6)除厕所、厨房窗内侧贴瓷砖外，其余所有门窗内侧均按图集 L96J901 第 42 页②做门窗口套(榉木板面层，贴脸木压条 50mm×20mm)；
(7)木门及门窗口套均刷底油一遍，白色调和漆两遍；
(8)飘窗做大理石窗台(图集 L96J901 第 53 页ⓒ)。

11. 防潮层：在－0.050m 处作 20mm 厚 1：2 水泥砂浆加 5%防水粉。

12. 其他：

(1)所有外露铁件均应先刷防锈漆一道，再刷调和漆两道；
(2)卫生间及厨房内墙面及隔墙面均贴瓷砖到顶；
(3)餐厅内卖饭窗口采用铝合金制作，镶白色玻璃，形式要求由厂家加工，经甲方认可后方可使用；
(4)一切管道穿过墙体时，在施工中预留孔洞，预埋套管并用砂浆堵严；
(5)本设计按 7 度抗震烈度设计，未尽事宜均严格遵守国家各项技术规程和验收规范。

13. 凡图中未注明和本说明未提及者，均按国家现行规范执行。

部位＼名称	地面	楼面	踢脚	墙裙	墙面	顶棚
楼梯间	地 14(红色 300×300 楼梯砖)	楼 15(红色 300×300 楼梯砖	踢 6(150×300)	—	内墙 5	棚 3
教室、办公室、活动室、会议室	—	楼 15(米色 (500×500 地砖)	踢 6 (150×500)	—	内墙 5	棚 3
餐厅、走道	地 14(红色 500×500 地砖)	楼 15(红色 500×500 地砖)	踢 6 (150×500)	裙 13(白色暗花 200×300 面砖) 1500 高	内墙 5	棚 7
厨房	地 14(红色 500×500 地砖)	—	—	—	裙 13(白色暗花 150×200 面砖)	棚 7
厕所	地 14(红色 300×300 地砖)	楼 17(红色 300×300 地砖)	—	—	裙 13(白色暗花 150×200 面砖)	棚 7
地下室	地 14(米色 500×500 地砖)	—	踢 5 (150×500)	—	内墙 2	棚 3
台阶平台	地 16(磨光花岗石)	—	—	—	—	—

建施 01
建筑设计说明

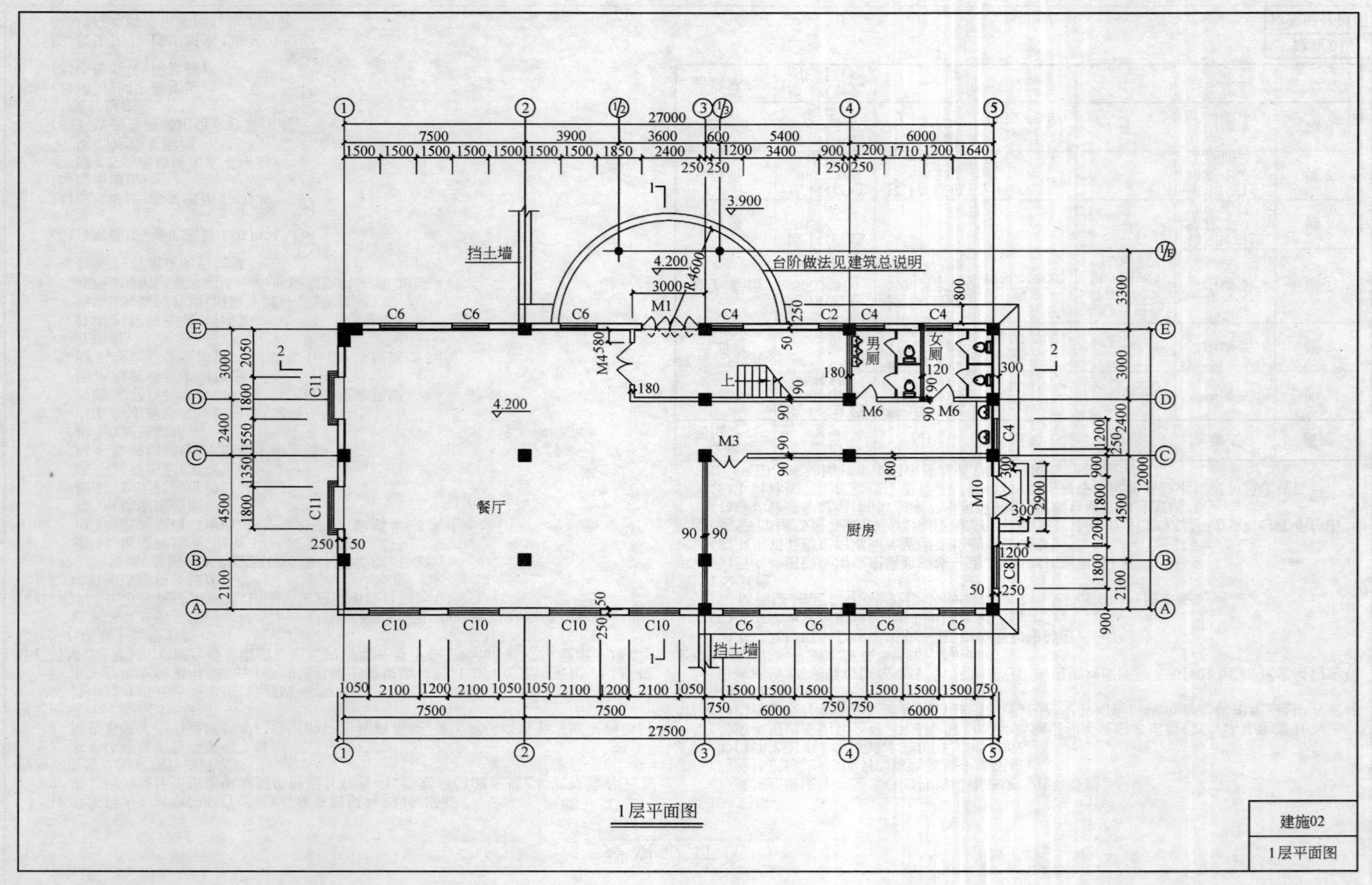
餐厅
厨房
男厕
女厕
挡土墙
台阶做法见建筑总说明
4.200
3.900
R4600
M1
M3
M4
M6
M10
C2
C4
C6
C8
C10
C11
27000
27500
12000
1层平面图
建施02
1层平面图

活动室
教室
教室
办公室
办公室
男厕
女厕
(11.700)
8.400
ϕ35塑料水舌
L=150
h=2000
建施03
2~5层平面图

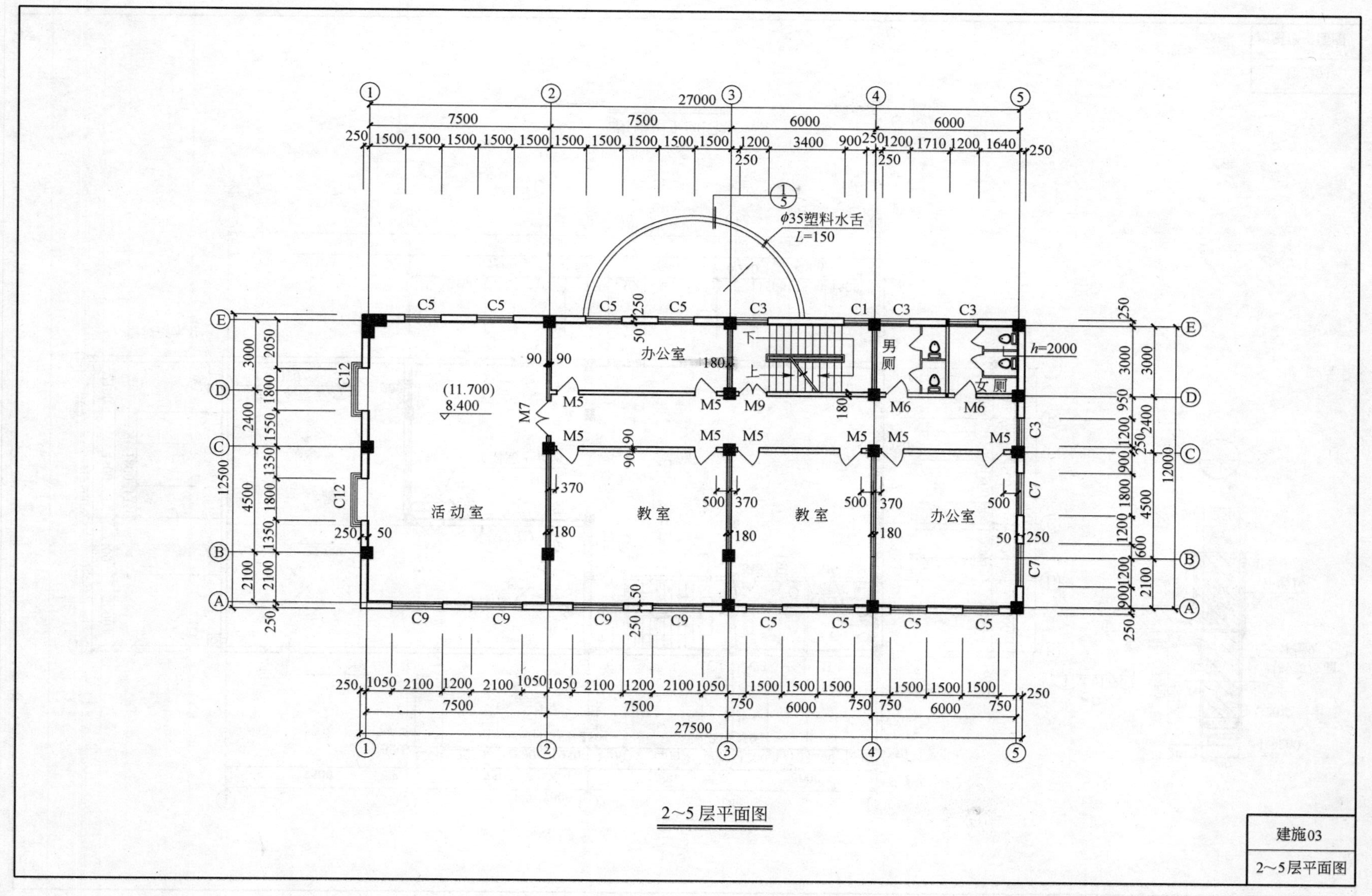

2~5层平面图

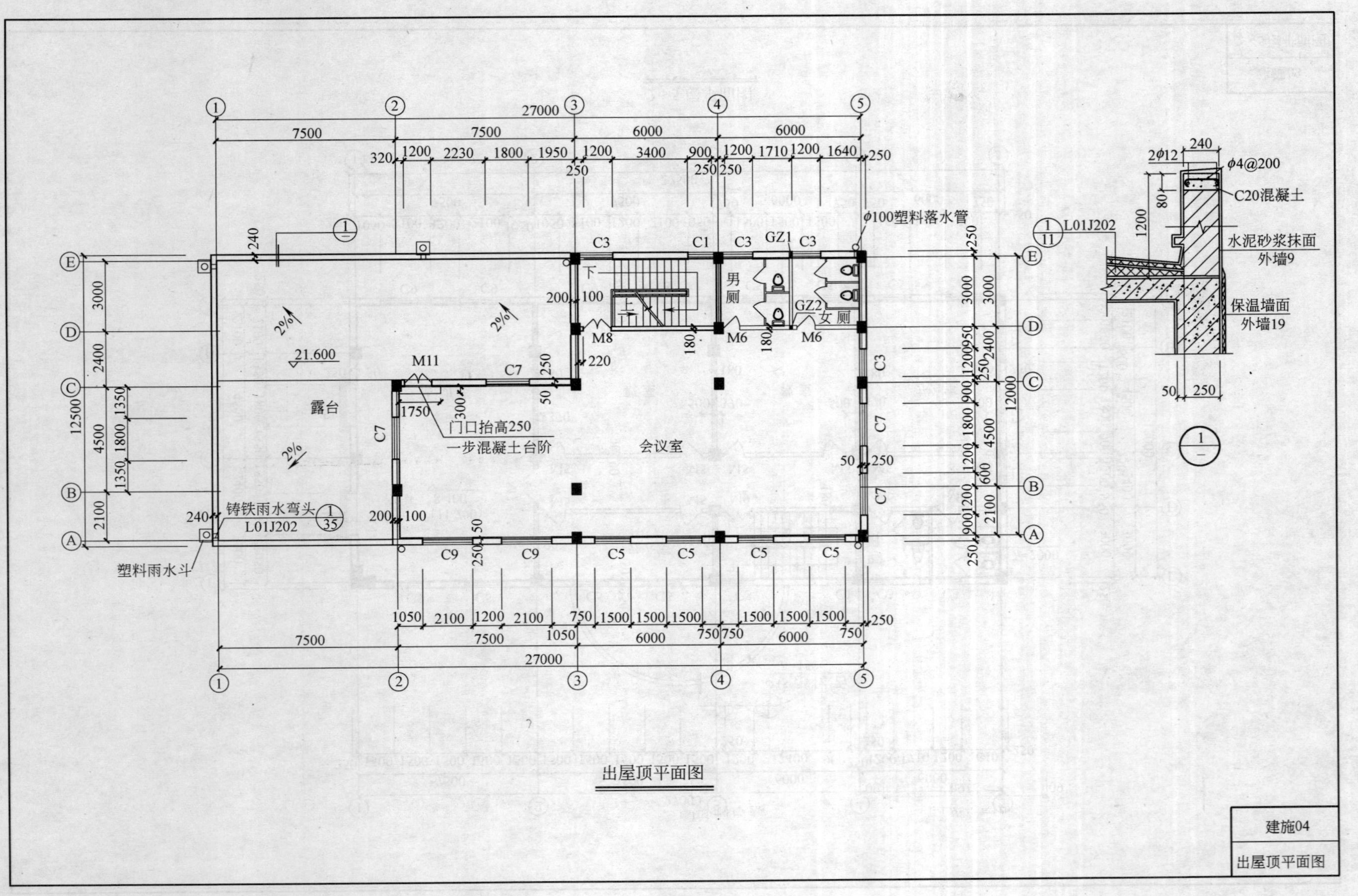

露台
21.600
2%
会议室
男厕
女厕
M11
M8
M6
C1
C3
C5
C7
C9
GZ1
GZ2
门口抬高250
一步混凝土台阶
铸铁雨水弯头
L01J202
塑料雨水斗
φ100塑料落水管
27000
7500
6000
12500
12000
2φ12
φ4@200
C20混凝土
水泥砂浆抹面
外墙9
保温墙面
外墙19
出屋顶平面图
建施04
出屋顶平面图

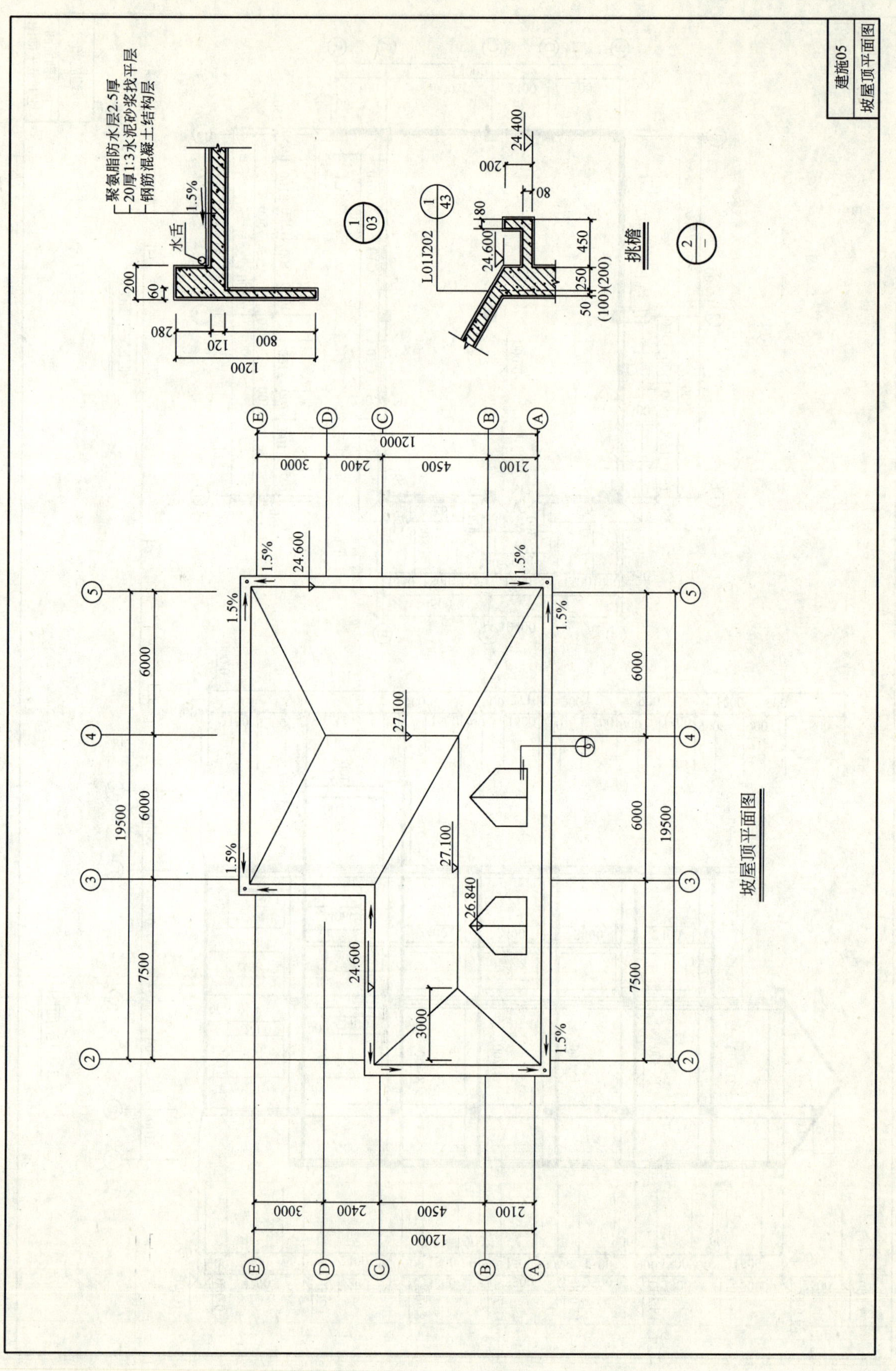

坡屋顶平面图
挑檐
聚氨脂防水层2.5厚
20厚1:3水泥砂浆找平层
钢筋混凝土结构层
水舌
1.5%
1200
800
120
280
200
60
L01J202
24.600
24.400
27.100
26.840
12000
2100
4500
2400
3000
19500
7500
6000
建施05
坡屋顶平面图

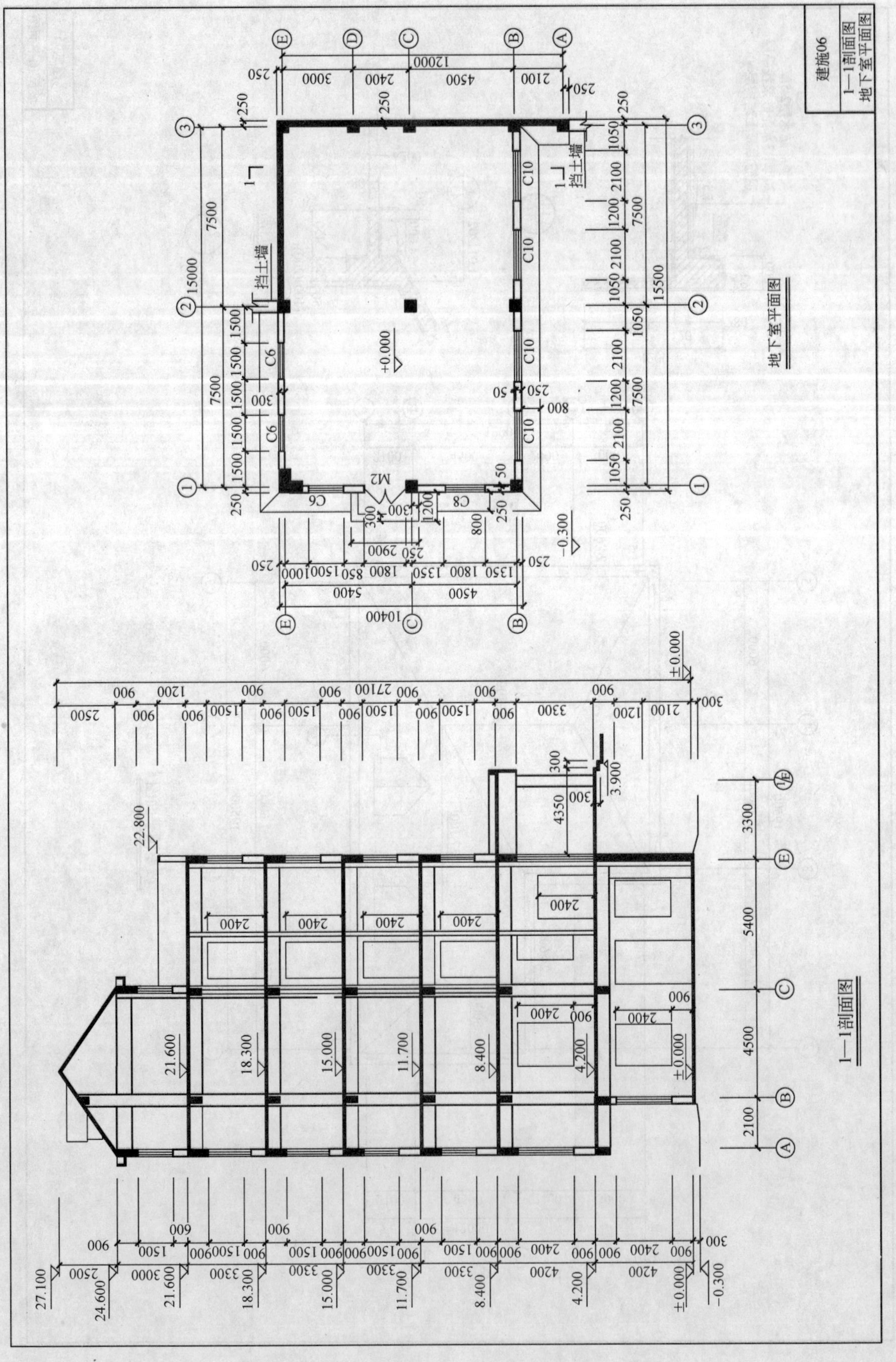
1—1剖面图
地下室平面图
建施06
1—1剖面图
地下室平面图

盖小波琉璃瓦
白色外墙涂料
豆绿色外墙涂料
浅灰色外墙涂料
浅灰色外墙涂料
白色外墙涂料
27.100
24.600
23.700
20.700
17.400
14.100
10.800
8.700
7.500
7.500
3.900
1
05
灰白色磨光花岗石
h=400
贴浅灰色饰面砖
灰白色磨光花岗石
h=400
5
2
1
24.600
22.800
20.700
17.400
14.100
10.800
7.500
3.500
3.300
-0.300
豆绿色外墙涂料
灰白色磨
光花岗石
h=400
E
A
⑤—①立面图
Ⓔ—Ⓐ立面图
建施07
立面图

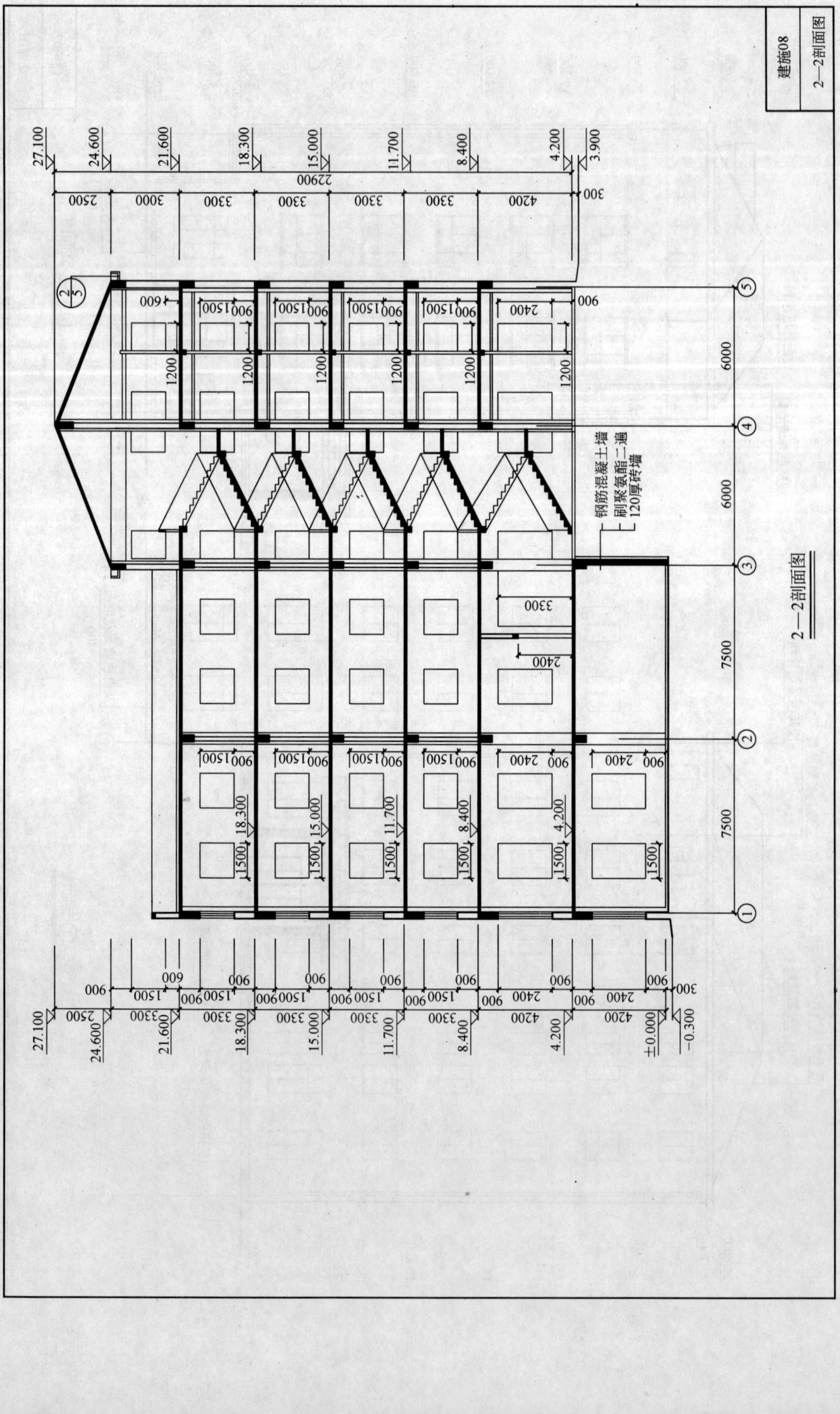
建施08
2—2剖面图
2—2剖面图
钢筋混凝土墙
刷聚氨酯二遍
120厚砖墙
−0.300
±0.000
4.200
8.400
11.700
15.000
18.300
21.600
24.600
27.100
3.900
22900
4200
3300
3000
2500
2400
1500
900
1200
600
300
7500
6000
1
2
3
4
5
2
5

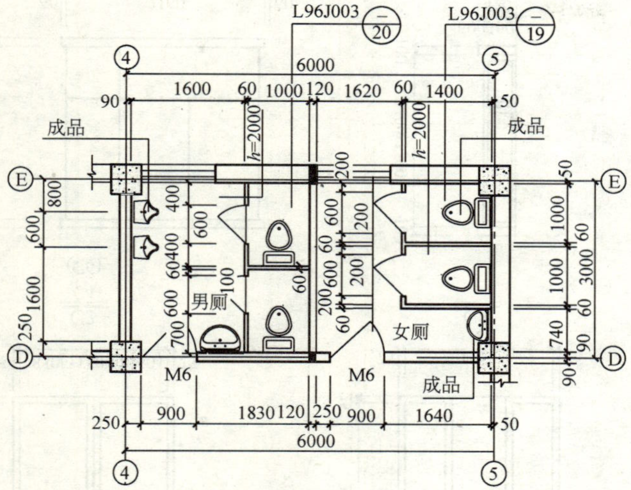
L96J003 20
L96J003 19
成品
男厕
女厕
M6
h=2000
6000
1600
1000
1620
1400
1830
1640
250
900
120
50
90

2～6层厕所详图

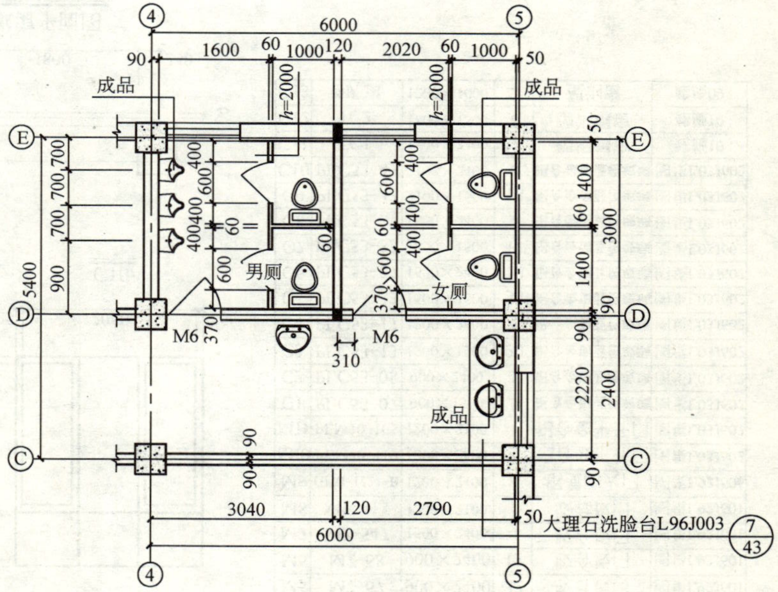
成品
男厕
女厕
M6
h=2000
6000
5400
3040
2790
2220
2400
2020
1600
1000
1400
310
370
大理石洗脸台L96J003 7/43

1层厕所详图

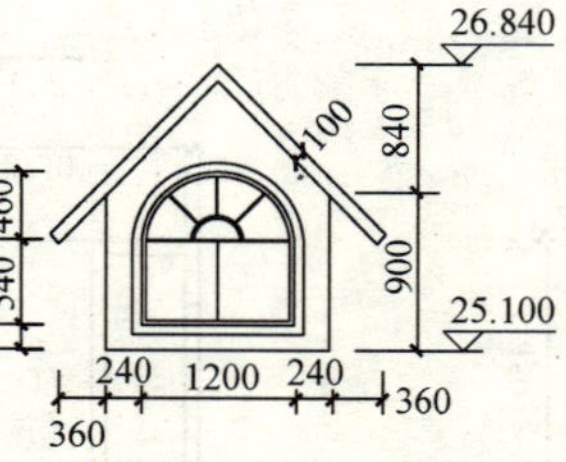
26.840
25.100
840
900
100
460
540
240
1200
360

① 老虎窗大样图

建施09	
厕所及老虎窗详图	

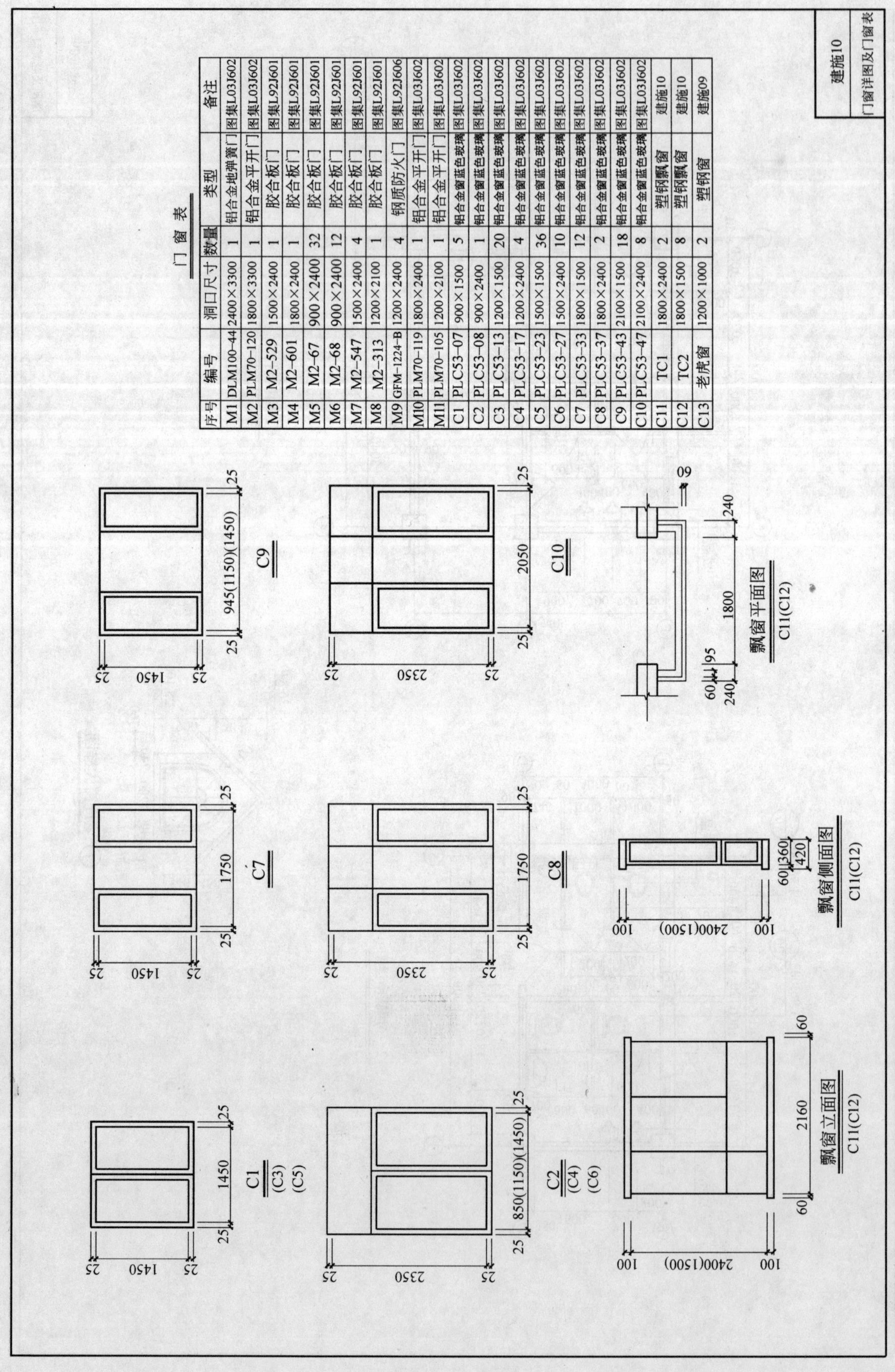

门窗表

序号	编号	洞口尺寸	数量	类型	备注
M1	DLM100-44	2400×3300	1	铝合金地弹簧门	图集L03J602
M2	PLM70-120	1800×3300	1	铝合金平开门	图集L03J602
M3	M2-529	1500×2400	1	胶合板门	图集L92J601
M4	M2-601	1800×2400	1	胶合板门	图集L92J601
M5	M2-67	900×2400	32	胶合板门	图集L92J601
M6	M2-68	900×2400	12	胶合板门	图集L92J601
M7	M2-547	1500×2400	4	胶合板门	图集L92J601
M8	M2-313	1200×2100	1	胶合板门	图集L92J601
M9	GFM-1224-B	1200×2400	4	钢质防火门	图集L92J606
M10	PLM70-119	1800×2400	1	铝合金平开门	图集L03J602
M11	PLM70-105	1200×2100	1	铝合金平开门	图集L03J602
C1	PLC53-07	900×1500	5	铝合金窗蓝色玻璃	图集L03J602
C2	PLC53-08	900×2400	1	铝合金窗蓝色玻璃	图集L03J602
C3	PLC53-13	1200×1500	20	铝合金窗蓝色玻璃	图集L03J602
C4	PLC53-17	1200×2400	4	铝合金窗蓝色玻璃	图集L03J602
C5	PLC53-23	1500×1500	36	铝合金窗蓝色玻璃	图集L03J602
C6	PLC53-27	1500×2400	10	铝合金窗蓝色玻璃	图集L03J602
C7	PLC53-33	1800×1500	12	铝合金窗蓝色玻璃	图集L03J602
C8	PLC53-37	1800×2400	2	铝合金窗蓝色玻璃	图集L03J602
C9	PLC53-43	2100×1500	18	铝合金窗蓝色玻璃	图集L03J602
C10	PLC53-47	2100×2400	8	铝合金窗蓝色玻璃	图集L03J602
C11	TC1	1800×2400	2	塑钢飘窗	建施10
C12	TC2	1800×1500	8	塑钢飘窗	建施10
C13	老虎窗	1200×1000	2	塑钢窗	建施09

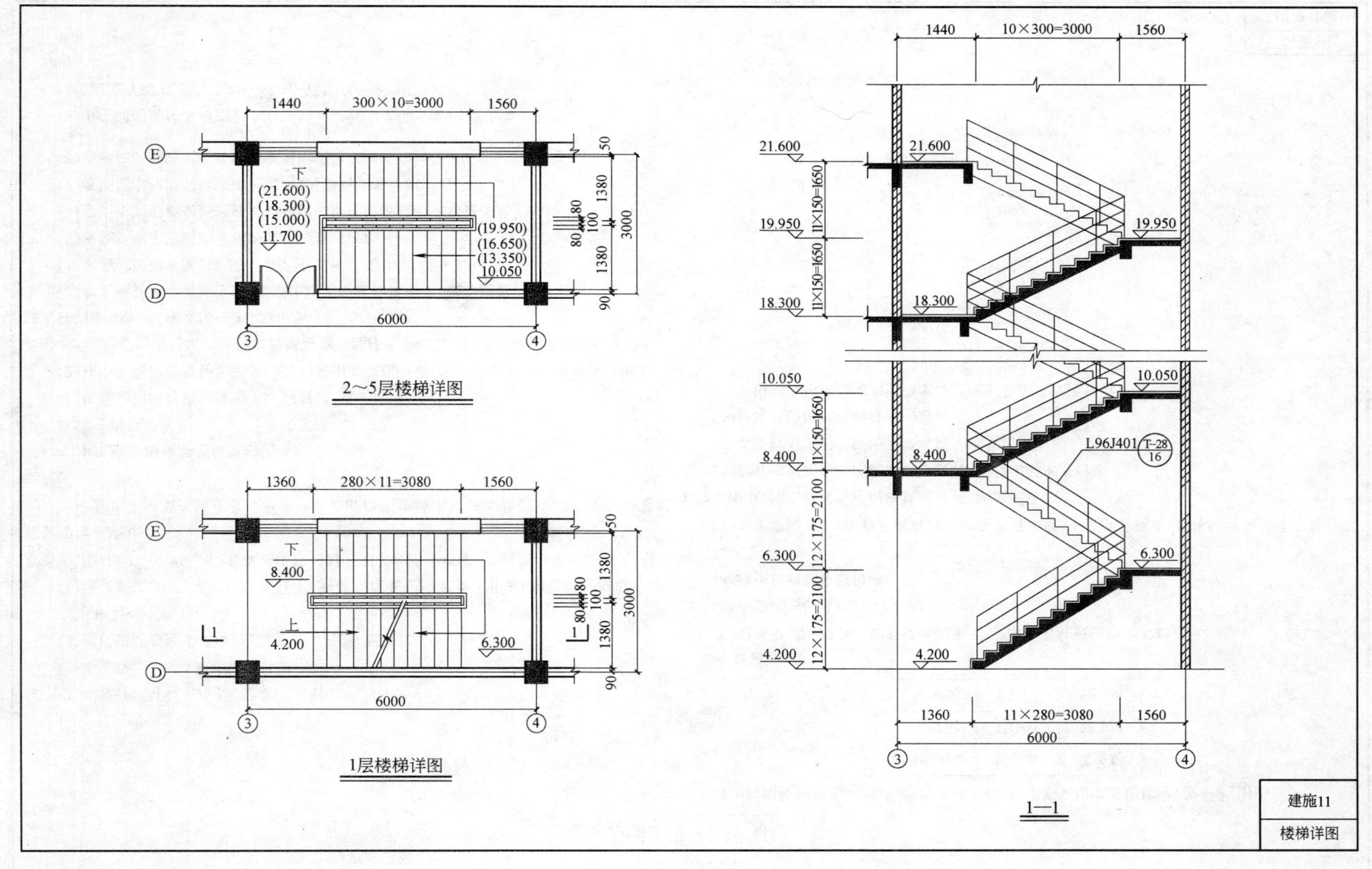

1层楼梯详图
2～5层楼梯详图
1—1
280×11=3080
300×10=3000
11×280=3080
10×300=3000
12×175=2100
11×150=1650
L96J401 T-28 16
建施11
楼梯详图

结构设计说明

1. 一般说明：

(1)本设计尺寸以 mm 计，标高以 m 计；

(2)本工程±0.000 同建筑设计说明；

(3)抗震设防烈度为 7 度，抗震等级为四级(框架)。

2. 基础与地下部分：

(1)独立基础及 JL 采用 C20 混凝土，钢筋采用Φ—Ⅰ级、Φ—Ⅱ级；钢筋保护层厚度：基础为 35mm，JL 为 25mm，JL 纵筋需搭接时上部筋在跨中搭接，下部筋在支座处搭接，搭接长度为 500mm。

(2)1 层地下室填充墙及室内地坪－0.05m 以下砌体采用硅酸盐砌块，M5 水泥砂浆砌筑。

3. 本工程采用现浇全框架结构体系。

4. 钢筋混凝土工程：

(1)柱和梁钢筋弯钩角度为 135°，弯钩平直长度为 10d；

(2)柱中纵向钢筋直径大于 20mm 均采用电渣压力焊，同一截面的搭接根数少于总根数的 50%，柱子与内外墙的连接设拉结墙筋，自柱底＋0.5m 至柱顶预埋 2Φ6@500 筋，锚入柱内≥200mm，深入墙中≥1000mm；

(3)梁支座处不得留施工缝，混凝土施工中要振捣密实，确保质量；

(4)钢筋保护层厚度：板 15mm，梁柱 25mm，剪力墙 25mm；

(5)现浇板中未注明的分布筋为Φ6@200；

(6)楼面主次梁相交处抗剪吊筋和框架梁柱做法及要求均见图集 03G101；

(7)各楼层中门窗洞口需做过梁的，过梁两端各伸出洞边 250mm；

(8)楼梯柱的钢筋上下各伸入框架梁或地梁内 450mm；

(9)卫生间构造柱参照图集 03G363 (9/12) 施工，主筋 4Φ12、箍筋Φ6@250；

(10)雨篷 YP1 按图集 L99G320 中 YP1509—21 施工。

(11)预埋件钢材为 Q235b，焊条采用 E4301，钢筋采用电弧焊接时，按下表采用：

钢筋种类	搭接焊	帮条焊
Ⅰ级钢	E4301	E4303
Ⅱ级钢	E5001	E5003

5. 材料

(1)混凝土：梁、板、柱、墙及楼梯均采用 C30，构造柱及压顶为 C20；

(2)钢筋：Ⅰ级、Ⅱ级；

(3)墙体材料见建筑说明。

6. 其他：

(1)本工程施工时，所有孔洞及预埋件应预留预埋，不得事后剔凿；具体位置及尺寸详见各有关专业图纸，施工时各专业应密切配合，以防遗漏；

(2)设计中采用标准图集的，均应按图集说明要求进行施工；

(3)本工程避雷引下线施工要求详见电气施工图；

(4)材料代换应征得设计方同意；

(5)本说明未尽事宜均按照国家现行施工及验收规范执行。

结施 01
结构设计说明

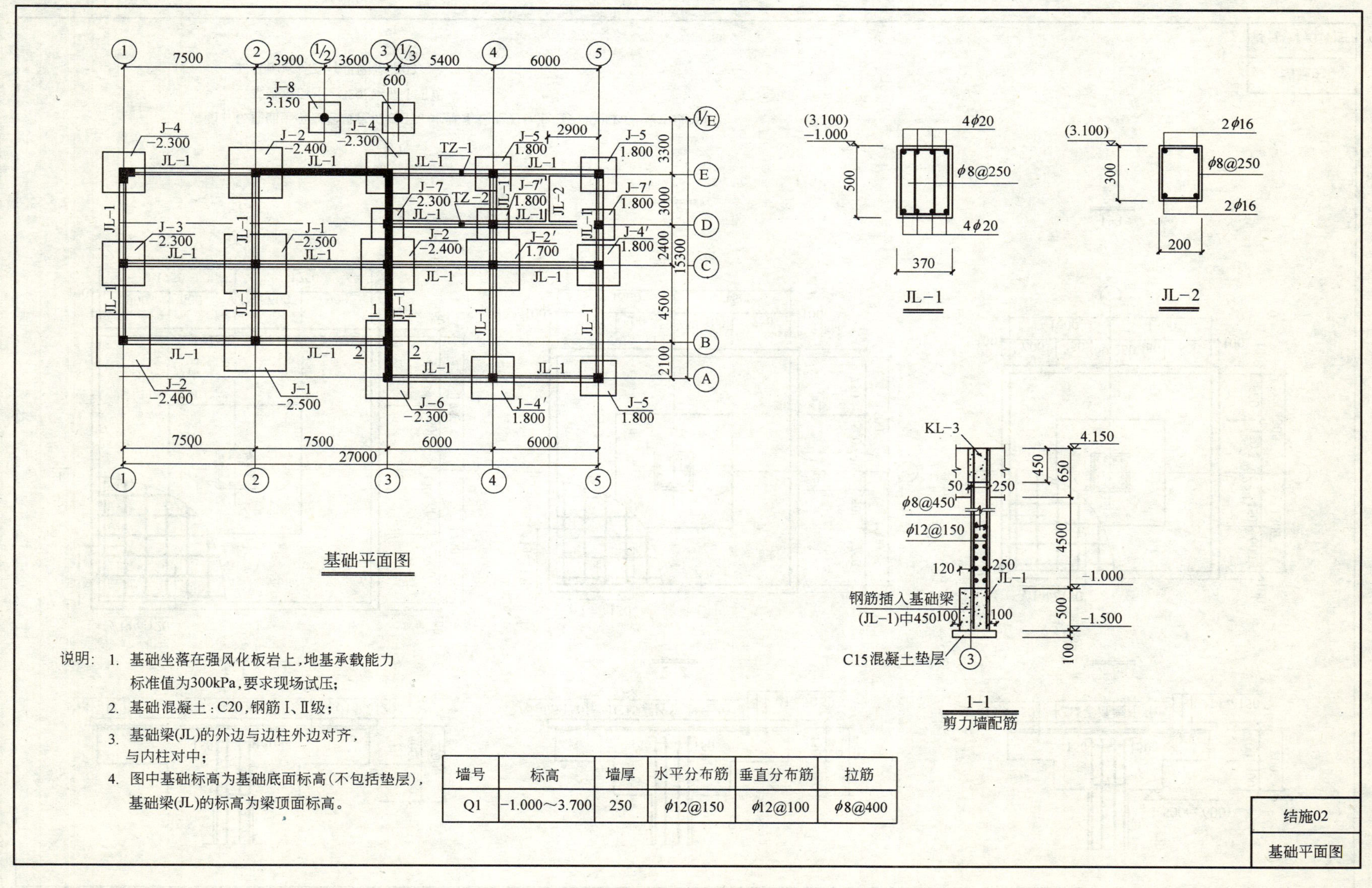

说明：1. 基础坐落在强风化板岩上，地基承载能力标准值为300kPa，要求现场试压；

2. 基础混凝土：C20，钢筋Ⅰ、Ⅱ级；

3. 基础梁(JL)的外边与边柱外边对齐，与内柱对中；

4. 图中基础标高为基础底面标高(不包括垫层)，基础梁(JL)的标高为梁顶面标高。

墙号	标高	墙厚	水平分布筋	垂直分布筋	拉筋
Q1	−1.000～3.700	250	ϕ12@150	ϕ12@100	ϕ8@400

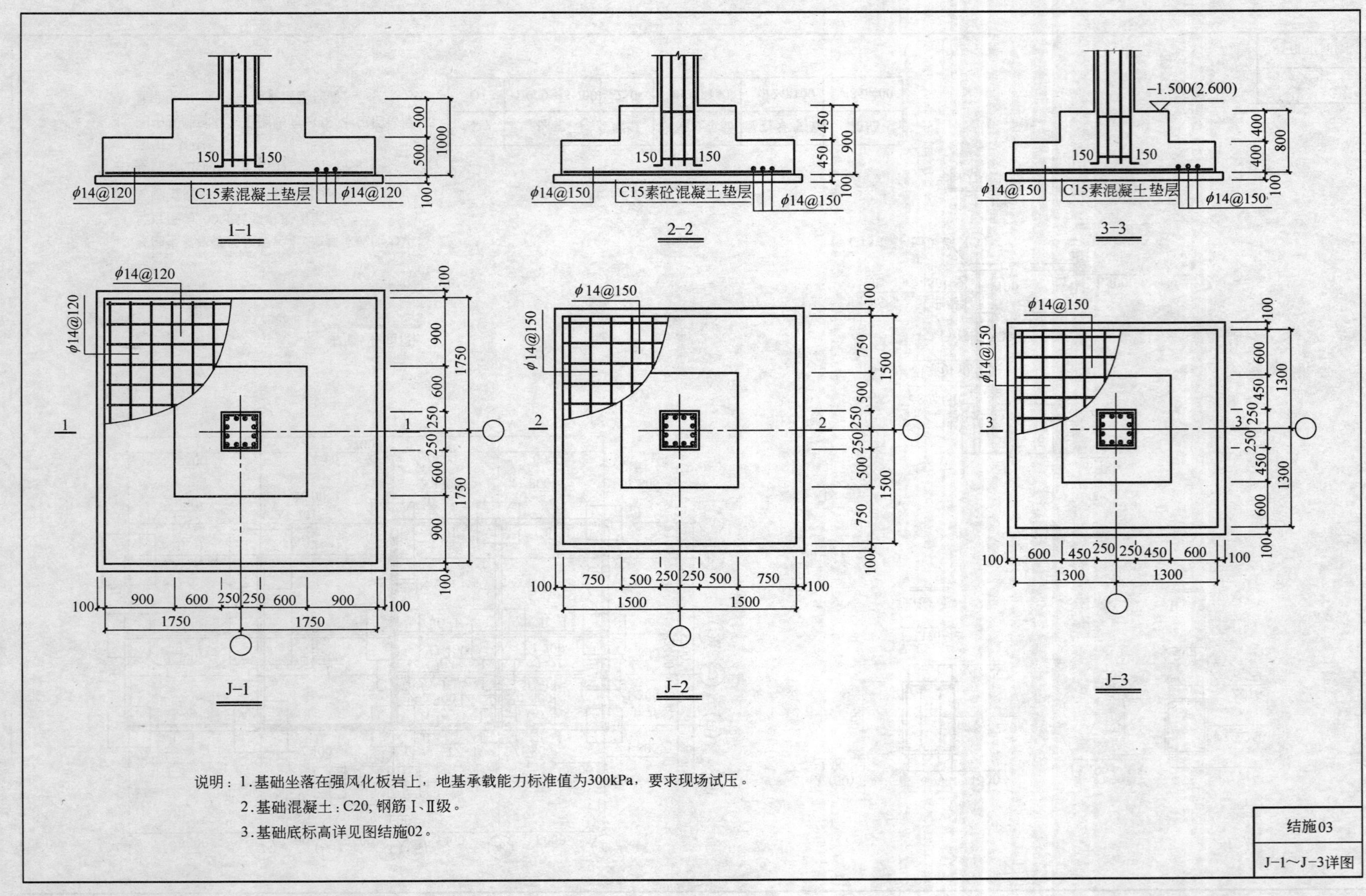

说明：1. 基础坐落在强风化板岩上，地基承载能力标准值为300kPa，要求现场试压。

2. 基础混凝土：C20，钢筋Ⅰ、Ⅱ级。

3. 基础底标高详见图结施02。

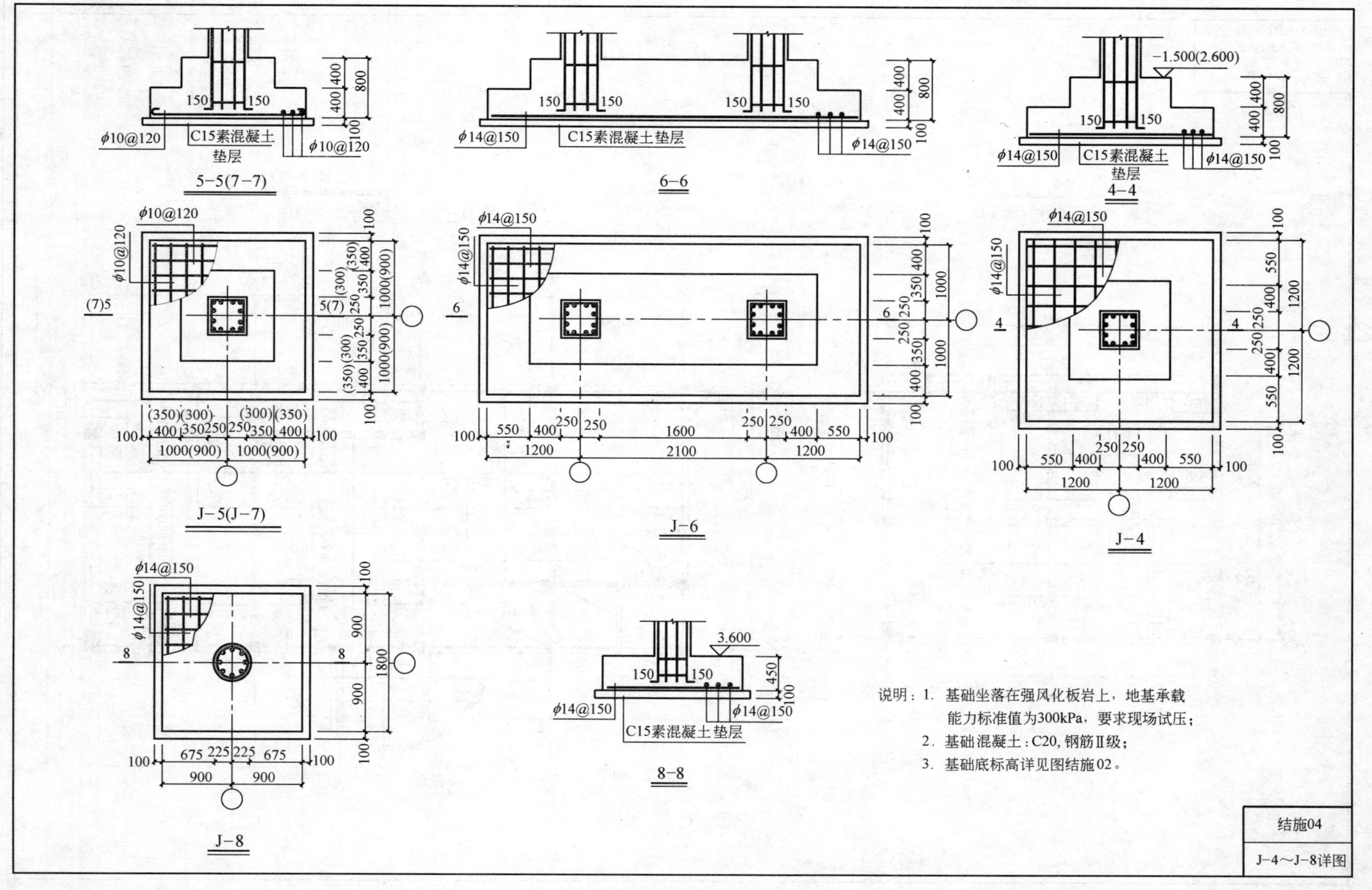

说明：1. 基础坐落在强风化板岩上，地基承载能力标准值为300kPa，要求现场试压；

2. 基础混凝土：C20，钢筋Ⅱ级；

3. 基础底标高详见图结施02。

结施04
J-4～J-8详图

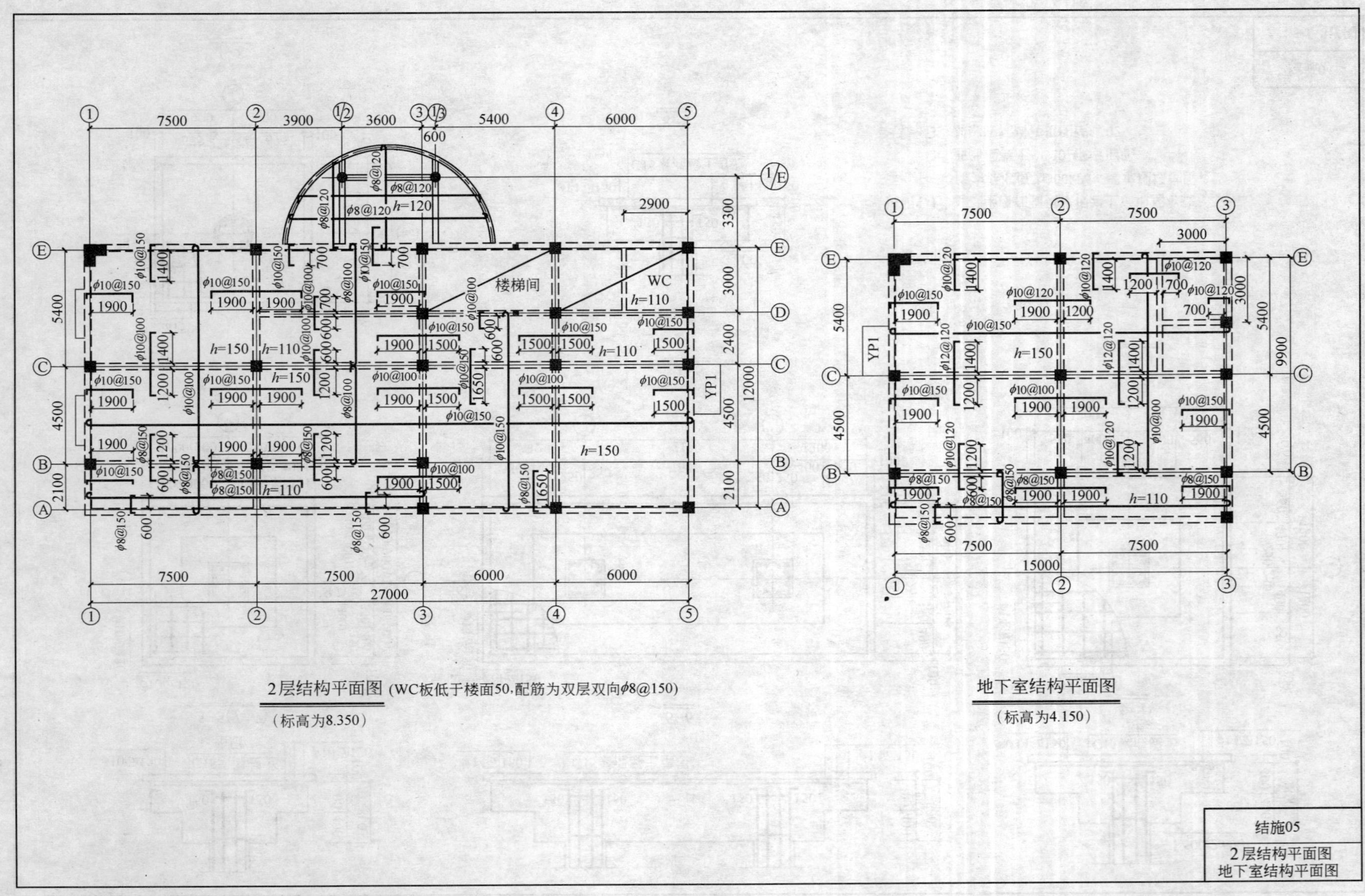
2层结构平面图（WC板低于楼面50,配筋为双层双向φ8@150）
（标高为8.350）
地下室结构平面图
（标高为4.150）
结施05
2层结构平面图
地下室结构平面图

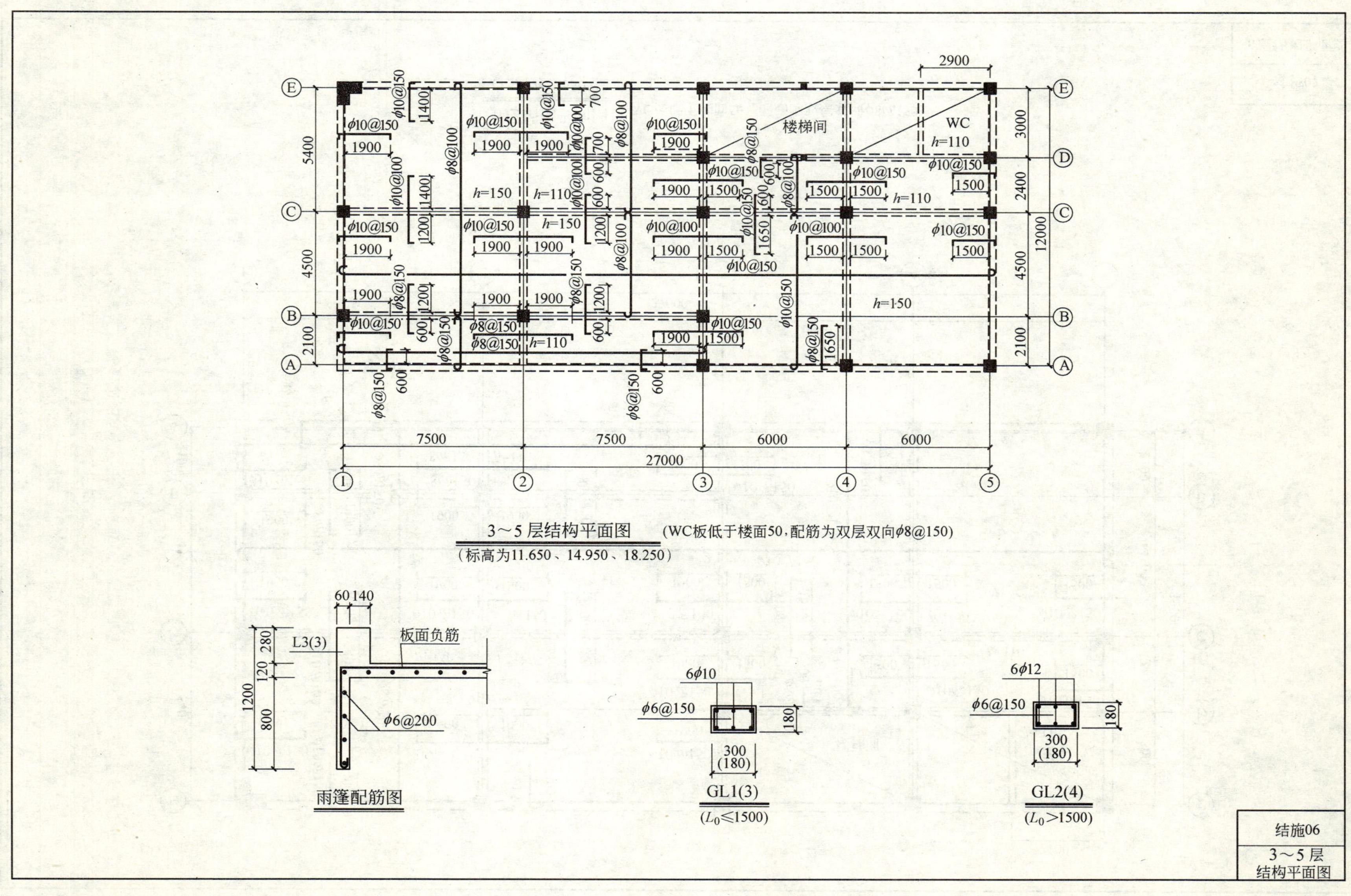
楼梯间
WC
h=110
h=150
3~5 层结构平面图（WC板低于楼面50，配筋为双层双向ϕ8@150）
（标高为11.650、14.950、18.250）
雨篷配筋图
板面负筋
L3(3)
ϕ6@200
GL1(3)
(L_0≤1500)
6ϕ10
ϕ6@150
GL2(4)
(L_0>1500)
6ϕ12
ϕ6@150
结施06
3~5 层
结构平面图

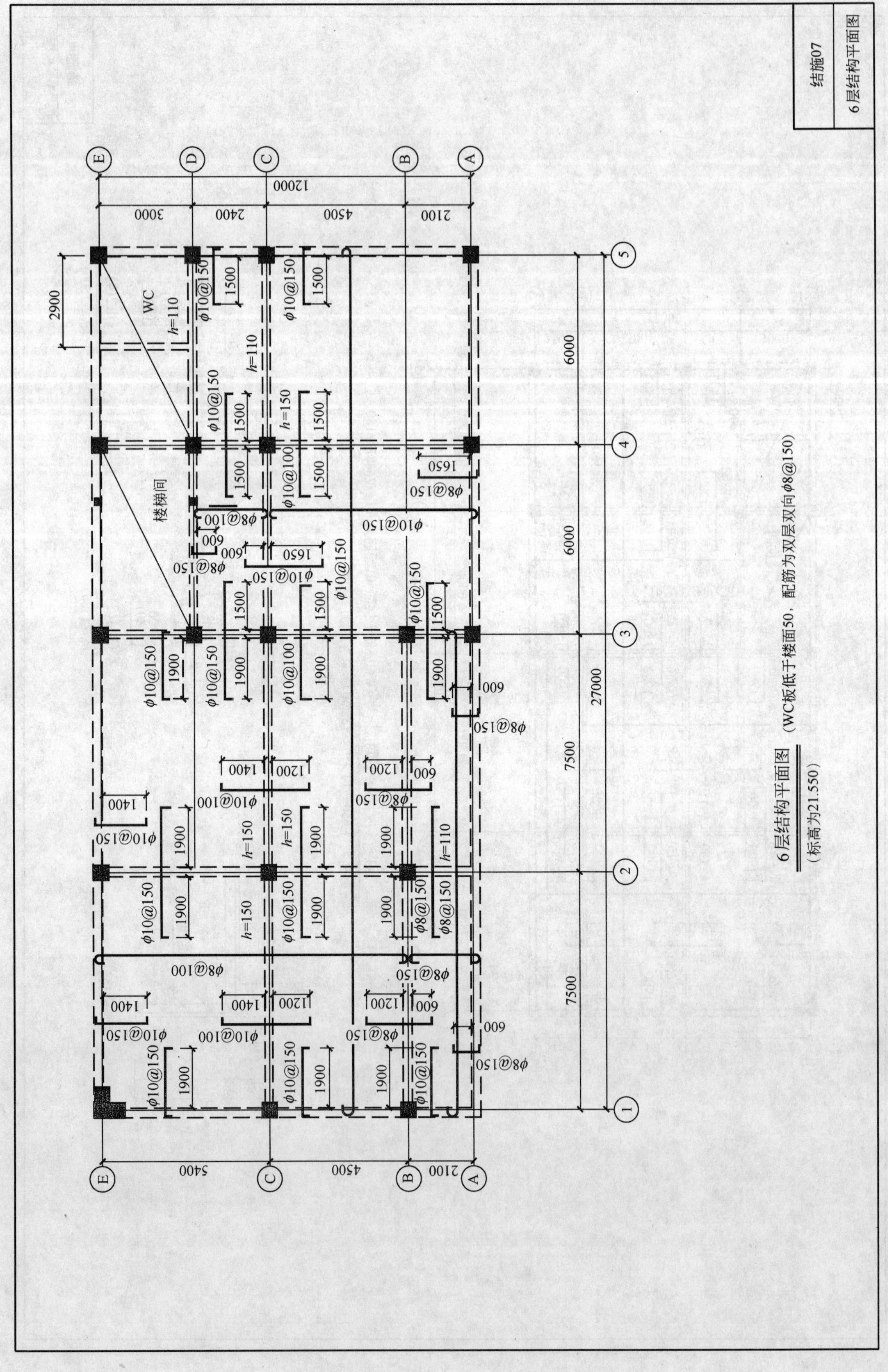
6层结构平面图（WC板低于楼面50，配筋为双层双向φ8@150）
（标高为21.550）
结施07
6层结构平面图
A B C D E
1 2 3 4 5
2100 4500 5400
2100 4500 2400 3000
12000
7500 7500 6000 6000
27000
2900
楼梯间
WC
h=150
h=110
φ8@150
φ8@100
φ10@150
φ10@100
1900 1500 1650 1400 1200 600

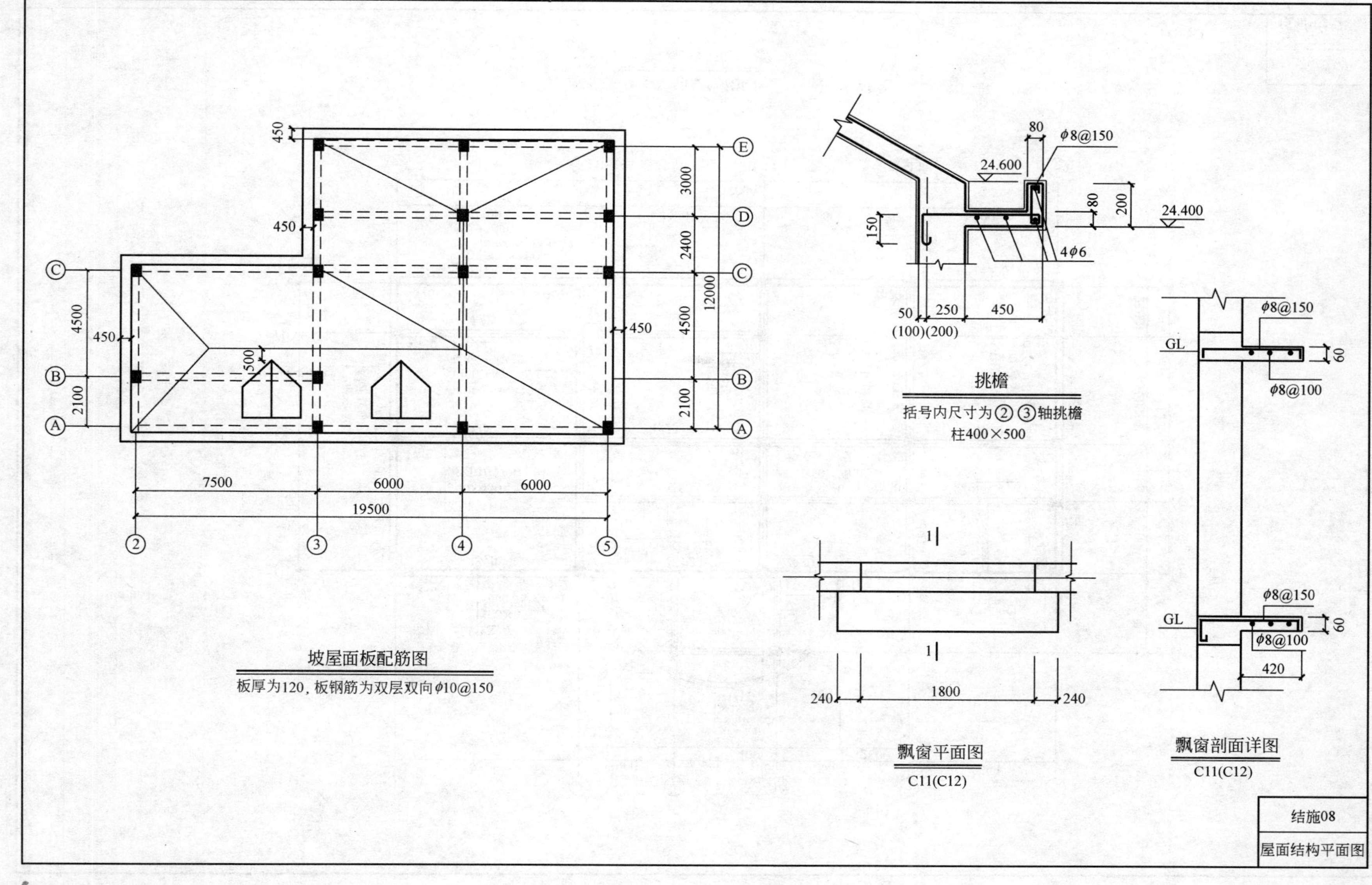
坡屋面板配筋图
板厚为120，板钢筋为双层双向ϕ10@150
7500
6000
6000
19500
2100
4500
450
500
3000
2400
12000
挑檐
括号内尺寸为②③轴挑檐
柱400×500
ϕ8@150
24.600
24.400
4ϕ6
80
200
150
50
250
450
(100)(200)
飘窗平面图
C11(C12)
1800
240
飘窗剖面详图
C11(C12)
GL
ϕ8@100
60
420
结施08
屋面结构平面图

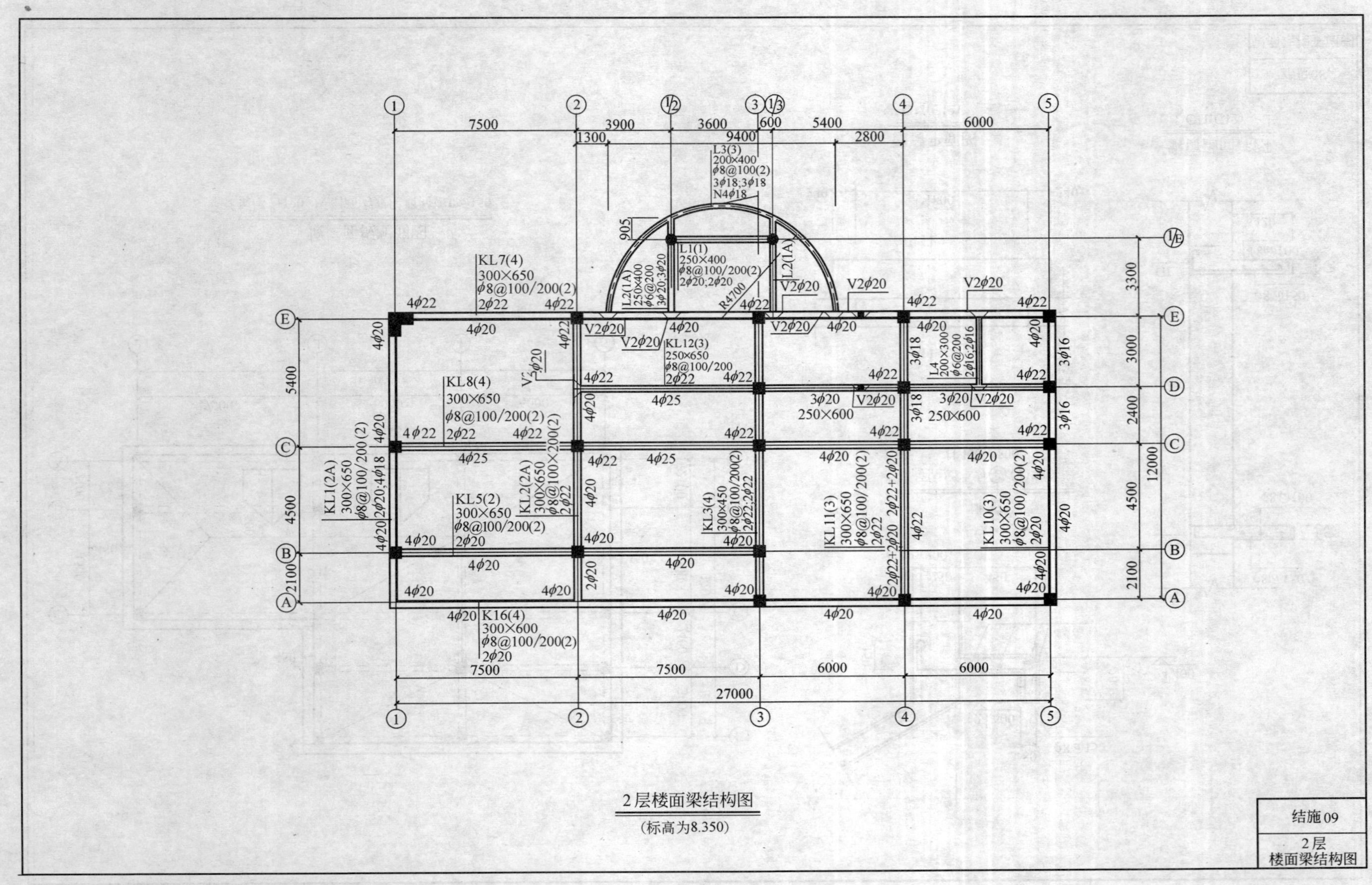

2层楼面梁结构图

(标高为8.350)

结施09

2层楼面梁结构图

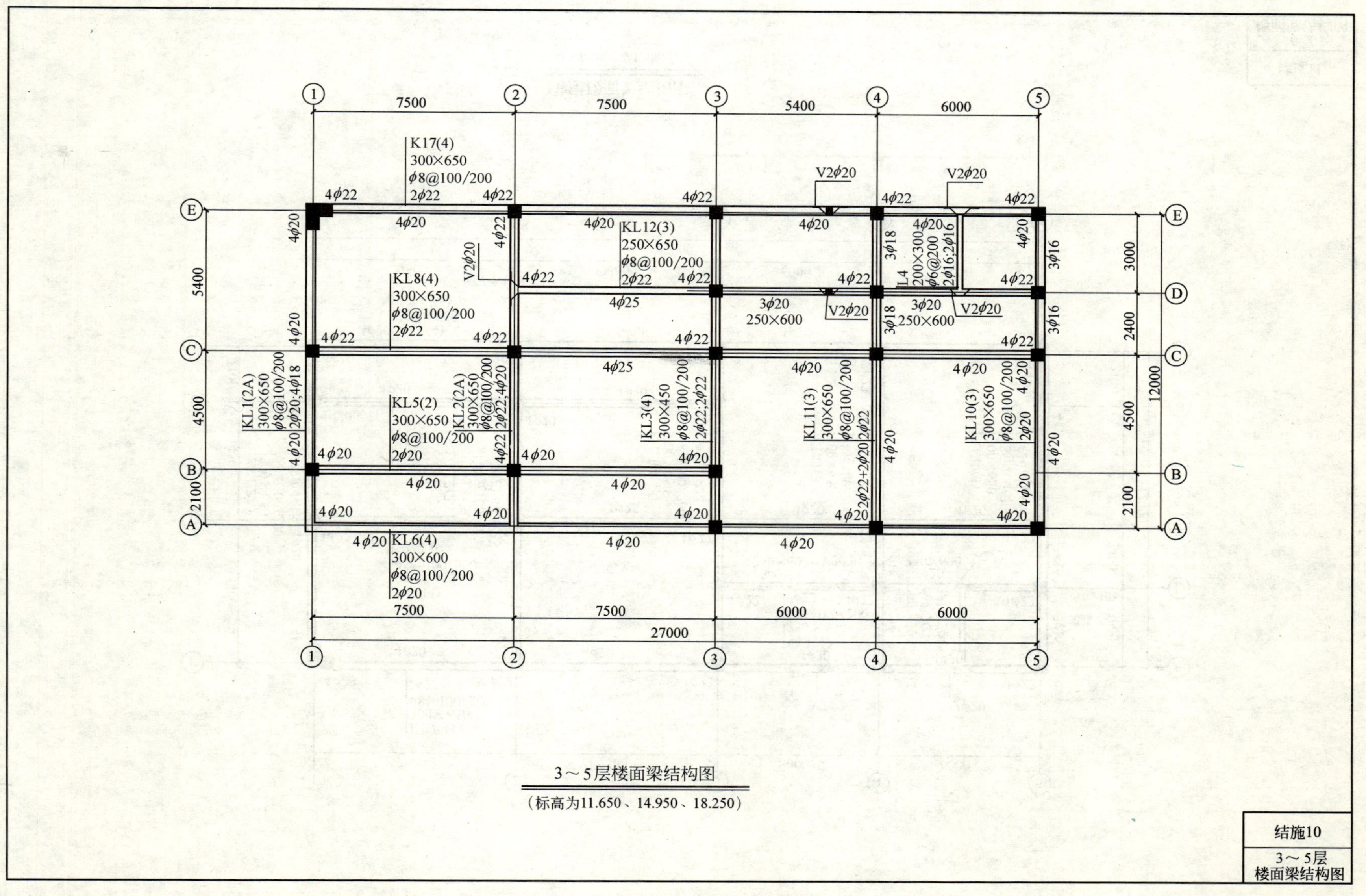

3～5层楼面梁结构图
(标高为11.650、14.950、18.250)
结施10
3～5层楼面梁结构图
KL1(2A)
300×650
φ8@100/200
2φ20;4φ18
KL2(2A)
300×650
φ8@100/200
2φ22;4φ20
KL3(4)
300×450
φ8@100/200
2φ22;2φ22
KL5(2)
300×650
φ8@100/200
2φ20
KL6(4)
300×600
φ8@100/200
2φ20
KL8(4)
300×650
φ8@100/200
2φ22
KL10(3)
300×650
φ8@100/200
2φ20
KL11(3)
300×650
φ8@100/200
2φ22
KL12(3)
250×650
φ8@100/200
2φ22
K17(4)
300×650
φ8@100/200
2φ22
L4
200×300
φ6@200
2φ16;2φ16
250×600
V2φ20
2φ22+2φ20
2100
4500
5400
2400
3000
12000
7500
6000
27000

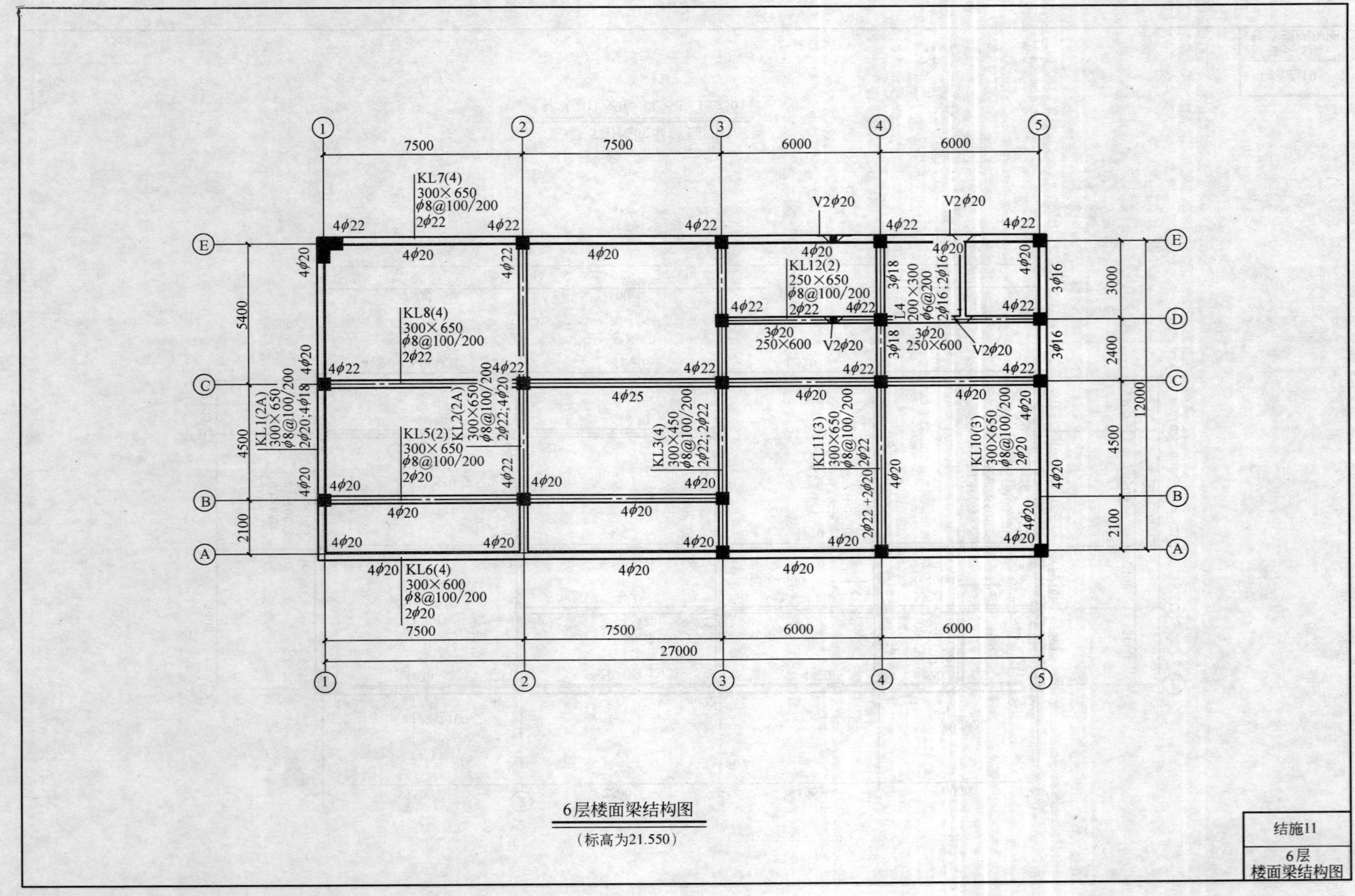

6层楼面梁结构图

（标高为21.550）

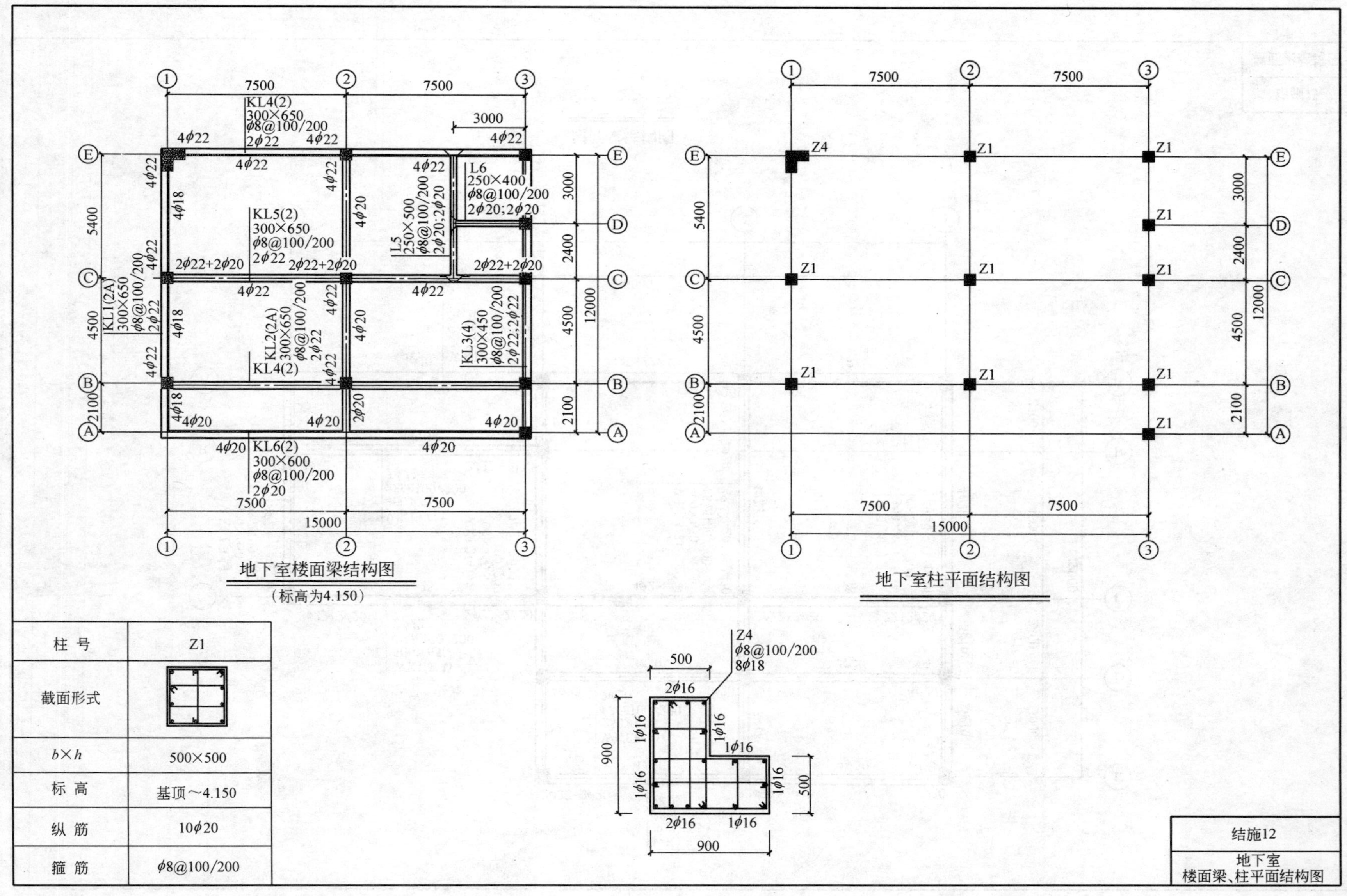

柱号	Z1
截面形式	
$b\times h$	500×500
标高	基顶～4.150
纵筋	10ϕ20
箍筋	ϕ8@100/200

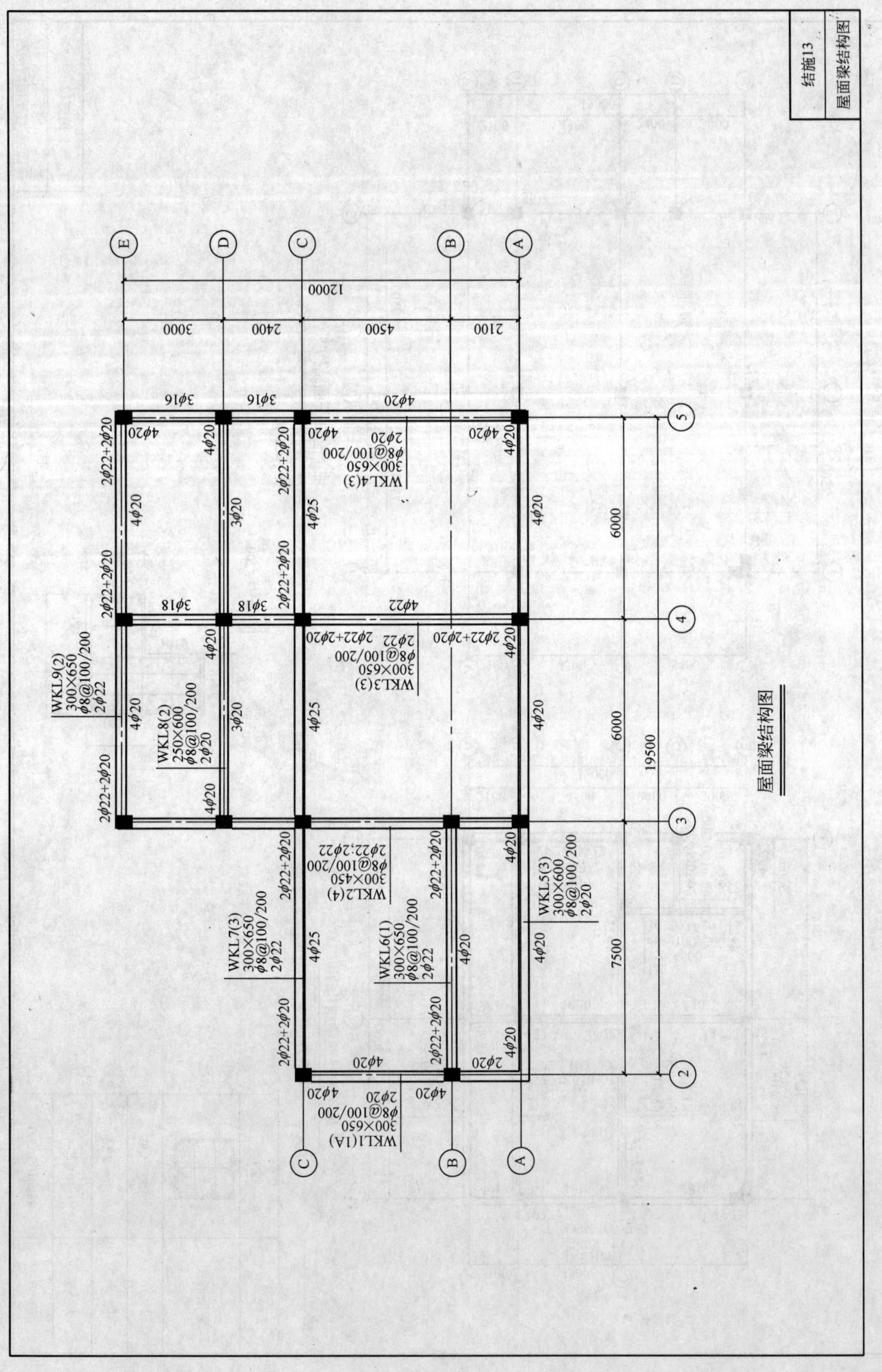

WKL1(1A)
300×650
ϕ8@100/200
2ϕ20
WKL2(4)
300×450
ϕ8@100/200
2ϕ22;2ϕ22
WKL3(3)
300×650
ϕ8@100/200
2ϕ22
WKL4(3)
300×650
ϕ8@100/200
2ϕ20
WKL5(3)
300×600
ϕ8@100/200
2ϕ20
WKL6(1)
300×650
ϕ8@100/200
2ϕ22
WKL7(3)
300×650
ϕ8@100/200
2ϕ22
WKL8(2)
250×600
ϕ8@100/200
2ϕ20
WKL9(2)
300×650
ϕ8@100/200
2ϕ22
4ϕ20
2ϕ20
2ϕ22+2ϕ20
4ϕ25
4ϕ22
3ϕ18
3ϕ20
3ϕ16
7500
6000
6000
19500
2100
4500
2400
3000
12000
A
B
C
D
E
2
3
4
5
屋面梁结构图
结施13
屋面梁结构图

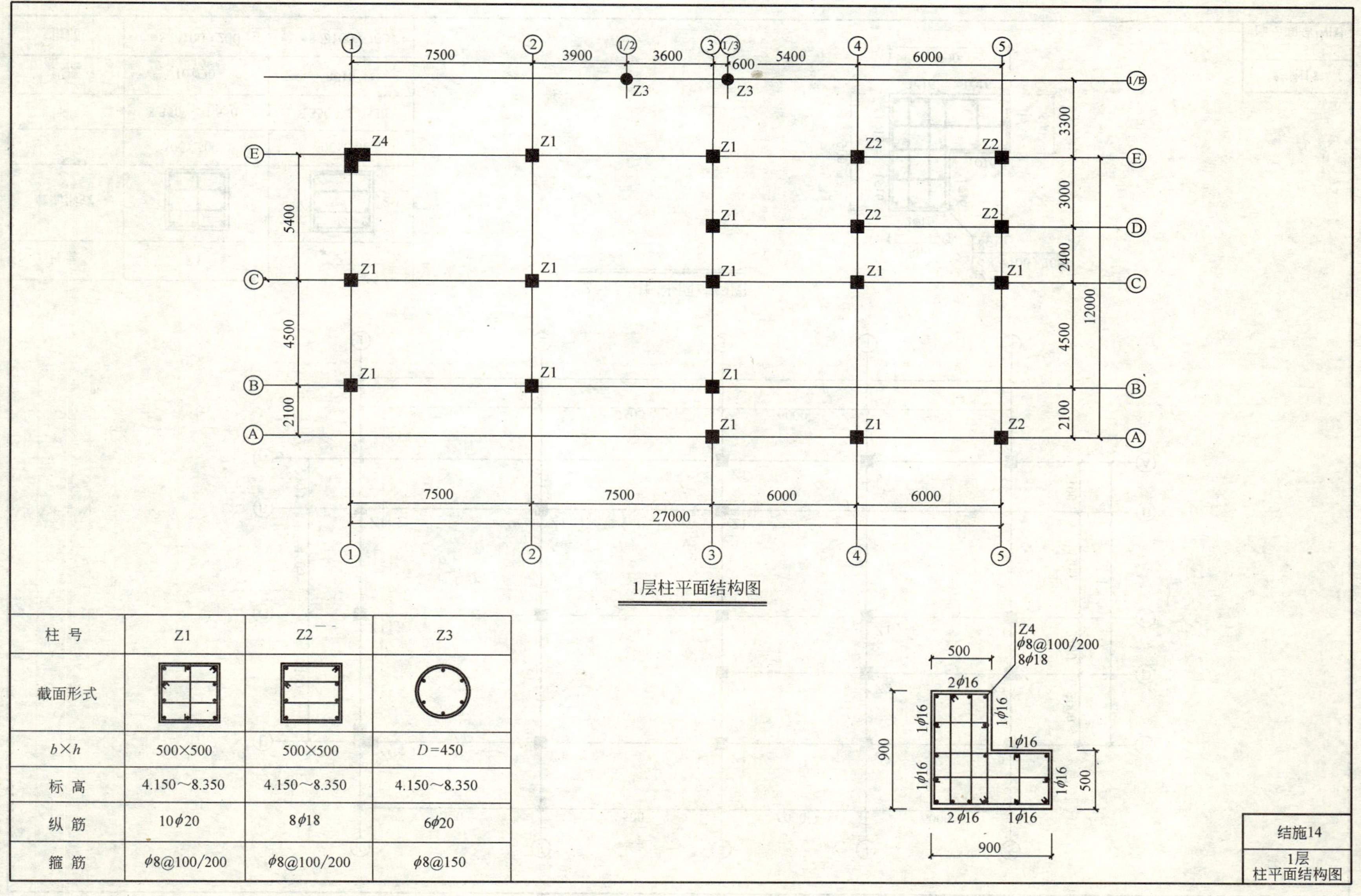

柱号	Z1	Z2	Z3
截面形式			
$b\times h$	500×500	500×500	D=450
标高	4.150～8.350	4.150～8.350	4.150～8.350
纵筋	10φ20	8φ18	6φ20
箍筋	φ8@100/200	φ8@100/200	φ8@150

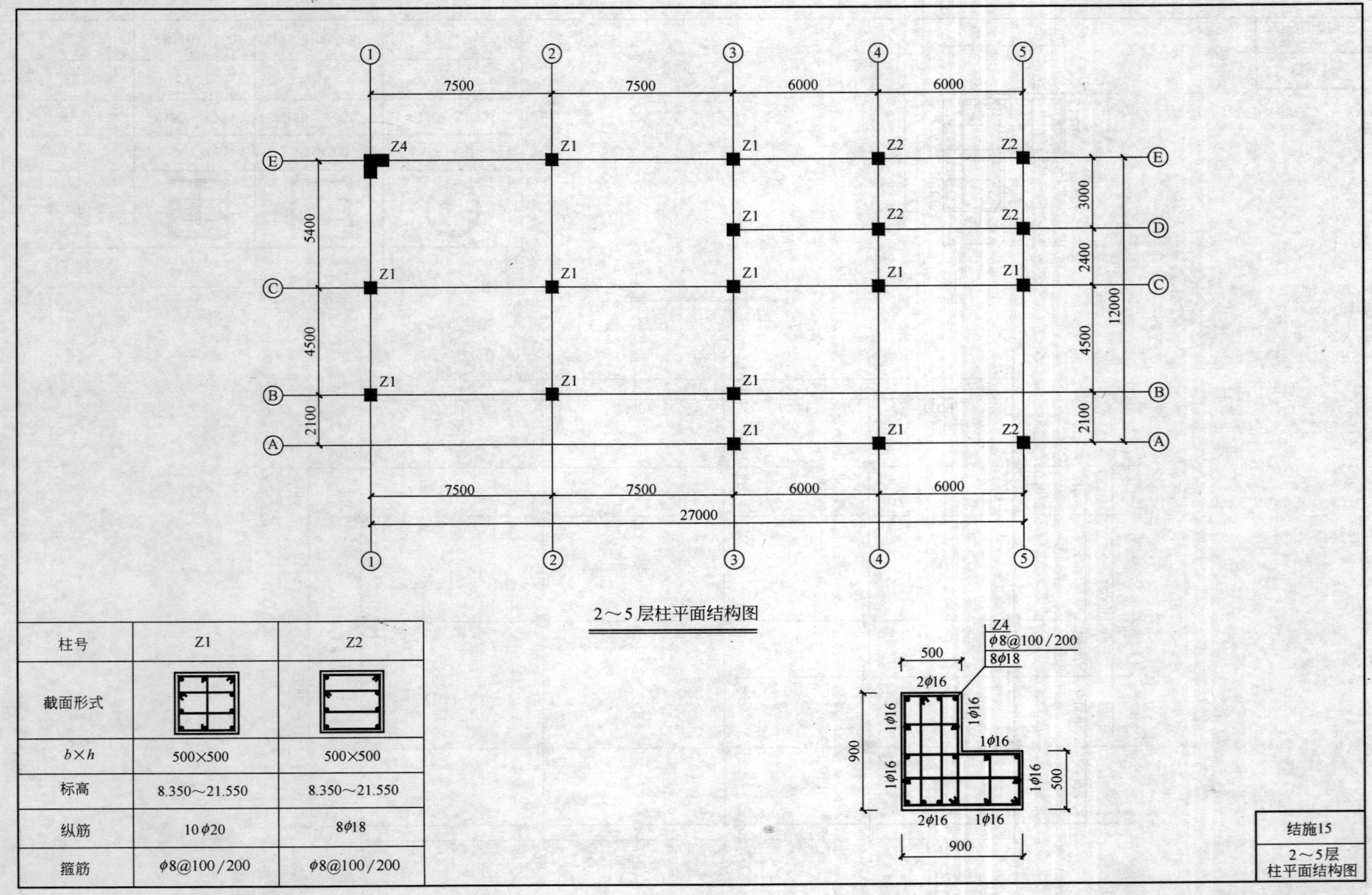

柱号	Z1	Z2
截面形式		
$b \times h$	500×500	500×500
标高	8.350～21.550	8.350～21.550
纵筋	10φ20	8φ18
箍筋	φ8@100/200	φ8@100/200

结施15
2～5层 柱平面结构图

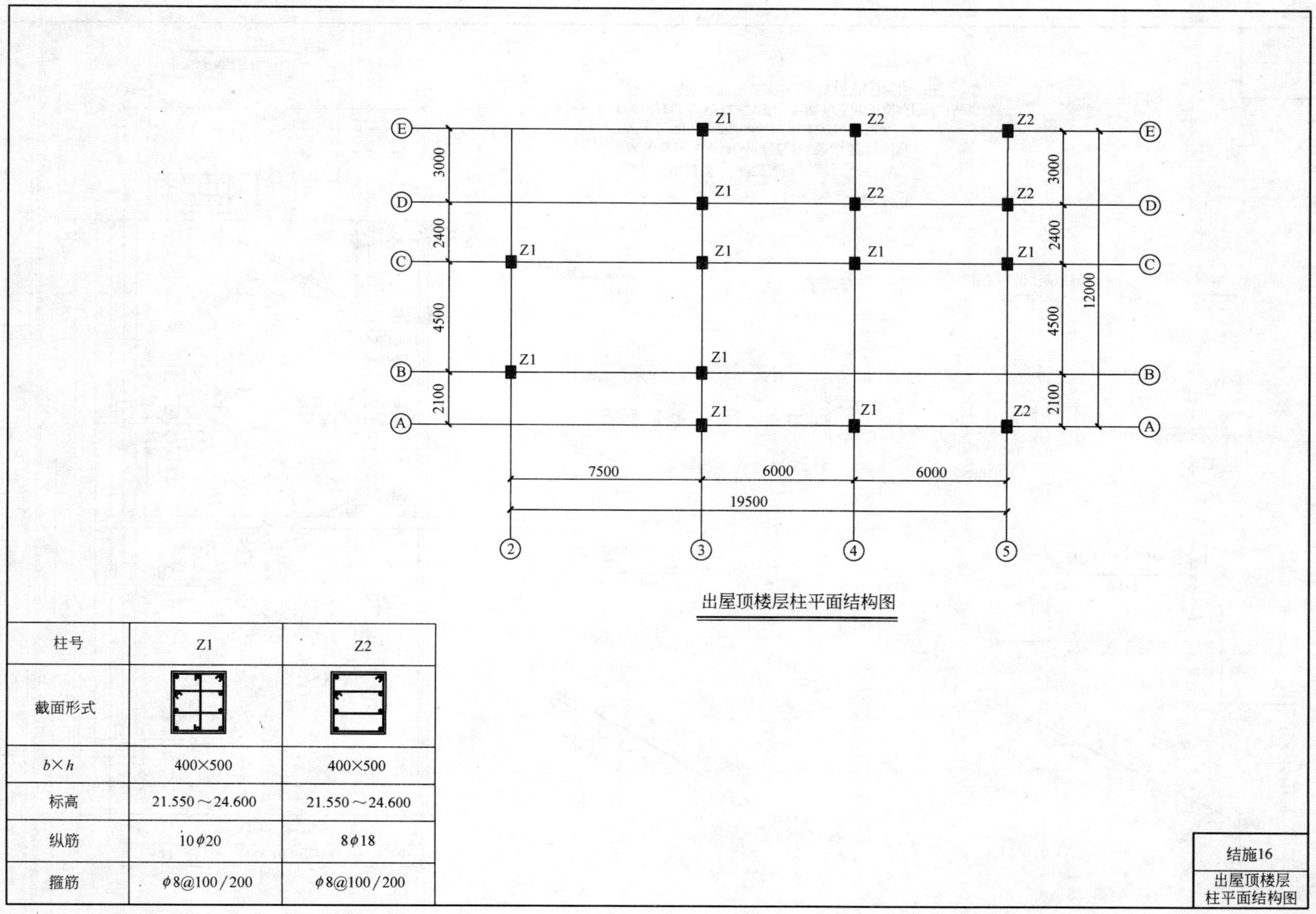

柱号	Z1	Z2
截面形式		
$b \times h$	400×500	400×500
标高	21.550～24.600	21.550～24.600
纵筋	10ϕ20	8ϕ18
箍筋	ϕ8@100/200	ϕ8@100/200

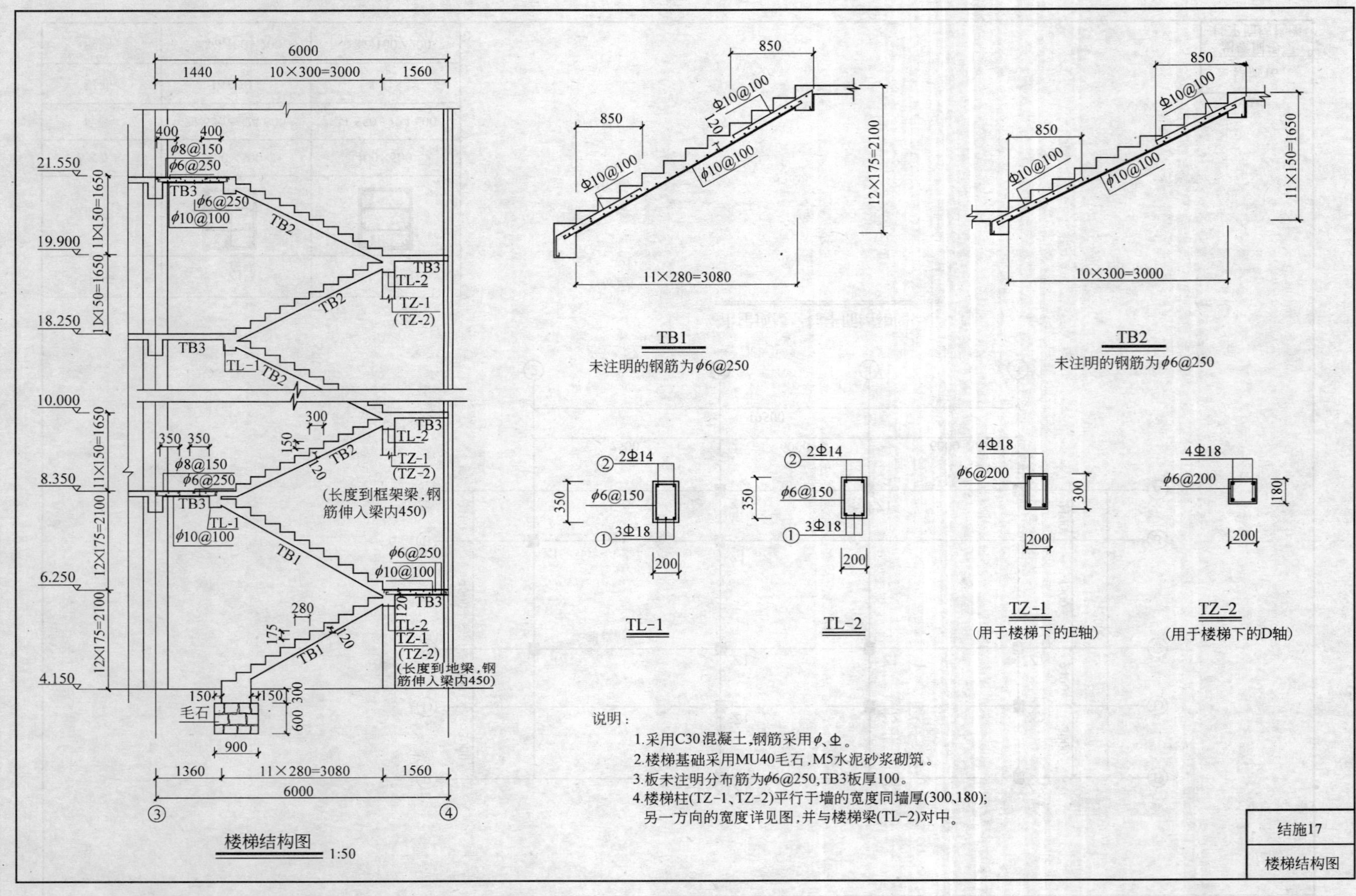
6000
1440
10×300=3000
1560
400
400
φ8@150
φ6@250
21.550
TB3
φ6@250
φ10@100
TB2
19.900
11×150=1650
11×150=1650
TB3
TL-2
TZ-1
(TZ-2)
18.250
TB3
TL-1
10.000
300
350
350
φ8@150
φ6@250
8.350
TB3
TL-1
φ10@100
150
120
(长度到框架梁,钢
筋伸入梁内450)
12×175=2100
12×175=2100
TB1
φ6@250
φ10@100
6.250
280
175
120
TZ-1
(TZ-2)
(长度到地梁,钢
筋伸入梁内450)
4.150
150
150
300
毛石
600
900
1360
11×280=3080
1560
6000
③
④
楼梯结构图
1:50
850
φ10@100
120
φ10@100
φ10@100
12×175=2100
11×280=3080
TB1
未注明的钢筋为φ6@250
850
φ10@100
850
φ10@100
φ10@100
11×150=1650
10×300=3000
TB2
未注明的钢筋为φ6@250
② 2Φ14
φ6@150
350
① 3Φ18
200
TL-1
② 2Φ14
φ6@150
350
① 3Φ18
200
TL-2
4Φ18
φ6@200
300
200
TZ-1
(用于楼梯下的E轴)
4Φ18
φ6@200
180
200
TZ-2
(用于楼梯下的D轴)
说明:
1.采用C30混凝土,钢筋采用φ、Φ。
2.楼梯基础采用MU40毛石,M5水泥砂浆砌筑。
3.板未注明分布筋为φ6@250,TB3板厚100。
4.楼梯柱(TZ-1、TZ-2)平行于墙的宽度同墙厚(300,180);
另一方向的宽度详见图,并与楼梯梁(TL-2)对中。
结施17
楼梯结构图

第一章 表格算量

第一节 做法定额表

工程名称：综合楼　　　　建筑消耗量（06）

序号	部位及做法名称	做法说明	定额号	定额名称
1	施工技术措施	1. 现浇混凝土均采用商品混凝土	10-5-1-1’	C204 商品混凝土塔吊基础
		2. 设6t 塔吊一座，塔吊基础按 2.5m×4m×1m 计	4-1-131	现浇混凝土埋设螺栓
		3. 石渣运费 35 元/m^3	10-4-63	20m^3 内设备基础组合钢模板钢支撑
		4. 设钢管依附斜道一座(安全施工费)	10-5-3	塔式起重机混凝土基础拆除
		5. 采用密目网垂直封闭(安全施工费)	补 1	石渣外运(35 元/m^3)
		6. 立挂式安全网(安全施工费)	10-5-20	6t 塔式起重机安、拆
		7. 采用钢管脚手架	10-5-20-1	6t 塔式起重机场外运输
		8. 塔吊垂直运输	10-1-4	单排外钢管脚手架 15m 内
		9. 基础土方采用人工挖土，人力车运土	10-1-6	双排外钢管脚手架 24m 内
			10-1-22	双排里钢管脚手架 3.6m 内
			10-1-24	双排里钢管脚手架 6m 内
			10-1-102	单排外钢管脚手架 6m 内
			10-1-103	双排外钢管脚手架 6m 内
			10-1-22-1	装饰钢管脚手架 3.6m 内
			10-1-27	满堂钢管脚手架
			10-2-15-1	30m 内泵送混凝土垂直运输
2	平整场地	平整场地	1-4-1	人工场地平整
3	柱基	1. 挖地坑(坚土)	1-2-18	人工挖地坑坚土深 2m 内
		2. 钎探	1-2-19	人工挖地坑坚土深 4m 内
		3. C15 混凝土垫层	1-4-4-1	基底钎探(灌砂)
		4. C20 柱基	2-1-13-2’	C154 商品混凝土无筋混凝土垫层(独立基础)
			10-4-49	混凝土基础垫层木模板
			4-2-7’	C204 商品混凝土独立基础
			10-4-27’	混凝土独立基础胶合板模板木支撑
			10-4-310	基础竹胶板模板制作
4	基础梁	1. 挖地槽(坚土)	1-2-12	人工挖沟槽坚土深 2m 内
		2. C15 混凝土垫层	2-1-13-1’	C154 商品混凝土无筋混凝土垫层(条形基础)
		3. C20 基础梁	10-4-49	混凝土基础垫层木模板
			4-2-23.27’	C203 商品混凝土基础梁
			10-4-109’	基础梁胶合板模板木支撑
			10-4-310	基础竹胶板模板制作
5	毛石基	1. 挖地槽	1-2-12	人工挖沟槽坚土深 2m 内
		2. M5 水泥砂浆毛石基础	3-2-1	M5.0 砂浆乱毛石基础

续表

序号	部位及做法名称	做法说明	定额号	定额名称
6	墙基防潮层	1. 20mm厚1：2水泥砂浆加5%防水粉	6-2-5	防水砂浆防潮层20
7	回填	1. 槽坑回填	1-4-13	槽、坑机械夯填土
		2. 地面回填	1-4-11	机械夯填土(地坪)
8	挖运土方	1. 挖坚土	1-2-3	人工挖坚土深2m内
		2. 人力车运土50m内	1-2-47	人力车运土方50m内
9	柱	1. C30框架柱	4-2-17.2’	C304商品混凝土矩形柱
			10-4-88’	矩形柱胶合板模板钢支撑
			4-2-19.2’	C304商品混凝土异形柱
			10-4-94’	异形柱胶合板模板钢支撑
			10-4-311	柱竹胶板模板制作
			10-4-102	柱钢支撑高超过3.6m每增3m
			10-1-102	单排外钢管脚手架6m内
10	圆柱	1. C30圆柱	4-2-18.2’	C304商品混凝土圆形柱
			10-4-97’	圆形柱胶合板模板木支撑
			10-4-311	柱竹胶板模板制作
			10-4-103	柱木支撑高超过3.6m每增3m
			10-1-102	单排外钢管脚手架6m内
11	墙	1. C30混凝土墙(用于地下室及老虎窗档墙)	4-2-30.2’	C303商品混凝土墙
			10-4-314	墙竹胶板模板制作
			10-4-148	墙钢支撑高超过3.6m每增3m
12	圈梁	1. C20圈梁(用于厕所墙底部防水)	4-2-26.27’	C203商品混凝土圈梁
			10-4-127’	圈梁胶合板模板木支撑
			10-4-313	梁竹胶板模板制作
13	过梁	1. C30现浇过梁	4-2-27.2’	C303商品混凝土过梁
			10-4-118’	过梁胶合板模板木支撑
			10-4-313	梁竹胶板模板制作
14	板	1. C30有梁板	4-2-36.2’	C302商品混凝土有梁板
			10-4-160’	有梁板胶合板模板钢支撑
			10-4-315	板竹胶板模板制作
			10-4-176	板钢支撑高>3.6m每增3m
15	栏板	1. C30栏板	4-2-51.22’	C302商品混凝土栏板
			10-4-206	栏板木模板木支撑
16	挑檐、天沟	1. C30挑檐、天沟	4-2-56.22’	C302商品混凝土挑檐、天沟
		2. C30飘窗板	10-4-211	挑檐、天沟木模板木支撑
17	雨篷	1. C30雨篷	4-2-49.22’	C302商品混凝土雨篷
			10-4-203	直形悬挑板阳台、雨篷木模板木支撑
18	楼梯	1. C30楼梯	4-2-42.22’	C302商品混凝土直形楼梯无斜梁100
			4-2-46.22*2’	C302商品混凝土楼梯板厚+10×2
			10-4-201	直形楼梯木模板木支撑
19	压顶	1. C20压顶	4-2-58’	C202商品混凝土压顶
			10-4-213	扶手、压顶木模板木支撑

续表

序号	部位及做法名称	做 法 说 明	定额号	定 额 名 称
20	地下室砌体	1. M5.0 砂浆硅酸盐砌块墙 300mm	3-3-69.07	M5.0 砂浆硅酸钙砌块墙 300mm
		2. M5.0 砂浆硅酸盐砌块墙 180mm	3-3-32.07	M5.0 砂浆硅酸钙砌块墙 180mm
		3. M5.0 砂浆硅酸盐砌块墙 120mm	3-3-31.07	M5.0 砂浆硅酸钙砌块墙 120mm
21	填充墙砌体	1. M5 混浆加气混凝土砌块墙 300mm	3-3-63	M5.0 混浆加气混凝土砌块墙 300mm
		2. M5 混浆加气混凝土砌块墙 180mm	3-3-25	M5.0 混浆加气混凝土砌块墙 180mm
		3. M5 混浆加气混凝土砌块墙 120mm	3-3-24	M5.0 混浆加气混凝土砌块墙 120mm
22	女儿墙砌体	1. M5 混浆砌煤矸石多孔砖	3-3-75	M5.0 混浆煤矸石多孔砖墙 240mm
23	地下室防水	1. 聚氨酯二遍	6-2-71	聚氨酯二遍
		2. M5 砂浆砌煤矸石多孔砖	3-3-70.07	M5.0 砂浆煤矸石多孔砖墙 115mm
24	防滑地砖上人平屋面屋 22	1. 8～10 厚防滑地砖	9-1-80H	1∶3 砂浆 25 彩釉砖楼地面 800mm 内
		2. 25 厚 1∶3 干硬性水泥砂浆结合层	6-2-24	平面沥青玻璃纤维布±一布一油
		3. 隔离层(干铺玻纤布一道)	6-2-34	平面一层高强 APP 改性沥青卷材
		4. 防水层：3 厚高聚物改性沥青防水卷材	9-1-1	1∶3 砂浆硬基层上找平层 20mm
		5. 刷基层处理剂一道	6-3-13	混凝土板上聚氨酯发泡保温层 40mm
		6. 20 厚 1∶3 水泥砂浆找平	6-2-93	1.5 厚 LM 高分子涂料防水层
		7. 保温层：硬质聚氨酯泡沫板	9-1-2	1∶3 砂浆填充料上找平层 20mm
		8. 防水层：1.5 厚合成高分子防水涂料	6-3-15-1	混凝土板上现浇水泥珍珠岩 1∶8
		9. 刷基层处理剂一道		
		10. 20 厚 1∶3 水泥砂浆找平		
		11. 40 厚(最薄处)1∶8 水泥珍珠岩找坡层 2%		
		12. 钢筋混凝土屋面板		
25	琉璃瓦坡屋面屋 7	1. 25 厚(最薄处)石灰砂浆铺卧琉璃瓦	6-1-19	钢筋混凝土斜面上琉璃瓦屋面
		2. 35 厚 C20 细石混凝土找平层，内配 $\phi4$ 双向间距 150 钢筋网与预埋 $\phi10$ 锚筋绑扎	6-1-20	琉璃瓦檐口线
		3. 聚合物砂浆粘贴保温层：硬质聚氨酯泡沫板	6-1-21	琉璃瓦脊瓦
		4. 防水层：1.5 厚合成高分子防水涂料	6-2-1'	C20 细石商品混凝土防水层 40mm
		5. 刷基层处理剂一道	9-1-5＊-1'	C20 细石商品混凝土找平层-5mm
		6. 20 厚 1∶3 水泥砂浆找平	4-1-1	现浇构件圆钢筋 $\phi4$
		7. 素水泥浆一道	6-3-13	混凝土板上聚氨酯发泡保温层 40mm
		8. 钢筋混凝土屋面板，板内在檐口及屋脊部位预埋 $\phi10$ 锚筋排间距 1500	6-2-93	1.5 厚 LM 高分子涂料防水层
			9-1-1	1∶3 砂浆硬基层上找平层 20mm
26	屋面排水	1. 塑料落水管	6-4-9	塑料水落管 $\phi100$
		2. 铸铁弯头落水口	6-4-22	铸铁弯头落水口(含箅子板)
		3. 铸铁雨水口	6-4-20	铸铁雨水口
		4. 塑料水斗	6-4-10	塑料水斗
27	雨篷顶防水	1. 1∶3 水泥水浆找平层	9-1-1	1∶3 砂浆硬基层上找平层 20
		2. 聚氨酯防水	6-2-71	聚氨酯二遍
		3. 防水砂浆	6-2-10	平面防水砂浆防水层
		4. 塑料泄水短管	6-4-18H	塑料短管 $\phi50$
28	混凝土散水散 1	1. 60 厚 C20 混凝土随打随抹，上撒 1∶1 水泥细砂压实抹光	8-7-51'	C20 细石商品混凝土散水 3∶7 灰土垫层
		2. 150 厚 3∶7 灰土(取消)	2-1-1＊-1	3∶7 灰土垫层
		3. 素土夯实	10-4-49	混凝土基础垫层木模板

续表

序号	部位及做法名称	做法说明	定额号	定额名称
29	室外混凝土台阶 L03J004-1/11	1. 素土夯实 2. 100厚C15混凝土垫层 3. C20混凝土台阶	1-4-6 2-1-13' 4-2-57' 10-4-205	机械原土夯实 C154商品混凝土无筋混凝土垫层 C202商品混凝土台阶 台阶木模板木支撑
30	台阶齿槽 花岗石面	1. 刷素水泥浆一道(内掺建筑胶) 2. 30厚1∶3干硬性水泥砂浆结合层 3. 撒素水泥面(洒适量清水) 4. 30厚齿槽花岗石铺面,正背面及四周边满涂防污剂,稀水泥浆擦缝	9-1-59 9-1-161	花岗石台阶 楼梯台阶酸洗打蜡
31	磨光花岗石地面 参地16	1. 20厚磨光花岗石板,板背面刮水泥浆粘贴,稀水泥浆擦缝 2. 30厚1∶3干硬性水泥砂浆结合层 3. 素水泥浆一道 4. 60厚C15混凝土垫层 5. 300厚3∶7灰土夯实(取消) 6. 素土夯实,压实系数大于等于0.9	9-1-165H 2-1-13' 9-1-160	干硬1∶3砂浆花岗岩楼地面 C154商品混凝土无筋混凝土垫层 楼地面酸洗打蜡
32	地面砖地面 参地14	1. 8～10厚地面砖,砖背面刮水泥浆粘贴,稀水泥浆擦缝 2. 30厚1∶3干硬性水泥砂浆结合层 3. 素水泥浆一道 4. 60厚C15混凝土垫层 5. 300厚3∶7灰土夯实(取消) 6. 素土夯实,压实系数大于等于0.9	9-1-169H1 9-1-169H2 2-1-13'	干硬1∶3砂浆贴地板砖300×300 干硬1∶3砂浆贴地板砖500×500 C154商品混凝土无筋混凝土垫层
33	地面砖楼面 楼15	1. 8～10厚地面砖,砖背面刮水泥浆粘贴,稀水泥浆擦缝 2. 30厚1∶3干硬性水泥砂浆结合层 3. 素水泥浆一道 4. 现浇钢筋混凝土楼板	9-1-169H1 9-1-169H2	干硬1∶3砂浆贴地板砖300×300 干硬1∶3砂浆贴地板砖500×500
34	卫生间地面砖 防水楼面 楼17	1. 8～10厚地面砖,砖背面刮水泥浆粘贴,稀水泥浆擦缝 2. 30厚1∶3干硬性水泥砂浆结合层 3. 1.5厚合成高分子防水涂料 4. 刷基层处理剂一道 5. 30厚C20细石混凝土随打随抹找坡抹平 6. 素水泥浆一道 7. 现浇钢筋混凝土楼板	9-1-169H1 6-2-93 6-2-1 6-2-2＊-1	干硬1∶3砂浆贴地板砖300mm×300mm 1.5厚LM高分子涂料防水层 细石混凝土防水层40 细石混凝土防水层-10
35	面砖踢脚 (混凝土及 混凝土砌块墙) 踢5	1. 5～10厚面砖,白水泥浆擦缝 2. 3～5厚1∶1水泥砂浆或建筑胶粘剂粘贴 3. 6厚1∶2水泥砂浆压实抹光 4. 9厚1∶2.5水泥砂浆打底扫毛 5. 素水泥浆一道 6. 混凝土墙、混凝土小型空心砌块墙	9-1-172-1	1∶2水泥砂浆全瓷地板砖直形踢脚板

续表

序号	部位及做法名称	做法说明	定额号	定额名称
36	面砖踢脚 （加气混凝土砌块墙） 踢 6	1. 5～10 厚面砖，白水泥浆（或彩色水泥浆）擦缝 2. 3～5 厚 1∶1 水泥砂浆或建筑胶粘剂粘贴 3. 6 厚 1∶2.5 水泥砂浆压实抹光 4. 9 厚 1∶1∶6 水泥石灰膏砂浆打底扫毛或划出纹道 5. 刷界面处理剂一道 6. 加气混凝土砌块墙	9-1-172-1	1∶2 水泥砂浆全瓷地板砖直形踢脚板
37	面砖墙裙 （加气混凝土砌块墙） 裙 13	1. 5～10 厚面砖，白水泥浆擦缝 2. 5 厚 1∶2 建筑胶水泥砂浆（或专用胶）粘结层 3. 素水泥浆一道（用专用胶粘贴时无此道工序） 4. 6 厚 1∶3 水泥砂浆找平 5. 9 厚 1∶1∶6 水泥石灰膏砂浆打底扫毛 6. 刷界面处理剂一道 7. 加气混凝土砌块墙	9-2-172 9-4-242	墙面墙裙砂浆粘贴瓷砖 200mm×150mm 混凝土界面剂涂敷加气混凝土砌块面
38	混凝土墙水泥砂浆内墙抹面 内墙 2	1. 内墙涂料 2. 7 厚 1∶2.5 水泥砂浆压实赶光 3. 7 厚 1∶2.5 水泥砂浆找平扫毛 4. 7 厚 1∶2.5 水泥砂浆打底扫毛或划出纹道 5. 素水泥浆一道 6. 混凝土墙、混凝土小型空心砌块墙	9-4-152 9-4-209 9-2-21H	室内墙柱光面刷乳胶漆二遍 顶棚、内墙抹灰面满刮腻子二遍 混凝土墙面墙裙 1∶2.5 水泥砂浆 7+7+7
39	加气混凝土墙混合砂浆抹面 内墙 5	1. 内墙涂料 2. 7 厚 1∶0.3∶2.5 水泥石灰膏砂浆压实赶光 3. 7 厚 1∶0.3∶3 水泥石灰膏砂浆找平扫毛 4. 7 厚 1∶1∶6 水泥石灰膏砂浆打底扫毛或划出纹道 5. 刷界面剂一道 6. 加气混凝土砌块墙	9-4-152 9-4-209 9-2-35H 9-4-242	室内墙柱光面刷乳胶漆二遍 顶棚、内墙抹灰面满刮腻子二遍 轻质墙墙面墙裙混合砂浆 7+14 混凝土界面剂涂敷加气混凝土砌块面
40	水泥砂浆涂料顶棚 棚 3	1. 现浇钢筋混凝土楼板 2. 素水泥浆一道 3. 7 厚 1∶2.5 水泥砂浆打底扫毛或划出纹道 4. 7 厚 1∶2 水泥砂浆找平 5. 内墙涂料	9-3-3 9-4-151 9-4-209	现浇混凝土顶棚水泥砂浆抹灰 室内顶棚刷乳胶漆二遍 顶棚、内墙抹灰面满刮腻子二遍
41	纸面石膏板吊顶棚 7	1. 现浇钢筋混凝土楼板 2. U 形轻钢次龙骨 CB50×20 中距 429，龙骨吸顶吊件用膨胀螺栓与钢筋混凝土板固定 3. U 形轻钢龙骨横撑 CB50×20 中距 1200 4. 9.5 厚纸面石膏板，用自攻螺钉与龙骨固定，中距小于等于 200 5. 满刷氯偏乳液防潮涂料两道（用防水石膏板时无此道工序），纵横方向各刷一道 6. 满刮 2 厚面层耐水腻子找平 7. 内墙涂料	9-3-33 9-3-87 9-4-209-1 9-4-151	装配式 U 形龙骨 600×600 一级 轻钢龙骨上铺钉纸面石膏板基层 木夹板、石膏板面满刮腻子二遍 室内顶棚刷乳胶漆二遍

续表

序号	部位及做法名称	做法说明	定额号	定额名称
42	磨光花岗石勒脚 参踢9	1. 8～12厚磨光花岗石大板，稀水泥浆擦缝	9-2-129	混凝土墙面挂贴花岗石(灌缝浆50)
		2. 3～5厚1∶1水泥砂浆粘贴		
		3. 6厚1∶2水泥砂浆压实抹光		
		4. 9厚1∶2.5水泥砂浆打底扫毛		
		5. 素水泥浆一道		
		6. 混凝土墙、混凝土小型空心砌块墙		
43	面砖外墙 外墙13	1. 6～10厚面砖，5厚1∶1水泥细砂浆粘贴，擦缝材料擦缝	9-2-223	砂浆粘贴面砖240×60灰缝10内
		2. 6厚1∶2水泥砂浆找平	9-2-223-1	圆弧墙砂浆贴面砖240×60缝10内
		3. 9厚1∶2.5水泥砂浆打底扫毛或划出纹道	9-4-242	混凝土界面剂涂敷加气混凝土砌块面
		4. 刷界面处理剂一道		
		5. 混凝土墙、混凝土小型空心砌块墙		
44	粘贴聚苯板 薄抹灰 保温涂料外墙 外墙19	1. 外墙弹性涂料	9-2-32	混凝土墙面墙裙混合砂浆12+8
		2. 刷弹性底涂，刮柔性腻子	9-4-242	混凝土界面剂涂敷加气混凝土砌块面
		3. 3～5厚抗裂砂浆复合耐碱玻纤网格布	6-3-38	外墙挂贴保温板
		4. 聚苯板保温层，胶粘剂粘贴	9-4-211	外墙抹灰面满刮腻子二遍
		5. 20厚1∶1∶6水泥石灰膏砂浆找平	9-4-184	抹灰外墙面丙烯酸涂料(一底二涂)
		6. 刷界面砂浆一道		
		7. 加气混凝土砌块墙		
45	涂料外墙(砖墙) 外墙9	1. 外墙涂料	9-2-20	砖墙面墙裙水泥砂浆14+6
		2. 8厚1∶2.5水泥砂浆找平	9-2-25	零星项目水泥砂浆6+14
		3. 10厚1∶3水泥砂浆打底扫毛或划出纹道	9-4-184	抹灰外墙面丙烯酸涂料(一底二涂)
		4. 砖墙		
46	檐板抹灰	1. 外墙涂料	9-2-36	零星项目混合砂浆13+6
		2. 8厚1∶0.2∶2水泥石灰膏砂浆找平	9-4-241	混凝土界面剂涂敷混凝土面
		3. 刷素水泥浆一道	9-4-184	抹灰外墙面丙烯酸涂料(一底二涂)
		4. 10厚1∶0.5∶3水泥石灰膏砂浆打底扫毛或划出纹道		
		5. 刷界面处理剂一道		
		6. 混凝土墙、混凝土小型空心砌块墙		
47	铝合金门	1. 铝合金地弹门	5-5-1	铝合金地弹门安装
		2. 铝合金平开门	5-5-2	铝合金平开门安装
48	钢质防火门	1. 钢质竖向玻璃防火门	5-4-12	钢质防火门安装(扇面积)
49	铝合金窗	1. 铝合金窗	5-5-5	铝合金平开窗安装
50	塑钢窗	1. 成品塑钢窗	5-6-2	单层塑料窗安装
51	木门	1. 胶合板门	5-1-9	单扇带亮木门框制作
		2. 成品门扇	5-1-10	单扇带亮木门框安装
		3. 刷底漆二遍	5-1-11	双扇带亮木门框制作
		4. 刷乳白色调和漆二遍	5-1-12	双扇带亮木门框安装
			5-1-15	双扇木门框制作
			5-1-16	双扇木门框安装
			5-1-107	普通成品门扇安装(扇面积)
			5-3-3	单扇单玻璃木窗扇制作
			5-3-4	单扇单玻璃木窗扇安装
			5-9-1-1	单扇带亮木门配件(安执手锁)
			5-9-2	双扇带亮木门配件
			5-9-4	双扇木门配件
			9-4-1	底油一遍调和漆二遍(单层木门)

续表

序号	部位及做法名称	做法说明	定额号	定额名称
52	木窗台板 L96J901-56①	1. 120×120×60 木砖，中距 500	9-5-18-1	中密度板窗台板
		2. 中密度板基层	9-5-24	窗台板粘贴面层榉木夹板
		3. 榉木板面层	9-4-5	底油一遍调和漆二遍(其他木材面)
		4. 成品贴脸 50×20	9-5-56	平面木装饰线宽度 50 内
		5. 刷底油一遍、调和漆二遍	9-4-4-1	底油一遍调和漆二遍装饰线 50 内
53	大理石窗台板 L96J901-55C	1. 水泥砂浆贴大理石窗台板	9-5-22	窗台板水泥砂浆大理石面层
54	门窗口套 L96J901-42②	1. 墙上钻孔下木楔，中距 500	6-2-74	立面砖墙面石油沥青一遍
		2. 墙面刷防水涂料一层	9-5-5-1	门窗套、贴脸中密度板基层
		3. 垫木中距 500	9-5-10	门窗套、贴脸粘贴榉木夹板面层
		4. 中密度板	9-4-5	底油一遍调和漆二遍(其他木材面)
		5. 榉木板面层	9-5-56	平面木装饰线宽度 50 内
		6. 成品贴脸 50×20	9-4-4-1	底油一遍调和漆二遍装饰线 50 内
		7. 刷底油一遍、调和漆二遍		
55	竣工清理	竣工清理	1-4-3	竣工清理

做法定额表编制说明

1. 做法名称和做法说明栏依据建施 01（建筑设计说明）和结施 01（结构设计说明）以及相应的标准图做法编制。

2. 定额号和定额名称栏依据 2008 年 6 月淄博市工程建设标准造价管理处发布的淄博价目表为基础。

3. 对淄博市价目表未包含的换算做如下处理：

（1）第 X 项补充定额用补 X 表示；

（2）换算定额的表示方法，参见砖混结构篇表格算量入门知识一节；

（3）本工程均采用泵送商品混凝土，套用泵送混凝土垂直运输，商品混凝土所发生的全部费用包括其差价部分的管理费、利润均含在商品价内，故不再列出搅拌 4-4-1、运输 4-4-3 和与泵送混凝土有关的泵送 4-4-7、泵送增加材料 4-4-18、泵送管道安拆 4-4-19 等定额项目；

（4）模板采用胶合板子目，并增加了山东省补充定额 10-4-310～315 模板制作项目，其数量参照济南市规定乘 0.244 系数，同时将原模板子目中胶合板扣除。

4. 对价目表未包括的临时换算均加 H 表示（在算量中改定额名称，在套价中进行数据换算）：

（1）9-1-80H　1∶3 砂浆 25 彩釉砖楼地面 800 内（用于上人屋面地砖，按屋面 22 进行砂浆强度等级和厚度换算）；

（2）6-4-18H　塑料短管 $\phi50$（玻璃钢短管换为塑料管）；

（3）9-1-165H　干硬 1∶3 砂浆花岗石楼地面（按地 16 进行砂浆强度等级换算）；

（4）9-1-169H1　干硬 1∶3 砂浆地板砖 300×300（按楼 15、地 14 进行砂浆和地板砖换算）；

（5）9-1-169H2　干硬 1∶3 砂浆地板砖 500×500（按楼 15、地 14 进行砂浆和地板砖换算）；

（6）9-2-21H　混凝土墙面墙裙 1∶2.5 水泥砂浆 7+7+7（按内墙 2 进行砂浆强度等级和厚度换算）；

（7）9-2-35H　轻质混凝土墙面墙裙混合砂浆 7+14（按内墙 5 进行砂浆强度等级和厚度换算）。

以上换算大部分是由于 L06J002 标准图做法与定额消耗量不符所引起的。其详细换算数据参见定额套价部分。

第二节　装修做法表

工程名称：综合楼　　　　　　　　　　　　　　　　　　　　建筑消耗量（06）

序号	房间名称	装修做法/定额号					
1	地下室	踢 5		内墙 2			满堂脚手
		9-1-172		9-2-21H	9-4-152		10-1-27
		h=0.15		9-4-209			
		地 14(500×500)				棚 3	
		9-1-169H2				9-3-3	9-4-151
		2-1-13'				9-4-209	
2	楼梯间	踢 6		内墙 5			满堂脚手
		9-1-172		9-2-35H	9-4-152		10-1-27
		h=0.15		9-4-242	9-4-209		
		地 14(300×300)				棚 3	
		9-1-169H1				9-3-3	9-4-151
		2-1-13'				9-4-209	
3	1 层厕所、厨房	裙 13					墙脚手
				9-2-172			10-1-22-1
				9-4-242			
		地 14(300×300)				棚 7	
		9-1-169H1				9-3-33	9-3-87
		2-1-13'				9-4-209-1	9-4-151
4	2～6 层厕所	裙 13					墙脚手
				9-2-172			10-1-22-1
				9-4-242			
		楼 15(300×300)				棚 7	
		9-1-169H1				9-3-33	9-3-87
		6-2-93	6-2-1	6-2-2＊-1		9-4-209-1	9-4-151
5	1 层走道	裙 13		内墙 5			墙脚手
		9-2-172		9-2-35H	9-4-152		10-1-22-1
		h=1.5	9-4-242	9-4-242	9-4-209		
		地 14(500×500)				棚 7	
		9-1-169H2				9-3-33	9-3-87
		2-1-13'				9-4-209-1	9-4-151
6	餐厅、2～5 层走道	裙 13		内墙 5			墙脚手
		9-2-172		9-2-35H	9-4-152		10-1-22-1
		h=1.5	9-4-242	9-4-242	9-4-209		
		楼 15(500×500)				棚 7	
		9-1-169H2				9-3-33	9-3-87
						9-4-209-1	9-4-151

续表

序号	房间名称	装修做法/定额号					
7	1层门斗	踢6		内墙5			满堂脚手
		9-1-172		9-2-35H	9-4-152		10-1-27
		h=0.15		9-4-242	9-4-209		
		楼15(300×300)				棚3	
		9-1-169H1				9-3-3	9-4-151
						9-4-209	
8	2～6层楼梯	踢6		内墙5			墙脚手
		9-1-172		9-2-35H	9-4-152		10-1-22-1
		h=0.15		9-4-242	9-4-209		
		楼15(300×300)				棚3	
		9-1-84				9-3-3	9-4-151
						9-4-209	

说明：

1. 表中均设2行定额号，上行可导入辅助计算表中的J表中。
2. 下行除踢（裙）栏内第一列填写高度外，其他定额号供在工程量计算书中参考。

第三节 门窗过梁表

工程名称：综合楼　　　　建筑消耗量（06）

门窗号	图纸编号	宽×高(m)	面积(m^2)	30W墙	18N墙	30D墙	24混凝土	数量	洞口过梁号
C1	PLC53-07	0.9×1.5	1.35	5				5	GL109
2～5层				1×4				4	
顶层				1				1	
C2	PLC-53-08	0.9×2.4	2.16	1				1	GL109
1层				1				1	
C3	PLC53-13	1.2×1.5	1.8	20				20	GL112
2～5层				4×4				16	
顶层				4				4	
C4	PLC53-17	1.2×2.4	2.88	4				4	GL112
1层				4				4	
C5	PLC53-23	1.5×1.5	2.25	36				36	GL115
2～5层				8×4				32	
顶层				4				4	
C6	PLC53-27	1.5×2.4	3.6	7		3		10	GL115
地下						3		3	
1层				7				7	
C7	PLC53-33	1.8×1.5	2.7	12				12	GL218
2～5层				2×4				8	
顶层				4				4	

续表

门窗号	图纸编号	宽×高(m)	面积(m^2)	30W 墙	18N 墙	30D 墙	24 混凝土	数量	洞口过梁号
C8	PLC53-37	1.8×2.4	4.32	1		1		2	GL218
地下						1		1	
1层				1				1	
C9	PLC53-43	2.1×1.5	3.15	18				18	GL221
2~5层				4×4				16	
顶层				2				2	
C10	PL53-47	2.1×2.4	5.04	4		4		8	GL221
地下						4		4	
1层				4				4	
C11	TC1	1.8×2.4	4.32	2				2	GL218
1层				2				2	
C12	TC2	1.8×1.5	2.7	8				8	GL218
2~5层				2×4				8	
C13	老虎窗	1.2×0.54+A	1.06				2	2	
1层							2	2	
			小计	118		8	2	128	
M1	DLM100-44	2.4×3.3	7.92	1				1	GL224
1层				1				1	
M2	PLM70-120	1.8×3.3	5.94			1		1	GL218
地下						1		1	
M3	M2-529	1.5×2.4	3.6		1			1	GL315
1层					1			1	
M4	M2-601	1.8×2.4	4.32		1			1	GL418
1层					1			1	
M5	M2-67	0.9×2.4	2.16		32			32	GL309
2~5层					8×4			32	
M6	M2-68	0.9×2.4	2.16		12			12	GL309
1层					2			2	
2~5层					2×4			8	
顶层					2			2	
M7	M2-529	1.5×2.4	3.6		4			4	GL315
2~5层					1×4			4	
M8	M2-319	1.2×2.1	2.52		1			1	GL312
顶层					1			1	
M9	FM-1224	1.2×2.4	2.88		4			4	GL312
2~5层					1×4			4	
M10	PLM70-119	1.8×2.4	4.32	1				1	GL218
1层				1				1	
M11	PLM70-105	1.2×2.1	2.52	1				1	WKL7
顶层				1				1	
			小计	3	55	1		59	

续表

过梁号	图纸编号	长×宽×高(m)	体积(m^3)	30W墙	18N墙	30D墙	24混凝土	数量	对应门窗号
GL109	结施06	1.4×0.3×0.18	0.076	6				6	C1,C2
GL112		1.7×0.3×0.18	0.092	24				24	C3,C4
GL115		2×0.3×0.18	0.108	43		3		46	C5,C6
GL218		2.3×0.3×0.18	0.124	24		2		26	C7,C8,C11,C12,M2,M10
GL221		2.6×0.3×0.18	0.14	22		4		26	C9,C10
GL224		2.9×0.3×0.18	0.157	1				1	M1
GL309		1.4×0.18×0.18	0.045		44			44	M5,M6
GL312		1.7×0.18×0.18	0.055		5			5	M8,M9
GL315		2×0.18×0.18	0.065		5			5	M3,M7
GL418		2.3×0.18×0.18	0.075		1			1	M4
			小计	120	55	9		184	

第四节 构件清单表

工程名称：综合楼　　　　建筑消耗量（06）

序号	构件类别/名称	定额号/构件尺寸(m)	地下	1层	2～4层	5层	顶层	数量
1	独立基础	4-2-7',10-4-27'						
	J-1	3.5×3.5×1	2					2
	J-2	3×3×0.9	3	1				4
	J-3	2.6×2.6×0.8	1					1
	J-4	2.4×2.4×0.8	2	2				4
	J-5	2×2×0.8		3				3
	J-6	4.5×2	1					1
	J-7	1.8×1.8×0.8	1	2				3
	J-8	1.8×1.8×0.45		2				2
2	基础梁	4-2-23.13',10-4-109'						
	—1.5JL-1	0.37×0.5	1					1
	2.6JL-1	0.37×0.5	1					1
	2.8JL2	0.2×0.3	1					1
3	异形柱	4-2-19.2',10-4-94',10-4-102						
	Z4(—1.5～21.6)	(0.5×1+0.5×0.5)×(5.65+17.45)	1	1	1×3	1		6
4	柱	4-2-17.2',10-4-88',10-4-102						
	Z1(—1.5～21.6)	0.5×0.5×(5.65+4.2+3.3×3+3.35)	10	10	10×3	10		60
	Z1(2.6～21.6)	0.5×0.5×(5.75+3.3×3+3.35)		3	3×3	3		15
	Z2(2.6～21.6)	0.5×0.5×(5.75+3.3×3+3.35)		5	5×3	5		25
	TZ1	0.3×0.21×(3.15+1.65×2)		1	1×3	1		5
	TZ2	0.3×0.18×(3.15+1.65×2)		1	1×3	1		5
	Z1(21.6～24.6)	0.4×0.5×3					9	9
	Z2(21.6～24.6)	0.4×0.5×3					4	4
	Z1(21.6～26.05)	0.4×0.5×4.65					1	1

续表

序号	构件类别/名称	定额号/构件尺寸(m)	地下	1层	2～4层	5层	顶层	数量
	Z1(21.6～27.1)	0.4×0.5×5.5					1	1
	Z2(21.6～27.1)	0.4×0.5×5.5					1	1
5	圆柱	4-2-18.2',10-4-97',10-4-103						
	圆柱 Z3	D450×4.8		2				2
6	构造柱	4-2-20.2',10-4-100						
	GZ1	0.3×0.12×(4.6+2.65×3+2.7+2.35)		1	1×3	1	1	6
	GZ2	0.18×0.12×(4.6+2.65×3+2.7+3.65)		1	1×3	1	1	6
7	墙	4-2-30.2',10-4-136'						
	地下室	(4.7×12+4.5×7.5)×0.25	1					1
	老虎窗墙	(1.68×1.32+1.28×0.9/2×2)×0.24					2	2
8	有梁板	4-2-36.2',10-4-161,10-4-177						
	地下室板	15.5(10.3×0.15+2.2×0.11)	1					
	KL1	(8.5×0.5+2.1×0.54)×0.3	1	1	1×3	1		
	KL2	(8.9×0.5+2.1×0.54)×0.3	1	1	1×3	1		
	KL3	(8.4×0.3+1.6×0.34)×0.3	1	1	1×3	1		
	KL4	13.6(14)×0.5×0.3	2					
	KL5	14×0.5×0.3	1	1	1×3	1		
	KL6	14.4×0.49×0.3	1					
	L5	5.2×0.35×0.25	1					
	L6	2.625×0.25×0.25	1					
	1～4层110板	15.4×2.2+19.6×5.5-5.7×2.825(梯)		1	1×3			
	150板	15.4×4.8+7.9×5.5+12.1×7		1	1×3			
	5层110板	15.4×2.2+12.1×5.5-5.7×2.825(梯)				1		
	150板	15.4×10.3+12.1×7				1		
	1层雨篷板	33.96×0.12		1				
	KL6	(14.4×0.49+11×0.45)×0.3		1	1×3	1		
	KL7	(6.6×0.5+18×0.54)×0.3		1	1×3			
	KL7	(13.6×0.5+11×0.54)×0.3				1		
	KL8	25×0.5×0.3		1	1×3	1		
	KL10	(6.1×0.5+4.4×0.54)×0.3		1	1×3	1		
	KL11	(6.1×0.5+4.4×0.54)×0.3		1	1×3	1		
	KL12	18.1×0.54×0.25		1	1×3			
	KL12	11×0.49×0.25				1		
	L1	4.05×0.28×0.25		1				
	L2	3.5×0.28×0.25		2				
	L3	PL×0.28×0.2		1				
	多坡屋顶120	19.45×7.1+12.45×5.4					1	
	老虎窗屋顶100	1.68×1.87					2	
	WKL1	7.1×0.3×0.65					1	
	WKL2	(2×3.55×$T2$+5.4)×0.3×0.65					1	
	WKL3	(3.55×$T2$+5.95+3.25×$T3$)×0.3×0.65					1	
	WKL4	12.5×0.3×0.65					1	

续表

序号	构件类别/名称		定额号/构件尺寸(m)	地下	1层	2～4层	5层	顶层	数量
		WKL5	19.95×0.3×0.65					1	
		WKL6	(2.12×$T1$+5.78)×0.3×0.65					1	
		WKL7	(7.45+2×6.25×$T4$)×0.3×0.65					1	
		WKL8	2×6.225×$T4$×0.25×0.6					1	
		WKL9	12.45×0.3×0.65					1	
9	C30 挑檐		4-2-56.22’,10-4-211						
		屋面檐	$W4$×(0.45×0.08+0.08×0.12)					1	1
		屋面檐四角	0.45×0.45×0.08+2×0.41×0.08×0.12					4	4
		老虎窗檐	(1.68+2×0.36+2)×1.41×0.3×0.1					2	2
		飘窗板	2.28×0.42×0.06		4	4×3	4		20
10	雨篷拦板		4-2-51.22’,10-4-206						
		LB1	14.65×0.8×0.06		1				1
11	压顶		4-2-58’,10-4-213						
		+16.2 女儿墙	(7.55+15.05+12.02)×0.24×0.08				1		1
12	楼梯		4-2-42.22’,4-2-46.22×2’,10-4-201						
		楼梯	5.76×2.86		1	1×3	1		5
13	雨篷		4-2-49.22’,10-4-203						
		雨篷	2.28×1.2	1	1				2

第五节　钢筋明细表

工程名称：综合楼

序号	构件名称	数量	筋　　号	规格	图　　形	计算式	长度(mm)	根数	重量(kg)
1	独立基础								
1	J-1	2	独基底筋	ϕ14	3430	3430	3430	60	498.04
2	J-6	1	独基横筋	ϕ14	4430	4430	4430	14	75.04
3			独基纵筋	ϕ14	1930	1930	1930	31	72.39
4	J-7	3	独基底筋	ϕ10	1730	1730	1730	32	102.48
2	基础梁								
1	JL(1轴)	1	1-2. 上部贯通筋 1	ϕ20	240 10350 240	(975+12d)+8900+(475+12d)	10830	4	.107
2			1-2. 下部贯通筋 1	ϕ20	300 10350 300	(975+15d)+8900+(475+15d)	10950	4	108.19
3			2. 箍筋 1	ϕ8	320 450	2×(320+450)+27.8d	1762	42	29.23
4			2. 箍筋 2	ϕ8	120 450	2×(120+450)+27.8d	1362	42	22.59
5	JL(4轴)	1	1-3. 上部贯通筋 1	ϕ20	240 12450 240	(475+12d)+11500+(475+12d)	12930	4	383.25
6			1-3. 下部贯通筋 1	ϕ20	300 12450 300	(475+15d)+11500+(475+15d)	13050	4	386.8
7			3. 箍筋 1	ϕ8	320 450	2×(320+450)+27.8d	1762	52	108.57
8			3. 箍筋 2	ϕ8	120 450	2×(120+450)+27.8d	1362	52	83.92

续表

序号	构件名称	数量	筋号	规格	图形	计算式	长度(mm)	根数	重量(kg)
3	柱								
1	Z1(1.B)	1	基础角筋	φ20	150 2543	150+900−40+5050/3	2693	4	26.61
2			基础 b 边中部筋 2	φ20	150 3243	150+900−40+(5050/3+35d)	3393	2	16.76
3			基础 h 边中部筋 1	φ20	150 2543	150+900−40+5050/3	2693	2	13.3
4			基础 h 边中部筋 2	φ20	150 3243	150+900−40+(5050/3+35d)	3393	2	16.76
5			底层角筋	φ20	4608	5700−5050/3+3550/6	4608	4	45.53
6			底层 b 边中部筋 1	φ20	4608	5700−(5050/3+35d)+(3550/6+35d)	4608	2	22.76
7			底层 h 边中部筋 1	φ20	4608	5700−5050/3+3550/6	4608	4	45.53
8			中间层角筋	φ20	4109	4200−3550/6+500	4109	4	40.6
9			中间层 b 边中部筋 1	φ20	4109	4200−(3550/6+35d)+(500+35d)	4109	2	20.3
10			中间层 h 边中部筋 1	φ20	4109	4200−3550/6+500	4109	4	40.6
11			中间层角筋	φ20	3300	3300	3300	12	97.8
12			中间层 b 边中部筋 1	φ20	3300	3300	3300	6	48.9
13			中间层 h 边中部筋 1	φ20	3300	3300	3300	12	97.8
14			角柱顶层角筋 1	φ20	275 2775	3300−500+1.5×30d−650	3050	3	22.6
15			角柱顶层角筋 2	φ20	2775	3300−500−25	2775	1	6.85
16			角柱顶层 b 边中部筋 3	φ20	275 2075	3300−(500+35d)+1.5×30d−650	2350	1	5.8
17			角柱顶层 b 边中部筋 4	φ20	2075	3300−(500+35d)−25	2075	1	5.13
18			角柱顶层 h 边中部筋 1	φ20	275 2775	3300−500+1.5×30d−650	3050	1	7.53
19			角柱顶层 h 边中部筋 2	φ20	2775	3300−500−25	2775	1	6.85
20			角柱顶层 h 边中部筋 3	φ20	275 2075	3300−(500+35d)+1.5×30d−650	2350	1	5.8
21			角柱顶层 h 边中部筋 4	φ20	2775	3300−(500+35d)−25	2075	1	5.13
22			箍筋 1	φ8	450 450	2×(450+450)+27.8d	2022	177	141.38
23			箍筋 2	φ8	450	450+27.8d	672	177	47
24			箍筋 3	φ8	450 163	2×(450+163)+27.8d	1448	177	101.25
25	Z2×(5.A)	1	基础角筋	φ18	150 3232	150+800−40+5150/3+42d	3382	4	27.06
26			基础 h 边中部筋 1	φ18	150 3232	150+800−40+5150/3+42d	3382	2	13.53
27			基础 h 边中部筋 2	φ18	150 4214	150+800−40+(5150/3+1.3×42d)+42d	4364	2	17.46
28			底层角筋	φ18	5340	5800−5150/3+500+42d	5340	4	42.72
29			底层 h 边中部筋 1	φ18	5340	5800−5150/3+500+42d	5340	4	42.72
30			中间层角筋	φ18	4056	3300+42d	4056	16	129.8
31			中间层 h 边中部筋 1	φ18	4056	3300+42d	4056	16	129.8
32			箍筋 1	φ8	450 450	2×(450+450)+27.8d	2022	199	158.94
33			箍筋 3	φ8	450 162	2×(450+162)+27.8d	1446	199	113.66
34			角柱顶层角筋 1	φ18	185 2475	3000−500+1.5×30d−650	2660	3	15.96
35			角柱顶层角筋 2	φ18	2475	3000−500−25	2475	1	4.95

续表

序号	构件名称	数量	筋　号	规格	图　形	计算式	长度(mm)	根数	重量(kg)
36			角柱顶层 h 边中部筋 1	ϕ18	185 2475	3000－500＋1.5×30d－650	2660	1	5.32
37			角柱顶层 h 边中部筋 2	ϕ18	2475	3000－500－25	2475	1	4.95
38			角柱顶层 h 边中部筋 3	ϕ18	185 1493	3000－(500＋1.3×42d)＋1.5×30d－650	1678	1	3.36
39			角柱顶层 h 边中部筋 4	ϕ18	1493	3000－(500＋1.3×42d)－25	1493	1	2.99
40			箍筋 1	ϕ8	350 450	2×(350＋450)＋27.8d	1822	32	23.03
41			箍筋 2	ϕ8	450	450＋27.8d	672	231	61.31
42			箍筋 3	ϕ8	350 162	2×(350＋162)＋27.8d	1246	32	15.75
43	Z3	2	其他位置筋 1	ϕ20	150 1876	150＋450－40＋4400/3	2026	3	30.03
44			其他位置筋 4	ϕ20	150 2576	150＋450－40＋(4400/3＋35d)	2726	3	40.4
45			箍筋	ϕ8	420 0	3.14×(400＋2×10)＋27.8d	1541	36	43.82
46			其他位置筋 1	ϕ20	240 3309	4800－4400/3＋375＋12d－400	3549	3	52.6
47			其他位置筋 4	ϕ20	240 2609	4800－(4400/3＋35d)＋375＋12d－400	2849	3	42.22
48	Z4	1	其他位置筋 1	ϕ18	150 3199	150＋800－40＋5050/3＋42d	3349	4	26.79
49			其他位置筋 2	ϕ16	150 3115	150＋800－40＋5050/3＋42d	3265	5	25.79
50			其他位置筋 4	ϕ18	150 3829	150＋800－40＋(5050/3＋35d)＋42d	3979	4	31.83
51			其他位置筋 5	ϕ16	150 3675	150＋800－40＋(5050/3＋35d)＋42d	3825	5	30.22
52			其他位置筋 1	ϕ18	5364	5700－5050/3＋3550/6＋42d	5364	8	85.82
53			其他位置筋 2	ϕ16	5280	5700－5050/3＋3550/6＋42d	5280	10	83.42
54			其他位置筋 1	ϕ18	4865	4200－3550/6＋500＋42d	4865	8	77.84
55			其他位置筋 2	ϕ16	4781	4200－3550/6＋500＋42d	4781	10	75.54
56			其他位置筋 1	ϕ18	4056	3300＋42d	4056	24	194.7
57			其他位置筋 2	ϕ16	3972	3300＋42d	3972	30	188.28
58			箍筋 3	ϕ8	850 450	2×(850＋450)＋27.8d	2822	488	543.98
59			箍筋 4	ϕ8	450	450＋27.8d	672	488	129.58
60			箍筋 5	ϕ8	150 850	2×(150＋850)＋27.8d	2222	244	214.16
61			箍筋 6	ϕ8	850	850＋27.8d	1072	244	103.3
62			其他位置筋 1	ϕ18	2775	3300－500－25	2775	4	22.2
63			其他位置筋 2	ϕ16	2775	3300－500－25	2775	5	21.92
64			其他位置筋 4	ϕ18	2145	3300－(500＋35d)－25	2145	4	17.16
65			其他位置筋 5	ϕ16	2215	3300－(500＋35d)－25	2215	5	17.5
66	TZ1	1	主筋	ϕ18	215 3550 115	3550＋215＋115	3880	4	31.04
67			箍筋	ϕ6	250 150	2×(250＋150)＋7.8d＋150	997	15	3.32
68	TZ1	4	主筋	ϕ18	215 2050 115	2050＋215＋115	2380	4	76.16

续表

序号	构件名称	数量	筋号	规格	图形	计算式	长度(mm)	根数	重量(kg)
69			箍筋	φ6	250 150	2×(250+150)+7.8d+150	997	7	6.2
70	TZ2	1	主筋	φ18	215 3550 115	3550+215+115	3880	4	31.04
71			箍筋	φ6	130 150	2×(130+150)+7.8d+150	757	15	2.52
72	TZ2	4	主筋	φ18	215 2050 115	2050+215+115	2380	4	76.16
73			箍筋	φ6	130 150	2×(130+150)+7.8d+150	757	7	4.7
4	构造柱								
1	GZ1	1	基础角筋	φ12	864	864	864	4	3.07
2			中间层角筋	φ12	5804	5300+42d	5804	4	20.62
3			中间层角筋	φ12	3804	3300+42d	3804	16	54.05
4			顶层角筋 1	φ12	2710	2710	2710	4	9.63
5			箍筋 1	φ6	250 70	2×(250+70)+7.8d+150	837	98	18.21
6	GZ2	1	基础角筋	φ12	864	864	864	4	3.07
7			中间层角筋	φ12	5804	5300+42d	5804	4	20.62
8			中间层角筋	φ12	3804	3300+42d	3804	16	54.05
9			顶层角筋 1	φ12	4260	4260	4260	4	15.13
10			箍筋 1	φ6	130 70	2×(130+70)+7.8d+150	597	119	15.78
11	拉结筋	1	拉结筋 1	φ6	40 2120 40	2120+40+40	2200	24	11.72
12			拉结筋 2	φ6	60 60 1200 1200 250	60+1200+250+1200+60	2770	19	11.68
13			拉结筋 3	φ6	60 60 1200 1200 130	60+1200+130+1200+60	2650	33	19.41
14			拉结筋 4	φ6	60 60 1200 1200 70	60+1200+70+1200+60	2590	64	36.8
5	墙								
1	WQ(E 轴)	1	基础插筋	φ12	150 954	150+450+42d	1104	140	137.25
2			基础水平钢筋	φ12	7950	7000+(475+15d)+(475+15d)	8310	8	59.03
3			基础拉钩	φ8	216	200+2d+25.8d	422	36	6.01
4			顶层竖向主筋 1	φ12	180 5175	5175+180	5355	140	665.73
5			顶层水平钢筋 1	φ12	180 7950 180	7000+(475+15d)+(475+15d)	8310	62	457.52
6			顶层拉钩	φ8	216	200+2d+25.8d	422	252	42.05
7	WQ(3 轴)	1	基础插筋	φ12	150 954	150+450+42d	1104	200	196.07
8			基础水平钢筋	φ12	12450	11500+(475+15d)+(475+15d)+42d	13314	8	94.58
9			基础拉钩	φ8	216	200+2d+25.8d	422	60	10.01
10			顶层竖向主筋 1	φ12	180 5175	5175+180	5355	200	951.05
11			顶层水平钢筋 1	φ12	180 12450 180	11500+(475+15d)+(475+15d)+42d	13314	64	756.66
12			顶层拉钩	φ8	216	200+2d+25.8d	422	420	70.08

续表

序号	构件名称	数量	筋号	规格	图形	计算式	长度(mm)	根数	重量(kg)
6	梁								
1	KL1(2A)	1	1. 悬臂跨右支座筋 1	$\phi22$	3166	1/3×4000×2+500	3167	2	18.88
2			1. 悬臂跨下部钢筋 1	$\phi18$	2291	2075+12d	2291	4	18.33
3			1-3. 上部贯通筋 1	$\phi22$	264 12135	239+11500+30d+5d	12509	2	74.55
4			1-3. 腰筋 1	$\phi10$	11625	15d+11500−25+12.5d+15d	11900	4	29.37
5			2. 右支座筋 1	$\phi22$	3433	1/3×4400×2+500	3433	2	20.46
6			2. 下部钢筋 1	$\phi18$	270 4756	(15d+216)+4000+30d	5026	4	40.21
7			3. 右支座筋 1	$\phi22$	2126	1/3×4400+30d	2127	2	12.68
8			3. 下部钢筋 1	$\phi18$	5530	30d+4400+590	5530	4	44.24
9			3. 箍筋 1	$\phi8$	250 600	2×(250+600)+27.8d	1922	75	56.94
10			3. 拉筋	$\phi6$	262	250+2d+5.8d+150	447	58	5.75
11	KL5(2)	1	1. 左支座筋 2	$\phi20$	300 2597	1/3×7000+(15d+264)	2897	2	14.31
12			1. 右支座筋 2	$\phi20$	5166	1/3×7000×2+500	5167	2	25.52
13			1. 下部钢筋 1	$\phi22$	330 7924	(15d+264)+7000+30d	8254	4	98.39
14			1-2. 上部贯通筋 1	$\phi22$	330 15028 330	(15d+264)+14500+(264+15d)+5d	15798	2	94.16
15			1-2. 腰筋 1	$\phi10$	14800	15d+14500+15d+12.5d+15d	15075	4	37.21
16			2. 右支座筋 2	$\phi20$	2575 300	1/3×7000+(240+15d)	2873	2	14.19
17			2. 下部钢筋 1	$\phi22$	7924 330	30d+7000+(264+15d)	8254	4	98.39
18			2. 箍筋 1	$\phi8$	250 600	2×(250+600)+27.8d	1922	88	66.8
19			2. 拉筋	$\phi6$	262	250+2d+5.8d+150	447	72	7.14
20	L5	1	1. 上部贯通筋 1	$\phi20$	300 5680 300	(15d+240)+5200+(240+15d)	6280	2	31.02
21			1. 下部贯通筋 1	$\phi20$	5680	12d+5200+12d	5680	2	28.06
22			1. 腰筋 1	$\phi10$	5500	15d+5200+15d+12.5d	5625	4	13.88
23			1. 箍筋 1	$\phi8$	200 450	2×(200+450)+27.8d	1522	34	20.44
24			1. 吊筋 1	$\phi20$	400 636 45 350 636 400	400+400+350+2×450×1.41	2423	2	11.97
25			1. 拉筋	$\phi6$	212	200+2d+5.8d+150	397	28	2.47
26	L3	1	1-3. 上部贯通筋 1	$\phi18$	270 14690 270	(15d+216)+14258+(216+15d)+42d	15986	3	95.92
27			1-3. 下部贯通筋 1	$\phi18$	14690	12d+14258+12d+42d	15446	3	92.68
28			1-3. 腰筋 1	$\phi18$	270 14960	(15d+216)+14258+(216+15d)+42d	15986	4	127.89
29			3. 箍筋 1	$\phi8$	150 350	2×(150+350)+27.8d	1222	140	67.57
30			3. 拉筋	$\phi6$	162	150+2d+5.8d+150	347	142	10.94
31	WKL1	1	1. 悬臂跨右支座筋 1	$\phi20$	3166	1/3×4000×2+500	3167	2	15.64
32			1. 悬臂跨下部钢筋 1	$\phi20$	2315	2075+12d	2315	2	11.44
33			1-2. 上部贯通筋 1	$\phi20$	240 7050 625	215+6600+1100	7915	2	39.1
34			1-2. 腰筋 1	$\phi10$	6725	15d+6600−25+12.5d	6850	4	16.91

续表

序号	构件名称	数量	筋　号	规格	图　形	计算式	长度(mm)	根数	重量(kg)
35			2. 右支座筋 1	φ20	1808 625	1/3×4000+1100	2433	2	12.02
36			2. 下部钢筋 1	φ20	300 4715 300	(15d+240)+4000+(475+15d)	5315	4	52.51
37			2. 箍筋 1	φ8	250 600	2×(250+600)+27.8d	1922	44	33.41
38			2. 拉筋	φ6	262	250+2d+5.8d+150	447	34	3.37
39	WKL7	1	1. 左支座筋 2	φ20	625 2741	1/3×7100+1000	3367	2	16.63
40			1. 右支座筋 2	φ20	5133	1/3×7100×2+400	5133	2	25.36
41			1. 下部钢筋 1	φ25	375 8225	(15d+375)+7100+30d	8600	4	132.44
42			1-3. 上部贯通筋 1	φ22	625 20786 625	1000+20036+1000+5d×2	22256	2	132.65
43			1-3. 腰筋 1	φ10	20336	15d+20036+15d+12.5d+15d×2	20761	4	51.24
44			2. 右支座筋 2	φ20	4445	1/3×6068×2+400	4445	2	21.96
45			2. 下部钢筋 1	φ25	7568	30d+6068+30d	7568	4	116.55
46			3. 右支座筋 2	φ20	2397 625	1/3×6068+1000	3023	2	14.93
47			3. 下部钢筋 1	φ25	7195 375	30d+6068+(375+15d)	7568	4	116.55
48			3. 箍筋 1	φ8	250 600	2×(250+600)+27.8d	1922	125	94.9
49			3. 拉筋	φ6	262	250+2d+5.8d+150	447	102	10.13
7	板								
1	B(B/1-2)	1	负筋	φ10	120 2100 80	2100+120+80	2300	61	86.57
2			负筋分布筋	φ6	3500	3500+12.5d	3575	11	8.73
3	B(A-B/1-2)	1	负筋	φ8	80 2012 80	2012+80+80	2172	13	11.15
4			负筋分布筋	φ6	700	700+12.5d	775	11	1.89
5			负筋	φ8	80 712 80	712+80+80	872	49	16.88
6			负筋分布筋	φ6	3500	3500+12.5d	3575	4	3.17
7	B(A-B/1-3)	1	负筋分布筋	φ6	700	700+12.5d	775	11	1.89
8			负筋分布筋	φ6	1450	1450+12.5d	1525	11	3.72
9			横向底筋	φ8	15284	15284+368+12.5d	15752	13	80.89
10			纵向底筋	φ8	2284	2284+12.5d	2384	100	94.17
11			负筋	φ8	80 4100 80	4100+80+80	4260	13	21.88
12	B(A-B/2-3)	1	负筋	φ8	80 2012 80	2012+80+80	2172	13	11.15
13			负筋分布筋	φ6	1450	1450+12.5d	1525	11	3.72
14			负筋	φ8	80 712 80	712+80+80	872	49	16.88
15			负筋分布筋	φ6	3500	3500+12.5d	3575	4	3.17
16			小马凳	φ8	95 150 90 50	120×2+200	440	108	18.77
17	圆弧板	1	纵向底筋	φ8	3781	3781+12.5d	3881	77	118.04
18			横向底筋	φ8	7613	7613+119+12.5d	7832	37	114.46
19			横向面筋	φ8	105 7573 105	7573+105+105+101	7884	37	115.22

续表

序号	构件名称	数量	筋号	规格	图形	计算式	长度(mm)	根数	重量(kg)
20			纵向面筋	ϕ8	105 5271 105	5271+105+105	5481	77	166.7
21	WB(A轴)	1	双层双向	ϕ10	5977	5977+111+12.5d	6213	66	253.01
22			双层双向	ϕ10	2743	2743+12.5d	2868	148	261.89
23			双层双向	ϕ10	105 5947 105	5947+105+105+81	6238	66	254.02
24			双层双向	ϕ10	105 2802 105	2802+105+105	3012	148	275.04
25	WB锚筋	1	锚固筋	ϕ10	50 200	200+50+6.25d	313	35	6.76
8	过梁								
1	GL115	46	主筋	ϕ10	1950	1950+12.5d	2075	6	353.36
2			箍筋	ϕ6	130 250	2×(250+130)+7.8d+150	957	16	156.33
3	GL218	35	主筋	ϕ12	2250	2250+12.5d	2400	6	447.55
4			箍筋	ϕ6	130 250	2×(250+130)+7.8d+150	957	18	133.82
5	GL312	5	主筋	ϕ10	1220	1220+12.5d	1345	6	24.9
6			箍筋	ϕ6	130 130	2×(130+130)+7.8d+150	717	11	8.75
7	GL418	1	主筋	ϕ12	2250	2250+12.5d	2400	6	12.79
8			箍筋	ϕ6	130 130	2×(130+130)+7.8d+150	717	18	2.86
9	挑檐								
1	挑檐	1	通长筋	ϕ6	64860	64860+33.6d×7	66271	4	58.85
2			受力筋	ϕ8	-10 40 40 40 40 160 710 -88	40+160+40+40+710−88−10+40+12.5d	1032	434	176.92
10	飘窗								
1	飘窗(上)	10	受力筋	ϕ8	40 690 30	690+40+30	760	16	48.03
2			分布筋	ϕ8	2250	2250+12.5d	2350	5	46.41
3	飘窗(下)	10	受力筋	ϕ8	180 690 30	690+180+30+6.25d	950	16	60.04
4			分布筋	ϕ8	2250	2250+12.5d	2350	5	46.41
11	压顶								
1	压顶	1	主筋	ϕ12	34620	34620	34620	2	61.49
2			分布筋	ϕ4	190	190+12.5d	240	172	4.09
12	楼梯								
1	TB1	2	底筋	ϕ10	3872	3872	3872	15	71.67
2			下负筋	ϕ10	1232 90 70 32	90+1232+70	1392	15	25.77
3			上负筋	ϕ10	874 150 90 32	90+874+150	1114	15	20.62
4			分布筋	ϕ6	1350	1350+12.5d	1425	25	15.82
5	TB2	8	底筋	ϕ10	3594	3594	3594	15	266.1
6			下负筋	ϕ10	1168 90 81 26	90+1168+81	1339	15	99.14
7			上负筋	ϕ10	835 150 90 26	90+835+150	1075	15	79.59

续表

序号	构件名称	数量	筋号	规格	图形	计算式	长度(mm)	根数	重量(kg)
8			分布筋	$\phi6$	1350	1350+12.5d	1425	23	58.21
9	TL-1	5	上部钢筋	$\phi14$	265 3255 210	3255+265+210	3730	2	45.13
10			下部钢筋	$\phi18$	300 3255 270	3255+300+270	3825	3	114.75
11			箍筋	$\phi6$	150 300	2×(150+300)+7.8d+150	1097	20	24.35
12	TL-2	5	上部钢筋	$\phi14$	210 3375 210	3375+210+210	3795	2	45.92
13			下部钢筋	$\phi18$	270 3375 270	3375+270+270	3915	3	117.45
14			箍筋	$\phi6$	150 300	2×(150+300)+7.8d+150	1097	20	24.35
15	TB6	1	横向底筋	$\phi10$	1440	1440+12.5d	1565	29	28
16			纵向底筋	$\phi6$	3000	3000+12.5d	3075	6	4.1
17			纵向面筋	$\phi6$	135 2868 135	2868+135+135,	3138	6	4.18
18			负筋	$\phi8$	135 457 135	457+135+135	727	40	11.48
19			负筋分布筋	$\phi6$	3000	3000+12.5d	3075	6	4.1

注：为节省篇幅，本表只摘录了部分构件钢筋明细，供读者了解钢筋图形和长度计算式以及重量计算。

第六节 钢筋汇总表（按类型）

工程名称：综合楼

序号	类型	规格	理论重量(kg)	损耗系数	重量(t)	定额号	名称
1	现浇Ⅰ级钢	$\phi4$	4.09	1	0.004	4-1-1	现浇构件圆钢筋 $\phi4$
2	现浇Ⅰ级钢	$\phi6$	1365.76	1	1.366	4-1-2	现浇构件圆钢筋 $\phi6.5$
3	现浇Ⅰ级钢	$\phi8$	7518.27	1	7.518	4-1-3	现浇构件圆钢筋 $\phi8$
4	现浇Ⅰ级钢	$\phi10$	23995.36	1	23.995	4-1-4	现浇构件圆钢筋 $\phi10$
5	现浇Ⅰ级钢	$\phi12$	1256.57	1	1.257	4-1-5	现浇构件圆钢筋 $\phi12$
6	小计				34.140		
7	现浇Ⅱ级钢	$\phi10$	793.97	1	0.794	4-1-13	现浇构件螺纹钢筋 $\phi10$
8	现浇Ⅱ级钢	$\phi12$	3498.134	1	3.498	4-1-13	现浇构件螺纹钢筋 $\phi12$
9	现浇Ⅱ级钢	$\phi14$	1934.62	1	1.935	4-1-14	现浇构件螺纹钢筋 $\phi14$
10	现浇Ⅱ级钢	$\phi16$	755.29	1	0.755	4-1-15	现浇构件螺纹钢筋 $\phi16$
11	现浇Ⅱ级钢	$\phi18$	4319.41	1	4.319	4-1-16	现浇构件螺纹钢筋 $\phi18$
12	现浇Ⅱ级钢	$\phi20$	23173.2	1	23.173	4-1-17	现浇构件螺纹钢筋 $\phi20$
13	现浇Ⅱ级钢	$\phi22$	7965.6	1	7.966	4-1-18	现浇构件螺纹钢筋 $\phi22$
14	现浇Ⅱ级钢	$\phi25$	2189.3	1	2.189	4-1-19	现浇构件螺纹钢筋 $\phi25$
15	小计				44.629		
16	现浇箍筋	$\phi6$	1299.644	1	1.3	4-1-52	现浇构件箍筋 $\phi6.5$
17	现浇箍筋	$\phi8$	12914.28	1	12.914	4-1-53	现浇构件箍筋 $\phi8$
18	小计				14.214		
19	合计				92.983		

第七节 钢筋汇总表（按构件）

工程名称：综合楼

构件名 规格	独立基础	基础梁	柱	构造柱	墙	梁	板	过梁	挑檐	飘窗	压顶	楼梯	合计
φ4											4.09		4.09
φ6				128.39		521.64	1124.3	584.17	58.85			248.05	2665.4
φ8		742.77	6990.02		128.15	5053.34	7088.08		176.92	200.89		52.38	20432.55
φ10						2504.15	20244.46	798.92				467.54	23995.36
φ12							334.6	860.48			61.49		1256.57
φ10	231.08											562.89	793.97
φ12				180.24	3317.89								3498.13
φ14	1843.57											91.05	1934.62
φ16		23.90	442.68			288.71							755.29
φ18			2697.43			1175.38						446.6	4319.41
φ20		3175.04	8477.19			11520.97							23173.2
φ22						7965.6							7965.6
φ25						2189.3							2189.3
合计	2074.65	3941.71	18607.32	308.63	3446.04	31219.09	28771.73	2243.57	235.77	200.89	65.58	1868.51	92983.49

第八节 辅助计算表

工程名称：综合楼　　　　建筑消耗量（06）

基础及地下室

B1:挖地槽　1-2-12　垫层 2-1-13-1’　模板 10-4-49

说明	长度	槽宽	加宽	垫层厚	工作面	槽深	放坡	挖槽	垫层	模板	钎探
−1.0挖槽	K1	0.57	0.2	0.1	0.1	1.3		69.12	3.17	11.14	
+3.1挖槽	K2	0.57	0.2	0.1	0.1	1.4		74.99	3.19	11.21	
JL-2挖槽	J2	0.4	0.2	0.1	0.1	1.1		2.32	0.11	0.54	
								146.43	6.47	22.89	

C1:挖坑　1-2-19　垫层 2-1-13-2’　模板 10-4-49　钎探 1-4-4-1

说明	坑长(D)	坑宽	加宽	垫层厚	工作面	坑深	放坡	数量	挖坑	垫层	模板	钎探
J-1	3.7	3.7	0.2	0.1	0.1	2.3	0.3	2	103.37	2.74	2.96	28
J-2	3.2	3.2	0.2	0.1	0.1	2.2	0.3	3	117.03	3.07	3.84	33
J-2’	3.2	3.2	0.2	0.1	0.1	2.3	0.3	1	41.4	1.02	1.28	11
J-3	2.8	2.8	0.2	0.1	0.1	2.1	0.3	1	30.02	0.78	1.12	8
J-4	2.6	2.6	0.2	0.1	0.1	2.1	0.3	2	53.89	1.35	2.08	14
J-4’	2.6	2.6	0.2	0.1	0.1	2.2	0.3	2	57.47	1.35	2.08	14
J-5	2.2	2.2	0.2	0.1	0.1	2.2	0.3	3	68.29	1.45	2.64	15
J-6	4.7	2.2	0.2	0.1	0.1	2.1	0.3	1	37.9	1.03	1.38	11

续表

J-7	2	2	0.2	0.1	0.1	2.1	0.3	1	18.72	0.4	0.8	4
J-7’	2	2	0.2	0.1	0.1	2.2	0.3	2	40.08	0.8	1.6	8
									568.17	13.99	19.78	146

C2:挖坑　1-2-18　垫层 2-1-13-2’　模板 10-4-49　钎探 1-4-4-1

说明	坑长(D)	坑宽	加宽	垫层厚	工作面	坑深	放坡	数量	挖坑	垫层	模板	钎探
J-8	2	2	0.2	0.1	0.1	0.85		2	9.61	0.8	1.6	8
									9.61	0.8	1.6	8

F1:构件　4-2-7’　模板 10-4-27’　损耗系数:

说明	$A1$	$B1$	$H1$	$A2$	$B2$	$H2$	$A3$	$B3$	$H3$	$A0$	$B0$	$H0$	N	混凝土	模板
J-1	3.5	3.5	0.5	1.7	1.7	0.5							2	15.14	20.8
J-2	3	3	0.45	1.5	1.5	0.45							4	20.25	32.4
J-3	2.6	2.6	0.4	1.4	1.4	0.4							1	3.49	6.4
J-4	2.4	2.4	0.4	1.3	1.3	0.4							4	11.92	23.68
J-5	2	2	0.4	1.2	1.2	0.4							3	6.53	15.36
J-6	4.5	2	0.4	3.4	1.2	0.4							1	5.23	8.88
J-7	1.8	1.8	0.4	1.1	1.1	0.4							3	5.34	13.92
J-8				1.8	1.8	0.45							2	2.92	6.48
														70.82	127.9

主体

H1:柱体积　4-2-20.27’　模板 10-4-98　马牙长:0.06

说明	型号	长(a)	宽(b)	高	数量	筋①	筋②	筋③	筋④	柱体积	模板
GZ1	⊥型	0.3	0.12	4.6	1					0.26	2.21
	⊥型	0.3	0.12	2.65	4					0.61	5.09
	⊥型	0.3	0.12	2.4	1					0.14	1.15
GZ2	⊥型	0.18	0.12	4.6	1					0.17	2.21
	⊥型	0.18	0.12	2.7	4					0.39	5.18
	⊥型	0.18	0.12	3.6	1					0.13	1.73
										1.7	17.57

屋面、散水、台阶

L1:屋面　9-1-80H　6-2-24　6-2-93　9-1-2　屋面+泛水　9-1-1　6-2-34　找坡　6-3-15-1　保温 6-3-13

说明	a 边(周长)	b 边	b1 边	泛水	找坡厚	保温厚	屋面	泛水	找坡	保温
1-3 轴	5.16	14.81	7.5	0.25	0.052	1	57.56	6.87	2.99	57.56
A-E 轴	7.31	12.02	6.86	0.25	0.073	1	69.01	6.55	5.04	69.01
							126.57	13.42	8.03	126.57

门窗

K1:门/窗 5-5-1　筒子板 9-5-5-1　贴脸 9-5-56

说明	门窗代号	宽	高	筒面宽	贴脸宽	台板宽	台板加长	数量	洞口	筒子板	贴脸	台板
地弹门	M1	2.4	3.3	0.12	0.05			1	7.92	1.08	9.20	
									7.92	1.08	9.20	

K2:门/窗 5-5-2　筒子板 9-5-5-1　贴脸 9-5-56

说明	门窗代号	宽	高	筒面宽	贴脸宽	台板宽	台板加长	数量	洞口	筒子板	贴脸	台板
平开门	M2	1.8	3.3	0.135	0.05			1	5.94	1.13	8.60	
	M10	1.8	2.4	0.135	0.05			1	4.32	0.89	6.80	

续表

说明	门窗代号	宽	高	筒面宽	贴脸宽	台板宽	台板加长	数量	洞口	筒子板	贴脸	台板
	M11	1.2	2.1	0.135	0.05			1	2.52	0.73	5.60	
									12.78	2.75	21.00	
K3:门/窗 5-4-12 筒子板 9-5-5-1 贴脸 9-5-56												
说明	门窗代号	宽	高	筒面宽	贴脸宽	台板宽	台板加长	数量	洞口	筒子板	贴脸	台板
防火门	M9	1.2	2.4	0.13	0.05×2			4	11.52	3.12	49.60	
									11.52	3.12	49.60	
K4:门/窗 5-1-9 筒子板 9-5-5-1 贴脸 9-5-56												
说明	门窗代号	宽	高	筒面宽	贴脸宽	台板宽	台板加长	数量	洞口	筒子板	贴脸	台板
带亮单扇门	M5	0.9	2.4	0.13	0.05×2			32	69.12	23.71	377.60	
厕所门	M6	0.9	2.4	0.13	0.05×2			12	25.92	8.89	141.60	
									95.04	32.6	519.2	
K5:门/窗 5-1-11 筒子板 9-5-5-1 贴脸 9-5-56												
说明	门窗代号	宽	高	筒面宽	贴脸宽	台板宽	台板加长	数量	洞口	筒子板	贴脸	台板
带亮双扇门	M4	1.8	2.4	0.13	0.05×2			1	4.32	0.86	13.60	
	M7	1.5	2.4	0.13	0.05×2			4	14.4	3.28	52.00	
厨房门	M3	1.5	2.4	0.13	0.05×2			1	3.6	0.82	13.00	
									22.32	4.96	78.60	
K6:门/窗 5-1-15 筒子板 9-5-5-1 贴脸 9-5-56												
说明	门窗代号	宽	高	筒面宽	贴脸宽	台板宽	台板加长	数量	洞口	筒子板	贴脸	台板
双扇木门	M8	1.2	2.1	0.13	0.05×2			1	2.52	0.70	11.20	
									2.52	0.70	11.20	
K7:门/窗 5-5-5 筒子板 9-5-5-1 贴脸 9-5-56 台板 9-5-18-1												
说明	门窗代号	宽	高	筒面宽	贴脸宽	台板宽	台板加长	数量	洞口	筒子板	贴脸	台板
铝合金窗	C1	0.9	1.5	0.144	0.05	0.144		5	6.75	2.81	26.00	0.65
	C2	0.9	2.4	0.144	0.05	0.144		1	2.16	0.82	7.00	0.13
	C3	1.2	1.5	0.144	0.05	0.144		10	18	6.05	58.00	1.73
	C4	1.2	2.4	0.144	0.05	0.144		2	5.76	1.73	15.20	0.35
	C5	1.5	1.5	0.144	0.05	0.144		36	81	23.33	230.40	7.78
	C6	1.5	2.4	0.144	0.05	0.144		6	21.6	5.44	49.20	1.30
	C7	1.8	1.5	0.144	0.05	0.144		12	32.4	8.29	84.00	3.11
	C8	1.8	2.4	0.144	0.05	0.144		1	4.32	0.95	8.80	0.26
	C9	2.1	1.5	0.144	0.05	0.144		18	56.7	13.22	136.80	5.44
	C10	2.1	2.4	0.144	0.05	0.144		8	40.32	7.95	75.20	2.42
									269.01	70.59	690.6	23.17
K8:门/窗 5-5-5 筒子板 9-2-173 * 贴脸 9-2-334 * 台板 9-2-173 *												
说明	门窗代号	宽	高	筒面宽	贴脸宽	台板宽	台板加长	数量	洞口	筒子板	贴脸	台板
厨厕窗	C3	1.2	1.5	0.144	0.05	0.144		10	18	7.78	58.00	
	C4	1.2	2.4	0.144	0.05	0.144		2	5.76	2.07	15.20	
	C6	1.5	2.4	0.144	0.05	0.144		4	14.4	4.49	32.80	
	C8	1.8	2.4	0.144	0.05	0.144		1	4.32	1.21	8.80	
									42.48	15.55	114.8	
K9:门/窗 5-6-2 筒子板 9-5-5-1 贴脸 9-5-56 台板 9-5-22												

续表

说明	门窗代号	宽	高	筒面宽	贴脸宽	台板宽	台板加长	数量	洞口	筒子板	贴脸	台板
塑料窗	C11	1.8	2.4	0.44	0.05	0.52		2	8.64	5.81	17.60	1.87
	C12	1.8	1.5	0.44	0.05	0.52		8	21.6	16.90	56.00	7.49
									30.24	22.71	73.6	9.36

装饰

J1:长度(h=0.15)　9-1-172　墙面 9-2-21H　9-4-152

地面 9-1-169H2　顶棚 9-3-3　9-4-151　脚手架 10-1-27

说明	a边	b边	高	扣墙(增墙垛)	立面洞口	间数	周长	墙面	平面	脚手架
地下室	14.95	9.85	4.05	−0.25×4−0.2×6	M2+3C6+C8+4C10	1	51.8	168.57	147.26	147.26
地下室扣减	7.5	−0.05				1			−0.38	−0.38
							51.8	168.57	146.88	146.88

J2:长度(h=0.15)　9-1-172　墙面 9-2-35H　9-4-152

地面 9-1-169H1　顶棚 9-3-3　9-4-151　脚手架 10-1-27

说明	a边	b边	高	扣墙(增墙垛)	立面洞口	间数	周长	墙面	平面	脚手架
楼梯间	5.82	2.86	4.08	2.5	C2+C4	1	14.86	55.59	16.65	16.65
							14.86	55.59	16.65	16.65

J3:墙面 9-2-172　地面 9-1-169H1　顶棚 9-3-33　9-3-87　脚手架 10-1-22-1

说明	a边	b边	高	扣墙(增墙垛)	立面洞口	间数	周长	墙面	平面	脚手架
1层厕所	2.87	2.86	3.5		M6+C4	2		70.14	16.42	80.22
厨房	11.86	6.46	3.5	−0.2×2−0.16×4	M3+M10+4C6+C8	1		105.24	76.62	128.24
								175.38	93.04	208.46

J4:墙面 9-2-172　地面 9-1-169H1　顶棚 9-3-33　9-3-87　脚手架 10-1-22-1

说明	a边	b边	高	扣墙(增墙垛)	立面洞口	间数	周长	墙面	平面	脚手架
2～6层厕所	2.87	2.86	2.6		M6+C3	10		258.36	82.08	297.96
								258.36	82.08	297.96

J5:墙裙(h=1.5)　9-2-172　墙面 9-2-35H　9-4-152

地面 9-1-169H2　顶棚 9-3-33　9-3-87　脚手架 10-1-22-1

说明	a边	b边	高	扣墙(增墙垛)	立面洞口	间数	周长	墙面	平面	脚手架
1层走道	12.04	2.22	3.5	1.9−0.16×4	2M6+M3+C4	1	27.26	43.72	26.73	93.17
							27.26	43.72	26.73	93.17

J6:墙裙(h=1.5)　9-2-172　墙面 9-2-35H　9-4-152

地面 9-1-169H2　顶棚 9-3-33　9-3-87　脚手架 10-1-22-1

说明	a边	b边	高	扣墙(增墙垛)	立面洞口	间数	周长	墙面	平面	脚手架
餐厅	11.86	11.9	3.5	8.86−0.2×6	3C6+3C10+2C11+M4	1	39.86	40.84	141.13	135.31
餐厅	3	8.86	3.5	8.86+1.9−0.16×4	C10	1	13.6	22.16	26.58	45.36
2～5层走道	19.36	2.22	2.6	−0.16×8	8M5+2M6+M7+M9+C3	4	177.76	76.02	171.92	448.86
							231.22	139.02	339.63	629.53

J7:长度(h=0.15)　9-1-172　墙面 9-2-35H　9-4-152

地面 9-1-169H1　顶棚 9-3-3　9-4-151　脚手架 10-1-27

说明	a边	b边	高	扣墙(增墙垛)	立面洞口	间数	周长	墙面	平面	脚手架
1层门斗	3	2.86	4.05	2.5	M1+M4	1	9.22	25.1	8.58	8.58
							9.22	25.1	8.58	8.58

续表

J8:长度(h=0.15)　9-1-172　墙面 9-2-35H　9-4-152

地面 9-1-84　顶棚 9-3-3　9-4-151　脚手架 10-1-22-1

说明	a边	b边	高	扣墙(增墙垛)	立面洞口	间数	周长	墙面	平面	脚手架
2～5层楼梯	4.77	2.86	3.18	2.86	C1	4	49.6	152.33	54.57	157.73
顶层楼梯	4.77	2.86	3.01	2.86	C1	1	12.4	35.97	13.64	37.32
顶层楼梯山墙	8.67		1.12			1		9.71		9.71
							62	198.01	68.21	204.76

J9:长度(h=0.15)　9-1-172　墙面 9-2-35H　9-4-152

地面 9-1-169H2　顶棚 9-3-3　9-4-151　脚手架 10-1-22-1

说明	a边	b边	高	扣墙(增墙垛)	立面洞口	间数	周长	墙面	平面	脚手架
活动室	7.36	11.9	3.15	−0.2×4−0.16×4	M7+2(C5+C9+C12)	4	159.84	424.3	350.34	485.35
教室1	7.32	6.46	3.15	−0.16×4	2(M5+C9)	4	112.8	312.84	189.15	347.26
教室2	5.82	6.46	3.15	−0.16×2	2(M5+C5)	4	99.52	278.21	150.39	309.46
办公室1	5.86	6.46	3.15		2(M5+C5+C7)	4	98.56	253.58	151.42	310.46
办公室2	7.32	2.86	3.15		2(M5+C5)	4	81.44	221.26	83.74	256.54
2～5层梯间	1.05	2.86	3.20	2.86	C3+M9	4	19.84	44.77	12.01	63.49
顶层梯间	1.04	2.86	3.01	2.86	C3+M8	1	4.94	10.55	2.97	14.87
会议室	19.35	6.5	3.01	11.65−0.2×6−0.1×2	2C9+4C5+4C7+M11	1	41.45	96.14	125.78	120.55
会议室	11.85	2.36	3.01	11.65−0.16×2	2C3+2M6+M8	1	17.09	42.80	27.97	50.48
							635.48	1684.45	1093.77	1958.46

第九节　定额工程量计算书

工程名称：综合楼　　　　建筑消耗量（06）

序号	编号/部位	项目名称/计算式	工程量	
		基数计算式		基数名
1	外墙长	2×(27.5+12.5)	80.00	W
2	外墙中	W−4×0.3	78.80	L
3	18内墙长	12+6.6−0.1+15+3−0.1+3−0.14	39.26	N
4	12内墙长	3−0.05−0.09	2.86	N12
5	外围面积	27.5×12.5	343.75	S
6	餐厅	14.86×8.86+0.18×2.22+11.86×3.04=168.114		
7	门斗	3×2.86=8.58		
8	走道	11.86×2.22=26.329		
9	楼梯间	5.82×2.86=16.645		
10	厕所	5.74×2.86=16.416		
11	厨房	11.86×6.46=76.616		
12	室内面积	Σ	312.70	R
13	墙体面积	L×0.3+N×0.18+N12×0.12	31.05	Q
14	校核	S−Q−R	0.00	
15	地下部分			

续表

序号	编号/部位	项目名称/计算式	工程量	
16	外墙长	2×(15.5+10.4)	51.80	W0
17	30 外墙中	15.225+7.6+10.1	32.93	L0
18	25 外墙中	7.625+10.125	17.75	L01
19	外围面积	15.5×10.4	161.20	S0
20	地下室面积	14.95×9.85−7.45×0.05	146.89	R0
21	校核	S0−L0×0.3−L01×0.25−R0	−0.01	
22	2~5 层			
23	18 内墙长	11.9+2(6.46+2.86)+19.36×2	69.26	N2
24	活动室	7.36×11.9=87.584		
25	教室	(7.32+5.82)×6.46=84.884		
26	办公室	5.86×6.46+7.32×2.86=58.791		
27	走廊	19.36×2.22=42.979		
28	室内面积	Σ+H9+H10	307.30	R2
29	校核	S−(L×.3+N2×0.18+N12×0.12)−R2	0.00	
30	顶层			
31	外墙长	2×(19.95+12.5)	64.90	W6
32	30 外墙中	W6−1.2	63.70	L6
33	18 内墙长	12−0.15+3−0.14	14.71	N6
34	外围面积	19.95×12.5−7.5×5.4	208.88	S6
35	会议室	19.35×6.5+11.85×2.36=153.741		
36	楼梯间	5.81×2.86=16.617		
37	室内面积	Σ+H10	186.77	R6
38	校核	S6−(L6×0.3+N6×0.18+N12×0.12)−R6	0.01	
39	弦长 C	[C=2×[h×(2r−h)]^0.5]2[4.55×(2×4.8−4.55)]^0.5=9.587		
40	圆心角 θ	[θ=2arcsin(C/2r)]2×arcsin[9.59/(2)×4.8)]=174.866		
41	弧长 L	[L=rθπ/180]4.8×174.866×π/180=14.65		
42	雨篷面积	[S=[rL−C(r−h)]/2](4.8×14.65−9.59(4.8−4.55))/2	33.96	P
43	外墙保温	(L0+0.25+0.3+2×0.08+(W+4×0.08)×5+W6+4×0.08)×0.08=40.037		
44	建筑面积	S0+S×5+S6+P/2+H43	2145.85	JM
45	建筑体积	S0×4.2+S×17.4+S6×4.25+3.275×4.65×4.2	7609.99	JT
46	JL-1 轴长	27×3+9.9×2+12×4=148.8		
47	JL-1 基长	Z46−1.3−0.75×10−1×4−0.5×4	134.00	J
48	JL-2 基长	3−0.12−0.185	2.70	J2
49	−1.0 基底长	15×3+9.9×3−0.85×7(J1)−0.75×8(J2)−0.7×3(J3)−0.65×5(J4)−0.6(J6)−0.55×2(J7)	55.70	K1
50	+3.1 基底长	12×6−0.75×4(J2)−0.65×6(J4)−0.6×7(J5)−0.55×7(J7)−0.25×4(Z)	56.05	K2
51	延尺系数 1	(3.2^2+2.5^2)^0.5/3.2	1.269	T1
52	延尺系数 2	(3.55^2+2.5^2)^0.5/3.55	1.223	T2
53	延尺系数 3	(3.25^2+2.5^2)^0.5/3.25	1.262	T3
54	延尺系数 4	(6.225^2+2.5^2)^0.5/6.225	1.078	T4
55	屋面 1	7.1×3.2/2=11.36		
56	屋面 2	(7.5+19.95)×7.1/2−H55=86.088		

续表

序号		编号/部位	项目名称/计算式		工程量
57		屋面 3	12.45×3.25/2=20.231		
58		屋面 4	(5.4+12.5)×12.45/2−H57=91.197		
59		斜屋面面积	H55×T1+H56×T2+H57×T3+H58×T4	243.54	WM
60		半径 r	[r=(C^2+h^2)/8h](1.2^2+4×0.46^2)/8/0.46=0.621		
61		圆心角 θ	[θ=2arcsin(C/2r)]2×arcsin[1.2/(2×0.62)]=150.916		
62		弧长 L	[L=rθπ/180]0.62×150.916×π/180=1.633		
63		弓形面积 S	[S=(rL−C(r−h)/2)][0.62×1.633−1.2(0.62−0.46)]/2	0.410	A
64		弦长 C	[C=2×[h×(2r−h)]^0.5]2[4.45×(2×4.7−4.45)]^0.5=9.387		
65		圆心角 θ	[θ=2arcsin(C/2r)]2×arcsin[9.39/(2×4.7)]=174.866		
66		L3 弧长 L	[L=rθπ/180]4.7×174.866×π/180	14.34	PL
			基础及地下室		
1		1-4-1	人工场地平整	m²	519.75
			S+2W+16	519.75	
2	C1	1-2-19	人工挖地坑坚土深 4m 内	m³	568.17
	1	J-1	[(3.7+0.4+2.2×0.3)^2×2.2+2.2^3×0.3^2/3+(3.7+0.2)^2×0.1]×2	103.37	
	2	J-2	[(3.2+0.4+2.1×0.3)^2×2.1+2.1^3×0.3^2/3+(3.2+0.2)^2×0.1]×3	117.03	
	3	J-2’	(3.2+0.4+2.2×0.3)^2×2.2+2.2^3×0.3^2/3+(3.2+0.2)^2×0.1	41.40	
	4	J-3	(2.8+0.4+2×0.3)^2×2+2^3×0.3^2/3+(2.8+0.2)^2×0.1	30.02	
	5	J-4	[(2.6+0.4+2×0.3)^2×2+2^3×0.3^2/3+(2.6+0.2)^2×0.1]×2	53.89	
	6	J-4’	[(2.6+0.4+2.1×0.3)^2×2.1+2.1^3×0.3^2/3+(2.6+0.2)^2×0.1]×2	57.47	
	7	J-5	[(2.2+0.4+2.1×0.3)^2×2.1+2.1^3×0.3^2/3+(2.2+0.2)^2×0.1]×3	68.29	
	8	J-6	(4.7+0.4+2×0.3)×(2.2+0.4+2×0.3)×2+2^3×0.3^2/3+(4.7+0.2)×(2.2+0.2)×0.1	37.90	
	9	J-7	(2+0.4+2×0.3)^2×2+2^3×0.3^2/3+(2+0.2)^2×0.1	18.72	
	10	J-7’	[(2+0.4+2.1×0.3)^2×2.1+2.1^3×0.3^2/3+(2+0.2)^2×0.1]×2	40.08	
3	C1	2-1-13-2’	C154 现浇无筋混凝土垫层(独立基础)(商品混凝土)	m³	13.99
	1	J-1	3.7×3.7×0.1×2	2.74	
	2	J-2	3.2×3.2×0.1×3	3.07	
	3	J-2’	3.2×3.2×0.1	1.02	
	4	J-3	2.8×2.8×0.1	0.78	
	5	J-4	2.6×2.6×0.1×2	1.35	
	6	J-4’	2.6×2.6×0.1×2	1.35	
	7	J-5	2.2×2.2×0.1×3	1.45	
	8	J-6	4.7×2.2×0.1	1.03	
	9	J-7	2×2×0.1	0.40	
	10	J-7’	2×2×0.1×2	0.80	
4	C1	10-4-49	混凝土基础垫层木模板	m²	19.78
	1	J-1	2×(3.7+3.7)×0.1×2	2.96	
	2	J-2	2×(3.2+3.2)×0.1×3	3.84	
	3	J-2’	2×(3.2+3.2)×0.1	1.28	
	4	J-3	2×(2.8+2.8)×0.1	1.12	
	5	J-4	2×(2.6+2.6)×0.1×2	2.08	
	6	J-4’	2×(2.6+2.6)×0.1×2	2.08	
	7	J-5	2×(2.2+2.2)×0.1×3	2.64	
	8	J-6	2×(4.7+2.2)×0.1	1.38	
	9	J-7	2×(2+2)×0.1	0.80	
	10	J-7’	2×(2+2)×0.1×2	1.60	

续表

序号		编号/部位		项目名称/计算式		工程量
5	C1	1-4-4-1		基底钎探(灌砂)	眼	146
				14×2+11×3+11+8+7×2+7×2+5×3+11+4+4×2	146	
6	C2	1-2-18		人工挖地坑坚土深 2m 内	m^3	9.61
			J-8	[(2+0.4)^2×(0.75)+(2+0.2)^2×0.1]×2	9.61	
7	C2	2-1-13-2'		C154 现浇无筋混凝土垫层(独立基础)(商品混凝土)	m^3	0.80
			J-8	2×2×0.1×2	0.80	
8	C2	10-4-49		混凝土基础垫层木模板	m^2	1.60
			J-8	2×(2+2)×0.1×2	1.60	
9	C2	1-4-4-1		基底钎探(灌砂)	眼	8
				4×2	8	
10	B1	1-2-12		人工挖沟槽坚土深 2m 内	m^3	146.43
	1		−1.0 挖槽	K1×[(0.57+0.4)×1.2+(0.57+0.2)×0.1]	69.12	
	2		+3.1 挖槽	K2×[(0.57+0.4)×1.3+(0.57+0.2)×0.1]	74.99	
	3		JL-2 挖槽	J2×[(0.4+0.4)×1+(0.4+0.2)×0.1]	2.32	
11	B1	2-1-13-1'		C154 商品混凝土无筋混凝土垫层(条形基础)	m^3	6.47
	1		−1.0 挖槽	K1×0.57×0.1	3.17	
	2		+3.1 挖槽	K2×0.57×0.1	3.19	
	3		JL-2 挖槽	J2×0.4×0.1	0.11	
12	B1	10-4-49		混凝土基础垫层木模板	m^2	22.89
	1		−1.0 挖槽	2×K1×0.1	11.14	
	2		+3.1 挖槽	2×K2×0.1	11.21	
	3		JL-2 挖槽	2×J2×0.1	0.54	
13	F1	4-2-7'		C204 商品混凝土独立基础	m^3	70.82
	1		J-1	(3.5×3.5×0.5+1.7×1.7×0.5)×2	15.14	
	2		J-2	(3×3×0.45+1.5×1.5×0.45)×4	20.25	
	3		J-3	2.6×2.6×0.4+1.4×1.4×0.4	3.49	
	4		J-4	(2.4×2.4×0.4+1.3×1.3×0.4)×4	11.92	
	5		J-5	(2×2×0.4+1.2×1.2×0.4)×3	6.53	
	6		J-6	4.5×2×0.4+3.4×1.2×0.4	5.23	
	7		J-7	(1.8×1.8×0.4+1.1×1.1×0.4)×3	5.34	
	8		J-8	(1.8×1.8×0.45)×2	2.92	
14	F1	10-4-27'		混凝土独立基础胶合板模板木支撑	m^2	127.92
	1		J-1	[2×(3.5+3.5)×0.5+2×(1.7+1.7)×0.5]×2	20.80	
	2		J-2	[2×(3+3)×0.45+2×(1.5+1.5)×0.45]×4	32.40	
	3		J-3	2×[(2.6+2.6)×0.4+2×(1.4+1.4)]×0.4	6.40	
	4		J-4	[2×(2.4+2.4)×0.4+2×(1.3+1.3)×0.4]×4	23.68	
	5		J-5	[2×(2+2)×0.4+2×(1.2+1.2)×0.4)]×3	15.36	
	6		J-6	2×(4.5+2)×0.4+2×(3.4+1.2)×0.4	8.88	
	7		J-7	[2×(1.8+1.8)×0.4+2×(1.1+1.1)×0.4]×3	13.92	
	8		J-8	[2×(1.8+1.8)×0.45]×2	6.48	
15		4-2-23.27'		C203 商品混凝土基础梁	m^3	24.95
	1		JL-1	J×0.37×0.5	24.79	
	2		JL-2	J2×0.2×0.3	0.16	
16		10-4-109'		基础梁胶合板模板木支撑	m^2	135.62
				J×0.5×2+J2×0.3×2	135.62	
17		10-4-310		基础竹胶板模板	m^2	64.30
				(D14+D16)×0.244	64.30	

续表

序号		编号/部位	项目名称/计算式		工程量
18		1-2-12	人工挖沟槽坚土深 2m 内	m^3	1.17
		楼梯基	1.5×1.2×0.65	1.17	
19		3-2-1	M5.0 砂浆乱毛石基础	m^3	0.81
			1.5×0.9×0.6	0.81	
20		4-2-17.2'	C304 商品混凝土矩形柱	m^3	25.93
	1	−1.5~4.15	0.5×0.5×10×5.65	14.13	
	2	2.6~8.35	0.5×0.5×8×5.75	11.50	
	3	TZ-1,2	(0.2×0.3+0.2×0.18)×3.15	0.30	
21		10-4-88'	矩形柱胶合板模板钢支撑	m^2	210.54
	1	−1.5~4.15	0.5×4×10×5.65	113	
	2	2.6~8.35	0.5×4×8×5.75	92	
	3	TZ-1,2	2×(0.2+0.3+0.2+0.18)×3.15	5.54	
22		4-2-18.2'	C304 商品混凝土圆形柱	m^3	1.53
		Z3	π×0.45^2/4×4.8×2	1.53	
23		10-4-97'	圆形柱胶合板模板木支撑	m^2	13.57
		Z3	0.45×π×4.8×2	13.57	
24		10-4-103	柱木支撑高超过 3.6m 每增 3m	m^2	3.39
		Z3	0.45×π×(4.8−3.6)×2	3.39	
25		4-2-19.2'	C304 商品混凝土异形柱	m^3	3.67
		Z4	(0.9+0.4)×0.5×5.65	3.67	
26		10-4-94'	异形柱胶合板模板钢支撑	m^2	20.34
		Z4	0.9×4×5.65	20.34	
27		10-4-102	柱钢支撑高超过 3.6m 每增 3m	m^2	82.78
	1	−1.5~4.15	0.5×4×10×(5.65−3.6)	41	
	2	2.6~8.35	0.5×4×8×(5.75−3.6)	34.40	
	3	Z4	0.9×4×(5.65−3.6)	7.38	
28		10-4-311	柱竹胶板模板制作	m^2	59.65
			(D21+D23+D26)×0.244	59.65	
29		10-1-102	单排外钢管脚手架 6m 内	m^2	662.81
	1	−1.5~4.15	[(0.5×4+3.6)×10+0.9×4+3.6]×5.65	357.08	
	2	2.6~8.35	(0.5×4+3.6)×8×5.75	257.60	
	3	Z3	(0.45×π+3.6)×4.8×2	48.13	
30		4-2-30.2'	C303 商品混凝土墙	m^3	19.63
	1		(12−4×0.5)×4.7+(7.5−0.5)×4.5=78.500		
	2		H1×0.25	19.63	
31		10-4-137'	直形墙胶合板模板木支撑	m^2	157.00
			D30.1×2	157	
32		10-4-314	墙竹胶板模板制作	m^2	38.31
			D31×0.244	38.31	
33		10-4-149	墙木支撑高超过 3.6m 每增 3m	m^2	34.60
			[(12−4×0.5)×1.1+(7.5−0.5)×0.9]×2	34.60	
34		10-1-103	双排外钢管脚手架 6m 内	m^2	78.50
		混凝土墙用	D30.1	78.50	
35		4-2-27.2'	C303 商品混凝土过梁	m^3	1.12
			GL(30D)−0.25×0.3×0.18	1.12	
36		10-4-118'	过梁胶合板模板木支撑	m^2	13.69

续表

序号		编号/部位	项目名称/计算式		工程量
			$D35/(0.3\times0.18)\times(0.3+0.18\times2)$	13.69	
37		10-4-313	梁竹胶板模板制作	m^2	3.34
			$D36\times0.244$	3.34	
38		4-2-36.2'	C302 商品混凝土有梁板	m^3	40.95
	1	地下室板	15.5×(10.4×0.15+2.1×0.11)	27.76	
	2	KL1	(8.5×0.5+2.1×0.54)×0.3=1.615		
	3	KL2	(8.9×0.5+2.1×0.54)×0.3=1.675		
	4	KL3	(8.4×0.3+1.6×0.34)×0.3=0.919		
	5	KL4	(13.6+14)×0.5×0.3=4.14		
	6	KL5	14×0.5×0.3=2.1		
	7	KL6	14.4×0.49×0.3=2.117		
	8		Σ	12.57	
	9	L5	5.2×0.35×0.25=0.455		
	10	L6	2.625×0.25×0.25=0.164		
	11		Σ	0.62	
39		10-4-160'	有梁板胶合板模板钢支撑	m^2	282.51
	1	地下室板	15.5×(10.4+2.1)	193.75	
	2	KL,L 侧面	$D38.8/0.3\times2+D38.11/0.25\times2$	88.76	
40		10-4-176	板钢支撑高超过 3.6m 每增 3m	m^2	282.51
			=	282.51	
41		10-4-315	板竹胶板模板制作	m^2	68.93
			$D39\times0.244$	68.93	
42		4-2-49.22'	C302 商品混凝土雨篷	m^2	2.74
		M2 雨篷	2.28×1.2	2.74	
43		10-4-203	直形悬挑板阳台、雨篷木模板木支撑	m^2	2.74
			=	2.74	
44		3-3-69.07	M5.0 砂浆硅酸钙砌块墙 300	m^3	35.97
	1	地下室	(15+9.9+7.5−4×0.5−1.3)×4.5=130.95		
	2	门窗洞	$M2+C(30D)=41.22$		
	3		$(H1-H2)\times0.3-D35(GL)$	25.80	
	4	4.15 以下砌体	[12×3−7×0.5−0.2(TZ)]×0.3×1.05	10.17	
45		3-3-32.07	M5.0 砂浆硅酸钙砌块墙 180	m^3	4.59
		4.15 以下砌体	[5.5×4+2.5−0.2(TZ)]×0.18×1.05	4.59	
46		3-3-31.07	M5.0 砂浆硅酸钙砌块墙 120	m^3	0.36
			$N12\times0.12\times1.05$	0.36	
47		10-1-6	双排外钢管脚手架 24m 内	m^2	75.18
		地下室外墙	(10.4+7.5)×4.2	75.18	
48		10-1-102	单排外钢管脚手架 6m 内	m^2	63.00
		地下室外墙	15×4.2	63	
49		6-2-5	防水砂浆 防潮层 20	m^2	18.42
	1	地下室墙	$D44.1/4.5\times0.3$	8.73	
	2	30 墙	$D44.4/1.05$	9.69	
50		6-2-5	防水砂浆 防潮层 20	m^2	4.37
		18 墙	$D45/1.05$	4.37	

续表

序号		编号/部位	项目名称/计算式		工程量
51		6-2-5	防水砂浆 防潮层 20	m^2	0.34
		12 墙	D46/1.05	0.34	
52		6-2-71	聚氨酯二遍	m^2	86.10
			(8+10.4+2.1)×4.2	86.10	
53		3-3-70.07	M5.0 砂浆煤矸石多孔砖墙 115	m^3	9.96
			(D52+0.12×4.2)×0.115	9.96	
54		1-4-13	槽、坑机械夯填土	m^3	580.46
	1	挖土量	D2+D6+D10+D18=725.38		
	2	垫层、基础量	D3+D7+D11+D13+D15+D19=117.84		
	3	柱量	0.5×1.3×1.2+0.5×0.5(10×1.2+8×1.3)+2×0.3×0.45^2×π/4=6.475		
	4	−1.0 墙体	[D49.1+(7.5+12−5×0.5)×0.25]×0.7=9.086		
	5	+3.1 墙体	[D49.2+D50+D51]×0.8=11.52		
	6	回填量	H1−H2−H3−H4−H5	580.46	
55		1-4-11	机械夯填土(地坪)	m^3	62.43
	1	1 层地面	11.7×11.54−2.86×(0.12+0.18)=134.16		
	2	门厅平台	4.3^2×π/2=29.044		
	3	雨篷平台	1.7×0.6×2=2.04		
	4		(R0+H1+H2+H3)×(0.3−0.06−0.03−0.01)	62.43	
56		1-2-47	人力车运土方 50m 内	m^3	13.94
	1	回填用土	(580.46+62.43)×1.15=739.324		
	2	回填运土量	H1−D54.1	13.94	
57		1-2-3	人工挖坚土深 2m 内	m^3	13.94
			=	13.94	
			主体		
1		4-2-17.2'	C304 商品混凝土矩形柱	m^3	81.16
	1	4.15~21.6	0.5×0.5(10×17.45+8×13.25)	70.13	
	2	21.6~屋面	0.5×0.4×(15×3+2.5×2.35/3.55+2.5×2)	10.33	
	3	顶层窗侧	1.5×0.3×0.05×3	0.07	
	4	TZ-1,2	(0.2×0.3+0.2×0.18)×1.65×4	0.63	
2		10-4-88'	矩形柱胶合板模板钢支撑	m^2	666.05
	1	4.15~21.6	2(10×17.45+8×13.25)	561.00	
	2	21.6~屋面	1:8(15×3+2.5×2.35/3.55+2.5×2)	92.98	
	3	顶层窗侧	1.5×0.05×2×3	0.45	
	4	TZ-1,2	2×(0.2+0.3+0.2+0.18)×1.65×4	11.62	
3		4-2-19.2'	C304 商品混凝土异形柱	m^3	11.34
		Z4	1.3×0.5×17.45	11.34	
4		10-4-94'	异形柱胶合板模板钢支撑	m^2	62.82
		Z4	0.9×4×17.45	62.82	
5		10-4-103	柱木支撑高超过 3.6m 每增 3m	m^2	22.90
	1	4.15~8.35	(2×10+3.6)×(4.2−3.6)	14.16	
	2	21.6~屋面	1.8[2.5×2.35/3.55−0.6+(2.5−0.6)×2]	8.74	
6		10-1-102	单排外钢管脚手架 6m 内	m^2	1975.38
	1	4.15~21.6	(2+3.6)×(10×17.45+8×13.25)	1570.80	
	2	21.6~屋面	(1.8+3.6)×(15×3+2.5×2.35/3.55+2.5×2)	278.94	
	3	Z4	(4×0.9+3.6)×17.45	-125.64	

续表

序号		编号/部位	项目名称/计算式		工程量
7		10-4-311	柱竹胶板模板	m²	177.84
			(D2+D4)×0.244	177.84	
8	H	4-2-20.27'	C203 商品混凝土构造柱	m³	1.70
	1	GZ1	[┻型](0.3×0.12+0.3×0.06+0.12×0.03)×4.6	0.26	
	2		[┻型](0.3×0.12+0.3×0.06+0.12×0.03)×2.65×4	0.61	
	3		[┻型](0.3×0.12+0.3×0.06+0.12×0.03)×2.4	0.14	
	4	GZ2	[┻型](0.18×0.12+0.18×0.06+0.12×0.03)×4.6	0.17	
	5		[┻型](0.18×0.12+0.18×0.06+0.12×0.03)×2.7×4	0.39	
	6		[┻型](0.18×0.12+0.18×0.06+0.12×0.03)×3.6	0.13	
	7+	GZ1	H1+H2+H3=1.01		
	8+	GZ2	H4+H5+H6=0.69		
9	H	10-4-98	构造柱组合钢模板钢支撑	m²	17.57
	1	GZ1	[┻型](0.12+6×0.06)×4.6	2.21	
	2		[┻型](0.12+6×0.06)×2.65×4	5.09	
	3		[┻型](0.12+6×0.06)×2.4	1.15	
	4	GZ2	[┻型](0.12+6×0.06)×4.6	2.21	
	5		[┻型](0.12+6×0.06)×2.7×4	5.18	
	6		[┻型](0.12+6×0.06)×3.6	1.73	
10		4-2-30.2'	C303 商品混凝土墙	m³	0.90
		老虎窗围护	[(1.2+0.9×3.55/2.5)×0.9+1.68×0.84/2−C13]×0.24×2	0.90	
11		10-4-136'	直形墙胶合板模板钢支撑	m³	7.50
		老虎窗围护	D10/0.24×2	7.50	
12		10-4-314	墙竹胶板模板制作	m²	1.83
			D11×0.244	1.83	
13		4-2-26.27'	C203 商品混凝土圈梁	m³	3.79
	1	厕所滞水 30	(5.38+2.5)×0.3×0.2×5	2.36	
	2	厕所滞水 18	(5.38−2×0.9+2.5)×0.18×0.2×5	1.09	
	3	厕所滞水 12	2.86×0.12×0.2×5	0.34	
14		10-4-127'	圈梁胶合板模板木支撑	m²	33.64
		厕所滞水	[(5.38+2.5)×2−2×0.9+2.86]×0.2×2×5	33.64	
15		4-2-27.2'	C303 商品混凝土过梁	m³	16.91
	1	GL(扣外柱)	GL(30W)−(0.25×4×6+0.12×6+0.25)×0.3×0.18	13.14	
	2	GL(扣内柱)	GL(18)−[0.25×2+(0.25+0.13×4)×4+0.25+0.13]×0.18×0.18	2.53	
	3	飘窗台	2.3×0.3×0.18×10	1.24	
16		10-4-118'	过梁胶合板模板木支撑	m²	209.67
	1	30 墙	D15.1/(0.3×0.18)×(2×0.18+0.3)	160.60	
	2	18 墙	D15.2/(0.18×0.18)×(2×0.18+0.18)	42.17	
	3	飘窗台	2.3×(0.18+0.12)×10	6.90	
17		10-4-313	梁竹胶板模板制作	m²	59.37
			(D14+D16)×0.244	59.37	
18		4-2-36.2'	C302 商品混凝土有梁板	m³	344.67
	1	楼梯洞口	5.7×2.825=16.103		
	2	2～5 层 110 板	15.4×2.2+19.6×5.5−H1=125.577		
	3	150 板	S−H1−H2=202.07		
	4	6 层 110 板	H2−7.5×5.5=84.327		
	5	150 板	H3+7.5×5.5=243.32		
	6	楼梯平板	(1.01+1.09×4)×2.825=15.17		
	7		(H2×4+H4)×0.11+(H3×4+H5)×0.15+H6×0.1	223.79	

续表

序	号	编号/部位	项目名称/计算式		工程量
18	8	雨篷板	P×0.12	4.08	
	9	KL1	(8.5×0.5+2.1×0.54)×0.3=1.615		
	10	KL2	(8.9×0.5+2.1×0.54)×0.3=1.675		
	11	KL3	(8.4×0.3+1.6×0.34)×0.3=0.919		
	12	KL5	14×0.5×0.3=2.1		
	13	KL6	(14.4×0.49+11×0.45)×0.3=3.602		
	14	KL7	(6.6×0.5+18×0.54)×0.3=3.906		
	15	KL8	25×0.5×0.3=3.75		
	16	KL10	10.5×0.5×0.3=1.575		
	17	KL11	10.5×0.5×0.3=1.575		
	18		Σ×5−7×0.04×0.3(6层KL7)	103.50	
	19	KL12	18.1×0.54×0.25×4=9.774		
	20	KL13	11×0.49×0.25=1.348		
	21		Σ	11.12	
	22	L1	3.95×0.25×0.28=0.277		
	23	L2	4×0.25×0.28×2=0.56		
	24	L3	PL×0.2×0.28=0.803		
	25	L4	2.825×0.2×0.19×5=0.537		
	26		Σ	2.18	
19		4-2-41.2'	C302商品混凝土斜板、折板	m^3	46.29
	1	老虎窗洞口	1.2×(0.9+0.84/2)×3.55/2.5×2=4.499		
	2	老虎窗屋面	1.68×(0.9+0.84/2)×3.55/2.5×2×1.414×0.1	0.89	
	3	屋面体积	(WM−$H1$×$T2$)×0.12	28.56	
	4	WKL1	6.1×0.3×0.59=1.08		
	5	WKL2	(5.6×$T2$×0.33+4.4×0.39)×0.3=1.193		
	6	WKL3	(3.05×$T2$+4.95+2.5×$T3$)×0.3×0.53=1.882		
	7	WKL4	10.5×0.3×0.59=1.859		
	8	WKL5	18.45×0.3×0.54=2.989		
	9	WKL6	[(2.35×3.2/3.55−0.4)×$T1$+7.5−2.35×3.2/3.55]×0.3×0.53=1.202		
	10	WKL7	(7.1×0.59+11.25×$T4$×0.53)×0.3=3.185		
	11	WKL9	11.25×0.3×0.59=1.991		
	12		Σ	15.38	
	13	WKL8	11.25×$T4$×0.48×0.25	1.46	
20		10-4-160'	有梁板胶合板模板钢支撑	m^2	2847.53
	1	2～6层板	S×5+(4.69+4.61×4)×2.825+P	1687.37	
	2	KL,L4侧	(D18.17/0.3+D18.20/0.25+D18.24/0.2)×2	784.33	
	3	L1,L2,L3	(3.95+4×2+PL)×0.28×2	14.72	
	4	屋面	D19.2/0.1+D19.3/0.12	246.90	
	5	WKL侧	D19.12/0.3×2+D19.13/0.25×2	114.21	
21		10-4-176	板钢支撑高超过3.6m每增3m	m^2	716.35
	1	1层板超高	(S−4.69×2.825)+P	364.46	
	2	1层梁超高	[D18.17/(5×0.3)+D18.18/(4×0.25)+D18.24/(5×0.2)]×2	158.62	
	3	屋面平均坡度	WM/$S6$=1.166		
	4	长高比	(0.6+0.12×1.166)/2.5=0.296		
	5	重叠部分	(7.1−2×$H4$×3.55)×(12.45−2×$H4$×6.225)/2=21.905		
	6	屋面板超高	[(19.95−$H4$×(3.2+6.225)×(7.1−2×$H4$×3.55)−$H5$]×$T2$	78.11	
	7		[(12.45−2×$H4$×6.225)×(5.4+$H4$(3.55−3.25)+$H5$]×$T4$	75.47	

续表

序号		编号/部位	项目名称/计算式		工程量
21	8	WKL2	(7.1−2×H4×3.55−0.5)×T2×0.33×2=3.631		
	9	WKL3	[(3.05−H4×3.55)×T2+4.95+(3−H4×3.25)×T3]×2×0.53=10.565		
	10	WKL6	[(2.35×3.2/3.55−3.2×H4)×T1+7.5−2.35×3.2/3.55]×2×0.53=7.28		
	11	WKL7	(12.05−2×H4×6.225)×T4×0.53×2=9.558		
	12	WKL8	(12.05−2×H4×6.225)×T4×0.48×2=8.657		
	13	屋面梁超高	Σ	39.69	
22		10-4-315	板竹胶板模板制作	m^2	694.80
			D20×0.244	694.80	
23		4-2-51.22'	C302 商品混凝土栏板	m^3	0.70
			Z41×0.8×0.06	0.70	
24		10-4-206	栏板木模板木支撑	m^2	24.32
			Z41×(0.8×2+0.06)	24.32	
25		4-2-56.22'	C302 商品混凝土挑檐、天沟	m^3	4.65
	1	天沟底	(W6+4×0.45)×0.45×0.08	2.40	
	2	翻沿	(W6+8×0.41)×0.12×0.08	0.65	
	3	老虎窗沿	[1.68+2×0.36+2×(0.9−0.18)×3.55/2.5]×1.414×0.36×0.1×2	0.45	
	4	飘窗台沿	2.28×0.42×0.06×10×2	1.15	
26		10-4-211	挑檐、天沟木模板木支撑	m^2	80.52
	1	天沟底	(W6+4×0.45)×0.45	30.02	
	2	翻沿	(W6+8×0.41)×(0.12+0.2)	21.82	
	3	老虎窗沿	[1.68+2×0.36+2×(0.9−0.18)×3.55/2.5]×1.414(0.36+0.1)×2	5.78	
	4	飘窗台沿	[2.28×(0.42+0.06)+0.42×0.06×2]×10×2	22.90	
27		4-2-49.22'	C302 商品混凝土雨篷	m^2	2.74
		M10 雨篷	2.28×1.2	2.74	
28		10-4-203	直形悬挑板阳台、雨篷木模板木支撑	m^2	2.74
			=	2.74	
29		4-2-42.22'	C302 商品混凝土直形楼梯无斜梁 100	m^2	67.01
			(3.48+3.4×4+1.27×5)×2.86	67.01	
30		4-2-46.22*2'	C302 商品混凝土楼梯板厚+10×2	m^2	48.85
		楼梯板加厚	(3.48+3.4×4)×2.86	48.85	
31		10-4-201	直形楼梯木模板木支撑	m^2	67.01
			D29	67.01	
32		4-1-96	铁件	t	0.038
	1	J401-42③	8×5+3+4×5=63		
	2	−100×100×6	0.1×0.1×0.047×H1	0.030	
	3	φ8	0.33×0.395/1000×H1	0.008	
33		4-2-58'	C202 商品混凝土压顶	m^3	0.66
	1	女儿墙长	15.05+12.02+7.55=34.62		
	2		H1×0.24×0.08	0.66	
34		10-4-213	扶手、压顶木模板木支撑	m^3	0.66
			=	0.66	
35		3-3-63	M5.0 混浆加气混凝土砌块墙 300	m^3	231.39
	1	4.2 以下砌体	[12×3−7×0.5−0.2(TZ)]×0.3×0.05	0.48	
	2	1～5 层	(W−1.8−13×0.5−0.3)×(3.55+2.65×4)=1010.31		
	3	A 轴加高 5cm	(27−1.3)×(0.05×3)=3.855		
	4	顶层	(W6−0.4×7−0.5×8−0.3)×2.35=135.83		
	5	A.3 轴加高	(19.5−1.05)×0.05+(5.4−1)×0.2=1.803		
	6	扣门窗	−M(30W)−C(30W)=−321.21		
	7	体积	Σ×0.3−D8.7(GZ)−D13.1−D15.1−D15.3(GL)	231.43	
	8	扣梯柱	−0.2×0.3(2.1+1.65×4)	−0.52	

续表

序号		编号/部位	项目名称/计算式		工程量
36		3-3-25	M5.0 混浆加气混凝土砌块墙 180	m^3	125.12
	1	4.2 以下砌体	[5.5×4+2.5−0.2(TZ)]×0.18×0.05	0.22	
	2	1层	2.825×4.09+2.875×3.55+5.6×3.75+(11×2+2.5)×3.52=129.001		
	3	2～5层C轴	18×2.65×4=190.8		
	4	2～5层D轴	18.16×2.65×3+11×2.7+7.16×3.15=196.626		
	5	2、3、4轴	4×[(10.7+8.6)×2.65+8.1×2.85]=296.92		
	6	顶层4轴山墙	2.5×[3.03−0.65×3.25/2.5+(2.5×2.5/3.25)/2]=7.866		
	7	D轴山墙	11.15×[(3.03−0.6×6.225/2.5+(5.625×2.5/6.225)/2]=29.721		
	8	面积	Σ=850.934		
	9	体积	[$H8-M(18)$]×0.18−$D8.8$(GZ)−$D13.2-D15.2$	125.21	
	10	扣梯柱	−0.2×0.18×(2.1+1.65×4)	−0.31	
37		3-3-24	M5.0 混浆加气混凝土砌块墙 120	m^3	6.02
			$N12$×(3.9+2.8×4+2.45)×0.12	6.02	
38		3-3-75	M5.0 混浆煤矸石多孔砖墙 240	m^3	9.31
		女儿墙	$D33.1$×1.12×0.24	9.31	
39		10-1-6	双排外钢管脚手架 24m 内	m^2	1664.64
	1	−0.3～3.9	(15+2.1)×4.2	71.82	
	2	3.9～22.8	(7.5+12.5+15)×18.9	661.50	
	3	3.9～22.8	(12.5+12.5+20)×18.9	850.50	
	4	22.8～24.6	(12.45+12.5+19.95)×1.8	80.82	
40		10-1-102	单排外钢管脚手架 6m 内	m^2	60.00
		平顶上外墙	(12.5+7.5)×3	60	
41		10-1-24	双排里钢管脚手架 6m 内	m^2	43.71
		内墙 $h>3.6$	2.825×4.09+5.6×3.75+$N12$×3.9	43.71	
42		10-1-21	单排里钢管脚手架 3.6m 内	m^2	857.39
		内墙	$D36.8+D37/0.12-D41$	857.39	
43		10-2-11-1	30m 内其他混合结构泵送垂直运输	m^2	2145.85
			JM	2145.85	
44		10-5-1-1'	C204 商品混凝土塔吊基础	m^3	10
45		4-1-131	[措]现浇混凝土埋设螺栓	个	16
46		10-4-63	20m^3 内设备基础组合钢模钢支撑	m^2	13.00
			2×(4+2.5)×1	13	
47		10-5-3	塔式起重机混凝土基础拆除	m^3	10
48		补1	[措]石渣外运(35元/m^3)	m^3	10
49		10-5-20	6t 塔式起重机安、拆	次	1
50		10-5-20-1	6t 塔式起重机场外运输	次	1
51		4-1-1	现浇构件圆钢筋 $\phi4$	t	0.004
52		4-1-2	现浇构件圆钢筋 $\phi6.5$	t	1.366
53		4-1-3	现浇构件圆钢筋 $\phi8$	t	7.518
54		4-1-4	现浇构件圆钢筋 $\phi10$	t	23.995
55		4-1-5	现浇构件圆钢筋 $\phi12$	t	1.257
56		4-1-13	现浇构件螺纹钢筋 $\phi12$	t	4.292
57		4-1-14	现浇构件螺纹钢筋 $\phi14$	t	1.935
58		4-1-15	现浇构件螺纹钢筋 $\phi16$	t	0.755
59		4-1-16	现浇构件螺纹钢筋 $\phi18$	t	4.319
60		4-1-17	现浇构件螺纹钢筋 $\phi20$	t	23.173
61		4-1-18	现浇构件螺纹钢筋 $\phi22$	t	7.966
62		4-1-19	现浇构件螺纹钢筋 $\phi25$	t	2.189

续表

序	号	编号/部位	项目名称/计算式		工程量
63		4-1-52	现浇构件箍筋 ϕ6.5	t	1.300
64		4-1-53	现浇构件箍筋 ϕ8	t	12.914
65		4-1-98	砌体加固筋 ϕ6.5 内	t	0.735
	1	拐角	9×2(地下)+7×3+2×2(1层)+5×4×4(2～5层)+4×5(顶层)=143		
	2	单向	9×3(地下)+7×6+4×2(1层)+5×10×4(2～5层)+4×3(顶层)=289		
	3	双向	9×1(地下)+7×12+6×2(1层)+5×10×4(2～5层)+4×7(顶层)=333		
	4		($H1$×2×2.77+$H2$×2.77+$H3$×2×2.58)×0.222/1000	0.735	
66		10-2-50	整体建筑超高 30m 内 人机增 3.33%	%	1
			屋面、散水、台阶		
1	L1	9-1-80H	1∶3 砂浆 25 彩釉砖楼地面 800 内	m^2	126.57
	1	1～3 轴	5.16×(14.81+7.5)/2	57.56	
	2	A～E 轴	7.31×(12.02+6.86)/2	69.01	
2	L1	6-2-24	平面沥青玻璃纤维布士一布一油	m^2	126.57
			=	126.57	
3	L1	6-2-93	1.5 厚 LM 高分子涂料防水层	m^2	126.57
			=	126.57	
4	L1	9-1-2	1∶3 砂浆填充料上找平层 20	m^2	126.57
			=	126.57	
5	L1	9-1-1	1∶3 砂浆硬基层上找平层 20	m^2	139.99
	1		=	126.57	
	2	1～3 轴	(5.16+14.81+7.5)×0.25	6.87	
	3	A～E 轴	(7.31+12.02+6.86)×0.25	6.55	
6	L1	6-2-34	平面一层高强 APP 改性沥青卷材	m^2	139.99
			=	139.99	
7	L1	6-3-15-1	混凝土板上现浇水泥珍珠岩 1∶8	m^3	8.03
	1	1～3 轴	5.16×(14.81+7.5)/2×0.052	2.99	
	2	A～E 轴	7.31×(12.02+6.86)/2×0.073	5.04	
8	L1	6-3-13	混凝土板上聚氨酯发泡保温层 40	m^2	126.57
	1	1～3 轴	5.16×(14.81+7.5)/2×1	57.56	
	2	A～E 轴	7.31×(12.02+6.86)/2×1	69.01	
9		6-1-19	钢筋混凝土斜面上琉璃瓦屋面	m^2	251.48
	1	屋面	WM−1.2×(0.9+0.84/2)×3.55/2.5×2×$T2$(窗口)	238.04	
	2	老虎窗屋面	1.68×(0.9+0.84/2)×3.55/2.5×2×1.414	8.91	
	3	老虎窗沿	[1.68+2×0.36+2×(0.9−0.18)×3.55/2.5]×1.414×0.36×2	4.53	
10		6-1-20	琉璃瓦檐口线	m	65.70
			$W6$+8×0.1	65.70	
11		6-1-21	琉璃瓦脊瓦	m	49.29
	1	正脊	7.5−3+6+12−3−3.55	15.95	
	2	隅延尺系数	(3.2^2+2.5^2+3.55^2)^0.5/3.55=1.519		
	3	2 轴斜脊	3.55×$H2$×2	10.78	
	4	隅延尺系数	(3.25^2+2.5^2+6.25^2)^0.5/6.25=1.196		
	5	E 轴斜脊	6.25×$H4$×2	14.95	
	6	隅延尺系数	(3.55^2+2.5^2+6.25^2)^0.5/6.25=1.218		
	7	5 轴斜脊	6.25×$H6$	7.61	
12		6-2-1’	C20 细石商品混凝土防水层 40	m^2	251.48
			$D9$	251.48	
13		9-1-5＊-1’	C20 细石商品混凝土找平层-5	m^2	251.48
			=	251.48	

续表

序号		编号/部位	项目名称/计算式		工程量
14		4-1-1	现浇构件圆钢筋 $\phi4$	t	0.332
			$D9$/0.15×2×0.099/1000	0.332	
15		6-3-13	混凝土板上聚氨酯发泡保温层 40	m^2	251.48
			$D9$	251.48	
16		6-2-93	1.5 厚 LM 高分子涂料防水层	m^2	301.33
	1	屋面	$D9$	251.48	
	2	天沟底	($W6$+4×0.45)×0.45	30.02	
	3	翻沿	$W6$×(0.12×2+0.06)+8×0.37×0.12	19.83	
17		9-1-1	1∶3 砂浆硬基层上找平层 20	m^2	301.33
			=	301.33	
18		6-2-71	聚氨酯二遍	m^2	44.67
	1	雨篷顶	P	33.96	
	2	L1,L2,L3	[2×(3.95+4×2)+PL]×0.28	10.71	
19		9-1-1	1∶3 砂浆硬基层上找平层 20	m^2	44.67
			=	44.67	
20		6-4-18H	塑料短管 $\phi50$	个	5
21		6-4-9	塑料落水管 $\phi100$	m	133.20
			20.4×4+2.1+4.2+21.6×2+2.1	133.20	
22		6-4-22	铸铁弯头落水口(含箅子板)	个	3
23		6-4-20	铸铁雨水口	个	4
24		6-4-10	塑料水斗	个	7
25		6-2-10	平面防水砂浆防水层	m^2	5.56
		雨篷顶	2.28×1.22×2	5.56	
26		1-4-5	人工原土夯实	m^2	17.94
	1	雨篷台阶	3.1×1.3×2	8.06	
	2	门厅台阶	(5^2−4.3^2)×π/2−0.7×0.25×2	9.88	
27		2-1-13'	C154 商品混凝土无筋混凝土垫层	m^3	1.79
			$D26$×0.1	1.79	
28		4-2-57'	C202 商品混凝土台阶	m^3	2.25
	1	雨篷台阶	(2.9+0.6×2)×2=8.2		
	2	门厅台阶	4.6×π−0.25×2=13.951		
	3		Σ×(0.15/2+0.08×1.118)×0.3×2	2.19	
	4	室内台阶	1.75×0.3×0.12	0.06	
29		10-4-205	台阶木模板木支撑	m^2	6.89
			($D28.1$+$D28.2$)×0.3+(1.75+0.3)×0.12	6.89	
30		8-7-51'	C20 细石商品混凝土散水 3∶7 灰土垫层	m^2	54.08
			(W+4×0.8−9.8−2.9×2)×0.8	54.08	
31		2-1-1＊-1	3∶7 灰土垫层(扣除)	m^3	−8.11
		扣除垫层	−$D30$×0.15	−8.11	
32		10-4-49	混凝土基础垫层木模板	m^2	4.25
			(W+8×0.8−9.8−2.9×2)×0.06	4.25	
33		1-4-3	竣工清理	m^3	7609.99
			JT	7609.99	
			门窗		
1	K	5-5-1	铝合金地弹门安装	m^2	7.92
			$M1$	7.92	
2	K	5-5-2	铝合金平开门安装	m^2	12.78
			$M2$+$M10$+$M11$	12.78	

续表

序	号	编号/部位	项目名称/计算式		工程量
3	K	5-4-12	钢质防火门安装(扇面积)	m²	11.52
			4M9	11.52	
4	K	5-1-9	单扇带亮木门框制作	m²	95.04
			32M5+12M6	95.04	
5	K	5-1-11	双扇带亮木门框制作	m²	22.32
			M4+4M7+M3	22.32	
6	K	5-1-15	双扇木门框制作	m²	2.52
			M8	2.52	
7	K	5-5-5	铝合金平开窗安装	m²	311.49
	1		5C1+C2+10C3+2C4+36C5+6C6+12C7+C8+18C9+8C10	269.01	
	2		10C3+2C4+4C6+C8	42.48	
8	K	5-6-2	单层塑料窗安装	m²	50.50
	1		2C11+8C12	30.24	
	2+	飘窗加宽	(2×2.4+8×1.5)×2(0.18+0.36)	18.14	
	3+	老虎窗	2C13	2.12	
9	K	9-5-5-1	门窗套、贴脸中密度板基层	m²	138.51
	1	地弹门 M1	(2.4+2×3.3)×0.12	1.08	
	2	平开门 M2	(1.8+2×3.3)×0.135	1.13	
	3	M10	(1.8+2×2.4)×0.135	0.89	
	4	M11	(1.2+2×2.1)×0.135	0.73	
	5	防火门 M9	(1.2+2×2.4)×0.13×4	3.12	
	6	带亮单扇 M5	(0.9+2×2.4)×0.13×32	23.71	
	7	厕所门 M6	(0.9+2×2.4)×0.13×12	8.89	
	8	带亮双扇 M4	(1.8+2×2.4)×0.13	0.86	
	9	M7	(1.5+2×2.4)×0.13×4	3.28	
	10	厨房门 M3	(1.5+2×2.4)×0.13	0.82	
	11	双扇木门 M8	(1.2+2×2.1)×0.13	0.70	
	12	铝合金窗 C1	(0.9+2×1.5)×0.144×5	2.81	
	13	C2	(0.9+2×2.4)×0.144	0.82	
	14	C3	(1.2+2×1.5)×0.144×10	6.05	
	15	C4	(1.2+2×2.4)×0.144×2	1.73	
	16	C5	(1.5+2×1.5)×0.144×36	23.33	
	17	C6	(1.5+2×2.4)×0.144×6	5.44	
	18	C7	(1.8+2×1.5)×0.144×12	8.29	
	19	C8	(1.8+2×2.4)×0.144	0.95	
	20	C9	(2.1+2×1.5)×0.144×18	13.22	
	21	C10	(2.1+2×2.4)×0.144×8	7.95	
	22	塑料飘窗 C11	(1.8+2×2.4)×0.44×2	5.81	
	23	C12	(1.8+2×1.5)×0.44×8	16.90	
10	K	9-2-173*	零星项目砂浆粘贴瓷砖 200×150	m²	15.55
	1	厨厕窗 C3	2×(1.2+1.5)×0.144×10	7.78	
	2	C4	2×(1.2+2.4)×0.144×2	2.07	
	3	C6	2×(1.5+2.4)×0.144×4	4.49	
	4	C8	2×(1.8+2.4)×0.144	1.21	
11	K	9-5-56	平面木装饰线宽度 50 内	m	1453.00
	1	地弹门 M1	2.4+2×3.3+4×0.05	9.20	
	2	平开门 M2	1.8+2×3.3+4×0.05	8.60	
	3	M10	1.8+2×2.4+4×0.05	6.80	

续表

序	号	编号/部位	项目名称/计算式		工程量
11	4	M11	1.2+2×2.1+4×0.05	5.60	
	5	防火门 M9	2×(1.2+2×2.4+4×0.05)×4	49.60	
	6	带亮单扇 M5	2×(0.9+2×2.4+4×0.05)×32	377.60	
	7	厕所门 M6	2×(0.9+2×2.4+4×0.05)×12	141.60	
	8	带亮双扇 M4	2×(1.8+2×2.4+4×0.05)	13.60	
	9	M7	2×(1.5+2×2.4+4×0.05)×4	52.00	
	10	厨房门 M3	2×(1.5+2×2.4+4×0.05)	13.00	
	11	双扇木门 M8	2×(1.2+2×2.1+4×0.05)	11.20	
	12	铝合金窗 C1	2×(0.9+1.5+4×0.05)×5	26.00	
	13	C2	2×(0.9+2.4+4×0.05)	7.00	
	14	C3	2×(1.2+1.5+4×0.05)×10	58.00	
	15	C4	2×(1.2+2.4+4×0.05)×2	15.20	
	16	C5	2×(1.5+1.5+4×0.05)×36	230.40	
	17	C6	2×(1.5+2.4+4×0.05)×6	49.20	
	18	C7	2×(1.8+1.5+4×0.05)×12	84.00	
	19	C8	2×(1.8+2.4+4×0.05)	8.80	
	20	C9	2×(2.1+1.5+4×0.05)×18	136.80	
	21	C10	2×(2.1+2.4+4×0.05)×8	75.20	
	22	塑料飘窗 C11	2×(1.8+2.4+4×0.05)×2	17.60	
	23	C12	2×(1.8+1.5+4×0.05)×8	56.00	
12	K	9-2-334*	面砖阳角45°角对缝	m	114.80
	1	厨厕窗 C3	2×(1.2+1.5+4×0.05)×10	58.00	
	2	C4	2×(1.2+2.4+4×0.05)×2	15.20	
	3	C6	2×(1.5+2.4+4×0.05)×4	32.80	
	4	C8	2×(1.8+2.4+4×0.05)	8.80	
13	K	9-5-18-1	中密度板窗台板	m^2	23.17
	1	铝合金窗 C1	0.9×0.144×5	0.65	
	2	C2	0.9×0.144	0.13	
	3	C3	1.2×0.144×10	1.73	
	4	C4	1.2×0.144×2	0.35	
	5	C5	1.5×0.144×36	7.78	
	6	C6	1.5×0.144×6	1.30	
	7	C7	1.8×0.144×12	3.11	
	8	C8	1.8×0.144	0.26	
	9	C9	2.1×0.144×18	5.44	
	10	C10	2.1×0.144×8	2.42	
14	K	9-5-22	窗台板水泥砂浆大理石面层	m^2	9.36
	1	塑料飘窗 C11	1.8×0.52×2	1.87	
	2	C12	1.8×0.52×8	7.49	
15		5-1-10	单扇带亮木门框安装	m^2	95.04
			D4	95.04	
16		5-1-12	双扇带亮木门框安装	m^2	95.04
			=	95.04	
17		5-1-16	双扇木门框安装	m^2	2.52
			D6	2.52	
18		5-1-107	普通成品门扇安装(扇面积)	m^2	84.80
	1	单扇	1.88×0.8×[32(M5)+12(M6)]	66.18	
	2	双扇	1.88×[1.4(M3)+1.7(M4)+1.4×4(M7)]	16.36	
	3	双扇	2.05×1.1(M8)	2.26	

续表

序号		编号/部位	项目名称/计算式		工程量
19		5-3-3	单扇单玻璃木窗扇制作	m^2	22.95
		上亮 M3～M7	{0.9×[32(M3)+12(M6)]+1.5×3(M7)+1.8(M4)}×0.5	22.95	
20		5-3-4	单扇单玻璃木窗扇安装	m^2	22.95
			=	22.95	
21		5-9-1-1	单扇带亮木门配件(安执手锁)	樘	44
		M5,M6	32+12	44	
22		5-9-2	双扇带亮木门配件	樘	6
		M3,M4,M7	1+1+4	6	
23		5-9-4	双扇木门配件	樘	1
		M8	1	1	
24		9-4-1	底油一遍调和漆二遍(单层木门)	m^2	119.88
			$D4+D5+D6$	119.88	
25		9-5-24	窗台板粘贴面层榉木夹板	m^2	23.17
			$D13$	23.17	
26		6-2-74	立面砖墙面石油沥青一遍	m^2	138.51
			$D9$	138.51	
27		9-5-10	门窗套、贴脸粘贴榉木夹板面层	m^2	138.51
			=	138.51	
28		9-4-5	底油一遍调和漆二遍(其他木材面)	m^2	161.68
			$D9+D13$	161.68	
29		9-4-4-1	底油一遍调和漆二遍装饰线 50 内	m	1453.00
			$D11$	1453	
			装饰		
1	J	9-1-172	1∶2.5 砂浆全瓷地板砖直形踢脚板	m^2	103.30
	1	地下室	2×(14.95+9.85)+0.25×4+0.2×6=51.8		
	2		51.8×0.15	7.77	
	3	楼梯间	2×(5.82+2.86)−2.5=14.86		
	4		14.86×0.15	2.23	
	5	1 层门斗	2×(3+2.86)−2.5=9.22		
	6		9.22×0.15	1.38	
	7	2～5 层楼梯	[2×(4.77+2.86)−2.86]×4=49.6		
	8	顶层楼梯	2×(4.77+2.86)−2.86=12.4		
	9		62×0.15	9.30	
	10	活动室	[2×(7.36+11.9)+0.2×4+0.16×4]×4=159.84		
	11	教室 1	[2×(7.32+6.46)+0.16×4]×4=112.8		
	12	教室 2	[2×(5.82+6.46)+0.16×2]×4=99.52		
	13	办公室 1	2×(5.86+6.46)×4=98.56		
	14	办公室 2	2×(7.32+2.86)×4=81.44		
	15	2～5 层梯间	[2×(1.05+2.86)−2.86]×4=19.84		
	16	顶层梯间	2×(1.04+2.86)−2.86=4.94		
	17	会议室	2×(19.35+6.5)−11.65+0.2×6+0.1×2=41.45		
	18	会议室	2×(11.85+2.36)−11.65+0.16×2=17.09		
	19		635.48×0.15	95.32	
	20+	扣门口 M1,M2,M4	−[2.44(M1)+1.84(M2)+1.84(M4)]×0.15	−0.92	
	21+	扣门口 M5～M9	−[1.24×6(M8,M9)+0.94×34(M5,M6)+1.54×4(M7)]×0.15	−6.83	
	22+	扣异形踢脚	−3.3×2×5×0.15	−4.95	

续表

序	号	编号/部位	项目名称/计算式		工程量
2	J	9-2-172	墙面墙裙砂浆粘贴瓷砖 200×150	m²	296.37
	1	1层走道	2×(12.04+2.22)−1.9+0.16×4=27.26		
	2		27.26×1.5	40.89	
	3	餐厅	2×(11.86+11.9)−8.86+0.2×6=39.86		
	4	餐厅	2×(3+8.86)−8.86−1.9+0.16×4=13.6		
	5	2～5层走道	[2×(19.36+2.22)+0.16×8]×4=177.76		
	6		231.22×1.5	346.83	
	7+	扣门口	−[1.8(M4)+0.9×42(M5,M6)+1.5×5(M3,M7)+1.2×4(M9)]×1.5	−77.85	
	8+	扣窗口	−[1.5×3(C6)+2.1×4(C10)+1.8×2(C11)+1.2×5(C3,C4)]×0.6	−13.50	
3	J	9-2-21H	混凝土墙面墙裙 1∶2.5 水泥砂浆 14+7	m²	168.57
		地下室	51.8×4.05−M2−3C6−C8−4C10	168.57	
4	J	9-4-152	室内墙柱光面刷乳胶漆二遍	m²	168.57
			=	168.57	
5	J	9-2-35H	轻质墙墙面墙裙混合砂浆 14+6	m²	2252.10
	1	楼梯间	14.86×4.08−C2−C4	55.59	
	2	1层走道	27.26×(3.5−1.5)−2M6−M3−C4	43.72	
	3	餐厅	39.86×(3.5−1.5)−3C6−3C10−2C11−M4	40.84	
	4	餐厅	13.6×(3.5−1.5)−C10	22.16	
	5	2～5层走道	177.76×(2.6−1.5)−(8M5+2M6+M7+M9+C3)×4	76.02	
	6	1层门斗	9.22×4.05−M1−M4	25.10	
	7	2～5层楼梯	49.6×3.18−C1×4	152.33	
	8	顶层楼梯	12.4×3.01−C1	35.97	
	9	顶层楼梯山墙	8.67×1.12	9.71	
	10	活动室	159.84×3.15−[M7+2×(C5+C9+C12)]×4	424.30	
	11	教室1	112.8×3.15−[2×(M5+C9)]×4	312.84	
	12	教室2	99.52×3.15−[2×(M5+C5)]×4	278.21	
	13	办公室1	98.56×3.15−[2×(M5+C5+C7)]×4	253.58	
	14	办公室2	81.44×3.15−[2×(M5+C5)]×4	221.26	
	15	2～5层梯间	19.84×3.18−(C3+M9)×4	44.37	
	16	顶层梯间	4.94×3.01−C3−M8	10.55	
	17	会议室	41.45×3.01−2C9−4C5−4C7−M11	96.14	
	18	会议室	17.09×3.01−C3−2M6−M8	42.80	
	19+	增多扣洞口	−D2.7−D2.8	91.35	
	20+	D轴山墙	11.85×2.38/2+2×0.16(垛)×2.38	14.86	
6		9-4-152	室内墙柱光面刷乳胶漆二遍	m²	2252.10
			=	2252.10	
7	J	9-2-172	墙面墙裙砂浆粘贴瓷砖 200×150	m²	433.74
	1	1层厕所	2×(2.87+2.86)×3.5×2−(M6+C4)×2	70.14	
	2	厨房	[2×(11.86+6.46)+0.2×2+0.16×4]×3.5−M3−M10−4C6−C8	105.24	
	3	2～6层厕所	2×(2.87+2.86)×2.6×10−(M6+C3)×10	258.36	
8	J	9-1-169H2	干硬水泥砂浆全瓷地板砖 500×500	m²	174.49
	1	地下室	14.95×9.85	147.26	
	2	地下室扣减	7.5×(−0.05)	−0.38	
	3	1层走道	12.04×2.22	26.73	
	4	餐厅	11.86×11.9	141.13	
	5	餐厅	3×8.86	26.58	
	6	2～5层走道	19.36×2.22×4	171.92	
	7	活动室	7.36×11.9×4	350.34	

续表

序	号	编号/部位	项目名称/计算式		工程量
8	8	教室 1	7.32×6.46×4	189.15	
	9	教室 2	5.82×6.46×4	150.39	
	10	办公室 1	5.86×6.46×4	151.42	
	11	办公室 2	7.32×2.86×4	83.74	
	12	2～5 层梯间	1.05×2.86×4	12.01	
	13	顶层梯间	1.04×2.86	2.97	
	14	会议室	19.35×6.5	125.78	
	15	会议室	11.85×2.36	27.97	
	16+	扣楼面	−(H4+…+H15)	−1433.40	
	17+	地下室增减	1.8(M2)×0.3−0.5×0.5(Z)	0.29	
	18+	1 层增门口	[1.5(M3)+0.9×2(M6)]×0.18	0.59	
9	J	9-1-169H1	干硬水泥砂浆全瓷地板砖 300×300	m^2	110.23
	1	楼梯间	5.82×2.86	16.65	
	2	1 层厕所	2.87×2.86×2	16.42	
	3	厨房	11.86×6.46	76.62	
	4	2～6 层厕所	2.87×2.86×10	82.08	
	5	1 层门斗	3×2.86	8.58	
	6+	增门口 M10	1.8×0.3	0.54	
	7+	扣厕所楼面	−H4	−82.08	
	8+	扣 1 层门斗	−H5	−8.58	
10	J	9-1-84	彩釉砖楼梯	m^2	67.78
	1	2～5 层楼梯	4.77×2.86×4	54.57	
	2	顶层楼梯	4.77×2.86	13.64	
	3+	扣顶层半步	−2.86/2×0.3	−0.43	
11	J	9-3-3	现浇混凝土顶棚水泥砂浆抹灰	m^2	1383.51
	1	地下室	14.95×9.85	147.26	
	2	地下室扣减	7.5×(−0.05)	−0.38	
	3	楼梯间	5.82×2.86	16.65	
	4	1 层门斗	3×2.86	8.58	
	5	2～5 层楼梯	4.77×2.86×4	54.57	
	6	顶层楼梯	4.77×2.86	13.64	
	7	活动室	7.36×11.9×4	350.34	
	8	教室 1	7.32×6.46×4	189.15	
	9	教室 2	5.82×6.46×4	150.39	
	10	办公室 1	5.86×6.46×4	151.42	
	11	办公室 2	7.32×2.86×4	83.74	
	12	2～5 层梯间	1.05×2.86×4	12.01	
	13	顶层梯间	1.04×2.86	2.97	
	14	会议室	19.35×6.5	125.78	
	15	会议室	11.85×2.36	27.97	
	16+	会议室增斜度	Z35×(WM/S6-1)	25.51	
	17+	梯间增斜度	Z36(WM/S6-1)	2.76	
	18+	楼梯抹灰系数	(H5+H6)×0.31	21.15	
12	J	9-4-151	室内顶棚刷乳胶漆二遍	m^2	1383.51
			=	1383.51	
13	J	9-3-33	装配式 U 形龙骨 600×600 一级	m^2	540.98
	1	1 层厕所	2.87×2.86×2	16.42	
	2	厨房	11.86×6.46	76.62	

续表

序号		编号/部位	项目名称/计算式		工程量
13	3	2～6层厕所	2.87×2.86×10	82.08	
	4	1层走道	12.04×2.22	26.73	
	5	餐厅	11.86×11.9	141.13	
	6	餐厅	3×8.86	26.58	
	7	2～5层走道	19.36×2.22×4	171.92	
	8+	扣柱	−0.5×0.5×2	−0.50	
14	J	9-3-87	轻钢龙骨上铺钉纸面石膏板基层	m^2	540.98
			=	540.98	
15	J	10-1-27	满堂钢管脚手架	m^2	172.11
	1	地下室	14.95×9.85	147.26	
	2	地下室扣减	7.5×(−0.05)	−0.38	
	3	楼梯间	5.82×2.86	16.65	
	4	1层门斗	3×2.86	8.58	
16	J	10-1-22-1	装饰钢管脚手架3.6m内	m^2	3392.34
	1	1层厕所	2×(2.87+2.86)×3.5×2	80.22	
	2	厨房	2×(11.86+6.46)×3.5	128.24	
	3	2～6层厕所	2×(2.87+2.86)×2.6×10	297.96	
	4	1层走道	[2×(12.04+2.22)−1.9]×3.5	93.17	
	5	餐厅	[2×(11.86+11.9)−8.86]×3.5	135.31	
	6	餐厅	[2×(3+8.86)−8.86−1.9]×3.5	45.36	
	7	2～5层走道	2×(19.36+2.22)×2.6×4	448.86	
	8	2～5层楼梯	(2×(4.77+2.86)−2.86)×3.18×4	157.73	
	9	顶层楼梯	(2×(4.77+2.86)−2.86)×3.01	37.32	
	10	楼梯山墙	8.67×1.12	9.71	
	11	活动室	2×(7.36+11.9)×3.15×4	485.35	
	12	教室1	2×(7.32+6.46)×3.15×4	347.26	
	13	教室2	2×(5.82+6.46)×3.15×4	309.46	
	14	办公室1	2×(5.86+6.46)×3.15×4	310.46	
	15	办公室2	2×(7.32+2.86)×3.15×4	256.54	
	16	2～5层梯间	(2×(1.05+2.86)−2.86)×3.2×4	63.49	
	17	顶层梯间	(2×(1.04+2.86)−2.86)×3.01	14.87	
	18	会议室	(2×(19.35+6.5)−11.65)×3.01	120.55	
	19	会议室	(2×(11.85+2.36)−11.65)×3.01	50.48	
17		9-1-169H1	干硬水泥砂浆全瓷地板砖300×300	m^2	82.08
		2～6层厕所	2.87×2.86×10	82.08	
18		6-2-1’	C20细石商品混凝土防水层40	m^2	82.08
			=	82.08	
19		6-2-2＊-1’	C20细石商品混凝土防水层−10	m^2	82.08
			=	82.08	
20		6-2-93	1.5厚LM高分子涂料防水层	m^2	82.08
			=	82.08	
21		9-1-169H1	干硬水泥砂浆全瓷地板砖300×300	m^2	25.04
	1	梯间300砖	2.86×(1.05×4+1.04)	14.99	
	2	顶层半步踏步	2.86/2×0.3	0.43	
	3	1层门斗	3×2.86	8.58	
	4	增门口M1,M4	2.4×0.3+1.8×0.18	1.04	

续表

序	号	编号/部位	项目名称/计算式		工程量
22		9-1-169H2	干硬水泥砂浆全瓷地板砖 500×500	m^2	1426.83
	1	楼面	−D8.16	1433.40	
	2	扣柱	−0.5×0.5×2(餐厅)−0.4×0.5×2(会议)	−0.90	
	3	2～5 层增门口	[0.9×40(M5,M6)+1.5×4(M7)+1.2×4(M9)]×0.18	8.42	
	4	会议室增门口	[1.2(M8)+0.9×2(M6)]×0.18+1.2×0.3(M11)	0.90	
	5	扣梯间 300 砖	−D21.1	−14.99	
23		10-1-27	满堂钢管脚手架	m^2	123.85
	1	会议室 $h>3.6$m	[主体 D21.6、D21.7 量]78.11/T2+75.47/T4	133.88	
	2	扣厕所顶	−(3.25×1.76/2.5)×(6.225×1.76/2.5)	−10.03	
24		9-1-173	1∶2.5 砂浆全瓷地板砖异形踢脚板	m^2	7.29
	1	楼梯踢脚	3.3×2×5×0.15	4.95	
	2	增三角	11×2×0.28×0.175/2+10×8×0.3×0.15/2	2.34	
25		9-2-173	零星项目砂浆粘贴瓷砖 200×150	m^2	15.55
		同门窗 10	15.55	15.55	
26		9-2-334	面砖阳角 45°角对缝	m	114.80
		同门窗 12	114.8	114.80	
27		9-1-59	花岗岩台阶	m^2	13.29
	1		(2.9×1.2−1.7×0.6)×2	4.92	
	2		(4.9^2−4.3^2)×π/2−0.6×0.25×2	8.37	
28		9-1-161	楼梯台阶酸洗打蜡	m^2	13.29
			=	13.29	
29		9-1-165H	干硬 1∶3 砂浆花岗岩楼地面	m^2	28.93
	1	门厅平台	4.3^2×π/2−4.3×2×0.25	26.89	
	2	台阶平台	1.7×0.6×2	2.04	
30		9-1-160	楼地面酸洗打蜡	m^2	28.93
			=	28.93	
31		2-1-13'	C154 商品混凝土无筋混凝土垫层	m^3	10.39
		500×500 板下	[R0(地下)+Z8(走道)]×0.06	10.39	
32		2-1-13'	C154 商品混凝土无筋混凝土垫层	m^3	6.58
		300×300 板下	[Z9(梯)+Z10(厕)+Z11(厨)]×0.06	6.58	
33		2-1-13'	C154 商品混凝土无筋混凝土垫层	m^3	1.74
		室外平台下	D29×0.06	1.74	
34		9-4-209-1	木夹板、石膏板面满刮腻子二遍	m^2	540.98
			D14	540.98	
35		9-3-126	顶棚石膏板嵌缝	m^2	540.98
			=	540.98	
36		9-4-151	室内顶棚刷乳胶漆二遍	m^2	540.98
			=	540.98	
37		9-3-3	现浇混凝土顶棚水泥砂浆抹灰	m^2	285.35
	1	地下室梁	2×(7×2+4+4.9)×0.5+2×(5.2×0.35+2.625×0.25)×2	32.81	
	2	梯间梁	2.5×0.33×2	1.65	
	3	2～5 层梁	7×(0.5×4+0.54×2)×4	86.24	
	4	屋面梁	2×{5.6(WL2)×0.33+[8+7.1+11.25(WL3,WL6,WL7)]×0.53}×1.166(系数)	36.88	
	5	AB 轴顶	15.25×2.1+14.65×0.49+1.9×0.54×3	42.28	
	6	雨篷顶	P+2×2.28×1.2	39.43	
	7	雨篷栏板内	(4.74π−2×0.25)×0.8	11.51	
	8	屋面檐板底	(W6+4×0.45)×0.45	30.02	
	9	老虎窗沿底	[1.68+2×0.36+2×(0.9−0.18)×3.55/2.5]×1.414×0.36×2	4.53	

续表

序	号	编号/部位	项目名称/计算式		工程量
38		9-4-151	室内顶棚刷乳胶漆二遍	m²	285.35
			=	285.35	
39		9-2-29	矩形混凝土柱水泥砂浆 12+7	m²	39.72
	1	地下室柱	0.5×4×3.85	7.70	
	2	1层柱	0.5×4×3.5×2	14	
	3	顶层柱	1.8(3×2+1.63+2.38)	18.02	
40		9-4-152	室内墙柱光面刷乳胶漆二遍	m²	39.72
			=	39.72	
41		9-4-209	顶棚、内墙抹灰面满刮腻子二遍	m²	1668.86
		顶棚	$D12+D38$	1668.86	
42		9-4-209	顶棚、内墙抹灰面满刮腻子二遍	m²	2460.39
		墙面	$D4+D6+D40$	2460.39	
43		9-4-242	混凝土界面剂涂敷加气混凝土砌块面	m²	2252.10
		混浆面	$D5$	2252.10	
44		9-4-242	混凝土界面剂涂敷加气混凝土砌块面	m²	730.11
		瓷砖面	$D2+D7$	730.11	
45		9-2-20	砖墙面墙裙水泥砂浆 14+6	m²	42.12
		女儿墙	(7.55+12.5+15.05)×1.2	42.12	
46		9-2-25	零星项目水泥砂浆 6+14	m²	83.72
	1	女儿墙压顶	(7.55+12.5+15.05)×0.28	9.83	
	2	女儿墙内侧	(7.31+12.02+14.81)×(1.2−0.4+0.12)	31.41	
	3	屋面檐板	($W6$+4×0.45)×0.2	13.34	
	4	飘窗沿	[2.28×0.42+(2.28+2×0.42)×0.16]×20	29.14	
47		9-2-223-1	圆弧墙砂浆贴面砖 240×60 缝 10 内	m²	17.50
		雨篷栏板	(4.8π−2×0.25)×1.2	17.50	
48		9-2-223-1	圆弧墙砂浆贴面砖 240×60 缝 10 内	m²	12.82
		门厅圆柱	0.5×π×4.08×2	12.82	
49		9-2-129	混凝土墙面挂贴花岗岩(灌缝浆 50)	m²	27.33
	1	外墙勒脚	(W−9.2−2.3×2)×0.3	19.86	
	2	室内坪以上	[W−2.16(M1)−1.56×2(M2,M10)]×0.1	7.47	
50		9-2-32	混凝土墙面墙裙混合砂浆 12+8	m²	1354.22
	1	外 0.1～4.3	(7.5+12.5+15.5)×4.2	149.10	
	2	外 4.3～21.6	W×17.3	1384	
	3	21.6～24.4	$W6$×2.8−(12.5+7.5)×0.4	173.72	
	4	扣门窗	−M(30)−C(30)+(2.4+1.8×2)×0.1(门台)	−361.83	
	5	增吊脚梁	(15+2.1)×0.65	11.12	
51		9-4-242	混凝土界面剂涂敷加气混凝土砌块面	m²	1354.22
			=	1354.22	
52		9-4-211	外墙抹灰面满刮腻子二遍	m²	1515.65
	1		=	1354.22	
	2	增侧壁 M1	(2.4+2×3.3)×0.17=1.53		
	3	M2	(1.8+2×3.3)×0.185=1.554		
	4	M10	(1.8+2×2.4)×0.185=1.221		
	5	M11	(1.2+2×2.1)×0.185=0.999		
	6	铝合金窗 C1	2×(0.9+1.5)×0.194×5=4.656		
	7	C2	2×(0.9+2.4)×0.194=1.28		
	8	C3	2×(1.2+1.5)×0.194×20=20.952		
	9	C4	2×(1.2+2.4)×0.194×4=5.587		

续表

序	号	编号/部位	项目名称/计算式		工程量
52	10	C5	2×(1.5+1.5)×0.194×36=41.904		
	11	C6	2×(1.5+2.4)×0.194×10=15.132		
	12	C7	2×(1.8+1.5)×0.194×12=15.365		
	13	C8	2×(1.8+2.4)×0.194×2=3.259		
	14	C9	2×(2.1+1.5)×0.194×18=25.142		
	15	C10	2×(2.1+2.4)×0.194×8=13.968		
	16		Σ	152.55	
	17	增墙角	(4.2×2+17.3×4+2.8×4)×0.1	8.88	
53		6-3-38	外墙挂贴保温板	m^3	68.16
			(D50+D52.17)×0.05	68.16	
54		9-4-184	抹灰外墙面丙烯酸涂料(一底二涂)	m^2	1641.49
			D45+D46+D52	1641.49	
55		9-5-203	不锈钢管扶手不锈钢栏杆	m	43.58
			(3.08×2+3×8)×1.15+0.26×10+1.3+1×5	43.58	
56		9-5-204	不锈钢管扶手弯头另加工料	个	25
57		9-5-107	大理石洗漱台台面及裙边	m^2	1.81
			2.22×(0.6+0.215)	1.81	
58		9-5-109	大理石台面现场加工开孔	个	2
59		9-2-311	全塑钢板塑钢隔断	m^2	98.08
			[(2.86+1)×7+(1.4×2+2.12)×5]×1.9	98.08	

注：定额号后带 * 号表示此工程量不汇总在本分部。

第十节　清单工程量计算书

工程名称：综合楼　　　　建筑消耗量（06）

序	号	编号/部位	项目名称/计算式		工程量
			基础及地下室		
1		010101001001	平整场地	m^2	343.75
			S	343.75	
2		010101003001	挖基础土方:坚土,地坑,4m内	m^3	306.62
	1	J-1	3.7×3.7×2.3×2	62.97	
	2	J-2	3.2×3.2×2.2×3	67.58	
	3	J-2'	3.2×3.2×2.3×1	23.55	
	4	J-3	2.8×2.8×2.1×1	16.46	
	5	J-4	2.6×2.6×2.1×2	28.39	
	6	J-4'	2.6×2.6×2.2×2	29.74	
	7	J-5	2.2×2.2×2.2×3	31.94	
	8	J-6	4.7×2.2×2.1×1	21.71	
	9	J-7	2×2×2.1	8.40	
	10	J-7'	2×2×2.2×2	17.60	
	11	扣叠交	−2×0.2(2.1+2.2)	−1.72	
3		010101003002	挖基础土方:坚土,地坑,2m内	m^3	6.80
		J-8	2×2×0.85×2	6.80	
4		010101003003	挖基础土方:坚土,地槽,2m内	m^3	88.32
	1	−1.0JL-1	K1×0.57×1.3	41.27	
	2	+3.1JL-1	K2×0.57×1.4	44.73	
	3	JL-2	J2×0.4×1.1	1.19	
	4	TJ	1.5×(0.9+0.3)×0.63	1.13	

续表

序号		编号/部位	项目名称/计算式		工程量
5		010401002001	独立基础:C15 混凝土垫层,C20 混凝土柱基	m^3	70.82
		J-1	Y13	70.82	
6		010305001001	石基础:毛石条基,M5.0 砂浆	m^3	0.81
		TJ	Y19	0.81	
7		010403001001	基础梁:C15 混凝土垫层,C20 混凝土基础梁	m^3	24.95
		JL-1,2	Y15	24.95	
8		010103001001	土(石)方回填	m^3	346.33
	1	挖土量-基础	$D2+D3+D4-D5-D6-D7$	305.16	
	2	扣垫层	$Y3-Y7-Y11$	−21.26	
	3	地坪回填	Y55	62.43	
9		010402001001	矩形柱:框架柱,C30	m^3	25.93
			Y20	25.93	
10		010402002001	异形柱:框架拐角柱及圆形柱,C30	m^3	5.20
			Y22+Y25	5.20	
11		010404001001	直形墙:地下混凝土墙,C30	m^3	19.63
			Y30	19.63	
12		010403005001	过梁:现浇,C30	m^3	1.12
			Y35	1.12	
13		010405001001	有梁板:C30	m^3	40.95
			Y38	40.95	
14		010405008001	雨篷、阳台板:雨篷,C30	m^3	0.22
		M2 雨篷	2.28×1.2×0.08	0.22	
15		010304001001	空心砖墙、砌块墙:硅酸钙砌块墙 300,M5.0 砂浆	m^3	35.97
			Y44	35.97	
16		010304001002	空心砖墙、砌块墙:硅酸钙砌块墙 180,M5.0 砂浆	m^3	4.59
			Y45	4.59	
17		010304001003	空心砖墙、砌块墙:硅酸钙砌块墙 120,M5.0 砂浆	m^3	0.36
			Y46	0.36	
18		补 01070300401	地下室墙防水:墙面刷聚氨酯二遍,120 砖墙保护	m^2	86.10
			Y52	86.10	
19		cs0101001001	脚手架	项	1
20		cs0101002001	混凝土、钢筋混凝土模板及支架	项	1
			主体		
1		010402001002	矩形柱:框架柱,C30	m^3	81.16
			Y1	81.16	
2		010402002002	异形柱:拐角柱,C30	m^3	11.34
			Y3	11.34	
3		010402001003	矩形柱:构造柱,C30	m^3	1.70
			Y8	1.70	
4		010404001002	直形墙:老虎窗侧墙,C30	m^3	0.90
			Y10	0.90	
5		010403004001	圈梁:厕所墙底部防水,C20	m^3	3.79
			Y13	3.79	
6		010403005002	过梁:现浇,C30	m^3	16.91
			Y15	16.91	
7		010405001002	有梁板:C30	m^3	390.96
			Y18+Y19	390.96	

续表

序号	编号/部位	项目名称/计算式		工程量
8	010405006001	栏板、雨篷栏板:C30	m^3	0.70
		Y23	0.70	
9	010405007001	天沟、挑檐板:C30	m^3	4.65
		Y25	4.65	
10	010405008002	雨篷、阳台板:雨篷,C30	m^3	0.22
	M10 雨篷	2.28×1.2×0.08	0.22	
11	010406001001	直形楼梯:C30	m^2	67.01
		Y29	67.01	
12	010407001001	其他构件:压顶,C20	m^3	0.66
		Y33	0.66	
13	010304001004	空心砖墙、砌块墙:加气混凝土砌块墙 300,M5.0 混浆	m^3	231.39
		Y35	231.39	
14	010304001005	空心砖墙、砌块墙:加气混凝土砌块墙 180,M5.0 混浆	m^3	125.12
		Y36	125.12	
15	010304001006	空心砖墙、砌块墙:加气混凝土砌块墙 120,M5.0 混浆	m^3	6.02
		Y37	6.02	
16	010302001001	实心砖墙:煤矸石多孔砖墙 240,M5.0 混浆	m^3	9.31
		Y38	9.31	
17	010416001001	现浇混凝土钢筋:Ⅰ级钢	t	49.089
		Y51+…+Y55+Y63+Y64+Y65	49.089	
18	010416001002	现浇混凝土钢筋:Ⅱ级钢	t	44.629
		Y56+…+Y62	44.629	
19	010417002001	预埋铁件	t	0.038
		Y32	0.038	
20	cs0101001001	脚手架	项	1
21	cs0101002001	混凝土、钢筋混凝土模板及支架	项	1
22	cs0101003001	大型机械设备进出场及安拆费	项	1
23	cs0101004001	垂直运输机械	项	1
		屋面、散水、台阶		
1	010701001001	瓦屋面:琉璃瓦坡屋面,细石混凝土防水,LM 高分子涂料防水	m^2	251.48
		Y9	251.48	
2	010702001001	屋面卷材防水:上人地砖面层,沥青玻璃纤维布防水,LM 高分子涂料防水	m^2	126.57
		Y1	126.57	
3	010803001001	保温隔热屋面:聚氨酯发泡保温 40	m^2	251.48
	斜屋面	Y9	251.48	
4	010803001002	保温隔热屋面:聚氨酯发泡保温 40,水泥珍珠岩 1∶8 找平	m^2	126.57
	平屋面	Y1	126.57	
5	010702004001	屋面排水管:塑料落水管 ϕ100	m	133.20
		Y21	133.20	
6	010702002001	屋面涂膜防水:聚氨酯二遍	m^2	44.67
		Y18	44.67	
7	010702003002	屋面刚性防水:雨篷顶防水砂浆	m^2	5.56
		Y25	5.56	
8	010407001002	其他构件:C15 混凝土垫层,混凝土台阶,C20	m^3	2.25
		Y28	2.25	
9	010407002001	散水、坡道:混凝土散水	m^2	54.08
		Y30	54.08	

续表

序号		编号/部位	项目名称/计算式		工程量
10		补 01010400101	竣工清理	m^3	7609.99
			JT	7609.99	
11		cs0101002001	混凝土、钢筋混凝土模板及支架	项	1
			门窗		
1		020402003001	金属地弹簧门:铝合金门	m^2	7.92
			$M1$	7.92	
2		020402001001	金属平开门:铝合金门	m^2	12.78
			$M2+M10+M11$	12.78	
3		020402007001	钢制防火门	m^2	11.52
			$4M9$	11.52	
4		020401004001	胶合板门:成品门扇	m^2	119.88
			$32M5+12M6+M4+4M7+M3+M8$	119.88	
5		020406002001	金属平开窗:铝合金窗	m^2	311.49
			$Y7$	311.49	
6		020406007001	塑钢窗:单层窗	m^2	50.50
			$Y8$	50.50	
7		020407001001	门窗套及贴脸:门窗套,中密度板基层,榉木板面	m^2	138.51
			$Y9$	138.51	
8		020407004001	门窗木贴脸:贴脸 50×20	m^2	72.65
			$Y11×0.05$	72.65	
9		020409001001	木窗台板:中密度板基层,榉木板面	m^2	23.17
			$Y13$	23.17	
10		020409003001	石材窗台板:大理石面层	m^2	9.36
			$Y14$	9.36	
11		020501001001	门油漆:底油一遍,白色调和漆二遍	m^2	119.88
			$Y24$	119.88	
12		020504003001	窗台板、筒子板、盖板、门窗套、踢脚线油漆:门窗套,底油一遍,白色调和漆二遍	m^2	161.68
		窗台、筒子板	$Y28$	161.68	
13		020504003002	窗台板、筒子板、盖板、门窗套、踢脚线油漆:贴脸,底油一遍,白色调和漆二遍	m^2	130.77
		贴脸	$Y29×0.09$	130.77	
			装饰		
1		020105003001	块料踢脚线:水泥砂浆地板砖直形踢脚	m^2	103.30
			$Y1$	103.30	
2		020105003002	块料踢脚线:水泥砂浆地板砖异形踢脚	m^2	7.29
			$Y24$	7.29	
3		020201001001	墙面一般抹灰:水泥砂浆内墙面(混凝土、砌块墙)	m^2	168.57
			$Y3$	168.57	
4		020201001002	墙面一般抹灰:混合砂浆内墙面(加气混凝土墙)	m^2	2226.25
	1		$Y5$	2252.10	
	2	扣棚上 10cm	−[27.26(1 层走道)+231.22(2~5 层走道、餐厅)]×0.1	−25.85	
5		020202001001	柱面一般抹灰:水泥砂浆柱面	m^2	39.72
			$Y39$	39.72	
6		020204003001	块料墙面:内墙,贴瓷砖	m^2	712.59
	1		$Y2+Y7$	730.11	
	2	扣棚上 10cm	−2×(2.87+2.86)×12(厕)×0.1−2[11.86+6.46+0.2+0.16×2(厨)]×0.1	−17.52	
7		020206003001	块料零星项目:门窗侧壁贴瓷砖	m^2	15.55
			$Y25$	15.55	

续表

序号	编号/部位	项目名称/计算式		工程量
8	020102002001	块料楼地面:地面,干硬水泥砂浆地板砖 300×300	m^2	109.68
	梯间、厨、厕	Z9+Z10+Z11	109.68	
9	020102002002	块料楼地面:楼面,干硬水泥砂浆地板砖 300×300	m^2	24.00
	门斗、梯间	Y21－2.4×0.3－1.8×0.18	24.00	
10	020102002003	块料楼地面:楼面,LM 高分子涂料防水,干硬水泥砂浆地板砖 300×300	m^2	82.08
	2～6 层厕所	Y17	82.08	
11	020102002004	块料楼地面:地面,干硬水泥砂浆地板砖 500×500	m^2	173.22
	地下室、走道	R0+Z8	173.22	
12	020102002005	块料楼地面:楼面,干硬水泥砂浆地板砖 500×500	m^2	1418.41
		Y22.1+Y22.5	1418.41	
13	020106002001	块料楼梯面层:彩釉砖楼梯	m^2	67.78
		Y10	67.78	
14	020102001001	石材楼地面:混凝土垫层,花岗石地面	m^2	28.93
		Y29	28.93	
15	020106001001	石材楼梯面层:花岗石台阶面	m^2	13.29
		Y27	13.29	
16	020301001001	顶棚抹灰:现浇板下水泥砂浆面	m^2	1668.86
		Y11+Y37	1668.86	
17	020302001001	顶棚吊顶:轻钢龙骨,石膏板基层	m^2	540.98
		Y13	540.98	
18	020507001001	刷喷涂料:内墙面刮腻子二遍,乳胶漆二遍	m^2	2434.54
		D3+D4+D5	2434.54	
19	020507001002	刷喷涂料:顶棚刮腻子二遍,乳胶漆二遍	m^2	1668.86
		D16	1668.86	
20	020507001003	刷喷涂料:石膏板顶棚刮腻子二遍,乳胶漆二遍	m^2	540.98
		D17	540.98	
21	020204001001	石材墙面:花岗岩勒脚	m^2	27.33
		Y49	27.33	
22	020201001003	墙面一般抹灰:混合砂浆外墙面(加气混凝土墙)	m^2	1354.22
		Y50	1354.22	
23	020201001004	墙面一般抹灰:水泥砂浆外墙面(砖墙)	m^2	42.12
		Y45	42.12	
24	020203001001	零星项目一般抹灰:外墙檐口,水泥砂浆	m^2	83.72
		Y46	83.72	
25	020206003002	块料零星项目:雨篷栏板贴面砖	m^2	17.50
		Y47	17.50	
26	020205003001	块料柱面:圆柱面贴面砖	m^2	12.82
		Y48	12.82	
27	020507001004	刷喷涂料:外墙刷丙烯酸涂料	m^2	1641.49
		Y54	1641.49	
28	020107001001	金属扶手带栏杆、栏板:不锈钢扶手带栏杆	m	43.58
		Y55	43.58	
29	020209001001	隔断:塑钢隔断	m^2	98.08
		Y59	98.08	
30	020603001001	洗漱台:大理石台面	m^2	1.81
		Y57	1.81	
31	补 02070100001	外墙保温墙面	m^2	1363.20
		Y53/0.05	1363.20	
32	cs0201001001	脚手架	项	1

第十一节　清单/定额工程量组合表

工程名称：综合楼　　　　　　建筑消耗量（06）

序号	清单/定额编号	项目名称	单位	工程量	
		基础及地下室			
1	010101001001	平整场地	m^2		343.75
1	1-4-1	人工场地平整	$10m^2$	51.975	
2	010101003001	挖基础土方:坚土,地坑,4m 内	m^3		306.62
2	1-2-19	人工挖地坑坚土深 4m 内	$10m^3$	56.817	
5	1-4-4-1	基底钎探(灌砂)	十眼	14.60	
3	010101003002	挖基础土方:坚土,地坑,2m 内	m^3		6.80
6	1-2-18	人工挖地坑坚土深 2m 内	$10m^3$	0.961	
9	1-4-4-1	基底钎探(灌砂)	十眼	0.80	
4	010101003003	挖基础土方:坚土,地槽,2m 内	m^3		88.32
10	1-2-12	人工挖沟槽坚土深 2m 内	$10m^3$	14.643	
18	1-2-12	人工挖沟槽坚土深 2m 内	$10m^3$	0.117	
5	010401002001	独立基础:C15 混凝土垫层,C20 混凝土柱基	m^3		70.82
3	2-1-13-2'	C154 现浇无筋混凝土垫层(独立基础)(商品混凝土)	$10m^3$	1.399	
7	2-1-13-2'	C154 现浇无筋混凝土垫层(独立基础)(商品混凝土)	$10m^3$	0.08	
13	4-2-7'	C204 商品混凝土独立基础	$10m^3$	7.082	
6	010305001001	石基础:毛石条基,M5.0 砂浆	m^3		0.81
19	3-2-1	M5.0 砂浆乱毛石基础	$10m^3$	0.081	
7	010403001001	基础梁:C15 混凝土垫层,C20 混凝土基础梁	m^3		24.95
11	2-1-13-1'	C154 商品混凝土无筋混凝土垫层(条形基础)	$10m^3$	0.647	
15	4-2-23.27'	C203 商品混凝土基础梁	$10m^3$	2.495	
8	010103001001	土(石)方回填	m^3		346.33
54	1-4-13	槽、坑机械夯填土	$10m^3$	58.046	
55	1-4-11	机械夯填土(地坪)	$10m^3$	6.243	
56	1-2-47	人力车运土方 50m 内	$10m^3$	1.394	
57	1-2-3	人工挖坚土深 2m 内	$10m^3$	1.394	
9	010402001001	矩形柱:框架柱,C30	m^3		25.93
20	4-2-17.2'	C304 商品混凝土矩形柱	$10m^3$	2.593	
10	010402002001	异形柱:框架拐角柱及圆形柱,C30	m^3		5.20
22	4-2-18.2'	C304 商品混凝土圆形柱	$10m^3$	0.153	
25	4-2-19.2'	C304 商品混凝土异形柱	$10m^3$	0.367	
11	010404001001	直形墙:地下混凝土墙,C30	m^3		19.63
30	4-2-30.2'	C303 商品混凝土墙	$10m^3$	1.963	
12	010403005001	过梁:现浇,C30	m^3		1.12
35	4-2-27.2'	C303 商品混凝土过梁	$10m^3$	0.112	
13	010405001001	有梁板:C30	m^3		40.95
38	4-2-36.2'	C302 商品混凝土有梁板	$10m^3$	4.095	
14	010405008001	雨篷、阳台板:雨篷,C30	m^3		0.22

续表

序号	清单/定额编号	项目名称	单位	工程量	
		基础及地下室			
42	4-2-49.22'	C302 商品混凝土雨篷	10m²	0.274	
15	010304001001	空心砖墙、砌块墙：硅酸钙砌块墙 300，M5.0 砂浆	m³		35.97
44	3-3-69.07	M5.0 砂浆硅酸钙砌块墙 300	10m³	3.597	
49	6-2-5	防水砂浆 防潮层 20	10m²	1.842	
16	010304001002	空心砖墙、砌块墙：硅酸钙砌块墙 180，M5.0 砂浆	m³		4.59
45	3-3-32.07	M5.0 砂浆硅酸钙砌块墙 180	10m³	0.459	
50	6-2-5	防水砂浆 防潮层 20	10m²	0.437	
17	010304001003	空心砖墙、砌块墙：硅酸钙砌块墙 120，M5.0 砂浆	m³		0.36
46	3-3-31.07	M5.0 砂浆硅酸钙砌块墙 120	10m³	0.036	
51	6-2-5	防水砂浆 防潮层 20	10m²	0.034	
18	补 01070300401	地下室墙防水：墙面刷聚氨酯二遍，120 砖墙保护	m²		86.10
52	6-2-71	聚氨酯二遍	10m²	8.61	
53	3-3-70.07	M5.0 砂浆煤矸石多孔砖墙 115	10m³	0.996	
19	cs0101001001	脚手架	项		1
29	10-1-102	单排外钢管脚手架 6m 内	10m²	66.281	
34	10-1-103	双排外钢管脚手架 6m 内	10m²	7.85	
47	10-1-6	双排外钢管脚手架 24m 内	10m²	7.518	
48	10-1-102	单排外钢管脚手架 6m 内	10m²	6.30	
20	cs0101002001	混凝土、钢筋混凝土模板及支架	项		1
4	10-4-49	混凝土基础垫层木模板	10m²	1.978	
8	10-4-49	混凝土基础垫层木模板	10m²	0.16	
12	10-4-49	混凝土基础垫层木模板	10m²	2.289	
14	10-4-27'	混凝土独立基础胶合板模板木支撑	10m²	12.792	
16	10-4-109'	基础梁胶合板模板木支撑	10m²	13.562	
17	10-4-310	基础竹胶板模板	10m²	6.43	
21	10-4-88'	矩形柱胶合板模板钢支撑	10m²	21.054	
23	10-4-97'	圆形柱胶合板模板木支撑	10m²	1.357	
24	10-4-103	柱木支撑高超过 3.6m 每增 3m	10m²	0.339	
26	10-4-94'	异形柱胶合板模板钢支撑	10m²	2.034	
27	10-4-102	柱钢支撑高超过 3.6m 每增 3m	10m²	8.278	
28	10-4-311	柱竹胶板模板制作	10m²	5.965	
31	10-4-137'	直形墙胶合板模板木支撑	10m²	15.70	
32	10-4-314	墙竹胶板模板制作	10m²	3.831	
33	10-4-149	墙木支撑高超过 3.6m 每增 3m	10m²	3.46	
36	10-4-118'	过梁胶合板模板木支撑	10m²	1.369	
37	10-4-313	梁竹胶板模板制作	10m²	0.334	
39	10-4-160'	有梁板胶合板模板钢支撑	10m²	28.251	
40	10-4-176	板钢支撑高超过 3.6m 每增 3m	10m²	28.251	
41	10-4-315	板竹胶板模板制作	10m²	6.893	
43	10-4-203	直形悬挑板阳台、雨篷木模板木支撑	10m²	0.274	

续表

序号	清单/定额编号	项目名称	单位	工程量	
		主 体			
1	010402001002	矩形柱:框架柱,C30	m^3		81.16
1	4-2-17.2'	C304 商品混凝土矩形柱	$10m^3$	8.116	
2	010402002002	异形柱:拐角柱,C30	m^3		11.34
3	4-2-19.2'	C304 商品混凝土异形柱	$10m^3$	1.134	
3	010402001003	矩形柱:构造柱,C30	m^3		1.70
8	4-2-20.27'	C203 商品混凝土构造柱	$10m^3$	0.17	
4	010404001002	直形墙:老虎窗侧墙,C30	m^3		0.90
10	4-2-30.2'	C303 商品混凝土墙	$10m^3$	0.09	
5	010403004001	圈梁:厕所墙底部防水,C20	m^3		3.79
13	4-2-26.27'	C203 商品混凝土圈梁	$10m^3$	0.379	
6	010403005002	过梁:现浇,C30	m^3		16.91
15	4-2-27.2'	C303 商品混凝土过梁	$10m^3$	1.691	
7	010405001002	有梁板:C30	m^3		390.96
18	4-2-36.2'	C302 商品混凝土有梁板	$10m^3$	34.467	
19	4-2-41.2'	C302 商品混凝土斜板、折板	$10m^3$	4.629	
8	010405006001	栏板、雨篷栏板:C30	m^3		0.70
23	4-2-51.22'	C302 商品混凝土栏板	$10m^3$	0.07	
9	010405007001	天沟、挑檐板:C30	m^3		4.65
25	4-2-56.22'	C302 商品混凝土挑檐、天沟	$10m^3$	0.465	
10	010405008002	雨篷、阳台板:雨篷,C30	m^3		0.22
27	4-2-49.22'	C302 商品混凝土雨篷	$10m^2$	0.274	
11	010406001001	直形楼梯:C30	m^2		67.01
29	4-2-42.22'	C302 商品混凝土直形楼梯无斜梁 100	$10m^2$	6.701	
30	4-2-46.22＊2'	C302 商品混凝土楼梯板厚＋10×2	$10m^2$	4.885	
12	010407001001	其他构件:压顶,C20	m^3		0.66
33	4-2-58'	C202 商品混凝土压顶	$10m^3$	0.066	
13	010304001004	空心砖墙、砌块墙:加气混凝土砌块墙 300,M5.0 混浆	m^3		231.39
35	3-3-63	M5.0 混浆加气混凝土砌块墙 300	$10m^3$	23.139	
14	010304001005	空心砖墙、砌块墙:加气混凝土砌块墙 180,M5.0 混浆	m^3		125.12
36	3-3-25	M5.0 混浆加气混凝土砌块墙 180	$10m^3$	12.512	
15	010304001006	空心砖墙、砌块墙:加气混凝土砌块墙 120,M5.0 混浆	m^3		6.02
37	3-3-24	M5.0 混浆加气混凝土砌块墙 120	$10m^3$	0.602	
16	010302001001	实心砖墙:煤矸石多孔砖墙 240,M5.0 混浆	m^3		9.31
38	3-3-75	M5.0 混浆煤矸石多孔砖墙 240	$10m^3$	0.931	
17	010416001001	现浇混凝土钢筋:Ⅰ级钢	t		49.089
51	4-1-1	现浇构件圆钢筋 $\phi4$	t	0.004	
52	4-1-2	现浇构件圆钢筋 $\phi6.5$	t	1.366	
53	4-1-3	现浇构件圆钢筋 $\phi8$	t	7.518	
54	4-1-4	现浇构件圆钢筋 $\phi10$	t	23.995	
55	4-1-5	现浇构件圆钢筋 $\phi12$	t	1.257	

续表

序号	清单/定额编号	项目名称	单位	工程量	
		主体			
63	4-1-52	现浇构件箍筋 ϕ6.5	t	1.300	
64	4-1-53	现浇构件箍筋 ϕ8	t	12.914	
65	4-1-98	砌体加固筋 ϕ6.5 内	t	0.735	
18	010416001002	现浇混凝土钢筋：Ⅱ级钢	t		44.629
56	4-1-13	现浇构件螺纹钢筋 ϕ12	t	4.292	
57	4-1-14	现浇构件螺纹钢筋 ϕ14	t	1.935	
58	4-1-15	现浇构件螺纹钢筋 ϕ16	t	0.755	
59	4-1-16	现浇构件螺纹钢筋 ϕ18	t	4.319	
60	4-1-17	现浇构件螺纹钢筋 ϕ20	t	23.173	
61	4-1-18	现浇构件螺纹钢筋 ϕ22	t	7.966	
62	4-1-19	现浇构件螺纹钢筋 ϕ25	t	2.189	
19	010417002001	预埋铁件	t		0.038
32	4-1-96	铁件	t	0.038	
20	cs0101001001	脚手架	项		1
6	10-1-102	单排外钢管脚手架 6m 内	$10m^2$	197.538	
39	10-1-6	双排外钢管脚手架 24m 内	$10m^2$	166.464	
40	10-1-102	单排外钢管脚手架 6m 内	$10m^2$	6	
41	10-1-24	双排里钢管脚手架 6m 内	$10m^2$	4.371	
42	10-1-21	单排里钢管脚手架 3.6m 内	$10m^2$	85.739	
21	cs0101002001	混凝土、钢筋混凝土模板及支架	项		1
2	10-4-88’	矩形柱胶合板模板钢支撑	$10m^2$	66.605	
4	10-4-94’	异形柱胶合板模板钢支撑	$10m^2$	6.282	
5	10-4-103	柱木支撑高超过 3.6m 每增 3m	$10m^2$	2.29	
7	10-4-311	柱竹胶板模板	$10m^2$	17.784	
9	10-4-98	构造柱组合钢模板钢支撑	$10m^2$	1.757	
11	10-4-136’	直形墙胶合板模板钢支撑	$10m^2$	0.75	
12	10-4-314	墙竹胶板模板制作	$10m^2$	0.183	
14	10-4-127’	圈梁胶合板模板木支撑	$10m^2$	3.364	
16	10-4-118’	过梁胶合板模板木支撑	$10m^2$	20.967	
17	10-4-313	梁竹胶板模板制作	$10m^2$	5.937	
20	10-4-160’	有梁板胶合板模板钢支撑	$10m^2$	284.753	
21	10-4-176	板钢支撑高超过 3.6m 每增 3m	$10m^2$	71.635	
22	10-4-315	板竹胶板模板制作	$10m^2$	69.48	
24	10-4-206	栏板木模板木支撑	$10m^2$	2.432	
26	10-4-211	挑檐、天沟木模板木支撑	$10m^2$	8.052	
28	10-4-203	直形悬挑板阳台、雨篷木模板木支撑	$10m^2$	0.274	
31	10-4-201	直形楼梯木模板木支撑	$10m^2$	6.701	
34	10-4-213	扶手、压顶木模板木支撑	$10m^3$	0.066	
22	cs0101003001	大型机械设备进出场及安拆费	项		1
44	10-5-1-1’	C204 商品混凝土塔吊基础	$10m^3$	1	

续表

序号	清单/定额编号	项目名称	单位	工程量	
		主体			
45	4-1-131	[措]现浇混凝土埋设螺栓	10个	1.60	
46	10-4-63	$20m^3$ 内设备基础组合钢模钢支撑	$10m^2$	1.30	
47	10-5-3	塔式起重机混凝土基础拆除	$10m^3$	1	
48	补1	[措]石渣外运(35元/m^3)	m^3	10	
49	10-5-20	6t塔式起重机安、拆	次	1	
50	10-5-20-1	6t塔式起重机场外运输	次	1	
23	cs0101004001	垂直运输机械	项		1
43	10-2-11-1	30m内其他混合结构泵送垂直运输	$10m^2$	214.585	
		屋面、散水、台阶			
1	010701001001	瓦屋面:琉璃瓦坡屋面,细石混凝土防水,LM高分子涂料防水	m^2		251.48
9	6-1-19	钢筋混凝土斜面上琉璃瓦屋面	$10m^2$	25.148	
10	6-1-20	琉璃瓦檐口线	10m	6.57	
11	6-1-21	琉璃瓦脊瓦	10m	4.929	
12	6-2-1'	C20细石商品混凝土防水层40	$10m^2$	25.148	
13	9-1-5*-1'	C20细石商品混凝土找平层-5	$10m^2$	−25.148	
14	4-1-1	现浇构件圆钢筋 $\phi 4$	t	0.332	
16	6-2-93	1.5厚LM高分子涂料防水层	$10m^2$	30.133	
17	9-1-1	1:3砂浆硬基层上找平层20	$10m^2$	30.133	
2	010702001001	屋面卷材防水:上人地砖面层,沥青玻璃纤维布防水,LM高分子涂料防水	m^2		126.57
1	9-1-80H	1:3砂浆25彩釉砖楼地面800内	$10m^2$	12.657	
2	6-2-24	平面沥青玻璃纤维布±一布一油	$10m^2$	12.657	
3	6-2-93	1.5厚LM高分子涂料防水层	$10m^2$	12.657	
4	9-1-2	1:3砂浆填充料上找平层20	$10m^2$	12.657	
5	9-1-1	1:3砂浆硬基层上找平层20	$10m^2$	13.999	
6	6-2-34	平面一层高强APP改性沥青卷材	$10m^2$	13.999	
3	010803001001	保温隔热屋面:聚氨酯发泡保温40	m^2		251.48
15	6-3-13	混凝土板上聚氨酯发泡保温层40	$10m^2$	25.148	
4	010803001002	保温隔热屋面:聚氨酯发泡保温40,水泥珍珠岩1:8找平	m^2		126.57
7	6-3-15-1	混凝土板上现浇水泥珍珠岩1:8	$10m^3$	0.803	
8	6-3-13	混凝土板上聚氨酯发泡保温层40	$10m^2$	12.657	
5	010702004001	屋面排水管:塑料落水管 $\phi 100$	m		133.20
21	6-4-9	塑料落水管 $\phi 100$	10m	13.32	
22	6-4-22	铸铁弯头落水口(含箅子板)	10个	0.30	
23	6-4-20	铸铁雨水口	10个	0.40	
24	6-4-10	塑料水斗	10个	0.70	
6	010702002001	屋面涂膜防水:聚氨酯二遍	m^2		44.67
18	6-2-71	聚氨酯二遍	$10m^2$	4.467	
19	9-1-1	1:3砂浆硬基层上找平层20	$10m^2$	4.467	
20	6-4-18H	塑料短管 $\phi 50$	10个	0.50	
7	010702003002	屋面刚性防水:雨篷顶防水砂浆	m^2		5.56

续表

序号	清单/定额编号	项目名称	单位	工程量	
		屋面、散水、台阶			
25	6-2-10	平面防水砂浆防水层	$10m^2$	0.556	
8	010407001002	其他构件:C15 混凝土垫层,混凝土台阶,C20	m^3		2.25
26	1-4-6	机械原土夯实	$10m^2$	1.794	
27	2-1-13'	C154 商品混凝土无筋混凝土垫层	$10m^3$	0.179	
28	4-2-57'	C202 商品混凝土台阶	$10m^3$	0.225	
9	010407002001	散水、坡道:混凝土散水	m^2		54.08
30	8-7-51'	C20 细石商品混凝土散水 3∶7 灰土垫层	$10m^2$	5.408	
31	2-1-1 * -1	3∶7 灰土垫层(扣除)	$10m^3$	−0.811	
10	补 01010400101	竣工清理	m^3		7609.99
33	1-4-3	竣工清理	$10m^3$	760.999	
11	cs0101002001	混凝土、钢筋混凝土模板及支架	项		1
29	10-4-205	台阶木模板木支撑	$10m^2$	0.689	
32	10-4-49	混凝土基础垫层木模板	$10m^2$	0.425	
		门 窗			
1	020402003001	金属地弹簧门:铝合金门	m^2		7.92
1	5-5-1	铝合金地弹门安装	$10m^2$	0.792	
2	020402001001	金属平开门:铝合金门	m^2		12.78
2	5-5-2	铝合金平开门安装	$10m^2$	1.278	
3	020402007001	钢制防火门	m^2		11.52
3	5-4-12	钢质防火门安装(扇面积)	$10m^2$	1.152	
4	020401004001	胶合板门:成品门扇	m^2		119.88
4	5-1-9	单扇带亮木门框制作	$10m^2$	9.504	
5	5-1-11	双扇带亮木门框制作	$10m^2$	2.232	
6	5-1-15	双扇木门框制作	$10m^2$	0.252	
15	5-1-10	单扇带亮木门框安装	$10m^2$	9.504	
16	5-1-12	双扇带亮木门框安装	$10m^2$	9.504	
17	5-1-16	双扇木门框安装	$10m^2$	0.252	
18	5-1-107	普通成品门扇安装(扇面积)	$10m^2$	8.48	
19	5-3-3	单扇单玻璃木窗扇制作	$10m^2$	2.295	
20	5-3-4	单扇单玻璃木窗扇安装	$10m^2$	2.295	
21	5-9-1-1	单扇带亮木门配件(安执手锁)	10 樘	4.40	
22	5-9-2	双扇带亮木门配件	10 樘	0.60	
23	5-9-4	双扇木门配件	10 樘	0.10	
5	020406002001	金属平开窗:铝合金窗	m^2		311.49
7	5-5-5	铝合金平开窗安装	$10m^2$	31.149	
6	020406007001	塑钢窗:单层窗	m^2		50.50
8	5-6-2	单层塑料窗安装	$10m^2$	5.05	
7	020407001001	门窗套及贴脸:门窗套,中密度板基层,榉木板面	m^2		138.51
9	9-5-5-1	门窗套、贴脸中密度板基层	$10m^2$	13.851	
26	6-2-74	立面砖墙面石油沥青一遍	$10m^2$	13.851	

续表

序号	清单/定额编号	项目名称	单位	工程量	
		门　窗			
27	9-5-10	门窗套、贴脸粘贴榉木夹板面层	10m²	13.851	
8	020407004001	门窗木贴脸:贴脸 50×20	m²		72.65
11	9-5-56	平面木装饰线宽度 50 内	10m	145.30	
9	020409001001	木窗台板:中密度板基层,榉木板面	m²		23.17
13	9-5-18-1	中密度板窗台板	10m²	2.317	
25	9-5-24	窗台板粘贴面层榉木夹板	10m²	2.317	
10	020409003001	石材窗台板:大理石面层	m²		9.36
14	9-5-22	窗台板水泥砂浆大理石面层	10m²	0.936	
11	020501001001	门油漆:底油一遍,白色调和漆二遍	m²		119.88
24	9-4-1	底油一遍调和漆二遍(单层木门)	10m²	11.988	
12	020504003001	窗台板、筒子板、盖板、门窗套、踢脚线油漆:门窗套,底油一遍,白色调和漆二遍	m²		161.68
28	9-4-5	底油一遍调和漆二遍(其他木材面)	10m²	16.168	
13	020504003002	窗台板、筒子板、盖板、门窗套、踢脚线油漆:贴脸,底油一遍,白色调和漆二遍	m²		130.77
29	9-4-4-1	底油一遍调和漆二遍装饰线 50 内	10m	145.30	
		装　饰			
1	020105003001	块料踢脚线:水泥砂浆地板砖直形踢脚	m²		103.30
1	9-1-172	1:2.5 砂浆全瓷地板砖直形踢脚板	10m²	10.33	
2	020105003002	块料踢脚线:水泥砂浆地板砖异形踢脚	m²		7.29
24	9-1-173	1:2.5 砂浆全瓷地板砖异形踢脚板	10m²	0.729	
3	020201001001	墙面一般抹灰:水泥砂浆内墙面(混凝土、砌块墙)	m²		168.57
3	9-2-21H	混凝土墙面墙裙 1:2.5 水泥砂浆 14+7	10m²	16.857	
4	020201001002	墙面一般抹灰:混合砂浆内墙面(加气混凝土墙)	m²		2226.25
5	9-2-35H	轻质墙墙面墙裙混合砂浆 7+14	10m²	225.21	
43	9-4-242	混凝土界面剂涂敷加气混凝土砌块面	10m²	225.21	
5	020202001001	柱面一般抹灰:水泥砂浆柱面	m²		39.72
39	9-2-29	矩形混凝土柱水泥砂浆 12+7	10m²	3.972	
6	020204003001	块料墙面:内墙,贴瓷砖	m²		712.59
2	9-2-172	墙面墙裙砂浆粘贴瓷砖 200×150	10m²	29.637	
7	9-2-172	墙面墙裙砂浆粘贴瓷砖 200×150	10m²	43.374	
44	9-4-242	混凝土界面剂涂敷加气混凝土砌块面	10m²	73.011	
7	020206003001	块料零星项目:门窗侧壁贴瓷砖	m²		15.55
25	9-2-173	零星项目砂浆粘贴瓷砖 200×150	10m²	1.555	
26	9-2-334	面砖阳角 45°角对缝	10m	11.48	
8	020102002001	块料楼地面:地面,干硬水泥砂浆地板砖 300×300	m²		109.68
9	9-1-169H1	干硬水泥砂浆全瓷地板砖 300×300	10m²	11.023	
32	2-1-13'	C154 商品混凝土无筋混凝土垫层	10m³	0.658	
9	020102002002	块料楼地面:楼面,干硬水泥砂浆地板砖 300×300	m²		24.00
21	9-1-169H1	干硬水泥砂浆全瓷地板砖 300×300	10m²	2.504	

续表

序号	清单/定额编号	项目名称	单位	工程量	
		装饰			
10	020102002003	块料楼地面:楼面,LM高分子涂料防水,干硬水泥砂浆地板砖 300×300	m^2		82.08
17	9-1-169H1	干硬水泥砂浆全瓷地板砖 300×300	$10m^2$	8.208	
18	6-2-1'	C20 细石商品混凝土防水层 40	$10m^2$	8.208	
19	6-2-2＊-1'	C20 细石商品混凝土防水层－10	$10m^2$	－8.208	
20	6-2-93	1.5厚LM高分子涂料防水层	$10m^2$	8.208	
11	020102002004	块料楼地面:地面,干硬水泥砂浆地板砖 500×500	m^2		173.22
8	9-1-169H2	干硬水泥砂浆全瓷地板砖 500×500	$10m^2$	17.449	
31	2-1-13'	C154 商品混凝土无筋混凝土垫层	$10m^3$	1.039	
12	020102002005	块料楼地面:楼面,干硬水泥砂浆地板砖 500×500	m^2		1418.41
22	9-1-169H2	干硬水泥砂浆全瓷地板砖 500×500	$10m^2$	142.683	
13	020106002001	块料楼梯面层:彩釉砖楼梯	m^2		67.78
10	9-1-84	彩釉砖楼梯	$10m^2$	6.778	
14	020102001001	石材楼地面:混凝土垫层,花岗石地面	m^2		28.93
30	9-1-160	楼地面酸洗打蜡	$10m^2$	2.893	
29	9-1-165H	干硬 1∶3 砂浆花岗岩楼地面	$10m^2$	2.893	
33	2-1-13'	C154 商品混凝土无筋混凝土垫层	$10m^3$	0.174	
15	020106001001	石材楼梯面层:花岗石台阶面	m^2		13.29
27	9-1-59	花岗岩台阶	$10m^2$	1.329	
28	9-1-161	楼梯台阶酸洗打蜡	$10m^2$	1.329	
16	020301001001	顶棚抹灰:现浇板下水泥砂浆面	m^2		1668.86
11	9-3-3	现浇混凝土顶棚水泥砂浆抹灰	$10m^2$	138.351	
37	9-3-3	现浇混凝土顶棚水泥砂浆抹灰	$10m^2$	28.535	
17	020302001001	顶棚吊顶:轻钢龙骨,石膏板基层	m^2		540.98
13	9-3-33	装配式U形龙骨 600×600 一级	$10m^2$	54.098	
14	9-3-87	轻钢龙骨上铺钉纸面石膏板基层	$10m^2$	54.098	
18	020507001001	刷喷涂料:内墙面刮腻子二遍,乳胶漆二遍	m^2		2434.54
4	9-4-152	室内墙柱光面刷乳胶漆二遍	$10m^2$	16.857	
6	9-4-152	室内墙柱光面刷乳胶漆二遍	$10m^2$	225.21	
40	9-4-152	室内墙柱光面刷乳胶漆二遍	$10m^2$	3.972	
42	9-4-209	顶棚、内墙抹灰面满刮腻子二遍	$10m^2$	246.039	
19	020507001002	刷喷涂料:顶棚刮腻子二遍,乳胶漆二遍	m^2		1668.86
12	9-4-151	室内顶棚刷乳胶漆二遍	$10m^2$	138.351	
38	9-4-151	室内顶棚刷乳胶漆二遍	$10m^2$	28.535	
41	9-4-209	顶棚、内墙抹灰面满刮腻子二遍	$10m^2$	166.886	
20	020507001003	刷喷涂料:石膏板顶棚刮腻子二遍,乳胶漆二遍	m^2		540.98
34	9-4-209-1	木夹板、石膏板面满刮腻子二遍	$10m^2$	54.098	
35	9-3-126	顶棚石膏板嵌缝	$10m^2$	54.098	
36	9-4-151	室内顶棚刷乳胶漆二遍	$10m^2$	54.098	
21	020204001001	石材墙面:花岗岩勒脚	m^2		27.33

续表

序号	清单/定额编号	项目名称	单位	工程量	
		装　饰			
49	9-2-129	混凝土墙面挂贴花岗岩(灌缝浆 50)	$10m^2$	2.733	
22	020201001003	墙面一般抹灰:混合砂浆外墙面(加气混凝土墙)	m^2		1354.22
50	9-2-32	混凝土墙面墙裙混合砂浆 12+8	$10m^2$	135.422	
51	9-4-242	混凝土界面剂涂敷加气混凝土砌块面	$10m^2$	135.422	
23	020201001004	墙面一般抹灰:水泥砂浆外墙面(砖墙)	m^2		42.12
45	9-2-20	砖墙面墙裙水泥砂浆 14+6	$10m^2$	4.212	
24	020203001001	零星项目一般抹灰:外墙檐口,水泥砂浆	m^2		83.72
46	9-2-25	零星项目水泥砂浆 6+14	$10m^2$	8.372	
25	020206003002	块料零星项目:雨篷栏板贴面砖	m^2		17.50
47	9-2-223-1	圆弧墙砂浆贴面砖 240×60 缝 10 内	$10m^2$	1.75	
26	020205003001	块料柱面:圆柱面贴面砖	m^2		12.82
48	9-2-223-1	圆弧墙砂浆贴面砖 240×60 缝 10 内	$10m^2$	1.282	
27	020507001004	刷喷涂料:外墙刷丙烯酸涂料	m^2		1641.49
54	9-4-184	抹灰外墙面丙烯酸涂料(一底二涂)	$10m^2$	164.149	
28	020107001001	金属扶手带栏杆、栏板:不锈钢扶手带栏杆	m		43.58
55	9-5-203	不锈钢管扶手不锈钢栏杆	10m	4.358	
56	9-5-204	不锈钢管扶手弯头另加工料	10 个	2.50	
29	020209001001	隔断:塑钢隔断	m^2		98.08
59	9-2-311	全塑钢板塑钢隔断	$10m^2$	9.808	
30	020603001001	洗漱台:大理石台面	m^2		1.81
57	9-5-107	大理石洗漱台台面及裙边	$10m^2$	0.181	
58	9-5-109	大理石台面现场加工开孔	10 个	0.20	
31	补 02070100001	外墙保温墙面	m^2		1363.20
52	9-4-211	外墙抹灰面满刮腻子二遍	$10m^2$	151.565	
53	6-3-38	外墙挂贴保温板	$10m^3$	6.816	
32	cs0201001001	脚手架	项		1
16	10-1-22-1	装饰双排里钢管脚手架 3.6m 内	$10m^2$	339.234	
23	10-1-27	满堂钢管脚手架	$10m^2$	12.385	
15	10-1-27	满堂钢管脚手架	$10m^2$	17.211	

第二章　三 维 算 量

第一节　建立工程项目

运行三维算量软件，进入欢迎对话框。点击〖新建工程〗按钮，指定工程存储路径与工程名称，一个新的工程项目就建立好了，软件会进入“工程设置”对话框。

不管是采用手工建模算量，还是识别建模算量，也不管是计算建筑工程量，还是计算钢筋工程量，都必须先依据施工图纸设置好工程的各种相关参数。在工程设置里包含六方面的内容：计量模式、楼层设置、结构说明、工程特征、标书封面和钢筋标准。

一、计量模式的设置

在计量模式的设置中，关键是“输出模式”和“计算依据”的设置。软件提供三种工程量输出模式：“清单模式”、“定额模式”和“构件实物量”。“构件实物量”是指无需给构件挂接清单项目或定额子目，只需在计量模式中选择清单规范或者地方定额，软件直接按相应的计算规则，用若干的工程量表达式组合输出建筑工程量。本工程采用“清单模式”。

接着是“计算依据”的选择。在“清单名称”中选择“国标清单（山东）”，然后在“定额名称”中选择“山东省建筑工程消耗量定额（2003）”。清单计算规则和定额计算规则是平行且互不影响的。

在“应用范围”中选择“钢筋计算”，则可以调用钢筋计算模块。

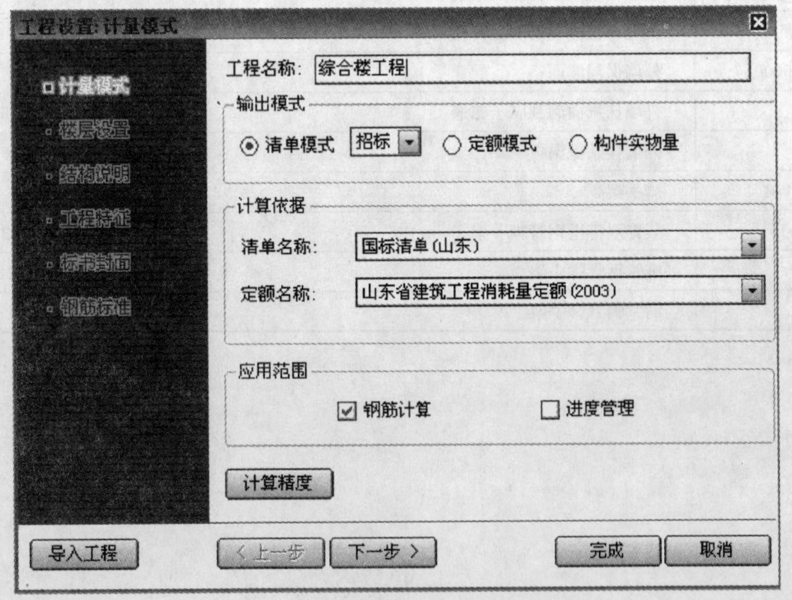

图 2-1　计量模式设置页面

二、楼层设置

下一步进入“楼层设置”页面。在楼层设置中主要是设置建筑物各楼层的信息，以生成相应的楼层文件。在建模时，软件也会从楼层表中自动提取有关构件立面的数据信息，例如柱、墙、梁的高度等。为了方便钢筋计算，不单独将基础作为一层计算，因此这里按建筑剖面图设置楼层信息即可，设置好后如图 2-2 所示。

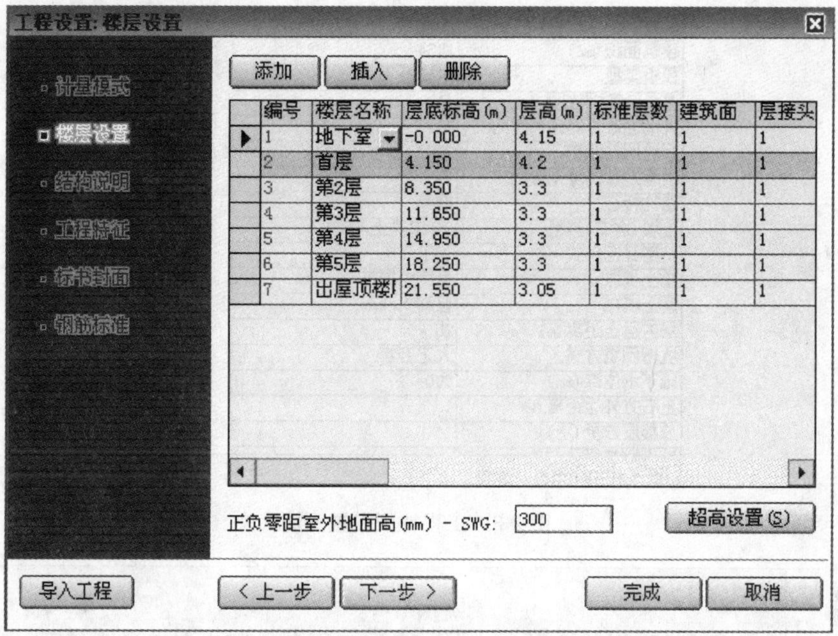

编号	楼层名称	层底标高(m)	层高(m)	标准层数	建筑面	层接头
1	地下室	-0.000	4.15	1	1	1
2	首层	4.150	4.2	1	1	1
3	第2层	8.350	3.3	1	1	1
4	第3层	11.650	3.3	1	1	1
5	第4层	14.950	3.3	1	1	1
6	第5层	18.250	3.3	1	1	1
7	出屋顶楼	21.550	3.05	1	1	1

图 2-2　楼层设置页面

“层接头数量”用于确定墙柱等竖向钢筋的绑扎接头计算。非绑扎的钢筋接头，系统默认按每楼层一个计算，这里不用设置。

“正负零距室外地面高”用于设置正负零距室外地坪的高差值，此值用于挖基础土方的深度控制。

注意事项：

“正负零距室外地面高”只能用于设置一个室外地坪的高差，类似本工程这种吊脚楼，软件无法判定首层的室外地坪与室内地坪的高差，在计算首层下的基础土方时，其挖土深度要特殊处理，不能取“同室外地坪”。

三、结构说明

下一步进入“结构说明”页面。“结构说明”页面用于设置整个工程的混凝土材料强度等级、砌体材料、抗震等级、浇捣方法等。需要注意的是，在设置结构说明之前，必须先设置好楼层。设置时通过对应楼层、构件名称与相应的材料、抗震等级等来确定。定义构件时软件会自动取这里的设置作为构件的缺省属性。

四、工程特征

下一步进入“工程特征”设置页面。本页面包含了工程的一些全局特征设置。在这些属性中，用蓝色标识的属性为必填的属性，其中建筑面积的设置用于计算建筑经济指标。钢丝网的设置项用于计算钢丝网工程量。“结构特征”、“土壤类型”、“运土距离”等属性值用于生成清单的项目特征。这里需要按工程实际情况进行填写。

“地下水位深”即地下水位距离室外地坪的深度。该属性值会影响挖土方中的挖湿土体积的计算。如果基础深度在此值以下，则在计算挖基础土方时软件会自动计算湿土的体积。设置好的工程特征如图 2-3 所示。

属性	属性值
建筑面积(m2)	1434
模板类型	木模板
是否计算钢丝网	是
外墙面是否满铺钢丝网	是
钢丝网贴缝宽	200
阴角是否计算钢丝网	否
结构特征	框架
土壤(岩石)类型	一,二类土
坑槽开挖形式	人工开挖
挖土机械	反铲挖掘机
运土机械	自卸式汽车
场内运土距离(m)	20
坑槽回填方式	人工夯实
地下水位深(mm)	800
土石方外运距离(km)	1
总楼层数量(层)	

* 蓝色标识的项为必填项

图 2-3 工程特征设置页面

小技巧：

可以利用“地下水位深”参数来区分挖坚土和普通土。

五、标书封面与钢筋标准

下一步进入“标书封面”设置页面，这里的内容与工程量计算无关，可以不用设置。

如果在计量模式页面的应用范围中选择了“钢筋计算”，则下一步会进入钢筋标准的设置页面，选择设计要求的钢筋标准即可。如果应用范围中没有选择“钢筋计算”，将不会出现钢筋标准的设置页面。本工程采用“03G101、04G101”标准计算钢筋。

设置好所有的信息后，点击〖完成〗按钮。

第二节 地下室工程量计算

手工算量往往从基础层开始，自下而上计算工程量。应用软件算量却并非如此，每个人可以根据工程的实际情况来选择最快的算量顺序，没有严格的规定。建立完一层的模型后，如果其他楼层的模型有相似的地方，可以用〖拷贝楼层〗命令将已经建立好的模型拷贝到其他楼层，以减少建模时间，提高工作效率。

在手工建立工程模型时，一般应遵循以下顺序原则：

(1) 定义编号后布置构件；

(2) 确定墙、梁、柱、基础等结构骨架构件在预算图中的位置；

(3) 根据这些骨架构件所处位置和封闭区域，确定板、房间装饰等区域形构件和门窗洞口、过梁等寄生类构件；

(4) 布置其他零星构件。

下面根据设计图开始建模，例如从地下室开始，首先用〖楼层显示〗命令切换到地下室的楼层文件。

一、建立轴网

命令模块：【轴网】→〖绘制轴网〗

使用【轴网】菜单下的〖绘制轴网〗命令，根据设计图分别录入“开间”和“进深”的数据，设置好轴网数据后，点击〖确定〗按钮，返回图形界面，在图面上点取一点，就可以将轴网放到图面上了（图 2-4）。

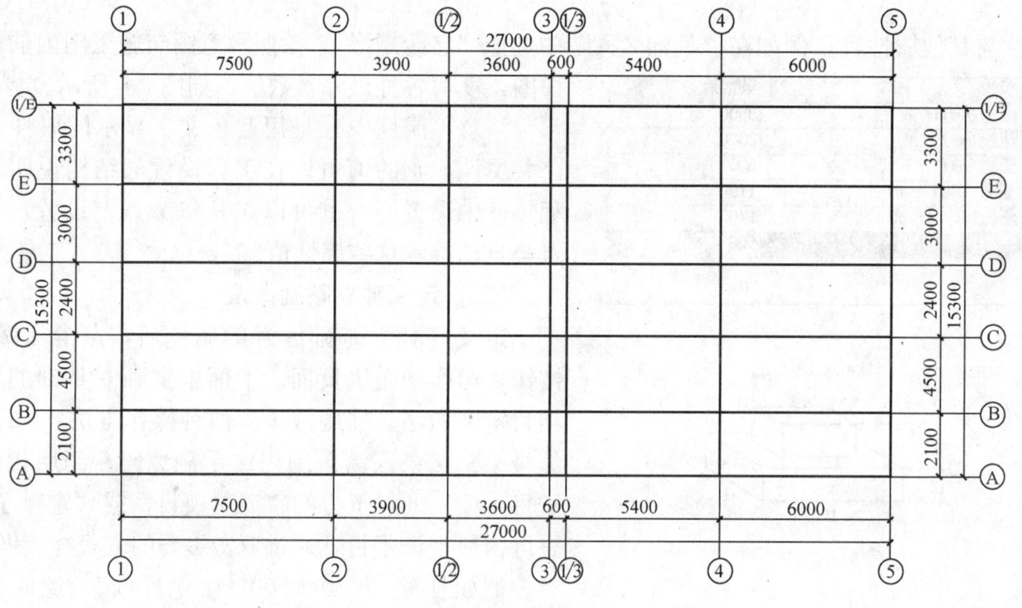

图 2-4　轴网

二、地下室独立基础

命令模块：【基础】→〖独基布置〗

手工建模的操作流程是：定义编号（含做法定义）→布置构件。在软件中，构件布置遵循编号优先原则，即大部分构件都必须先定义编号与属性，才能进行布置。其中做法的定义可以在定义编号的同时完成，也可以在布置构件后再挂接做法，可以根据习惯采用。建议手工建模时采用前者，识别建模时采用后者。

本工程是比较特殊的吊脚楼工程，地下室与首层都有基础，且基础标高有很大差异。在软件中，所有跨层构件钢筋有插、锚要求的，最好将构件和钢筋同层布置，否则布置的插、锚钢筋，将由于程序搜索不到支座构件而计算出“0”值。例如柱子纵筋要锚入基础中，则柱和柱下的基础应该在同一楼层中布置，这样给柱子布置插筋时，插筋才能取到柱下基础的高度值。因此在本工程中，为了计算方便，将地下室构件与地下室的基础放在一个楼层，首层构件与首层的基础放在一个楼层。

（一）定义独立基础编号

首先定义地下室的独立基础的编号。点击【基础】菜单下的〖独基布置〗按钮，因为当前没有任何独立基础编号，所以软件会先进入“定义编号”界面。

在独立基础节点下新建一个编号，如图 2-5 所示。每个基础编号下都会带有相关的垫层、砖模与坑槽的定义，如果不采用砖胎模，可以将砖模节点删除。其他类型模板的工程量，例如木模板，已经包含在独立基础的属性中，无需单独定义。

修改编号为 J-1 后，需要根据设计图分别设置编号的物理属性、几何属性、施工属性、钢

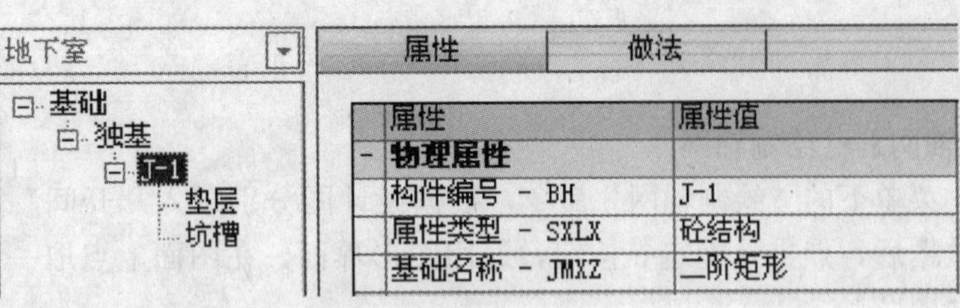

图 2-5　独立基础编号定义

筋属性与其他属性等。例如在“基础名称”中选择“二阶矩形”，参照示意图与施工图内的基础详图，填写各种尺寸参数值。如图 2-6 所示。

参数	参数值
基宽(mm) - B	3500
基长(mm) - H	3500
基高(mm) - T	500
基宽1(mm) - B1	1700
基长1(mm) - H1	1700
基高1(mm) - T1	500

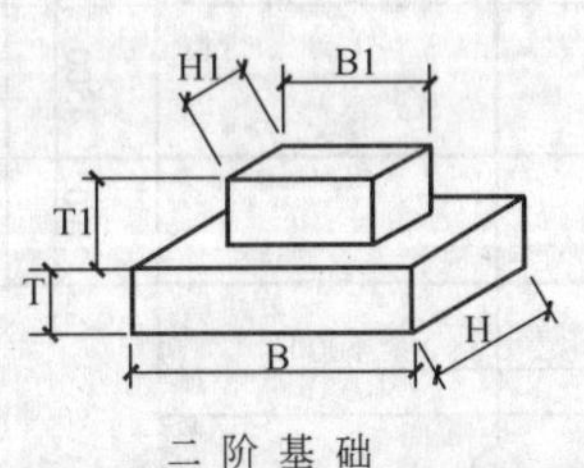

图 2-6　基础参数设置

注意，属性中凡是用蓝色文字显示的属性都是公共属性，它的值可以在工程设置的结构说明或工程特征中设置好，也可以在其父节点上设置，子节点会自动继承这些属性值。

（二）定义独立基础做法

定义好独立基础编号的属性后，点击〖做法〗按钮，切换到做法页面。下面根据独立基础的计算项目定义做法。挂接做法有两种操作方法：（1）在编号中直接录入清单编码或定额编码，调用相应的子目；（2）通过下方的“清单项目”或“定额子目”查询窗口查询子目，通过双击编码的方式挂接做法。

例如挂接“010401002 独立基础”，此时清单编码仍然是 9 位编码，经过工程分析后，软件会根据构件的项目特征自动给出清单编码的后 3 位编码。清单的“工程量计算式”由软件自动给出，如果您想编辑计算式，可以点击工程量计算式单元格中的下拉按钮，进入计算式编辑框中编辑（图 2-7）。在基础的计算式编辑框中有三个页面，分别是独立基础、垫层与坑槽（如果砖模节点没删除，则还有砖模页面），每个页面中都分别显示了它们的各种属性变量。其中蓝色显示的变量是组合式变量，即包含了扣减关系的变量。利用软件提供的属性变量，便可组合成各种工程量计算式。

软件默认的计算式即组合式里的混凝土独立基础体积 V，这个计算式是正确的，不需修改。

点击〖项目特征〗按钮，在这里您可以设置当前清单的项目特征，软件以项目特征为条件归并统计清单工程量。

下面挂接相应的定额。在下方的查询窗口中找到垫层子目，在定额编号上双击左键，垫层定额就挂接到独立基础清单下了。同样，此时要确认一下计算式是否正确，点击下拉按钮进入计算式编辑对话框（图 2-8）。

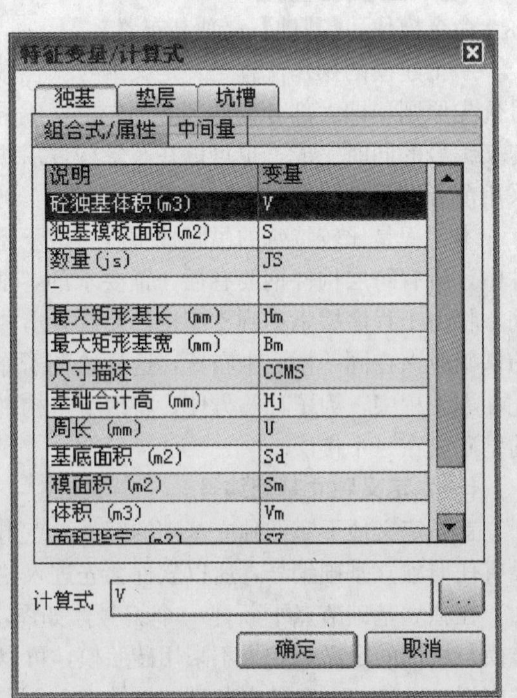

图 2-7　清单计算式编辑

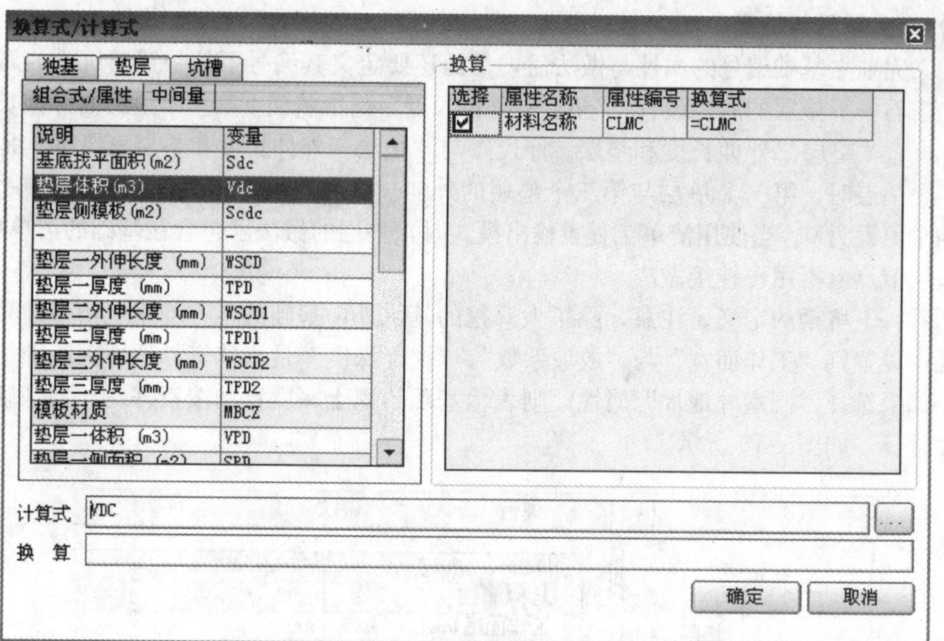

图 2-8　定额计算式编辑

在垫层页面可以看到垫层体积的变量为“Vdc”，因此要将原计算式改为“Vdc”。换算条件是定额工程量的归并条件，只在定额计量模式下起到归并工程量的作用，在清单计量模式下不用设置定额的换算条件，建筑工程量是按照清单的项目特征来归并的。点击〖确定〗按钮，退出计算式编辑框，修改结果会反映到定额子目的工程量计算式中。

接着挂接独立基础定额。本工程中独立基础采用商混凝土，所以在定额名称中标记“[商混凝土]”字样。软件默认的计算式即组合式里的混凝土独立基础体积 V，这个计算式是正确的，不需修改。

再挂接措施项目清单和定额，通过清单项目查询窗口查找建筑措施，找到模板清单项 cs0101002，双击导入做法挂接界面。定额挂接垫层和基础的模板。其中，垫层模板计算式需要将原计算式改为 $Scdc$（图 2-9）。

		序号	编号	项目名称	单位	工程量计算式
	−	787	010401002	独立基础；C15砼垫层，C20砼柱基	m3	V
		787	2-1-13-2	C154现浇无筋砼垫层(独立基础)[商砼]	10m3	VDC
		787	4-2-7	C204现浇砼独立基础[商砼]	10m3	V
	−	832	cs0101002	混凝土、钢筋混凝土模板及支架	项	1
		832	10-4-27	砼独立基础胶合板模板木支撑	10m2	S
		832	10-4-49	砼基础垫层木模板	10m2	SCDC

图 2-9　独立基础做法定义

小技巧：

1. 您可以通过“做法指引”查询窗口，快速查询到与清单匹配的定额子目，挂接到清单项目下。

2. 挂接好的做法，可以通过〖做法保存〗功能保存成模板，在定义其他编号基础的做法时，便可以用〖做法选择〗功能快速挂接做法。在定义其他基础编号时，也可以通过〖做法导入〗功能，导入已经定义好的编号上的做法。

（三）定义垫层与坑槽

在定义完独立基础编号的属性与做法后，下面还要定义其编号下的垫层与坑槽的属性与做法。首先来看一下垫层的属性设置。“垫层一外伸长度”是指基础下第一个垫层的外伸长度，这里为 100mm。“垫层二外伸长度和垫层二厚度”与“垫层三外伸长度和垫层三厚度”是指当基础下有多个垫层时，第二个垫层与第三个垫层的外伸长度和厚度。本工程基础只有一个垫层，因此这四个值设为 0。当使用清单工程量输出模式时，垫层的做法已包含在基础的清单项目中，因此在垫层节点上不用再挂接做法。

下面看一下坑槽的定义。注意，除了大开挖的基坑外，基础的土方均用坑槽来计算。在坑槽的属性中设置好“工作面宽”与“放坡系数”。“挖土深度”是指从室外地坪到基础垫层底面的高差，如果选择“同室外地坪”属性，则表示基础的挖土深度自动按室外地坪到基础垫层底面的深度计算，如图 2-10 所示。

地下室
基础
独基
J-1
垫层
坑槽

属性 | 做法

	属性	属性值
-	**几何属性**	
	工作面宽(mm) - GZMK	300
-	**施工属性**	
	挖土深度(mm) - HWT	同室外地坪
-	**计算属性**	
	放坡系数 - FPXS	0.5

图 2-10 坑槽的属性设置

在软件中，室外地坪的标高是相对于正负零标高（地下室室内地坪标高）计算得出的，只有当基础标高在室外地坪以下时软件才会自动计算其挖土深度。对于本工程而言，地下室的基础坑槽挖土深度可以取“同室外地坪”属性，软件会自动计算地下室下的基础的挖土深度。

下面切换到“做法”页面，挂接坑槽的做法（图 2-11）。

		序号	编号	项目名称	单位	工程量计算式
	−	774	010101003	挖基础土方：坚土，地坑，4m内	m3	KV
		774	1-2-19	人工挖地坑坚土深4m内	10m3	KV
		774	1-4-4	基底钎探	十眼	DCD/10
▶						

图 2-11 坑槽做法

清单项目的挖土体积 KV 按清单计算规则，以基础垫层底面积乘以挖土深度计算。而定额的挖土体积 KV 是按定额计算规则按一定放坡系数与工作面宽计算，软件会自动区分清单规则和定额规则。

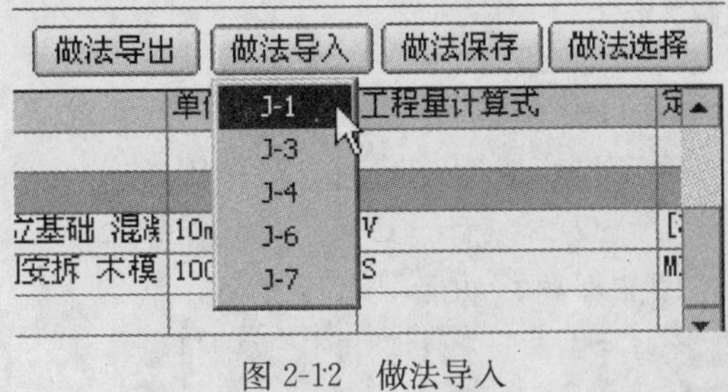

图 2-12 做法导入

剩下的其他独立基础编号均参考以上步骤定义。在定义其他基础编号的做法时，如果其做法与 J-1 的做法相同，可以点击做法页面的〖做法导入〗按钮，软件会弹出当前编号树中的独立基础编号（图 2-12），选择已经挂接了做法的参照编号，该编号上的做法就导入到当前编号中了。也可以在挂接了做法的编号中，用〖做法保存〗功能，将当前编号上的做法以一定的名称保存到软件中，再切换到其他编号，通过〖做法选择〗功能提取相应的做法。

小技巧：

在新建其他编号的独立基础时，如果编号是递增的，且属性类似，则可以在 J-1 编号上点工具栏［新建］按钮或单击鼠标右键选择〖新建〗，则软件会自动在编号树中增加一个新的编号 J-2，且 J-2 的属性与做法默认与 J-1 相同，此时只需修改 J-2 的尺寸参数即可。类似的，可以快速建立其他几个独立基础的编号。

（四）布置独立基础

定义完所有的基础编号后，点击工具栏的〖关闭〗按钮，进入布置对话框。下面依据基础平面布置图，将独立基础布置到轴线上。

注意，在地下室层只需布置地下室下方的基础，即 1～3 轴、A～E 轴轴网区域内的基础。选择要布置的基础编号，选择以“底标高”为基准定位，根据设计图修改底标高，设置定位点为“居中”，使用“点布置”方式，将基础布置到轴网交点上即可。

对于某些基础，例如 3 轴上的 J-6，还需旋转方向和调整定位点位置，如图 2-13 所示。

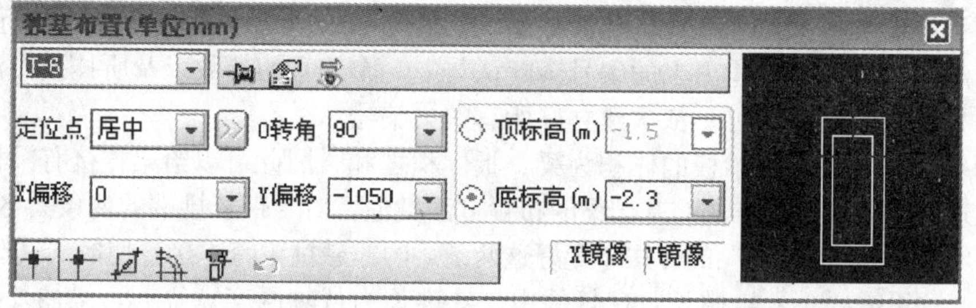

图 2-13　独立基础 J-6 布置

布置到图上的基础会默认显示垫层与坑槽，如果觉得不便观察，可以用【视图】菜单下的〖构件显示〗功能隐藏垫层与坑槽。

布置完独立基础后，执行【报表】菜单下的〖分析〗命令分析统计地下室的独立基础，软件便可以计算出地下室独立基础的工程量了。

三、地下室柱

命令模块：【结构】→〖柱体布置〗

在布置柱子之前，首先也是要定义柱子编号。定义好柱编号与做法后，进入柱子布置界面。地下室的柱子要伸到基础顶，因此在布置之前，应先将柱底高调整为“同基础顶”，柱高度仍然取“同层高”，这样布置到图上的柱子会自动延伸到基础顶。

超高工程量的计算：本工程中，地下室柱子高度为 4.2m（从地面至板底），如果在工程设置中柱的标准高度为 3.6m，则柱子超高 600mm。不同地区计算超高工程量的方法不同，对于要单独计算超高工程量的地区，需要给超高部分的柱模板面积套超高定额。注意，给柱挂接超高定额之前，需要正确指定超高工程量的计算规则。激活【工具】菜单下的〖算量选项〗对话框，在“计算规则”页面中，按清单规则，进入“参数规则”页面，在柱节点中可以看到“超高模板计算方法”、“超高体积计算方法”的设置项，按照山东省计算规则，我们应该选择“超高范围的模板另外计算”的方法。注意，这里不能选择“超高侧面积 *SCCG*”作为计算式，因为它包含了超高范围内其他构件相交模板的扣减，不符合山东省计算规则的规定，故应根据所提供变量组合计算式，即“外侧周长 *U*×超高高度 *HZC*”。完成设置后便可以回到定义编号中给柱子挂接超高子目了。

四、地下室基础梁

命令模块：【基础】→〖条基布置〗

地下室基础梁 JL-1 使用【基础】菜单下的〖条基布置〗命令来布置，它的编号定义方法与独立基础类似，但要强调一点，在定义基础梁编号的属性时，要正确指定其结构类型为“基础主梁”。

定义好基础梁后，关闭定义编号界面，进入布置对话框。与地下室独立基础一样，这里只需布置 1～3 轴、A～E 轴轴网区域内的基础梁，且梁顶标高为－1m。注意在绘制边梁时，梁的外边要与边柱外边对齐，可以修改定位点为“上边”，按顺时针方向绘制基础梁。基础梁会自动在柱边断开。

五、地下室梁

命令模块：【结构】→〖梁体布置〗

首先进入定义编号界面定义梁的编号。地下室共有 9 条梁，其中 7 条框架梁，截面参数大多都是 300mm×650mm，另外 2 条非框架梁，截面尺寸分别为 250mm×500mm、250mm×400mm。可以先定义好 KL1（2A），挂接做法，然后在 KL1（2A）编号上单击鼠标右键，选择右键菜单中的新建，这样新建出来的编号会默认与上一个编号的参数以及所挂接做法保持一致，只需修改编号和截面尺寸即可。依次建立好所有的梁编号。

按照清单计算规则，有梁板的体积为梁、板体积之和，因此可以给梁挂接有梁板清单做法。

下面布置梁。梁的布置方法与基础梁的布置方法类似。对于带悬挑端的两条梁 KL1（2A）与 KL2（2A），先用“手动布置”的方法布置好这两条梁的非悬挑梁跨，接着切换到〖选择梁布置悬挑梁〗方式，这里需要录入悬挑长。在软件中，悬挑长为从轴网交点算起，梁往外挑出的长度。依据图纸计算出悬挑端长度为 2350mm，录入到“悬挑长”单元格中，然后按命令行提示选择连续梁，分别在 KL1 和 KL2 的梁边线上选取一点，这两个悬挑端就布置好了。悬挑端的跨号为“－100”。布置好悬挑梁后再绘制梁 KL6（2）和其他梁。地下室梁最终的效果如图 2-14 所示。

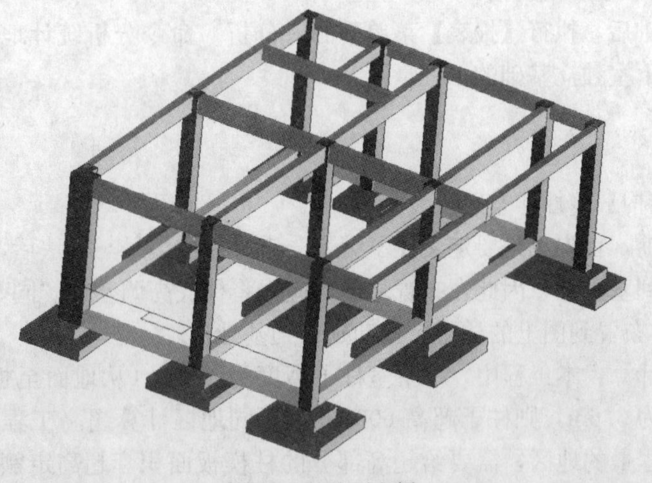

图 2-14 地下室梁

温馨提示：

如果连续梁的悬挑端与其他梁跨截面尺寸不同，则可以在梁布置对话框中修改好截宽截高参数与挑长后，再布置悬挑梁；或者先沿用连续梁截面尺寸布置，再用【构件】菜单下的〖构件编辑〗命令修改悬挑端的截面尺寸。对于根部与端部截面不同的变截面悬挑梁，目前只能取平均截面布置。

对于梁超高的工程，如何计算梁的超高工程量呢？

（1）当前楼层中所有的梁都超高：此时只需在定义梁编号时给梁挂接超高项目即可，也可以在布置好梁之后，再用〖构件查询〗功能选中全部的梁，在构件查询对话框中给梁挂接超高项目。例如挂接梁的超高模板项目，工程量计算式为梁模板面积×超高次数。

（2）当前楼层中只有部分梁超高：此时可以用〖构件筛选〗功能，选择梁的梁顶标高作为查找条件，将符合条件的梁查找出来后，再用〖构件查询〗功能给其挂接超高项目。注意，此时不能在编号上挂接做法。

六、地下室墙

命令模块：【结构】→〖墙体布置〗

依据建筑说明，地下室的外墙厚度为300mm，且为砌体墙。但E轴和3轴上有两堵250mm厚的混凝土挡土墙，因此地下室墙需要分别定义一个“混凝土结构”的墙编号和一个“砌体结构”的墙编号。

下面看一下地下室墙的布置。由于墙下有基础，因此墙底要伸到基础顶，设置底高为“同基础顶”。用〖选梁布置〗方法，利用梁的位置信息，可以快速布置墙，墙高会自动到梁底。

七、地下室门窗

命令模块：【建筑】→〖门窗布置〗

在门窗属性（图2-15）中，“框材厚”与门扇的面积计算有关。“框材宽”的设置会影响到装饰工程量中洞口侧边的装饰量计算，假设本工程取100mm为框材宽。“后塞缝宽”的设置是为了计算门樘面积，如果按洞口面积计算，就无需设置后塞缝宽；如果墙面扣减洞口时，按门窗外围面积计算（可以在计算规则中设置），则需正确设置后塞缝宽。“立樘边离外侧距”关系到装饰工程洞口侧边的取值，在本工程的建筑说明中，标明所有门窗均按墙中线定位，结合墙厚与框材宽，得出立樘边离外侧距为100mm。

下面布置门窗。用“轴线交点距离布置”的方法，通过设置“端头距”，即门窗边沿到轴网交点的距离来布置门窗。当光标在墙左右两侧移动时，门的开启方向会随之改变，且门图形上的箭头所指方向是门外装饰面的方向，因此布置时要注意正确选择箭头方向。在墙上选取一点，门就布置到墙上了。如图2-16所示，箭头所指方向为外装饰面方向，软件便是根据这个方向判

属性	属性值
- 物理属性	
构件编号 - BH	M2
材料类型 - CL	铝合金门蓝色玻璃
名称 - MC	双开有亮
截面形状 - JMXZ	矩形
- 几何属性	
框材厚(mm) - BK	55
框材宽(mm) - T	100
门扇高(mm) - HMS	2100
- 施工属性	
开启方式 - KQ	平开
后塞缝宽(mm) - FK	10
立樘边离外侧距(mm) -	100
- 其它属性	
自定属性1 - DEF1	0
自定属性2 - DEF2	
自定属性3 - DEF3	
备注 - PS	

图2-15 门窗定义

图2-16 门窗图元信息

断立樘离外侧距离。如果要修改门的外侧方向或者是门扇的开启方向，可以选中门，此时图上会显示出两个夹点，通过拖动夹点位置便可以改变方向。

八、地下室过梁

命令模块：【建筑】→〖过梁布置〗

定义过梁编号，过梁的截宽取同墙宽即可。下面来布置过梁。点击〖自动布置〗按钮，软件会弹出过梁表（图 2-17），在过梁表中可以按洞宽范围录入过梁的自动布置条件。注意，表格中的“单挑长度”用于设置过梁的单边挑长，这里为“250”。点击〖保存〗按钮，再点击〖布置过梁〗按钮，地下室的过梁就一次性布置好了。

过梁表

	编号	材料	墙宽>=	墙宽<	洞宽>=	洞宽<	过梁高	单挑长度	上部钢筋	底部钢筋	箍筋
	GL-1	C30	0	0	600	1500	180	250			
	GL-2	C30	0	0	1500	3000	180	250			
*											

识别过梁表 保存 导入定义 定义编号 导入 导出 布置过梁 钢筋布置

图 2-17　过梁表

九、地下室楼板

命令模块：【结构】→〖板体布置〗

首先新建板的编号，然后使用“点选内部生成内边界”的方式，以梁和柱作为板边界，在它们围成的封闭区域内点击一点，板就布置到图上了。但根据山东省定额计算规则，需要调整板边线至梁、柱外边线，或者采用“手动布置”的方式布置。

十、散水

命令模块：【其他】→〖路径曲面〗

软件没有专门提供散水这个构件，这里用自定义体来代替。执行【其他】菜单中的〖路径曲面〗功能，定义自定义体（散水）编号，进入布置对话框，设置散水顶高为 0。

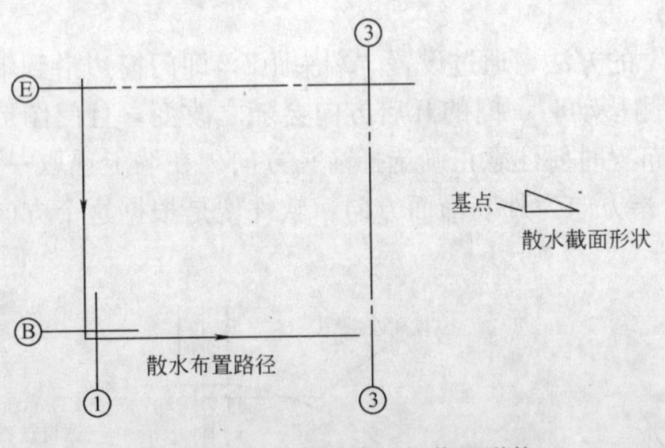

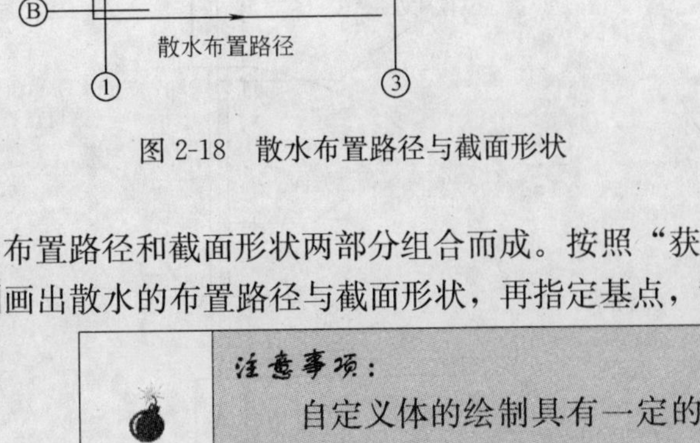

图 2-18　散水布置路径与截面形状

在软件中，自定义体的生成原理是用一个确定的截面，沿着一条确定的路径放样，由面和线组合成自定义体。因此散水由布置路径和截面形状两部分组合而成。按照“获得路径→获得截面”的操作步骤在图面上分别画出散水的布置路径与截面形状，再指定基点，散水就布置好了（图 2-18）。

注意事项：

自定义体的绘制具有一定的方向限制。例如本工程中的散水布置，如果路径绘制方向相反或者截面与本工程中定义的散水截面刚好成对称形状，都有可能生成错误方向的散水。如果发现布置的散水方向错了，删掉重新绘制即可。

十一、地下室内装饰

命令模块：【装饰】→〖房间布置〗

在软件中，房间内装饰的计算采用装饰构件的布置来实现，例如装饰菜单下的〖侧壁布置〗、〖地面布置〗和〖天棚布置〗。其中侧壁构件包含了踢脚、墙裙和墙面这三种装饰构件。为了方便布置，软件还提供了〖房间布置〗功能，可以同时布置一个房间内的地面、侧壁和顶棚。

进入房间的定义编号界面，可以看到左边的构件树中除了有房间外，还有侧壁、楼地面和顶棚，在这个界面里可以同时定义这四种构件的编号。房间实际上是由侧壁、地面和顶棚这三类构件组成的，它本身不是一个构件。因此在定义房间编号之前，必须首先定义地面、侧壁和顶棚的编号。

（一）地下室地面

首先定义地面的编号。在楼地面节点下新建一个地面编号，依据建筑设计说明，将编号改成“地 14”，地下室地面的属性定义如图 2-19 所示。

注意，“装饰材料类别”不同，地面的计算规则也不同，应正确设定。

属性	属性值
- 物理属性	
构件编号 - BH	地14
- 几何属性	
垫层厚(mm) - TD	80
找平层厚(mm) - TZ	25
卷边高(mm) - Ht	100
面层厚(mm) - TM	10
- 施工属性	
装饰材料类别 - ZC	块料面
装饰材料 - CLM	水泥砂浆
- 其它属性	
自定属性1 - DEF1	
自定属性2 - DEF2	
自定属性3 - DEF3	
备注 - PS	

图 2-19　地面属性定义

（二）地下室踢脚、墙面

在软件中，墙面装饰踢脚、墙裙以及墙面都是用侧壁构件来布置的。首先新建一个侧壁编号，将编号节点下的墙裙和其他面两个节点删除。首先定义侧壁节点的属性，内外面描述为“内墙面”，内外面描述不同，对应的计算规则也不同。对侧壁节点无需挂接做法，但必须给踢脚和墙面节点挂接做法。

接下来定义踢脚的属性。依据建筑设计说明，踢脚节点的属性设置如图 2-20 所示。

下面定义墙面的属性。依据建筑设计说明，地下室墙面的属性定义如图 2-21 所示。

属性	属性值
- 物理属性	
饰面厚度(mm) - TsTj	20
- 几何属性	
装饰面高(mm) - Ht	150
装饰面起点高度(mm) -	0
- 施工属性	
装饰材料类别 - ZC	块料面
装饰材料 - CLM	水泥砂浆

图 2-20　踢脚属性定义

属性	属性值
- 物理属性	
饰面厚度(mm) - TsQm	10
- 几何属性	
装饰面高(mm) - HQm	4050
装饰面起点高度(mm) -	0
- 施工属性	
装饰材料类别 - ZC	抹灰面
装饰材料 - CLM	水泥砂浆

图 2-21　墙面属性定义

（三）地下室顶棚

在顶棚节点下新建一个顶棚编号，在做法描述中，软件提供了“抹灰面”与“吊顶”这两种类型，分别对应不同的计算规则，必须依据建筑设计说明正确指定。本工程地下室顶棚是抹灰面。

（四）房间布置

在定义好地面、侧壁和顶棚的编号后，下面就可以定义房间编号了。在房间下新建一个编号，修改构件编号为“地下室”，在房间编号的属性中，需要分别指定组成房间的侧壁编号、楼地面编号以及顶棚编号，如图 2-22 所示。

属性	属性值
- 物理属性	
构件编号 - BH	地下室
侧壁编号 - CBBH	地下室侧壁
楼地面编号 - DMBH	地14
顶棚编号 - TPBH	棚3

图 2-22 房间属性定义

房间的做法已经包含在它的各个子构件的定义中，因此房间无需再挂接做法。

定义好房间编号后，便可以布置房间了。用〖选内部生成内边界〗的方法，在房间区域内点取一点，地面、侧壁和顶棚便布置好了。软件会自动按清单计算规则，不扣除地面范围内截面积小于 0.3m² 的柱子面积。

独立柱的装饰可以单独定义一个侧壁，然后在独立柱内部布置即可计算柱面装饰。

十二、地下室外装饰

命令模块：【装饰】→〖侧壁布置〗

外墙装饰也是采用侧壁来布置的。在定义编号界面中新建一个侧壁编号，将其编号改成“外墙装饰”，内外面描述指定为“外墙面”。下面来定义侧壁下各个子节点的属性。依据立面图，外墙面有一圈 400mm 高的花岗岩，这里用踢脚来代替，其属性定义如图 2-23 所示。

接着定义地下室外墙面的属性，依据建筑设计说明，其属性定义如图 2-24 所示。

属性	属性值
- 物理属性	
饰面厚度(mm) - TsTj	40
- 几何属性	
装饰面高(mm) - Ht	400
装饰面起点高度(mm) -	0
- 施工属性	
装饰材料类别 - ZC	块料面
装饰材料 - CLM	水泥砂浆

图 2-23 外墙装饰踢脚属性定义

属性	属性值
- 物理属性	
饰面厚度(mm) - TsQm	40
- 几何属性	
装饰面高(mm) - HQm	3800
装饰面起点高度(mm) -	400
- 施工属性	
装饰材料类别 - ZC	块料面
装饰材料 - CLM	混合砂浆

图 2-24 地下室外墙面属性定义

定义好属性与做法后，进入布置对话框。地下室只有两面外墙需要做外装饰，3 轴、E 轴上的墙是挡土墙，无需做外装饰。这里用〖手动绘制〗的方式，沿着外墙边沿画出两面外墙的侧壁轮廓，点击右键确认即可结束侧壁布置。

十三、地下室脚手架

命令模块：【建筑】→〖脚手架〗

在软件中，脚手架工程量的计算是利用脚手架构件来计算的。地下室的脚手架类型有三种：综合脚手架、里脚手架以及满堂脚手架，应分别定义脚手架编号。

在清单计量模式下，给脚手架挂接软件提供的“措施清单”才能出量，然后在措施清单下挂接相应的脚手架定额即可。脚手架定额会自动统计到措施项目中。

小技巧：

综合脚手架可以分层布置，使用“立面面积 *SL*”作为工程量计算式；也可以在最底层布置，然后用“边周长 $U\times$搭设高度（实际值）”来计算整栋建筑物的综合脚手架工程量。例如建筑物高 20m，综合脚手架边周长变量为 U，则用“$U\times20$”来作为做法的工程量计算式即可，其他楼层就不用再布置综合脚手架了。

下面来布置脚手架。布置综合脚手架时，可以选择〖多义线框选实体生成外边界〗的方法，沿着建筑外围布置。布置满堂脚手架时，如果满堂脚手架按主墙间净空面积计算，可切换到

〖点选内部生成内边界〗的方法，先使用〖隐藏构件〗功能，将房间内部的梁和柱隐藏起来，然后在房间内部点取一点，满堂脚手架就布置到房间里了。

十四、其他项目

命令模块：【其他】→〖面〗

下面看一下如何计算平整场地与建筑面积。

平整场地与建筑面积都是计算面积的，在软件中没有这两种构件，需要用其他区域形构件来代替。自定义面就可以用来计算所有与面积有关的项目。执行【其他】菜单中的〖面〗命令.在定义编号界面中新建一个自定义面编号。

给自定义面的做法指定工程量计算式时，可以用自定义面的原始面积 SM 作为计算式。平面面积组合变量 SP 是包含了扣减关系的，不适用于计算平整场地和建筑面积。

定义好后，下面来布置面。在布置对话框中设置顶高为 0。按照清单计算规则，平整场地工程量按建筑物首层面积计算，因此用“多义线框选实体生成外边界”的方法，用多义线框住整个建筑物即可布置成功。下面查看一下面的属性，可以看到面积已经计算出来了，这便是我们需要的建筑面积，也是平整场地的面积。

如果平整场地按地方的定额计算规则计算时，是按建筑面积乘以一个系数计算，则可以在挂接做法时，工程量计算式指定为“$SM\times$系数”即可。

如果平整场地按地方计算规则，需要沿建筑轮廓每边扩大 2m 计算，则可以沿建筑轮廓布置自定义面后，用【修改】菜单下的〖偏移〗功能，将面轮廓向外偏移 2000mm 后，得到平整场地的面积。

> 温馨提示：
>
> 本工程的平整场地计算可以在首层完成，以首层的面积计算。每个楼层的建筑面积都可以用自定义面计算得出。可以给自定义面挂接一条自定义的建筑面积做法，指定自定义面的面积变量为工程量计算式，最后统计该做法的总工程量，即可得出工程的总建筑面积。

第三节　首层工程量计算

本章讲解首层建筑模型的建立以及计算方法。通过第二节的练习，地下室的模型已经建立好了，在建立首层建筑模型时便可以利用地下室的一些数据快速建模，不用从头开始。

一、建模方法与注意事项

1. 轴网与柱子

用〖楼层显示〗功能切换到首层图形文件，开始首层模型的建立工作。首层的轴网和部分柱子与地下室的相同，可以用【构件】菜单下的〖拷贝楼层〗功能将地下室的轴网与柱子拷贝到首层。需要注意的是，从地下室拷贝上来的柱子的属性中，柱底高仍然保留地下室的柱子属性“同基础顶”，可以用〖构件查询〗命令，框选这部分柱子，在构件查询对话框中将柱底高调整为 0。

2. 基础与基础梁

首层下的基础是 4～5 轴间的基础，以及雨篷的两个独立柱下基础。在定义基础编号时，可以用定义编号界面的〖复制〗功能将地下室定义好的基础编号拷贝到首层。需要注意的是，在从地下室拷贝过来的独立基础编号中，坑槽的“挖土深度”设置为“同室外地坪”，但首层的基础标高已经高于正负零，按照“同室外地坪”属性值，首层的基础土方无法计算。因此，在定义首层的基础编号时，坑槽的挖土深度必须手动计算并录入到属性值中。定义好编号后将基础按设计图布置到图面上即可。

3. 梁

在定义梁编号时，应注意根据清单计算规则，雨篷梁应挂接雨篷的做法，按雨篷计算工程量。布置雨篷的弧形梁时要先绘制辅助轴线，然后采用〖手动布置〗的方式，选择梁的起点后再切换到“圆弧”绘制状态将弧形梁绘制出来。

4. 墙

由于首层部分墙体需要延伸到基础顶，因此在布置完墙后要调整部分墙体底高为“同基础顶”。

5. 门窗过梁

用“轴线交点距离布置”的方法布置门窗时，辅轴可能会影响门窗的精确定位，因此在布置门窗之前，可以先将无用的轴线删除或隐藏起来。在首层只需定义好过梁编号，仍采用〖自动布置〗的方式布置过梁即可。过梁表的数据是保存在工程中的，录入一次后在其他楼层可以直接调用，不用重新录入。

6. 板

布置板时，特别是异形板，可以将中间构件如柱、梁等隐藏起来布置一块大板，板中遇梁、墙、柱时，软件会自动扣减。如本工程的弧形雨篷板，更应该用大板布置，方便双层双向、单层双向等异形板钢筋的布置。

二、飘窗布置

在1轴上有两个飘窗，首先要定义飘窗编号。依据门窗详图中的飘窗详图，设置飘窗的各项属性参数（图2-25）。在几何属性中，不是所有的参数都需要设置，其中洞口宽2、外悬宽2、梯形斜边角度等参数都是针对其他样式的飘窗的，在设置飘窗参数时参照幻灯片上的参数代号来设置，就不容易出错。

属性	属性值
- 物理属性	
构件编号 - BH	TC1
属性类型 - SXLX	砼结构
样式 - JMXZ	矩形
- 几何属性	
洞口宽(mm) - DK	1800
洞口高(mm) - DG	2400
右板厚(mm) - TBR	0
左板厚(mm) - TBL	0
上板厚度(mm) - TBS	100
下板厚度(mm) - TBX	100
外悬宽(mm) - BW	420
上板离洞口距离(mm) -	0
下板离洞口距离(mm) -	0
左边离洞口距离(mm) -	240
右边离洞口距离(mm) -	240
框材宽(mm) - T	0

图2-25　飘窗编号定义

本工程中的飘窗没有左右栏板，因此“左板厚”、“右板厚”应设为0。飘窗的“立樘离外侧距”是窗扇外侧离挑板外侧的距离，为60mm。

飘窗的布置方法与门窗布置相同。

三、楼梯与相关构件

本工程中的楼梯是整体二跑式楼梯，它所包含的构件有：梯柱、楼梯平台板、楼梯梁、梯段以及栏杆扶手。下面详细讲解如何将这些构件组合成楼梯。

（一）楼梯柱、梁

在布置楼梯柱、梁之前，首先要绘制辅助轴线。依据施工图，定义好梯柱与楼梯梁的编号，这里需要注意的是，按照清单计算规则，楼梯工程量按施工图示尺寸以水平投影面积计算，其中包括楼梯梁、平台板的面积。因此在给楼梯梁挂接清单时，应挂接楼梯清单，并取梁底面积为工程量计算式。楼梯梁的模板也是按楼梯模板以水平投影面积计算。

定义好编号后分别将楼梯柱和楼梯梁布置到图上即可。注意TL-2的梁顶高应为“2100”。

(二) 平台板

平台板板厚为 120mm，按照施工图在板的定义编号界面中定义好平台板的编号 TB2、TB3。

按照计算规则，楼梯工程量应包含中间平台板的投影面积，但不包含与楼板相接的平台板面积，因此在给平台板挂接清单时应注意，TB2 应挂接楼梯清单，且取板底面积作为工程量计算式。而与楼板相接的 TB3 仍按楼板清单计算。楼梯平台板的模板也是按楼梯模板以水平投影面积计算。

下面布置楼梯平台板。

注意，TB3 是同层高的楼板，而 TB2 的板顶高与 TL-2 的顶高相同，为 2100mm，且在布置时，应先用“隐藏构件”功能将右边的框架梁隐藏，以 TL-2 和墙围成的区域为边界布置，否则板与墙之间会产生一个缝隙。

(三) 楼梯梯段

在定义编号界面中新建一个梯段编号，在梯段类型中选择 A 型梯段。其参数设置如图 2-26 所示。

	属性	属性值
-	物理属性	
	构件编号 - BH	AT1
	属性类型 - SXLX	砼结构
	结构类型 - JMXZ	A型梯段
	踏步数目(N) - N	11
-	几何属性	
	梯段板宽(mm) - BLT	1380

参数	参数值
踏步高度(mm) - HS	175
踏步宽度(mm) - BS	280
梯板厚(mm) - T	120

图 2-26 梯段编号定义

在物理属性中，“踏步数目”指的是纯踏面数，不包含楼梯梁，软件按踏步数目计算梯段高度。

楼梯梯段的做法定义如图 2-27 所示。

	序号	编号	项目名称	单位	工程量计算式
⊟	905	cs0101002	混凝土、钢筋混凝土模板及支架	项	1
	905	10-4-201	直形楼梯木模板木支撑	10m2	S1
⊟	1200	010406001	直形楼梯；C30	m2	S1
	1200	4-2-42	C202现浇直形楼梯无斜梁100[商砼]	10m2	S1
	1200	4-2-46	C202现浇楼梯板厚±10*2[商砼]	10m2	S1
▶					

图 2-27 梯段做法定义

根据计算规则，楼梯的模板面积取 S 梯段的水平投影面积。

定义好编号与做法后，下面来布置梯段。

进入梯段布置对话框。这里布置的是整体二跑式楼梯，因此需要布置两个梯段，且这两个梯段是上下承接的位置关系。下面的梯段底高为 0，从左到右为上，展开示意图，图上两根红线的交点是楼梯的定位点，在楼梯的底部边沿。因此应将梯段旋转 270°，修改定位点为“右下”，这样便可以取辅轴与墙的交点来定位梯段了。

接下来布置上部梯段。注意，上部梯段的旋转角度为 90°，底高为 2100mm，然后选取楼梯梁与楼梯柱的交点为插入点，上部梯段就布置好了。楼梯布置的效果如图 2-28 所示。

(四) 楼梯栏杆

首先根据 L96J401 图集第 16 页 T-28 图，在栏杆的定义编号界面中新建一个栏杆编号。

按照清单计算规则，扶手、栏杆的工程量以扶手中心线长度计算，这里在栏杆编号上可以不用挂接做法，将栏杆的做法挂接到扶手编号中。

图 2-28 楼梯布置三维图

下面来布置栏杆。关闭定义编号界面后，进入布置对话框。将两个梯段的栏杆分开布置，先布置下梯段的栏杆。在布置对话框中设置底高为 0，单元距应设为 840mm。用〖选择实体布置〗的方式，根据命令行提示，选择楼梯，右键确定后选择“左边”，栏杆即随梯段布置完成。上梯段栏杆布置方法同下梯段栏杆。

（五）楼梯扶手

用【建筑】菜单下的〖扶手布置〗命令来布置楼梯扶手。在扶手定义编号界面中新建编号。

按照清单计算规则，扶手、栏杆的工程量以扶手中心线长度计算，因此将栏杆的做法也挂接到扶手编号中。

进入布置对话框，先布置下梯段的扶手。设置顶高为 1000mm，用〖选实体获得路径〗的方式，选择图面上下梯段的栏杆作为参考实体，扶手就布置到栏杆上了。再修改顶高为 3100mm，选择上梯段的栏杆作为扶手布置路径即可。

温馨提示：

如果觉得绘制楼梯模型比较花费时间，也可以用〖参数管理〗功能，选择“标准双跑楼梯”图集，以参数录入的形式计算楼梯工程量与楼梯钢筋。

四、首层装饰

从 1 层平面图可以看出，首层的房间有餐厅、厨房、楼梯间和卫生间，需要分别布置这四个房间的装饰。由于本工程是一个吊脚楼，因此首层的地面做法比较特殊，以 3 轴为界，3 轴左边的地面在混凝土楼板上，而右边的地面在地坪上，因此在定义和布置地面时，应有所区分。

首层外墙装饰的计算方法与地下室外装饰类似，也是通过侧壁来计算。其编号定义及布置方法请参照地下室外装饰章节。

温馨提示：

布置外墙装饰时，应该将外墙上的所有外悬构件都隐藏起来再进行布置。所有外悬构件的装饰面积应该另外套挂定额。

五、首层零星算量

下面看一下如何计算首层的台阶工程量和雨篷装饰工程量。按照清单计算规则，这两个工程量均按水平投影面积计算，在软件中可以用自定义面构件来处理，也可以用零星算量来计算。

在使用零星算量之前，先用绘图菜单下的〖多段线〗命令，沿着雨篷梁外边沿绘制出雨篷轮廓，最后使多义线闭合，如图 2-29 所示。

可以先用【工具】菜单中的〖查询距离〗功能，捕捉圆弧的端点，测量出多义线水平段的距离为 9588mm，将这个数值记录下来，在计算台阶工程量时使用。

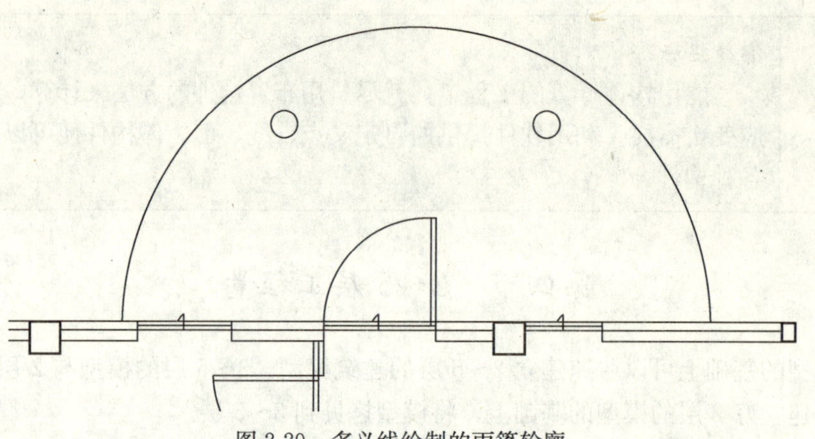

图 2-29　多义线绘制的雨篷轮廓

然后运行构件菜单下的〖零星管理〗功能，进入零星量计算对话框。

在软件中，零星量计算是通过录入清单项目，并指定清单项目对应的构件编号及工程量计算式，得出清单项目的工程量。点击编号列中的下拉按钮，调出清单定额查询窗口，从装饰清单中选择“零星项目一般抹灰”。选择完清单后关闭查询窗口。

在下方的构件编号中输入雨篷装饰，接着切换到工程量计算式中，此时可以使用软件提供的辅助工具快速生成计算式。点击工具栏上的〖面〗按钮，返回图面，按命令行提示，选择之前绘制好的多义线，点击鼠标右键确认，多义线轮廓的面积就取到零星算量中了，还可以给数据加上中文注释，只需在数据后加上一对中括号“[　]”，然后在中括号中填写注释内容即可。如“[雨篷水平投影面积]”。工程量计算式指定好后，计算和就出来了。如果计算式有错，计算式将用红色文字显示，也无法得出计算和。

下面计算台阶的工程量。先录入清单“零星砌砖”项目，将单位改成“M2”，在构件编号中输入“台阶”，台阶的工程量可以利用前面绘制的圆弧的弧线长与台阶踏步总宽的乘积计算得出。因此在工程量计算式中，先用长度提取按钮〖长〗，从图面上提取多义线的长度，在长度数据后减去之前测量出来的直线长，再乘以踏步总宽即可得出台阶的水平投影面积，台阶的工程量也就计算出来了，如图 2-30 所示。分析统计后，零星工程量会与图形构件的工程量分开，输出到专门的参数零星预制部分报表中。

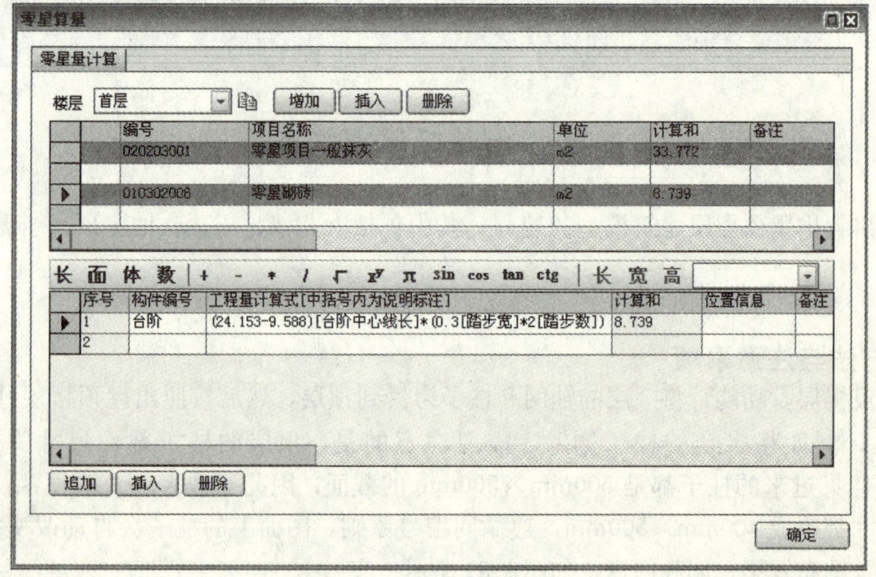

图 2-30　首层零星工程量计算

温馨提示：

能用构件计算的工程量，就尽量用布置构件的方法来计算，以适应变更需要。利用软件提供的自定义点、线、面、体构件便可以定义各种构件。

第四节　2～5层工程量

在首层模型的基础上可以快速建立2～5层的建筑模型。3～5层的模型与2层的完全相同，因此可以先在建立好2层的模型的基础上，将模型拷贝到3～5层。

先用〖楼层显示〗功能切换到2层图形文件，开始2层模型的建立工作。然后执行〖拷贝楼层〗命令，将首层的轴网、柱、梁、墙和板及其做法拷贝过来。然后将多余的雨篷删除，再删除与施工图不符的内墙和楼梯梁。

虽然2～5层与首层的层高不同，但由于柱、梁、板等构件的顶高都默认为“同层高”，因此软件会自动根据楼层表中的层高自动更新构件的楼层顶高，如果刚拷贝上来时发现构件高度没有调整，可以用【视图】菜单下的〖高度自调〗功能调整构件高度。需要注意的是，首层有部分柱子和墙的底面伸到基础顶，而拷贝到2层后，这部分柱子和墙的底高属性要调整为“0”。

接下来的工作便是用各种构件布置命令，继续将2层的墙、门窗、过梁、楼梯、内外装饰和脚手架绘制出来。请读者参照前面的章节独自完成2层模型的建立，这里就不再重复介绍操作方法了。

3～5层的模型与2层的完全相同，属于标准层，因此可以用拷贝楼层功能，将2层所有的模型都拷贝过来，快速完成3～5层建筑模型的建立。

温馨提示：

对于建筑、钢筋都完全相同的标准层，可以在工程设置的楼层表中设置标准层的“标准层数”，这样只需建立一个标准层的建筑模型，软件会以单个标准层的工程量与标准层数的乘积计算工程量。本工程中2～5层的建筑模型虽然相同，但3～5层的钢筋有特殊构造，因此需要分别建立建筑模型。

第五节　出屋顶楼层工程量

本章将讲解出屋顶楼层建筑模型的建立，其中包括女儿墙、压顶、坡屋顶、老虎窗以及檐沟的布置。

一、建模方法与注意事项

用〖拷贝楼层〗功能，将3层的轴网和柱子拷贝到顶层，然后按照出屋顶楼层柱结构平面图进行修改，例如将多余的柱子删除。需要注意的是，顶层的柱子截面尺寸为400mm×500mm，而拷贝过来的柱子都是500mm×500mm的截面，因此要进入定义编号界面将柱子编号的截面尺寸都改成400mm×500mm，遵循同编号原则，图面上的柱子会自动改变截面尺寸。然后按照设计图布置梁、墙和门窗，如图2-31所示。

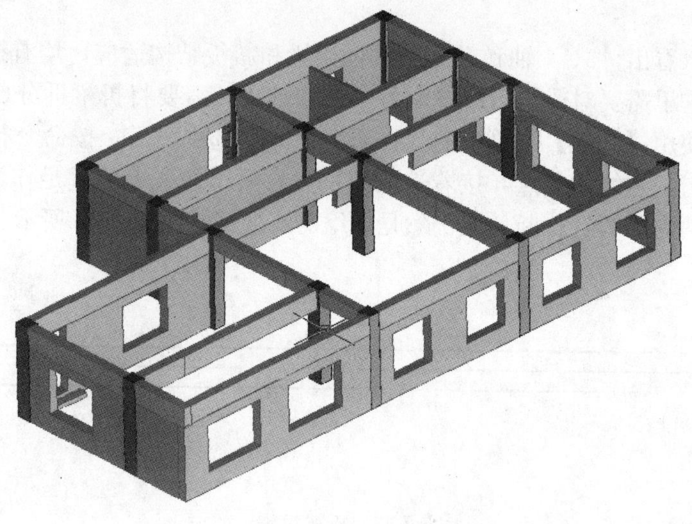

图 2-31　顶层门窗布置

二、女儿墙

依据施工图，女儿墙厚为 240mm，高度为 1120mm（其上有 80mm 高的压顶），砌体结构，在软件中可以用墙体来布置。在墙的定义编号界面中新建一个女儿墙编号，定义其属性与做法。

下面来布置女儿墙。为了使女儿墙与 3 层的外墙平齐，在绘制女儿墙之前，建议先分别绘制出偏移 1 轴 250mm 和偏移 A 轴 250mm 的两条辅助轴线。用手动布置的方法，用“下边”为定位点，以 3 轴上的柱子端点为起点，绘制出女儿墙。

在女儿墙上有一个同墙宽的，高 80mm 的混凝土压顶，用【建筑】菜单下的〖压顶布置〗功能来布置。先在压顶定义编号界面中定义压顶编号。下面进入压顶布置对话框，可以“手动布置”，修改底高为 1120mm（也可设置顶高为 1200mm 来布置）；也可以用“选墙布置”法，选择女儿墙作为压顶的布置路径，点击右键确认，压顶就布置到女儿墙上了。

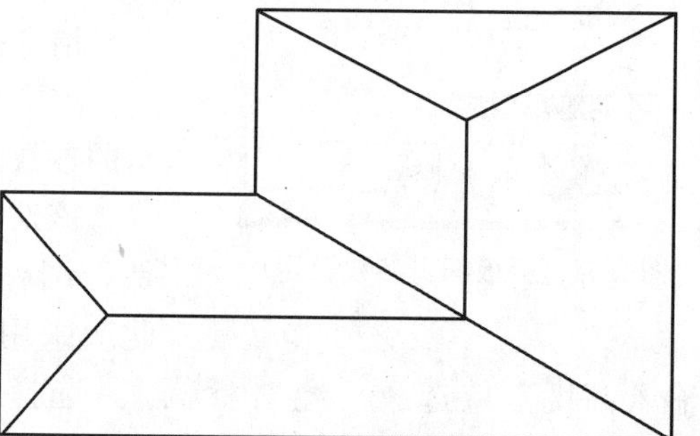

图 2-32　屋面板轮廓线

三、坡屋顶

（一）屋面板

在编辑坡屋顶之前，必须先布置屋面板。依据屋顶平面图，用多义线绘制出板的轮廓线。绘制好辅助线后，执行〖构件显示〗命令，清除所有构件的显示，只选择“显示非系统实体”，则图面上只显示绘制好的屋面板轮廓线，如图 2-32 所示。

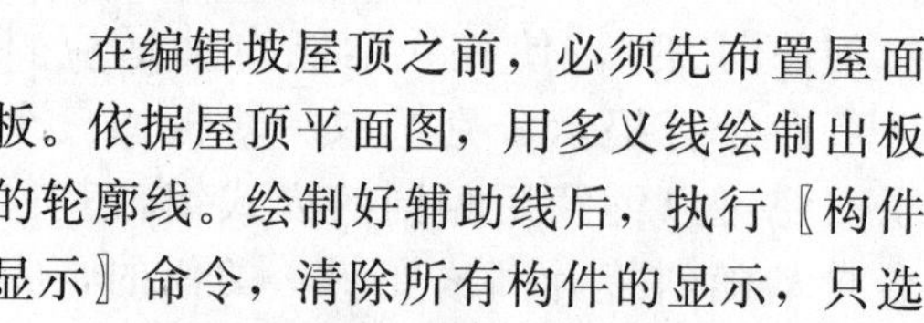

接着在板的定义编号界面中定义屋面板编号，板厚为 120mm，定义好后进入板布置对话框，用“点选内部生成内边界”的方法，在多义线围成的封闭区域内布置屋面板。此时布置的板仍为平板，要形成坡屋面还需要其他编辑命令，将隐藏的其他构件显示出来。

小技巧：

可以用〖导入设计图〗功能，将坡屋面板配筋图导入到软件中，并与柱梁模型图对齐，然后利用屋顶平面图上的屋面板轮廓线布置板。

（二）折梁编辑

从施工图上可以看出，3、4 轴和 B 轴上的框架梁和斜板结构适应，均有折梁跨，但之前布置的梁都是平梁，这里需要对梁进行编辑调整。在软件中，需要将折梁拆分成两跨梁。以 B 轴上的框架梁为例，使用【修改】菜单下的〖打断〗功能，选中梁后，按命令行提示在要打断的位置选取梁上边线与板边线的交点，接着选取第一点在梁下边线上的垂足作为第二点，选取完后，梁就被打断成两跨了，且打断的梁仍然是成组的连续梁，如图 2-33 所示。

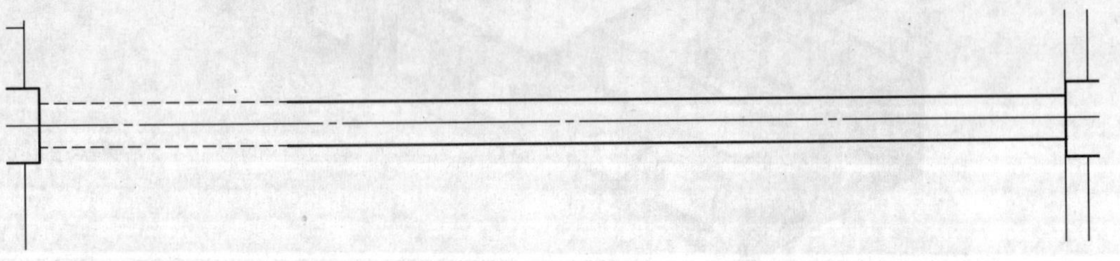

图 2-33　折梁编辑

用相同的方法，将 3 轴和 4 轴上需要变成折梁的梁跨打断。打断之后的梁仍然是平梁，这个时候没有必要将它们编辑成斜梁，因为当板变斜时，板下的柱和梁会随板变斜，打断之后的梁会自动变成折梁。

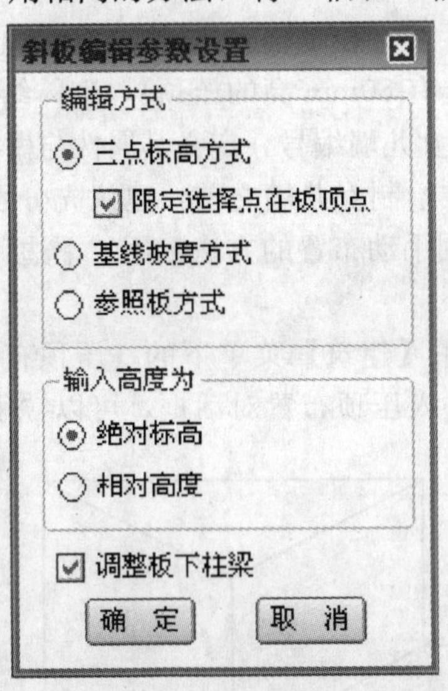

图 2-34　斜板编辑参数设置

（三）斜屋面编辑

斜屋面实际上是由多块斜板组成的，只要将所有的屋面平板编辑成一定坡度的斜板，就拼接成坡屋面了。

施工图上标出了屋面的不同标高，这里要利用这些标高值来编辑斜板。执行【构件】菜单下，〖斜体编辑〗中的〖平板变斜〗命令，命令行提示如下：

请选择要修改的板：[参数设置（S)]

点击命令行的〖参数设置〗按钮，进入如图 2-34 所示的参数设置对话框。

该对话框用于选择斜板的编辑方式以及板下柱梁是否调整。由于施工图上给出的是屋脊线的标高，因此应采用“三点标高方式”，且按施工图，板上各点的“输入高度”应选择“绝对标高”。选择“调整板下柱梁”，使柱、梁能自动适应斜板。设置好后点击〖确定〗按钮，返回图面，按一下命令行提示分别选取一块板的三个顶点并分别指定顶点的标高，一块斜板就编辑好了，您可以继续用相同的方式编辑其他斜板，也可以回车结束命令。此时板下的柱和梁会自动随斜板升高或变斜。类似的，完成所有斜板的编辑，坡屋面就生成了，如图 2-35 所示。

四、老虎窗

命令模块：【建筑】→〖老虎窗〗

在坡屋顶上还有两个老虎窗需要布置。执行〖老虎窗〗命令，首先在定义编号界面定义老虎窗编号，然后参照老虎窗详图，设置属性中的各种参数，首先应设置施工属性，以确定老虎窗类型，如图 2-36 所示。

然后设置几何属性，如图 2-37 所示。

图 2-35　坡屋面

- 施工属性	
类型 - LX	两面坡
墙体属性类型 - QSXLX	砼结构
墙体材料 - QCL	C30
板属性类型 - BSXLX	砼结构
板材料 - BCL	C30
窗材料类型 - WCL	铝合金
窗形状 - JMXZ	拱顶形窗

图 2-36　老虎窗施工属性定义

- 几何属性	
面坡度 - PD	1
脊坡度 - TPD	0
墙厚度(mm) - QW	240
顶板厚度(mm) - YBH	100
出山长(mm) - CHSC	360
出檐长(mm) - CHYC	360
面墙高(mm) - QH	900
面墙宽(mm) - QL	1680
后塞缝宽(mm) - FK	50
立樘边离外侧距(mm) -	50

图 2-37　老虎窗几何属性定义

在施工属性中设置了“窗形状”类型后，需要在右边的参数窗口中输入洞口的尺寸参数，如图 2-38 所示。

定义好老虎窗的编号与做法后，进入老虎窗布置对话框，在需要布置老虎窗的板上点取插入点即可。布置好的老虎窗如图 2-39 所示。

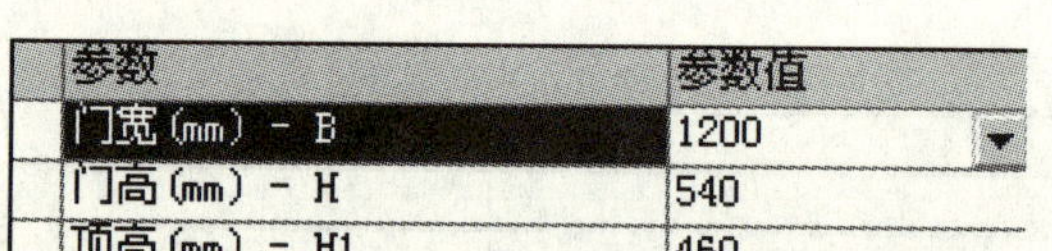

参数	参数值
门宽(mm) - B	1200
门高(mm) - H	540
顶高(mm) - H1	460

图 2-38　老虎窗洞口参数设置

图 2-39　老虎窗布置

五、挑檐天沟

命令模块：【建筑】→〖挑檐天沟〗

依据施工图，坡屋顶外围有一圈檐沟，需要用软件的挑檐天沟构件来布置。执行命令后，先在定义编号界面新建一个编号，按照施工图中的挑檐详图，定义属性如图 2-40 所示。

属性	属性值
物理属性	
构件编号 - BH	YP1
结构类型 - JGLX	挑檐天沟
属性类型 - SXLX	砼结构
截面形状 - JMXZ	反L形
施工属性	
材料名称 - CLMC	混凝土
砼强度等级 - C	C20

参数	参数值
截宽(mm) - B	450
截高(mm) - H	200
截宽1(mm) - B1	80
截高1(mm) - H1	80

图 2-40　挑檐天沟编号定义

定义好编号与做法后，便可以进入挑檐布置对话框了。为了能让挑檐沿着建筑外围布置，需要调整定位点为“端点”，展开示意图可以看到定位点已经调整到左下角点。按照施工图，定位点高输入“2800”。用“手动布置”的方式，以 5 轴上的柱端点为起点，沿着出屋顶楼层建筑外围逆时针绘制出挑檐的布置路径，最后使路径闭合，挑檐就布置好了，如图 2-41 所示。

在三维线框显示状态下（模型未着色），挑檐的起点处可以看到特殊的数字标识，如图 2-42 所示。这些数字标识与挑檐的装饰工程量计算有着密切的关系。

图 2-41　挑檐布置

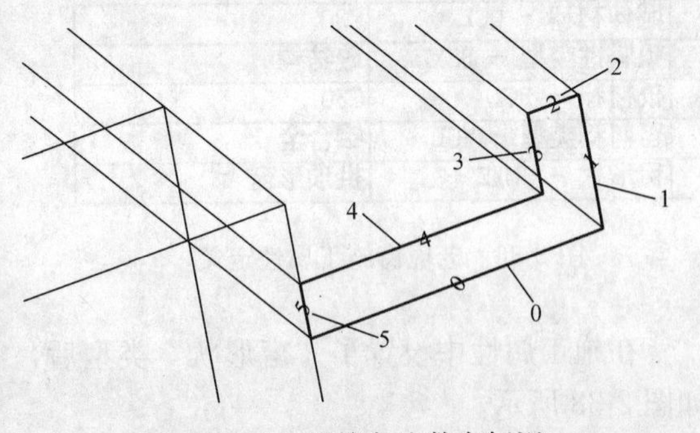

图 2-42　挑檐各边数字标识

这些数字是挑檐截面上各个边线的代号，用于指定挑檐的底边、外边、内边以及顶边等。双击挑檐，进入〖构件查询〗对话框，在几何属性中可以看到“边号”的属性，如图 2-43 所示，通过人为的指定檐外、檐内以及板底、板顶的边号，软件便可以正确计算出“檐内面积”、“檐外面积”、“板底面积”以及“板顶面积”，如图 2-44 所示，利用这些属性变量可以计算挑檐的装饰工程量。

- 几何属性		
檐外指定边号 - SWX	1	
几何属性边号 - SNX	3	
板底指定边号 - SDX	0	
板顶指定边号 - STX	4	
挑檐长(mm) - L	64860	64860
尺寸描述 - CCMS	反L形:450X200X80X80	
折檐长(mm) - LZY	64860	64860

图 2-43　挑檐几何属性

- 计算属性		
檐外面积(m2) - SZW	68.46(L)*0.2(H)=13.69	13.69
檐内面积(m2) - SZN	67.82(L)*0.12(H)=8.14	8.14
板底面积(m2) - SD	29.997(A)=30	30
板顶面积(m2) - ST	24.546(A)=24.55	24.55
滴水线长(mm) - LDS	68460	68460
体积(m3) - Vm	29.997(A)*0.08(H)+5.451(A)*0.12(H)=3.05	3.05

图 2-44　挑檐计算属性

温馨提示：

当挑檐起点与挑檐终点闭合时（如本工程的挑檐），在三维状态下不好观察挑檐截面的数字标识，此时可以在建筑物外部以同样的起点方向绘制一小段挑檐，用于观察边号，如图 2-42 所示的挑檐就是另外绘制出来的。参照这一小段挑檐将边号指定正确后，再将它删除即可。

六、出屋顶楼层装饰

（一）房间内装饰

依据建筑设计说明，分别定义好顶层各个房间的地面、侧壁和顶棚，操作方法请参见地下室内装饰章节。

在定义楼梯间、卫生间和会议室的侧壁时，墙面的装饰面高应设为 5500mm，即坡屋面屋脊的高度，这样软件才能正确分析出斜顶墙的装饰工程量。将定义好的侧壁布置到房间中后，图形上是按 5500mm 的高度来显示的，但软件能正确计算侧壁范围内各部分的装饰工程量，不会多算。

在软件中，顶棚只要按“同层高”布置即可，但布置到图上的顶棚仍然是平的，软件会自动分析到斜板的面积。

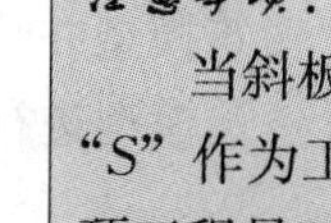

注意事项：

当斜板下是吊顶顶棚时，就不能取软件提供的天棚面积变量“*S*”作为工程量计算式，因为软件默认计算的是斜板面积。计算吊顶工程量时，应取原始面积变量“*SM*”作为工程量计算式，这样吊顶才能按水平面积计算。

（二）出屋顶楼层外墙装饰

顶层外墙装饰的计算方法与地下室外装饰类似，也是通过侧壁来计算。其编号定义及布置方法请参照地下室外装饰章节。

（三）女儿墙装饰

女儿墙内墙面装饰用侧壁来布置。定义好编号后，进入侧壁布置对话框，用“手动布置”的方式，沿着女儿墙的内边沿将侧壁布置到图上。

与出屋顶建筑外墙装饰类似，用侧壁来布置女儿墙外装饰，墙面定义为 1200mm 高即可。

七、屋面装饰

屋面装饰分为两部分，一部分是平屋面的装饰，另一部分是坡屋面的装饰。

（一）平屋面装饰

目前版本的软件没有提供专门的屋面构件，可以用其他构件来代替。这里用地面来布置平屋面的装饰。在地面的定义编号界面中新建一个编号，定义为“屋面”，其属性定义如图 2-45

属性	属性值
- 物理属性	
构件编号 - BH	屋面
- 几何属性	
垫层厚(mm) - TD	150
找平层厚(mm) - TZ	20
卷边高(mm) - Ht	250
面层厚(mm) - TM	40
- 施工属性	
装饰材料类别 - ZC	其它面
装饰材料 - CLM	水泥砂浆

图 2-45 平屋面属性定义

所示。

在几何属性中，可以利用垫层厚来设置保温层厚度，在挂接保温层做法时，取垫层体积变量作为工程量计算式即可。在计算卷材防水面积时，取地面的面积 S 与卷边面积 SC 之和组成工程量计算式。

平屋面的做法定义如图 2-46 所示。

定义好编号与做法后，便可以布置屋面了，在平屋面区域内布置上即可。

	序号	编号	项目名称	单位	工程量计算式
⊟	1142	010803001	保温隔热屋面；聚氨酯发泡保温40，水泥珍珠	m2	S
	1142	6-3-15	砼板上现浇水泥珍珠岩	10m3	S*0.0634
	1142	6-3-13	砼板上聚氨酯发泡保温层40	10m2	S
⊟	1143	010702001	屋面卷材防水；山人地砖面层，沥青玻璃纤维	m2	S
	1143	9-1-80	水泥砂浆彩釉砖楼地面800内	10m2	S
	1143	6-2-24	平面沥青玻璃纤维布士一布一油	10m2	S
	1143	6-2-93	1.5厚LM高分子涂料防水层	10m2	S
	1143	9-1-2	1:3砂浆填充材料上找平层20	10m2	S
	1143	9-1-1	1:3砂浆砼硬基层上找平层20	10m2	S+SC
	1143	6-2-34	平面一层高强APP改性沥青卷材	10m2	S+SC

图 2-46 平屋面做法定义

(二) 坡屋面装饰

目前软件内没有专门的坡屋面装饰布置功能，但由于坡屋面的面积与屋面板的面积之和相等，因此坡屋面的装饰防水工程量可直接用斜屋面板的工程量套做法来计算。在指定做法的工程量计算式时，可以用板顶面积变量 ST 作为坡屋面装饰做法的工程量计算式。

第六节 图形检查与分析统计

前面的章节已经讲解了教学楼工程模型的建立方法，在建立好建筑模型并给构件挂接好做法后，便可以准备输出工程量了。但是在输出工程量之前，应先对建筑模型进行检查，核对构件的模型是否有问题，对计算规则进行校验，避免工程量计算错误。

一、楼层组合

命令模块：【视图】→〖楼层显示〗

前面已经完成了教学楼工程所有构件的建立，下面来看一下整个教学楼组合起来的效果，检查各楼层构件之间的空间关系是否有误。执行【视图】菜单中的〖楼层显示〗功能，在“复选楼层”选项框中打勾，全选所有楼层，然后点击〖组合〗按钮。组合完毕后，命令行提示“楼层组合已经完毕，请切换到组合文档”，此时点击软件顶部菜单中的【窗口】菜单，弹出菜单如图 2-47 所示。

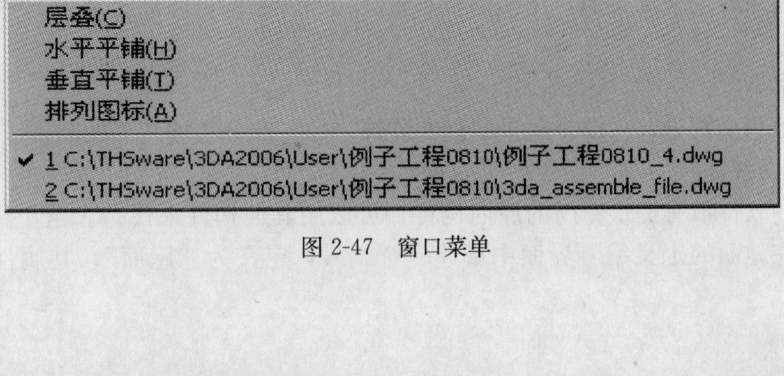

层叠(C)
水平平铺(H)
垂直平铺(T)
排列图标(A)
✔ 1 C:\THSware\3DA2006\User\例子工程0810\例子工程0810_4.dwg
2 C:\THSware\3DA2006\User\例子工程0810\3da_assemble_file.dwg

图 2-47 窗口菜单

在菜单下端的列表即当前在软件中打开的所有图形文档列表，其中文件名为“3da _ assemble _ file. dwg”的文件即楼层组合文件，在菜单中选择楼层组合文件，软件便会切换到楼层组合视图，此时您便可以从不同的角度来观察楼层模型了，您还可以通过〖构件显示〗功能，选择要在楼层组合图形中显示的构件类型。

二、图形检查

命令模块：【报表】→〖图形检查〗

图形的正确与否，关系到工程量计算是否正确。而在图形建立过程中，由于各种原因，会导致一些错漏、重复和其他一些异常的情况发生，影响了工程量计算的精度。此时可以通过图形检查工具完成对图形误差的检查，消除误差，保证计算的准确性。

首先用〖楼层显示〗功能打开需要检查的楼层图形文件，然后执行报表菜单下的〖图形检查〗命令，进入图形检查对话框，如图 2-48 所示。

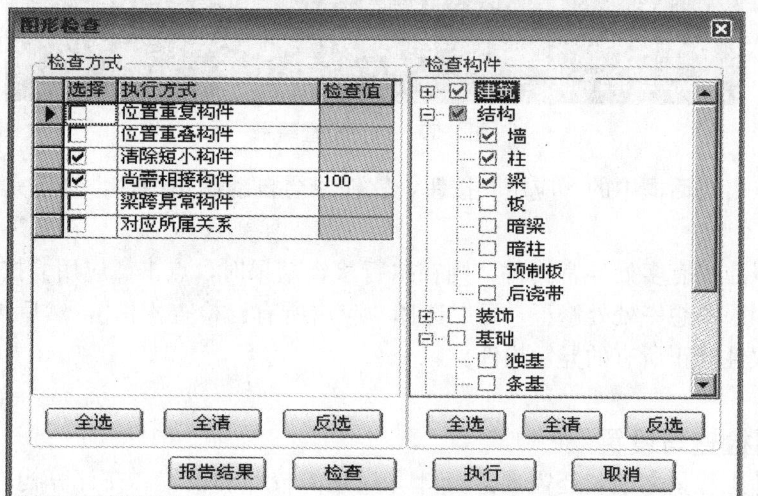

图 2-48　图形检查

从左边的“检查方式”中可以看出，图形检查可以对位置重复构件、位置重叠构件、短小构件、尚需相接构件、梁跨异常构件和对应所属关系等异常情况进行检查。而右边是要接受检查的构件类型，被选择的即要检查的构件。例如，可以检查当前楼层的墙、柱和梁中短小的构件和尚需相接的构件，对于尚需相接构件，还需输入一个检查值，表示两个构件相隔多远时需要进行连接，这里按 100mm 来检查。点击〖检查〗按钮，等检查进度结束后，就可以点击〖报告结果〗按钮，查看检查结果。检查结果以清单的方式列出了发生异常情况的构件的数量，如图 2-49 所示。

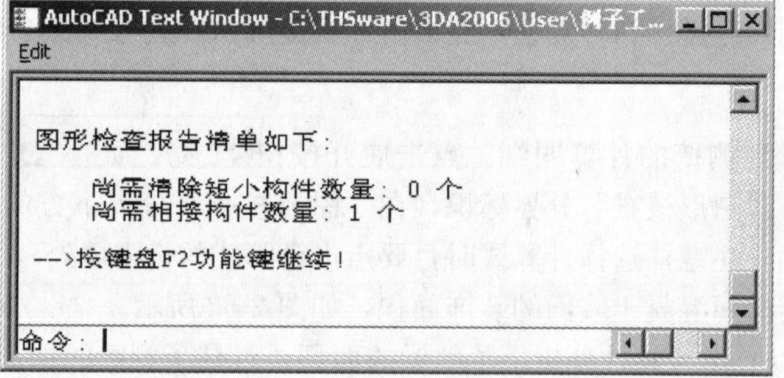

图 2-49　图形检查结果

从结果中可以看出，当前的图形文件中有一个尚需相接的构件。按键盘上的F2键返回图形检查对话框，下面可以对异常构件进行修正。点击〖执行〗按钮，软件会自动返回图形界面，出现如图2-50所示的处理相接构件对话框，且图面上出现问题的构件会用虚线亮显出来，表示问题出在这些构件上。

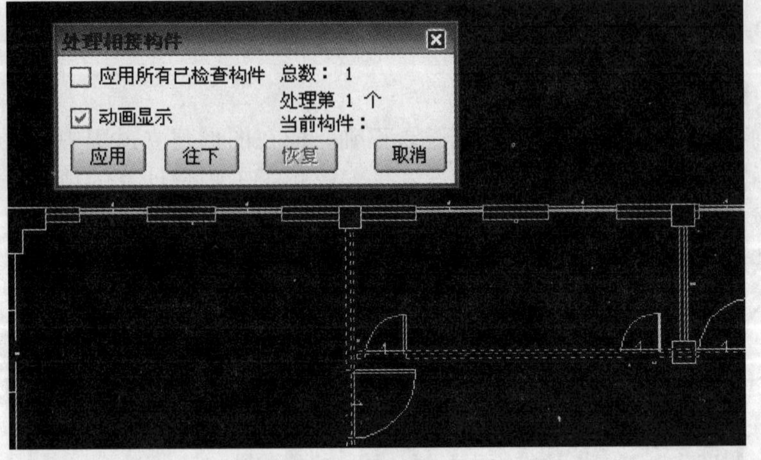

图2-50 执行检查结果

此时只要点击对话框中的〖应用〗按钮，软件便会自动修正构件，修正完后图形检查命令便结束了。

如果检查报告中有多处异常构件，则在执行检查结果时，点击〖应用〗按钮，软件可以逐处修正构件，如果不想一处处修正，可以选择“应用所有已检查构件”，然后再点击应用按钮，软件便可以一次性修正所有的异常构件。

三、计算规则检查与设置

在分析统计工程量之前，还需要进行计算规则的校验和设置。在计算构件工程量的时候，往往要考虑构件与构件之间的关系，从而分析出增减工程量，使工程量不会多算或者漏算。例如墙与墙上的洞口之间就存在扣减关系，必须将洞口所占的体积从墙的体积中扣除，墙的工程量才能符合计算规则规定。校验计算规则是否正确和对计算规则进行设置是输出工程量的必要准备工作之一。

（一）核对构件

〖核对构件〗功能主要用于核对构件的工程量计算明细，同时起到校验计算规则是否正确的作用。这里以出屋顶楼层的房间内侧壁装饰为例。

在布置出屋顶楼层的侧壁时，侧壁的高度是高于当前层层高的，您可以用【报表】菜单下的〖核对构件〗功能来验证一下软件对这部分侧壁的计算是否正确。执行核对构件命令后，选择要核对的侧壁，例如选择楼梯间侧壁，点击鼠标右键确认，进入如图2-51所示的工程量核对对话框。

在这里可以查看到侧壁的计算明细。点击展开按钮 >> ，展开核查图形窗口。在计算式中，有一个“图形核查”分界标识，在“图形核查”分界下方的计算式中选择“混凝土墙面面积”计算式（注意，选择计算式时，要点击计算式的最末尾处），在图形窗口中便会出现软件分析出来的楼梯间混凝土墙面的装饰面积，如图2-52所示。

从图2-52中可以看出，软件分析出了斜梁的面积，且柱子侧壁的抹灰高度也是正确的。您可以核对计算式的数据是否正确，如果计算明细错误，则可能是计算规则设置不正确，需要进

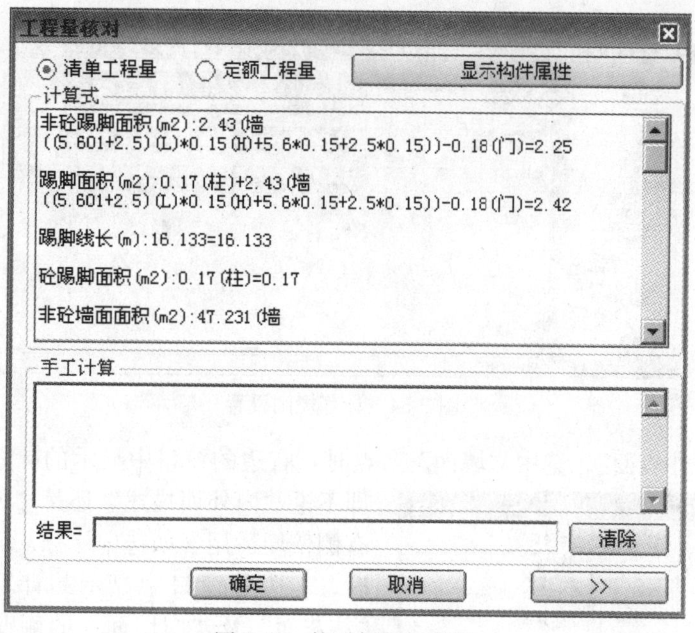

图 2-51　核对侧壁工程量

行调整。

同样的，在计算式中选择“非混凝土墙面面积”，右边窗口中显示的核查图形如图 2-53 所示。

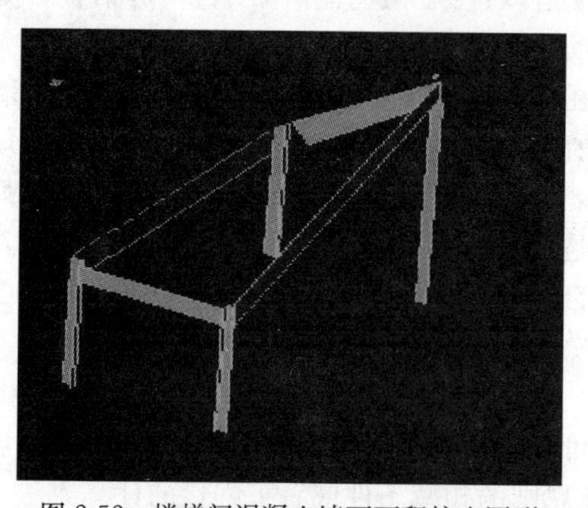

图 2-52　楼梯间混凝土墙面面积核查图形

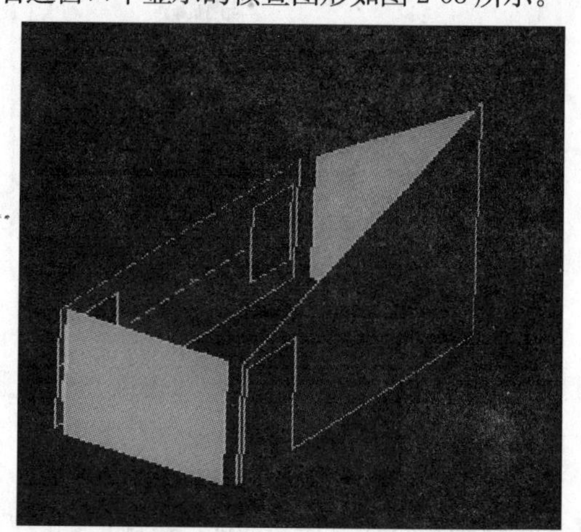

图 2-53　楼梯间非混凝土墙面面积核查图形

（二）计算规则设置

在新建工程时选择的计量模式和计算依据决定了软件算量时采用的计算规则，计算规则默认按各地计算规则设置，一般情况下无需调整。但如果核对构件时发现计算明细不符合计算要求，则可以修改计算规则。

执行工具菜单下的〖算量选项〗功能，进入“计算规则”页面，如图 2-54 所示。

软件已经按不同的构件类型提供了齐全的计算规则明细，且分为“清单规则”与“定额规则”。为了查看规则方便，软件中的计算规则是分级设置的，先按构件类型分级，构件类型下再按某些特征分级（如“混凝土结构”和“砌体结构”，“内墙”和“外墙”）。在查询某特定类型构件的所有规则时，要从构件类型一级看起，再往下一级一级的查询。以侧壁子构件“墙面”的清单规则为例，在左边的构件类型列表有“墙面”节点，在“墙面”节点下还按“装饰材料类别”分别列出了“块料面”和“抹灰面”两个子节点，每个子节点下又按“内外面描述”分

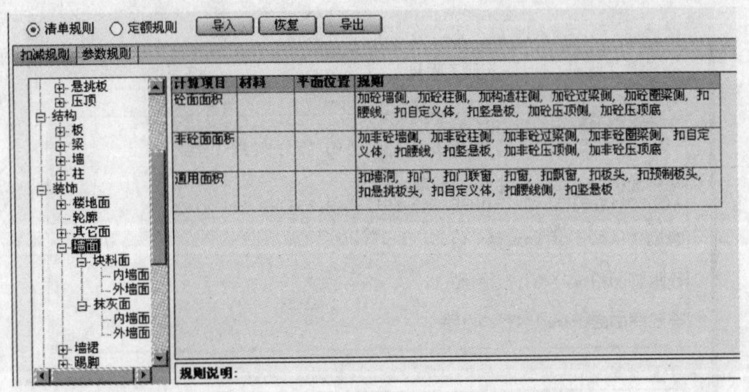

图 2-54　计算规则设置

为“内墙面”和“外墙面”。选中“墙面”节点时，右边的窗口中显示的计算规则是通用规则，即不论“内外面描述”还是“装饰材料类别”，所有侧壁均适用。如选中“抹灰面”下的“内墙面”时，右边的窗口中显示的计算规则是必须满足“抹灰面”及“内墙面”的侧壁才能适用的规则。以此类推，下级节点上的计算规则与父节点上的计算规则组合起来，才是该构件类型特定特征类型的全部的计算规则。点击规则列表中的下拉按钮，便可以进入“选择扣减项目”对话框，如图 2-55 所示。

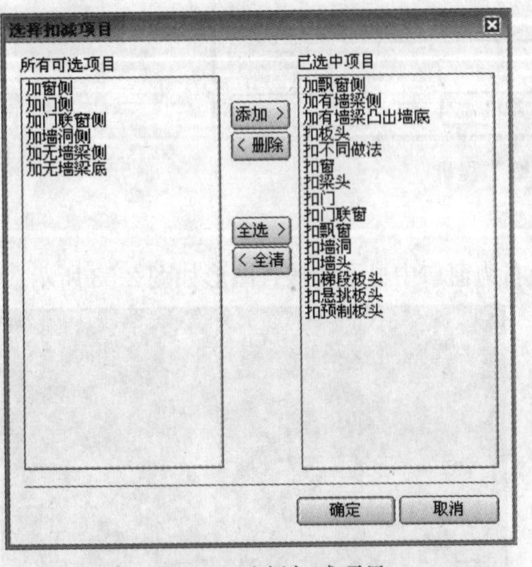

图 2-55　选择扣减项目

在“已选中项目”列表中的便是当前内墙面抹灰所采用的计算规则，软件按照这些计算规则计算墙面抹灰工程量，而“所有可选项目”列表中的是可供选择的计算规则。通过添加或删除扣减项目便可以调整计算规则。这里在“已选中项目”中选中“加有墙梁侧”，双击或点击〖删除〗按钮，该项目就移动到左边的可选项目中。点击〖确定〗按钮，调整结果便保存下来了。

在计算规则中除了可以选择扣减项目外，还可以设置扣减条件。在计算规则页面中点击【参数规则】页面（图 2-56），在这里可以设置扣减规则的扣减条件或者工程量的计算方法。例

材料类型	结构类型	平面位置	规则解释	规则列表	阀值(T)	参数(X)
块料面		内墙面	非砼面洞口侧壁增加条件	面积大于Y平方米	.3	0
块料面		内墙面	非砼面洞口扣减条件	面积大于Y平方米	.3	0
块料面		内墙面	非砼面洞口面积计算方法	1按结构洞口计算	0	0
块料面		内墙面	砼面洞口侧壁增加条件	面积大于Y平方米	.3	0
块料面		内墙面	砼面洞口扣减条件	面积大于Y平方米	.3	0
块料面		内墙面	砼面洞口面积计算方法	1按结构洞口计算	0	0
块料面		内墙面	有墙梁底面积合并条件	1凸出墙面小于Y	0	0
块料面		外墙面	非砼面洞口侧壁增加条件	面积大于Y平方米	.3	0
块料面		外墙面	非砼面洞口扣减条件	面积大于Y平方米	.3	0
块料面		外墙面	非砼面洞口面积计算方法	1按结构洞口计算	0	0
块料面		外墙面	砼面洞口侧壁增加条件	面积大于Y平方米	.3	0
块料面		外墙面	砼面洞口扣减条件	面积大于Y平方米	.3	0
块料面		外墙面	砼面洞口面积计算方法	1按结构洞口计算	0	0
块料面		外墙面	有墙梁底面积合并条件	1凸出墙面小于Y	0	0
抹灰面		内墙面	非砼面洞口侧壁增加条件	面积大于Y平方米	0	0
抹灰面		内墙面	非砼面洞口扣减条件	面积大于Y平方米	.3	0
抹灰面		内墙面	非砼面洞口面积计算方法	1按结构洞口计算	0	0
抹灰面		内墙面	砼面洞口侧壁增加条件	面积大于Y平方米	0	0

图 2-56　参数规则设置

如侧壁扣减洞口的条件，坑基（挖土方）的工作面计算方法、边坡计算方法、楼地面扣减柱的方法等等。

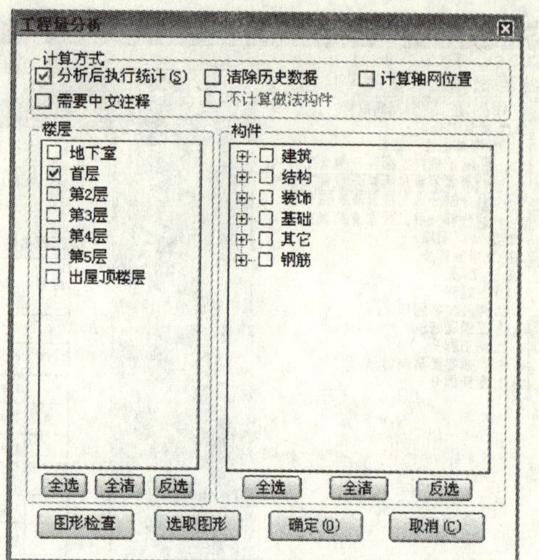

图 2-57　工程量分析

四、分析统计工程量

命令模块：【报表】→〖分析〗

在完成图形检查和计算规则设置工作后，便可以分析统计工程量了。工程量分析是根据计算规则，通过分析各构件的扣减关系得到构件的计算属性和扣减值。因此工程量分析是统计的前提。执行报表菜单下的〖分析〗功能，进入工程量分析对话框（图 2-57)。

在对话框中可以选择“分析后执行统计”，使工程量分析和统计同步进行。在楼层中选择要分析的楼层，且在构件中选择要分析的构件类型，然后点击〖确定〗按钮，软件便开始分析统计构件工程量了。统计结束后会进入统计结果预览界面，在这里可以查看工程量统计结果和计算明细，如图 2-58 所示。

项目编码	计量单位	工程数量	项目名称(含项目特征描述)
010101001001	m2	7610.264	竣工清理
010101001002	m2	343.775	平整场地
010101003001	m3	104.014	挖基础土方；坚土，地槽，2m内
010101003002	m3	6.800	挖基础土方；坚土，地坑，2m内
010101003003	m3	306.648	挖基础土方；坚土，地坑，4m内
010103001001	m3	56.880	土(石)方回填
010302001001	m3	9.305	实心砖墙；煤矸石多孔砖墙240，M5.0混浆
010304001001	m3	0.351	空心砖墙、砌块墙；硅酸钙砌块墙120，M5.0砂浆
010304001002	m3	4.556	空心砖墙、砌块墙；硅酸钙砌块墙180，M5.0砂浆
010304001003	m3	35.910	空心砖墙、砌块墙；硅酸钙砌块墙300，M5.0砂浆
010304001004	m3	5.891	空心砖墙、砌块墙；加气砼砌块墙120，M5.0混浆
010304001005	m3	127.064	空心砖墙、砌块墙；加气砼砌块墙180，M5.0混浆
010304001006	m3	235.188	空心砖墙、砌块墙；加气砼砌块墙300，M5.0混浆

构件名称	构件编号	工程量	工程量计算式
自定义面	竣工清理	951.459	208.823*4.25+3.275*4.65*4.2
自定义面	竣工清理	677.120	161.219*4.2
自定义面	平整场地	5981.685	343.775*17.4

图 2-58　工程量统计结果预览

统计结果由两部分组成，上面的部分是按清单项目统计的汇总数据，在清单的项目名称中，软件自动生成了每条项目的项目特征。清单编码的后三位序号也自动生成了。下面的部分则是每一条清单项目下的构件明细，您可以查看哪些构件挂接了这条清单项目以及工程量计算式明细。双击某一条计算明细，还可以返回图面核查图形。如果您在清单项目下挂接了定额，还可以在显示方式中选择查看“清单定额”，或者是“定额子目汇总”。所有的模板、脚手架等措施定额都可自动汇总到“措施定额汇总”中。

得到工程量统计结果后，便可以将结果输出到报表进行打印了。可以直接在统计结果预览界面中点击〖查看报表〗按钮，进入报表打印界面。进入报表打印界面后，从左边的报表目录树中选择要查看的报表，在右边的预览窗口便可以查看到报表内容，如图 2-59 所示。

例如在“分部分项工程量清单报表［简表]”中，软件自动按照分部工程输出清单工程量。

报表目录树中不是所有的报表都需要打印，当选择清单输出模式时，常用的清单报表有清

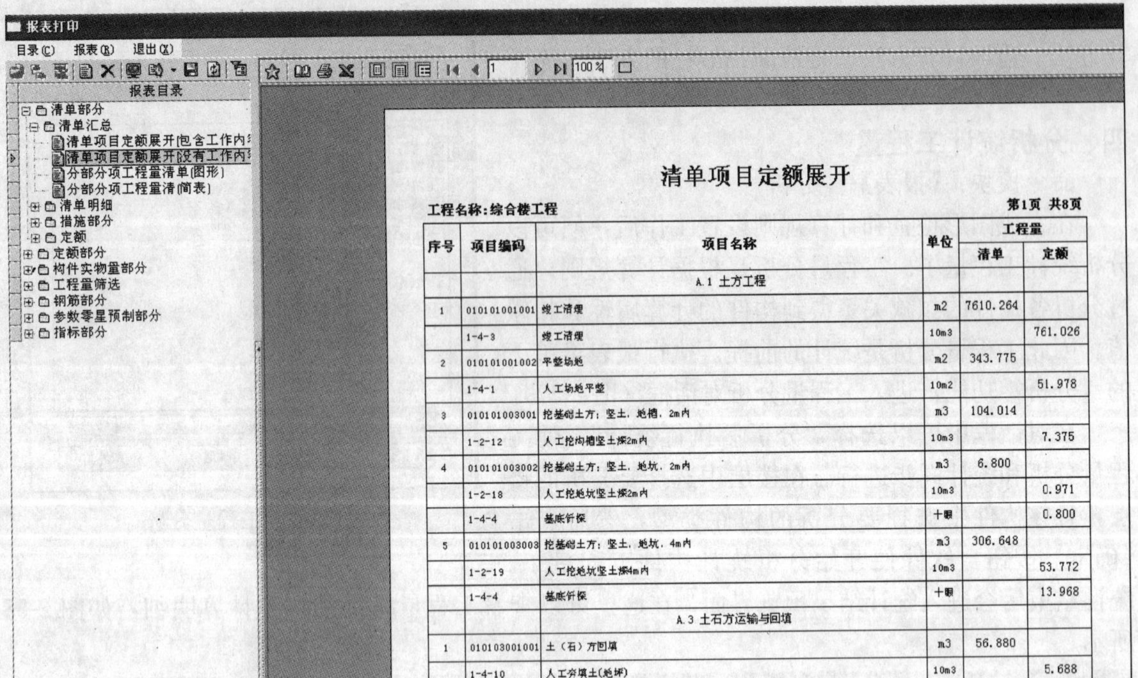

清单项目定额展开

工程名称：综合楼工程　　　第1页 共8页

序号	项目编码	项目名称	单位	工程量	
				清单	定额
		A.1 土方工程			
1	010101001001	竣工清理	m2	7610.264	
	1-4-3	竣工清理	10m3		761.026
2	010101001002	平整场地	m2	343.775	
	1-4-1	人工场地平整	10m2		51.978
3	010101003001	挖基础土方：坚土，地槽，2m内	m3	104.014	
	1-2-12	人工挖沟槽坚土深2m内	10m3		7.375
4	010101003002	挖基础土方：坚土，地坑，2m内	m3	6.800	
	1-2-18	人工挖地坑坚土深2m内	10m3		0.971
	1-4-4	基底钎探	十眼		0.800
5	010101003003	挖基础土方：坚土，地坑，4m内	m3	306.648	
	1-2-19	人工挖地坑坚土深4m内	10m3		53.772
	1-4-4	基底钎探	十眼		13.968
		A.3 土石方运输与回填			
1	010103001001	土（石）方回填	m3	56.880	
	1-4-10	人工夯填土(地坪)	10m3		5.688

图 2-59　报表打印

单工程量明细表、综合工程量明细表、分部分项工程量清单等。其他一些特殊报表可以根据需要选择打印。对于零星项目，例如本工程中的台阶与雨篷装饰，需要打印特殊报表下零星预制门窗部分的零星清单工程量汇总表。对于需要打印的报表，选中后点击报表菜单下的〖打印〗即可。如果您需要将报表另存为 Excel 文件，可选择报表菜单下的〖另存为 Excel〗功能，在弹出的对话框中选择保存的路径即可，保存之后软件会自动打开 Excel 文件。

温馨提示：

在报表目录树中，将报表名称上带有“＋”号的项展开，可看到当前工程的楼层信息，点击某一楼层，可得到所选楼层的构件工程量。可以展开楼层明细的报表有“清单工程量明细表”、“定额工程量明细表”、“不挂做法工程量明细表”、“钢筋计算表”等。

第七节　钢筋工程量概述

一、钢筋选项

命令模块：【钢筋】→〖钢筋选项〗

在建立好建筑模型后，便可以直接给构件布置钢筋。在布置钢筋之前，应先根据设计要求，设置好与钢筋工程量有关的选项。

〖钢筋选项〗功能集中了软件所有的钢筋计算规则，是钢筋工程量计算的核心部分。执行【钢筋】菜单中的〖钢筋选项〗功能，进入设置对话框。钢筋选项分为 11 个设置页面，设置内容繁多，但这些内容默认是与所选择的钢筋规范相符合的，一般情况下无需修改，如遇特殊情况时再进行调整。其中最为常用的是“基本设置”页面和“识别设置”页面。在“基本设置”页面中，包含了搭接长度、计算设置、通用设置、附加钢筋、加密设置、显示设置等多个选项节点，每个节点都对应着不同的设置项。"识别设置"页面主要是针对梁钢筋的识别选项。当您选择某一设置项时，对话框下方会显示该设置项的说明，便于理解。

按照本工程的结构设计说明，柱的钢筋接头类型有特殊要求，因此要进入"接头类型"页面，在左边的构件列表中选择柱，柱的钢筋直径范围及对应的接头类型显示在右边如图 2-60 所示，按设计要求，设置第二个直径范围为"直径＞＝20"，对应的柱钢筋接头设为"电渣焊"，设计要求大于 20mm 的都采用电渣焊接头，因此第三个直径范围对应的钢筋接头也设为"电渣焊"。设置好后，点击〖应用〗按钮，便可设置其他页面的内容。

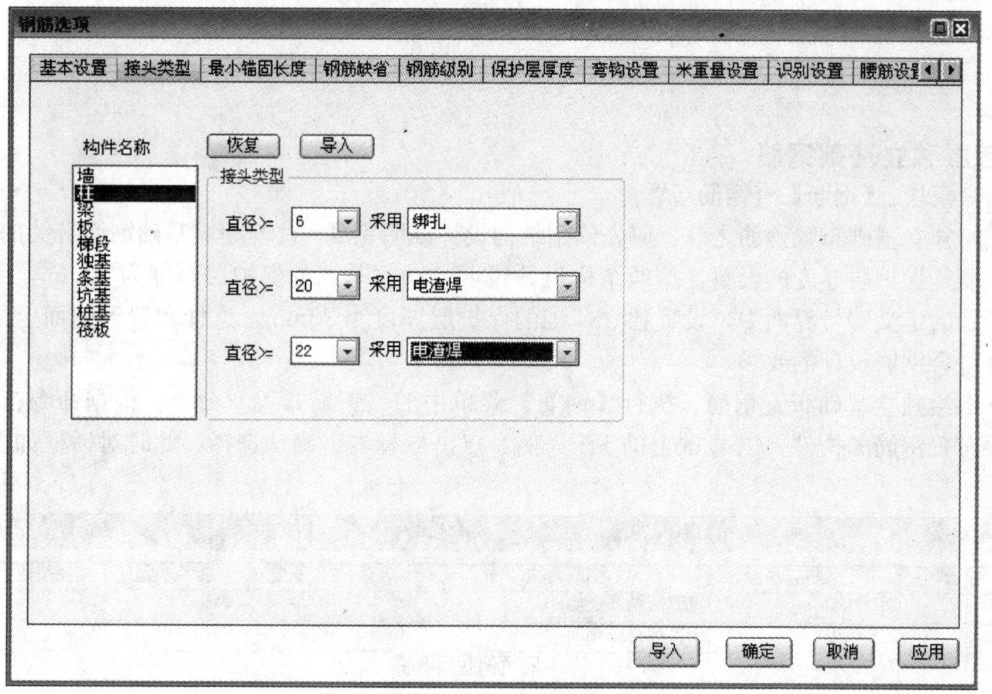

图 2-60 钢筋接头类型设置

对于构件的钢筋保护层厚度，可以切换到"保护层厚度"页面，依据设计说明，分别设置不同构件类型的保护层厚度，设置时应依据环境类别和工程中该构件的混凝土强度等级，选择相应的保护层厚度来修改。您也可以选择在定义编号时，在编号属性中指定钢筋保护层厚度。

二、钢筋工程量工作流程

依据结构设计说明，本工程为框架结构，抗震等级为四级，在建立结构模型时，必须正确设置各类构件的抗震等级。本工程框架梁柱作法及要求均参照 03G101-1 图集，除设计说明中规定的钢筋做法外，未说明的均按照国家现行施工及验收规范执行。

手工布置钢筋的工作流程：

(1) 激活钢筋布置命令，选择构件。

(2) 录入钢筋描述与钢筋名称。

(3) 布置钢筋。钢筋布置遵循"同编号"原则，即同编号的构件，在其中的任意一个构件上布置一次就可以了。个别特殊构件的非同编号布置钢筋，例如梁腰筋与拉筋，在"钢筋选项"中软件提供了控制同编号布置的设置选项。

(4) 核对钢筋。

(5) 统计钢筋工程量。

在软件中，并不是每一类构件都专门有一个单独的钢筋布置命令，常常是几类构件的钢筋共用一个钢筋布置命令，且激活命令后，命令行会提示可选择的构件类型，按命令行提示操作即可。

下面利用前面讲解建筑工程量时建立好的工程模型，讲解钢筋工程量的计算。由于首层的钢筋比较具有代表性，以下内容从首层钢筋开始讲解。

第八节　首层钢筋工程量

依据结构施工图，本实例工程首层需要计算的钢筋有：独立基础钢筋、基础梁钢筋、柱筋、柱插筋、梁筋、砌体墙拉结筋、混凝土墙筋、板筋、过梁筋、楼梯钢筋、飘窗板钢筋。

一、首层独立基础钢筋

命令模块：【钢筋】→〖钢筋布置〗

在给独立基础布置钢筋之前，应先依据结构设计说明完成一些与独立基础钢筋有关的设置。这里主要是保护层厚度的设置。按照结构设计说明，独立基础的保护层厚度为 35mm，因此在独立基础的定义编号界面中，设置独立基础的保护层厚度为 35mm，这样布置到图面上的独立基础就符合钢筋设计的要求。

下面给独立基础布置钢筋。执行【钢筋】菜单中的〖钢筋布置〗命令，根据命令行提示，选择要布置钢筋的构件，以 E 轴上的 J-5 为例，点击鼠标右键确认选择，此时对话框如图 2-61 所示。

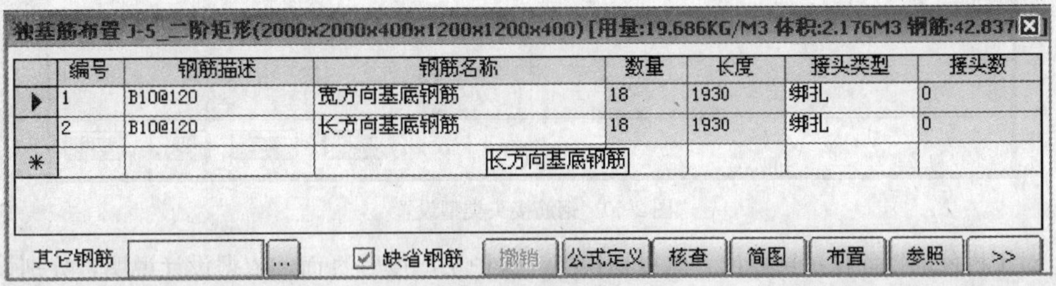

独基筋布置 J-5_二阶矩形(2000x2000x400x1200x1200x400) [用量:19.686KG/M3 体积:2.176M3 钢筋:42.837

	编号	钢筋描述	钢筋名称	数量	长度	接头类型	接头数
▶	1	B10@120	宽方向基底钢筋	18	1930	绑扎	0
	2	B10@120	长方向基底钢筋	18	1930	绑扎	0
*			长方向基底钢筋				

其它钢筋 … ☑缺省钢筋 撤销 公式定义 核查 简图 布置 参照 >>

图 2-61　独立基础钢筋布置

如果对话框中“缺省钢筋”选项前打了勾，则软件会自动根据所选择的构件类型，给出缺省的钢筋描述，以供参考。且对话框的标题栏中会显示当前布置的钢筋类型、所属构件编号、截面特征，还有根据钢筋描述计算出的该构件单件的钢筋含量（kg/m^3）和体积。

依据结施 04 基础详图修改钢筋描述，数量、长度、接头类型以及接头数由软件自动根据钢筋描述与钢筋名称，提取构件基本数据，按照钢筋规范计算得出。点击对话框中的展开按钮 >> ，展开钢筋计算明细，如图 2-62 所示。

点击公式编辑按钮 … ，可以进入公式编辑对话框查看各个变量的说明。确定钢筋计算无误后，点击〖布置〗按钮，J-5 的钢筋就布置好了，关闭钢筋布置对话框，在图面上可以看到布置的钢筋会显示在基础旁边，如图所示。

双击图面上的钢筋描述，可以进入查询窗口，查看、编辑钢筋属性和计算公式。

前面在介绍钢筋布置流程时提过，在软件中，钢筋布置遵循“同编号”原则。即同编号的构件只需布置一个构件的钢筋，现在一个 J-5 的基础布置了钢筋，也就是其他所有的 J-5 都有钢筋，不需要再在 J-5 上布钢筋了。在软件中，可以用两种方法来确认其他的 J-5 是否布置了钢筋。第一种方法是使用【构件菜单】中的〖图形管理〗布置功能，查看首层的独立基础，如果

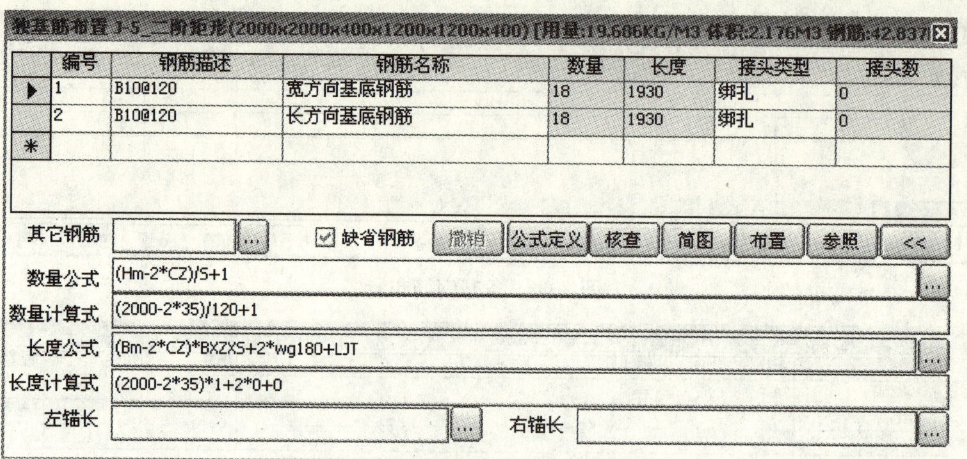

编号	钢筋描述	钢筋名称	数量	长度	接头类型	接头数
1	B10@120	宽方向基底钢筋	18	1930	绑扎	0
2	B10@120	长方向基底钢筋	18	1930	绑扎	0

图 2-62　独立基础钢筋计算明细

J-5 这个编号的独立基础图标显示为紫色，且钢筋信息中可以看到钢筋明细数据，则表明这个 J-5 上已经布置了钢筋。第二种方法是使用【视图】菜单中的〖构件辩色〗功能，在颜色设定中选择钢筋，点击〖确定〗按钮，返回图面，此时图面上构件的颜色发生了变化，红色的构件是没有布置钢筋的构件，而绿色的构件是含有钢筋的构件。

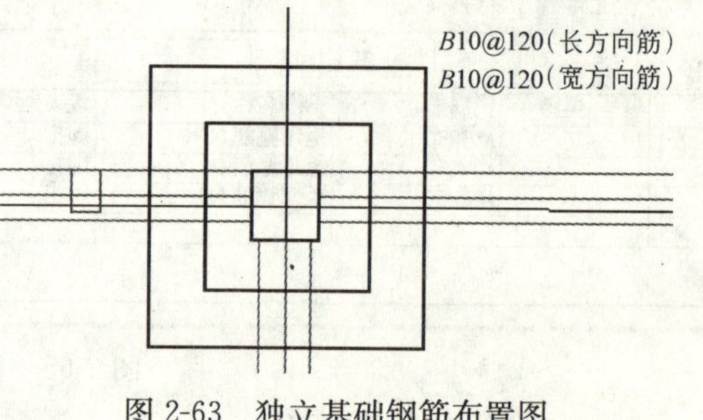

图 2-63　独立基础钢筋布置图

从图上可以看出，所有的 J-5 都布置了钢筋，这就是钢筋布置“同编号”原则的体现。再次执行〖构件辨色〗命令，选择〖恢复原色〗，构件便可恢复成原来的颜色了。

依据同样方式，将基础 J-2、J-4、J-7、J-8 的钢筋布置好。

小技巧：

从详图可以看出，J-5 的配筋和 J-7 的配筋相同，可以用〖钢筋复制〗功能，选择 J-5 的钢筋描述，点击右键确认，再选择 J-7 为目标构件，这样 J-5 的钢筋就复制到 J-7 上了。对于类似的钢筋，还可以用钢筋布置对话框中的〖参照〗功能，利用其他编号构件的钢筋来减少钢筋录入时间，快速布置钢筋。

二、首层基础梁钢筋

命令模块：【钢筋】→〖条基钢筋〗

首先依据结构设计说明，在基础梁的编号属性中，确认保护层厚度为 25mm。基础梁的钢筋用〖条基钢筋〗来布置，但实际上条基钢筋对话框与梁筋布置对话框是一样的，用〖梁筋布置〗功能也可以。

激活命令后，选择基础梁并右键确认，对话框会变成如图 2-64 所示的形式。

对话框中出现的是缺省的钢筋描述。由于基础梁钢筋用的是梁筋布置对话框，因此钢筋描述是按平法规则录入。依据基础平面图，基础梁的箍筋为 $A8$@250，上部筋和底部筋均为 $4B20$。则只需在“集中标注”一行中分别录入箍筋、上部筋和底部筋的描述即可，其他钢筋全部删除。录入完后点击〖下步〗按钮，展开钢筋计算明细，如图 2-65 所示。

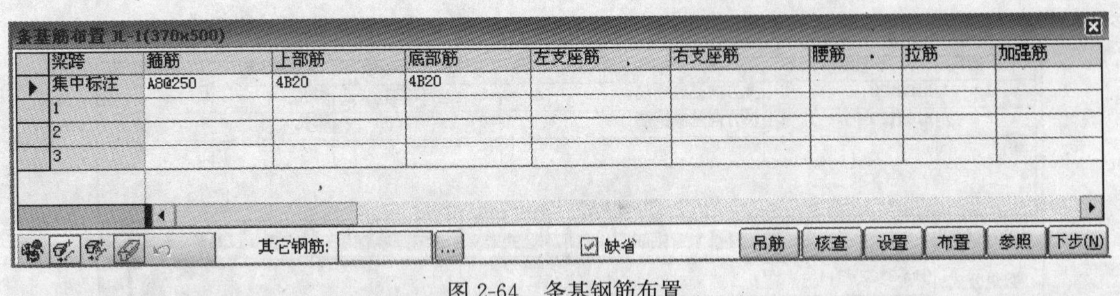

图 2-64　条基钢筋布置

条基筋布置 JL-1(370×500) [用量:155.971KG/M3 体积:2.035M3 钢筋:317.4KG]

梁跨	箍筋	上部筋	底部筋	左支座筋	右支座筋	腰筋	拉筋	加强筋
集中标注	A8@250	4B20	4B20					
1								
2								

其它钢筋:　缺省　吊筋　核查　设置　布置　参照　上步(P)

编号	梁跨	钢筋描述	钢筋名称	接头类型	接
1	1	A8@250	矩形箍筋(4)	绑扎	0
1	2	A8@250	矩形箍筋(4)	绑扎	0
1	3	A8@250	矩形箍筋(4)	绑扎	0
*					

数量公式: 2*CEIL((LJM-QT)/SJM+1)+(LDL+LMC+RMC-2*QT-2*CEIL((LJM-

数量式: 2*CEIL((750-50)/250+1)+(5501+0+0-2*50-2*CEIL((750-5　23

长度公式: G_6+G_7

长度式: 1578+1578　3156

锚长左边:　右边:

图 2-65　基础梁钢筋计算明细

在图 2-65 上方的表格中选择要查看的钢筋描述，在计算明细中便会显示出该钢筋描述的名称、接头类型以及计算公式等等。例如选择集中标注中的箍筋描述，在下方的表格中便会显示当前基础梁的箍筋名称，点击钢筋名称中的下拉按钮▼，可以进入钢筋名称选择窗口，如图2-66所示。

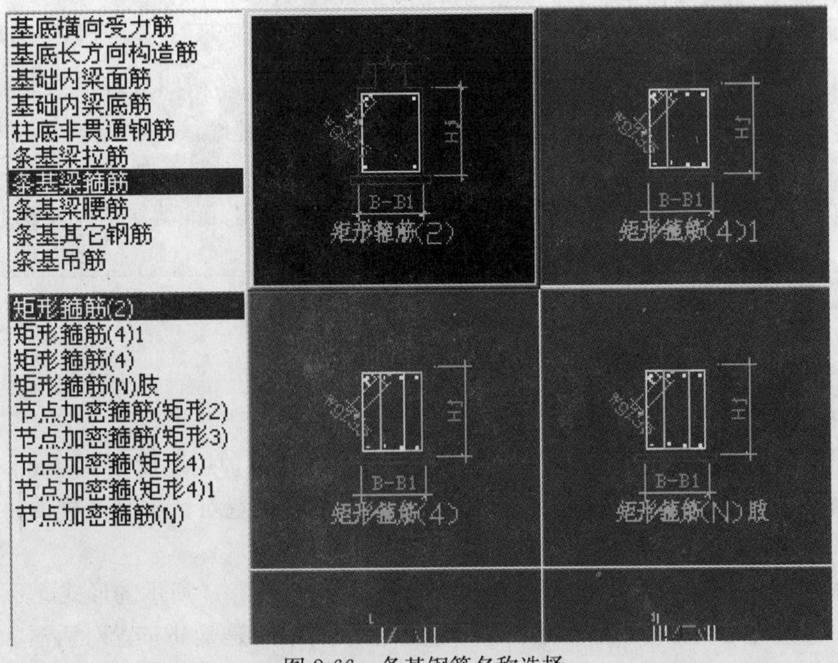

图 2-66　条基钢筋名称选择

图 2-66 左边上部是钢筋类别，下部是钢筋名称，右边是对应的钢筋幻灯图，例如在条基梁箍筋中，可以选择不同肢数的箍筋，本工程中基础梁箍筋为矩形 4 肢箍。箍筋的长度公式是由

箍筋代号组成的，软件将复合箍筋拆成简单箍筋与拉筋，每个箍筋代号即代表一个简单箍筋的长度公式。点击公式编辑按钮[...]，便可以在公式编辑对话框中查看到箍筋的长度计算明细。

三、首层柱筋

命令模块：【钢筋】→〖钢筋布置〗、【钢筋】→〖公式定义〗

在给柱布置钢筋之前，应确定柱编号属性中保护层厚度为25mm。设置好后，执行〖钢筋布置〗命令，弹出对话框后，在图面上选择要布置钢筋的柱子，点击右键确认，对话框中会出现柱编号、柱截面类型以及缺省的柱钢筋信息。依据1层柱平面图中的柱表，修改对话框中的钢筋描述，选择对应的钢筋名称。

注意：箍筋肢数与矩形柱 B 边的钢筋肢数以及 H 边的钢筋肢数有关，而对于矩形柱的 B 边和 H 边，软件默认是将 B 边作为长边，例如300mm×400mm的柱子，软件会将400mm的长边作为 B 边，并且指定箍筋肢数时，长边的肢数必须在前，例如400mm长边的肢数是4，而300mm短边的肢数是2，则箍筋肢数应该为"4×2"。在本楼层中，矩形柱是正方形，因此无所谓哪边作为 B 边。柱表中Z1箍筋为3×4肢箍，因此在钢筋名称中选择"矩形箍（3×4）"。点击简图按钮，可以查看箍筋简图，如图2-67所示，与柱表箍筋截面形式一致即可。

点击〖布置〗按钮，将柱钢筋布置到柱子上，柱子旁会出现布置上的钢筋描述。遵循"同编号"原则，Z1的钢筋就布置好了。按照上述方法，依次将柱表中Z2和Z3的钢筋布置到柱上。另外还要依据楼梯结构图布置两个梯柱的钢筋，不可遗漏，可用前面介绍的钢筋检查功能检查柱子的钢筋是否全部布置上了。

L形柱Z4的钢筋需要特殊处理。图2-68是施工图上的L形柱截面图，可以看出，其箍筋比较复杂，且在〖钢筋布置〗中找不到与该箍筋相对应的钢筋，因此这个L形柱箍筋需要自定义。执行【钢筋】菜单下的〖公式定义〗功能，弹出如图2-69所示的对话框。

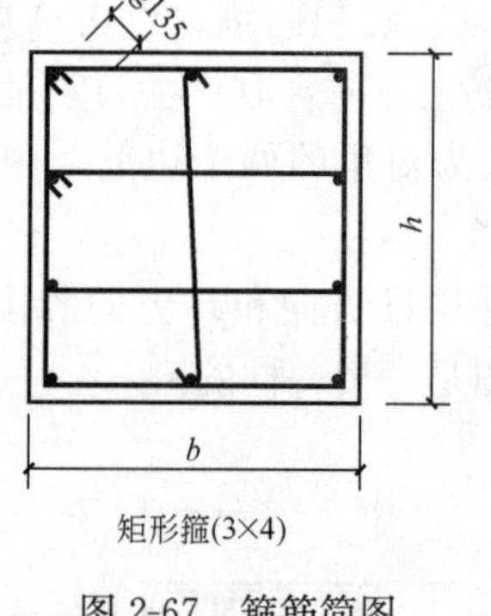

图2-67　箍筋简图

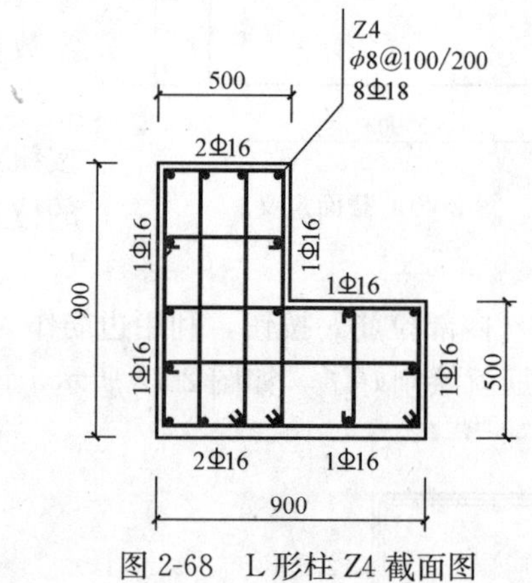

图2-68　L形柱Z4截面图

首先需要设置柱的截面类型。在"截面类型"中选择"L形"，然后依据施工图，录入截面的尺寸参数，录入完后把定义好的构件截面布置到图面上，如图2-70所示。然后点击〖下一步〗按钮，定义钢筋名称。钢筋名称可以随意录入，这里名称录入"自定义L形箍筋"。

点击〖下一步〗按钮，进入钢筋公式定义步骤。软件采用绘制钢筋的方法来定义钢筋公式。这时公式定义工具条变为可以使用的亮显状态，软件默认先定义〖矩形外箍〗，其定义方法是在布置好的截面图形中点取两个对角点，绘制出外箍。注意，绘制时必须把"对象捕捉"打开，才能捕捉截面的角点。用光标选取 H 方向的两个对角点，一个外箍就绘制好了，接着绘制出 B 方向的外箍。

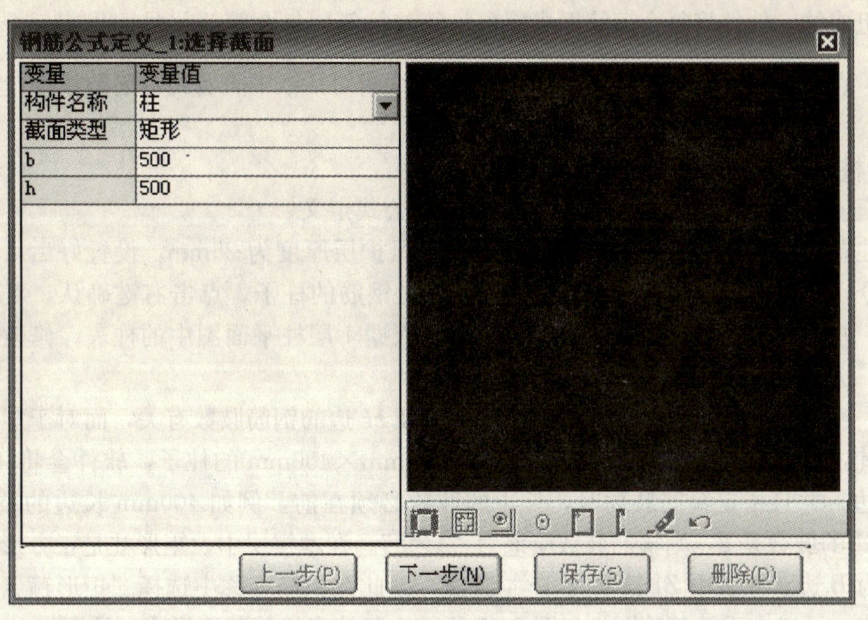

图 2-69 钢筋公式定义

在外箍生成的同时，对话框中也会生成相应钢筋公式及钢筋简图。下一步点击〖自动布置角筋〗按钮，软件自动生成截面中的角筋。对于漏掉的特殊位置的角筋，可以用〖角部主筋〗，在没有角筋的角点处布置角筋。

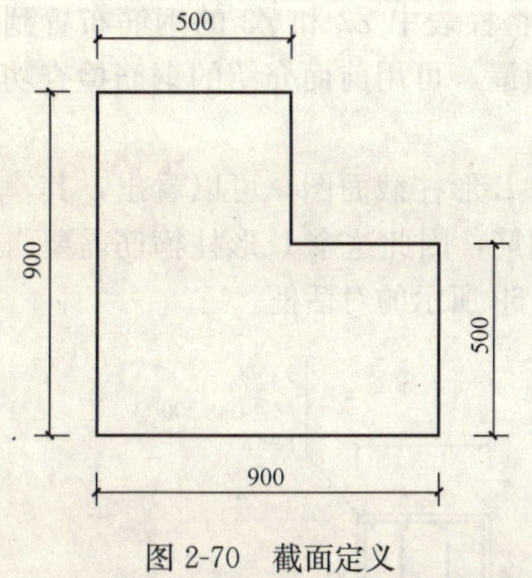

图 2-70 截面定义

接下来是边筋的绘制。点击〖边筋〗按钮，按照施工图，分别在 B 边、H 边、$B1$ 边、$H1$ 边绘制上边筋，点取边筋时，边筋会自动平均分布排列，您只需按照设计所需数量绘制即可。布置好的边筋和角筋如图 2-71 所示。

下一步利用边筋的位置绘制内箍。点击〖矩形内箍〗按钮，当光标移动到边筋上方时，软件会自动捕捉到边筋的位置，点取 H 方向互为对角的两个边筋，内箍就绘制好了。

点击〖内部拉筋〗按钮，利用边筋作为捕捉点，分别绘制出 H 方向和 B 方向的拉筋。这样 L 形柱箍筋就绘制好了，如图 2-72 所示，该箍筋样式与施工图是一模一样的。

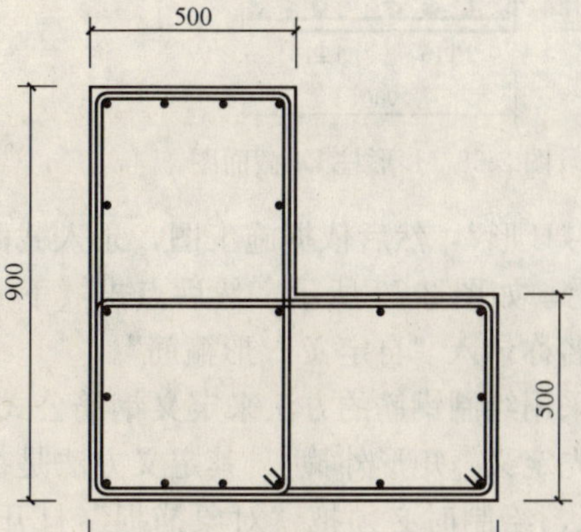

图 2-71 边筋和角筋绘制

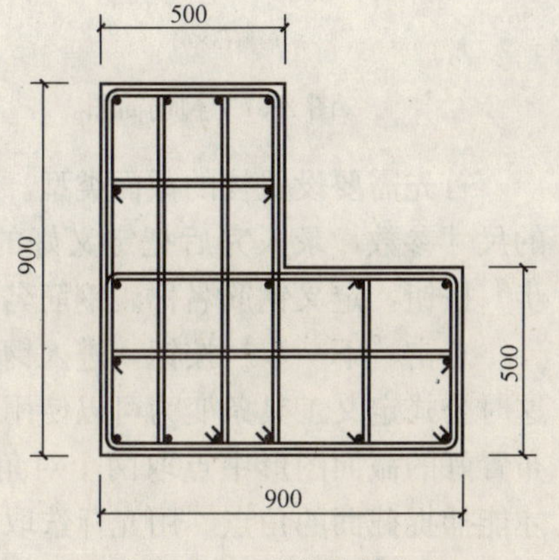

图 2-72 L 形柱箍筋定义

最后点击〖保存〗按钮，钢筋公式就定义完毕了。下面可以给 Z4 布置自定义的 L 形柱箍筋。执行〖柱筋布置〗命令，选择 Z4，在对话框中录入 Z4 的角筋和边筋描述，然后修改缺省的箍筋名称，在钢筋名称列表中可以看到刚才自定义的“自定义 L 形箍筋”，选择后还可以查看该箍筋的简图，点击〖布置〗按钮，L 形柱的钢筋就布置好了。

温馨提示：

定义柱箍筋公式时，绘制纵筋主要是为了确定箍筋的位置与长度计算方法，并非定义纵筋的公式。纵筋仍然要在柱筋布置时单独录入。

注意事项：

按平法标准，底层柱子的箍筋加密方式与标准层不一样，故应注意检查在构件查询内柱子的楼层位置是否为底层，如果是在底层布置的柱子，软件会默认柱子的楼层位置为底层。

四、首层插筋布置

命令模块：【钢筋】→〖自动钢筋〗

按照设计要求，基础中还应含有柱插筋。软件提供自动布置插筋的功能，但自动布置插筋有三个前提条件：

（1）基础与柱必须在同一楼层布置；

（2）柱上有柱钢筋；

（3）基础上柱为底层柱。

第三个条件要求柱的属性为底层柱。在软件中，柱的楼层位置是依据楼层表来定义的，软件自动判断最下面一层的柱子为底层柱，最上面一层柱子为顶层柱。对于本工程这种特殊情况，软件无法自动处理。首层不是楼层表中的最底楼层，因此柱子的楼层位置默认成中间层。在布置插筋之前，需要对柱子的属性进行调整。选中首层所有基础上的柱子，执行〖构件查询〗功能，在属性中将“楼层位置”改为“底层”，点击〖确定〗退出。下面便可以给柱子布置插筋了。

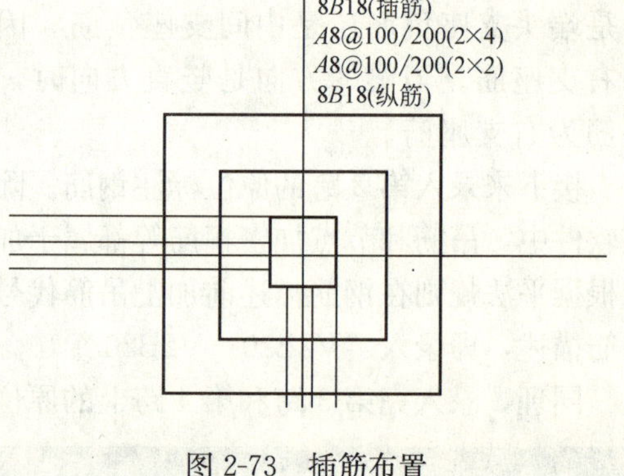

图 2-73　插筋布置

执行〖自动钢筋〗功能，点击命令行的〖插筋〗按钮，弹出插筋构造对话框，设置好后点击〖布置〗按钮，软件会自动判断哪些构件需要布置插筋，如图 2-73 所示。

五、首层梁筋

命令模块：【钢筋】→〖梁筋布置〗

依据结构设计说明，梁的保护层厚度为 25mm，抗震等级为 4 级，在定义梁编号时应注意设置正确。下面给梁布置钢筋。激活〖梁筋布置〗命令，弹出梁筋布置对话框，如图 2-74 所示。

在布置梁筋之前，先完成一些钢筋设置。点击〖设置〗按钮，进入识别设置对话框，设置自动布置腰筋的条件、缺省的腰筋、拉筋描述以及自动布置吊筋、井字梁加密箍等。按设计要

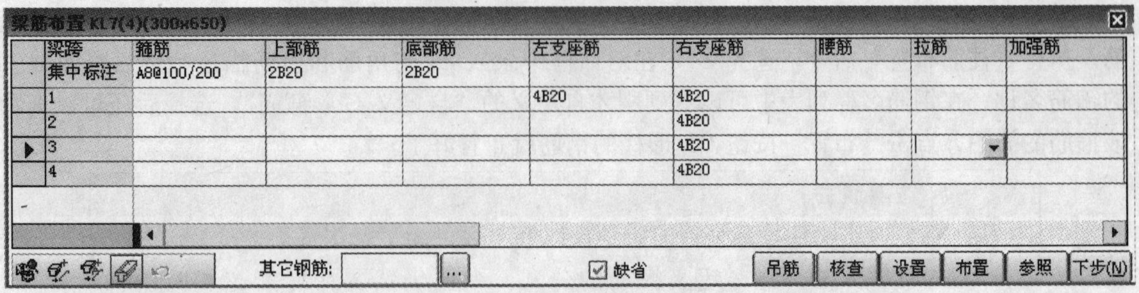

梁筋布置 KL7(4)(300×650)

梁跨	箍筋	上部筋	底部筋	左支座筋	右支座筋	腰筋	拉筋	加强筋
集中标注	A8@100/200	2B20	2B20					
1				4B20	4B20			
2					4B20			
3					4B20			
4					4B20			

图 2-74 梁筋布置

求，板下梁净高大于 450mm 时要布置腰筋，将“自动布置腰筋”选项设为“是”，并设置好腰筋与拉筋的描述以及腰筋排数等等，这里的默认值均是按规范设置的。注意，这里的“布置腰筋的起始梁高”指的是梁净高，不包含梁上板的相交高度。如果目前没有布置板，或者布置板后没有执行过梁的工程量分析，软件会取梁的截高作为梁净高，以此为条件布置的腰筋是不正确的。因此在不满足上述条件的情况下，不能设置腰筋的自动布置，腰筋要另行处理。

设置好后返回布置对话框，在图面上选择要布置钢筋的梁，这里以 E 轴上的 KL7 为例，点击右键确认选择。KL7 是 4 跨连续梁，对话框中相应的显示出含集中标注在内的 5 行数据，每一跨梁对应一行钢筋数据，下一步是按平法规则录入钢筋描述。先是集中标注的录入。依据 2 层楼面梁结构图，分别录入集中标注的箍筋和上部筋。

接着录入原位标注钢筋，例如第 1 跨的梁底直筋以及支座负筋。梁底直筋录入到梁跨为“1”的“底部筋”中。录入支座负筋时应注意按照原位标注在梁跨上的相对位置来录入。软件将负筋分为“左支座筋”和“右支座筋”，如果原位标注在梁跨的左端，则录入到“左支座筋”中，在右端则录入到“右支座筋”中，软件会自动根据梁跨号判断该支座筋是端头支座负筋还是中间支座负筋。因此，在该行中需要分别录入“4B22”的左支座筋和右支座筋。当梁的方向是竖直方向时，则梁跨下方位的支座筋为左支座筋，上方位的支座筋为右支座筋。

接下来录入第 2 跨的原位标注钢筋。除了梁底直筋和右支座筋外，第 2 跨上还有 2 处吊筋，在软件中，吊筋和节点加密箍筋等都属于加强筋，因此要录入到“加强筋”列中。录入吊筋时，应根据平法规则在钢筋描述前加上吊筋代号“V”。第 2 跨上有 2 处吊筋，可以用分号隔开两个吊筋描述，即录入“V2B20；V2B20”。

同理，录入完第 3 跨和第 4 跨上的原位标注钢筋，如图 2-75 所示。

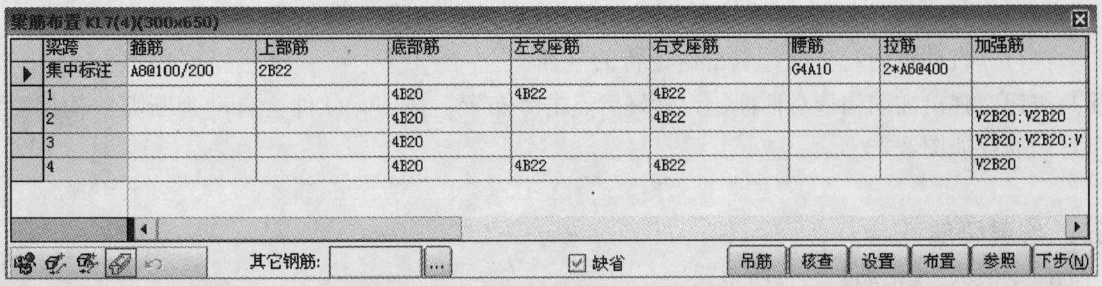

梁筋布置 KL7(4)(300×650)

梁跨	箍筋	上部筋	底部筋	左支座筋	右支座筋	腰筋	拉筋	加强筋
集中标注	A8@100/200	2B22				G4A10	2*A6@400	
1			4B20	4B22	4B22			
2			4B20		4B22			V2B20;V2B20
3			4B20					V2B20;V2B20;V
4			4B20	4B22	4B22			V2B20

图 2-75 梁筋录入

点击〖下步〗按钮，此时可以看到“腰筋”和“拉筋”列中自动出现了钢筋描述，如图 2-76所示。

在计算明细中查看一下 1 跨上的右支座筋，如图 2-77 所示，软件自动给右支座筋指定钢筋名称为“中间支座负筋”，且梁跨中以“1 2”表示布置在第 1 跨和第 2 跨之间。同理，其他的

图 2-76　展开钢筋明细

	编号	梁跨	钢筋描述	钢筋名称	接头类型	接
▶	7	1 2	2B22	中间支座负筋	双面焊	0
*						

图 2-77　梁支座筋明细

支座筋软件也会自动根据它在梁跨上的位置来判断其钢筋名称。

再查看一下第 2 跨上的吊筋描述，如图 2-78 所示，在明细中可以看到，软件自动指定了钢筋名称“吊筋 45”，这里吊筋的角度是根据梁高来判定的，您可以在〖钢筋选项〗的“识别设置”中对吊筋角度判定条件进行调整。

	编号	梁跨	钢筋描述	钢筋名称	接头类型	接
▶	10	2	2B20	吊筋45	双面焊	0
	11	2	2B20	吊筋45	双面焊	0
*						

图 2-78　梁吊筋明细

核对钢筋明细无误后，点击〖布置〗按钮，梁钢筋就布置到 KL7 上了，以平法标注显示在梁上，如图 2-79 所示。

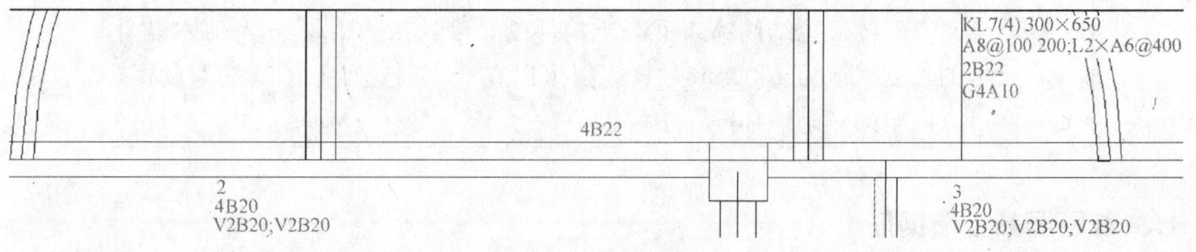

图 2-79　梁筋布置显示

对于弧形雨篷梁抗扭腰筋，需要录入到钢筋布置对话框的“腰筋”中，拉筋由软件自动生成。自动生成拉筋的相关设置选项在〖钢筋选项〗的“识别设置”页面中可以找到，可以根据需要调整拉筋的直径和间距。

注意事项：

1. 梁钢筋遵循同编号布置原则，对于相同编号的梁，各个梁跨应该相对应；尤其是镜像布置的梁，如果梁跨号错误，则该梁上的钢筋也会计算错误。因此，不论是手工布置梁钢筋还是识别梁筋，都应先核查梁跨号是否正确，调整好梁跨号后，再布置梁筋。梁跨的调整可以用【工具】菜单下的〖跨段组合〗功能来完成。

2. 要正确设置梁的结构类型，区分框架梁和普通梁。在布置梁钢筋时，普通梁的钢筋会锚入框架梁内，如果框架梁错设置成普通梁，普通梁钢筋将取不到锚固值。

3. 自动布置梁腰筋的前提条件是已经布置了板，且必须要进行梁工程量分析，这样软件才能取到正确的梁净高，否则软件会取梁截高作为自动布置腰筋的起始梁高。梁腰筋还可以用〖自动钢筋〗中的〖腰筋调整〗来布置或调整，具体操作方法请见识别梁筋章节。

4. 录入钢筋描述时，标点符号必须是半角的，全角的符号软件不支持。

六、首层砌体墙拉结筋

命令模块：【钢筋】→〖自动钢筋〗

按照结构设计要求，本工程柱与内外墙的连接应设拉结墙筋。在软件中，砌体墙拉结筋采用自动布置的方式实现。执行〖自动钢筋〗功能，点击命令行的〖砌体墙拉结〗按钮，弹出如图 2-80 所示的对话框。

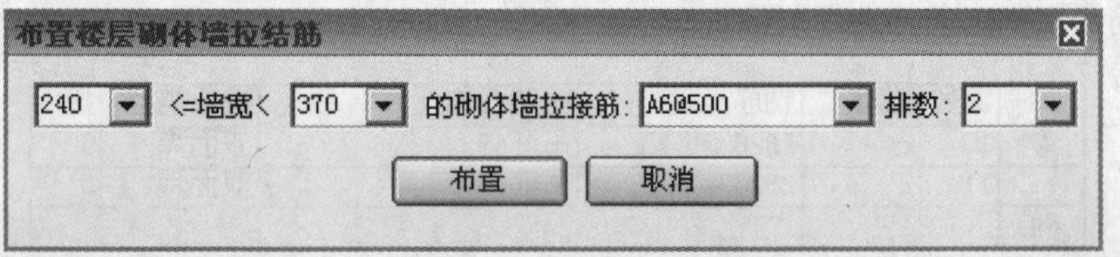

图 2-80　砌体墙拉结筋

墙宽条件可以设置为“120<＝墙宽<370”，拉结筋描述改为“$A6@500$”，排数为 2，点击〖布置〗按钮，拉结筋就布置好了。

温馨提示：

砌体墙拉结筋锚入混凝土构件的长度默认为 L_a，伸入砌体墙内的长度默认为 1000mm，这些值可以在〖钢筋选项〗的〖基本设置〗页面中的“砌体加固”中设置。

七、首层混凝土墙钢筋

命令模块：【钢筋】→〖表格钢筋〗

本工程的混凝土墙钢筋用〖表格钢筋〗功能来布置。执行命令后，在命令行选择〖墙表〗，进入墙表对话框。墙编号等数据可以通过〖导入定义〗功能，快速从定义编号中导入已定义好的墙编号、标高、楼层、材料以及墙厚等数据，软件会导入工程中所有的墙编号信息。

下面根据基础平面图上的墙表信息，在对话框中录入墙筋描述，如图 2-81 所示。

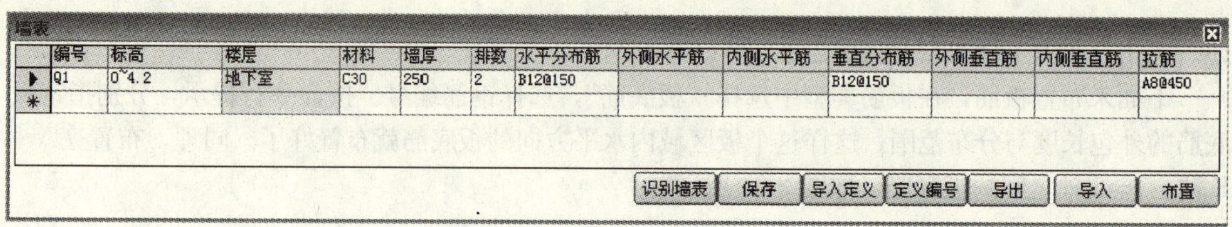

图 2-81 墙表录入完毕

录入完后必须点击〖保存〗按钮，将墙表信息保存下来。确认钢筋录入无误后，点击〖布置〗按钮，当前层的墙筋就按墙表布置好了。

若对于其他多层都为剪力墙这种类型的工程，需要注意，利用墙表只能布置当前楼层的墙筋，其他楼层的墙筋需切换到目标层后，再执行墙表来布置，墙表里的数据在其他楼层可以直接调用，无需重新录入。

八、首层板筋

命令模块：【钢筋】→〖板筋布置〗

下面布置首层结构平面图的板筋。在软件中，板筋是像构件一样绘制出来的钢筋，不同于其他构件上只显示描述而无图形显示的钢筋，且板钢筋不遵循同编号布置原则。

在布置板筋之前，应打开软件的〖对象捕捉〗功能。设置捕捉“垂足”和“最近点”，如果布置的板筋以水平的和竖直的为主，则需要将“正交”打开，以确保绘制出来的板筋成直线形状。

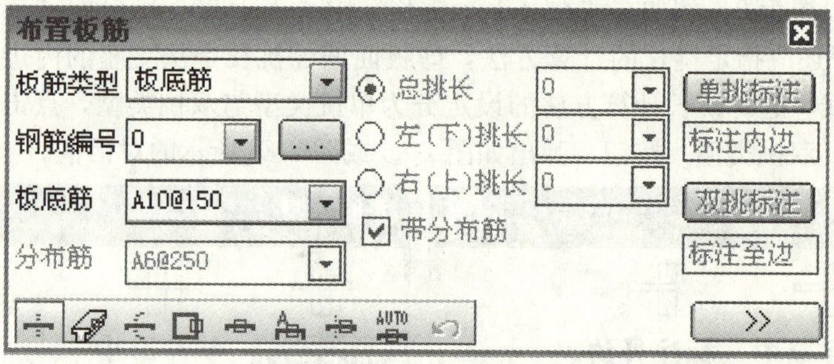

图 2-82 板筋布置

接下来执行〖板筋布置〗命令，弹出板筋布置对话框（图 2-82）。

首先布置板底筋。在布置之前，可以对施工图上所有的板底筋描述进行编号，以便布置时选择。通过点击钢筋编号旁的按钮，或选择钢筋编号下拉菜单中的“新增编号”，进入管理编号对话框（图 8-83）。

在管理编号对话框中可以对钢筋编号、描述以及钢筋挑长进行设置，这里编号的板筋描述可以被各种板钢筋调用。依次按照施工图上的板筋描述定义好编号，返回板筋布置对话框，通过在钢筋编号列表中选择需要的编号，可以调出相应的钢筋描

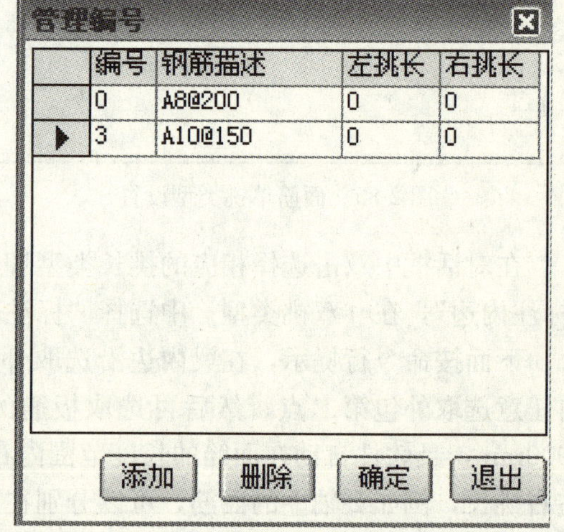

图 2-83 板筋编号管理

述。点击〖展开〗按钮，可以查看钢筋计算式。

下面来布置板筋，在板筋类型中选择“板底筋”，选择钢筋编号。按命令行提示，分别指定板底筋的外包长度与分布范围，这样这个板区域内水平方向的板底筋就布置好了。同理，布置完A～E轴、1～5轴之间的板底筋，如图2-84所示。

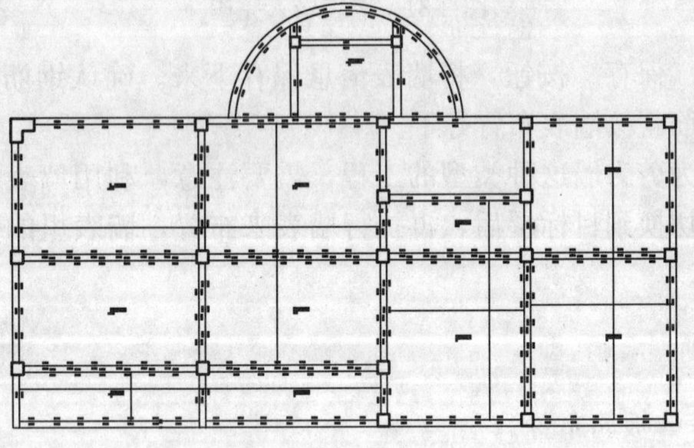

图2-84 板底筋布置

接下来布置板面筋。首先在板筋类型中选择“板面筋”。然后与板底筋类似，在钢筋编号中选择合适的编号，并按设计要求录入构造分布筋描述A6@200。

按照施工图，1轴上的面筋挑长为1900mm，且为单挑面筋。软件是取左右挑长之和来确定面筋的挑出长度，当面筋为单挑类型时，可以选择左（下）挑长或右（上）挑长进行设置，但另一个挑长值应设置为0。例如在“左（下）挑长”中录入1900，则应将“右（上）挑长”设为0。注意，这里还应指定挑长的计算方法，即板面筋的挑长是从支座的内边算起，还是外边算起，或按中心线算起。挑长计算方法的设定分为单挑类型与双挑类型，点击对话框中的〖单挑类型〗按钮或〖双挑类型〗按钮，弹出如图2-85或图2-86所示的对话框。

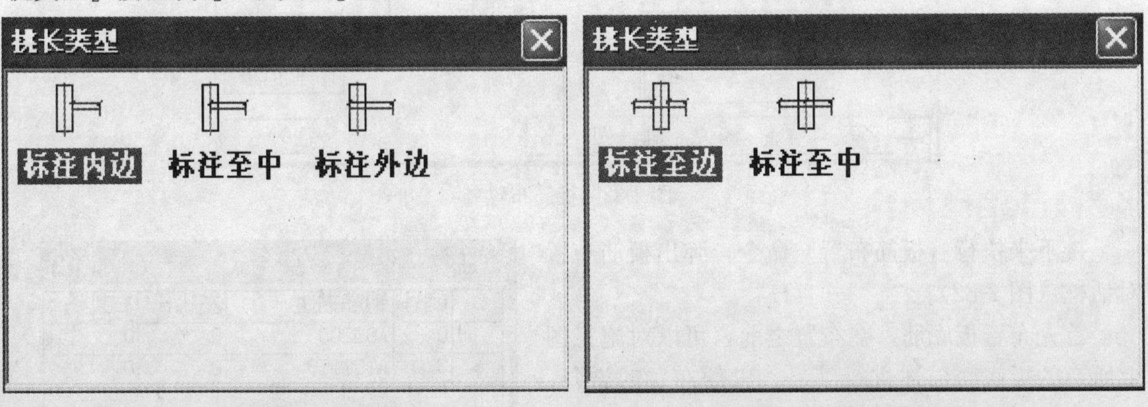

图2-85 面筋单挑类型设置　　图2-86 面筋双挑类型设置

在对话框中双击选择相应的挑长类型即可。本工程按板配筋标注应在〖单挑类型〗中选择“标注内边”，在〖双挑类型〗中选择“标注至边”。

下面按命令行提示，在梁内边沿选取外包的第一点，在正交打开的情况下，在板筋挑长方向任意选取外包第二点，然后再选取板筋的分布范围，这样布置出来的板面筋挑长就正好是1900mm，且软件自动在面筋的长度范围内布置上构造分布筋。对于中间面筋，则需要分别指定左右挑长，例如2轴上的面筋，可以分别在左、右挑长中录入1900，然后用光标在布置板筋的区域内绘制一条跨越两块板的外包直线，再指定分布范围即可，软件会自动对称布置中间面筋。

按照上述步骤，依次将A～E轴、1～5轴之间的板面筋布置到图面上。您也可以用〖选梁布置〗法快速布置板面筋。

对于弧形雨篷板的钢筋，需要用双层双向钢筋来布置。在钢筋名称中选择“双层双向”，选择相应的钢筋编号，此时板底筋描述与板面筋调用相同的描述，然后返回图面，用光标在弧形板内部水平方向任意选取两点，软件便会自动根据板边界布置上双层双向钢筋，如图2-87所示。

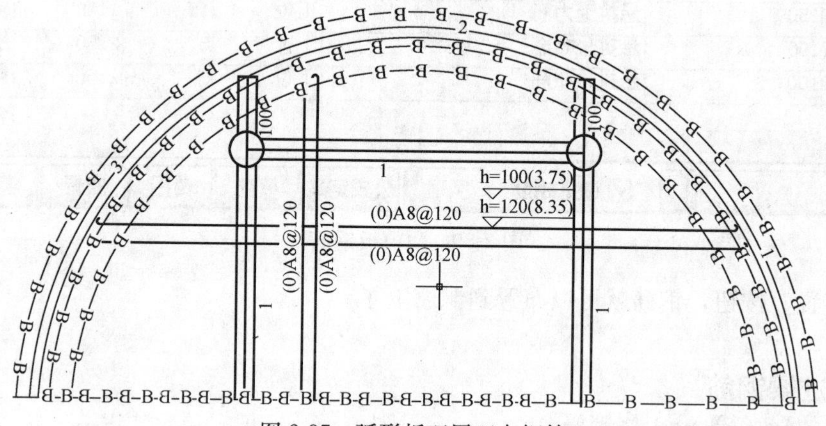

图2-87　弧形板双层双向钢筋

在软件中，一般异形板的钢筋都需要用特殊钢筋来处理，普通的板底筋和板面筋只能用于形状规则的矩形板，而异形板的钢筋需要根据板边界的变化而变化。为此软件专门提供了异形板筋，给定一个布置方向后，异形板筋能自动搜索板边界，其长度及分布范围会自动随着板边界变动。除了异形板筋外，双层双向、单层双向等钢筋也是如此。

九、首层楼梯钢筋

命令模块：【钢筋】→〖钢筋布置〗

在软件中，楼梯钢筋用〖钢筋布置〗功能来布置。执行命令后，选择要布置钢筋的梯段，点击右键确认，对话框中会显示出软件提供的缺省钢筋数据，如图2-88所示。

梯段筋布置 AT1_A型梯段(175x280x120)[用量:71.43KG/M3 体积:0.973M3 钢筋:69.501KG]

编号	钢筋描述	钢筋名称	数量	长度	接头类型	接头数
1	B10@100	梯板底筋	15	3872	绑扎	0
2	B10@100	板下端负弯筋	15	1392	绑扎	0
3	B10@100	板上端负弯筋	15	1362	绑扎	0
4	A6@250	梯板分布筋	16	1425	绑扎	0
5	A6@250	板下端负弯筋分布筋	5	1425	绑扎	0
6	A6@250	板上端负弯筋分布筋	5	1425	绑扎	0
*						

其它钢筋 … ☑缺省钢筋 撤销 公式定义 核查 简图 布置 参照 >>

图2-88　楼梯钢筋布置

依据施工图修改对话框中的钢筋描述，然后点击布置按钮，钢筋就布置到楼梯上了。

在本工程中，除了给梯段布置钢筋外，还应依据楼梯结构图给楼梯平台板、楼梯梁、楼梯柱布置钢筋，操作方法这里就不介绍了，可参照前面相关章节。

十、首层飘窗板钢筋

命令模块：【钢筋】→〖钢筋布置〗

飘窗挑板的钢筋使用〖钢筋布置〗命令来布置。执行钢筋布置命令后，选择要布置钢筋的飘窗，对话框中会出现缺省的钢筋描述。“位置”列的信息指的是当前钢筋描述对应的挑板的位置。按设计要求修改钢筋描述位置，如图 2-89 所示。

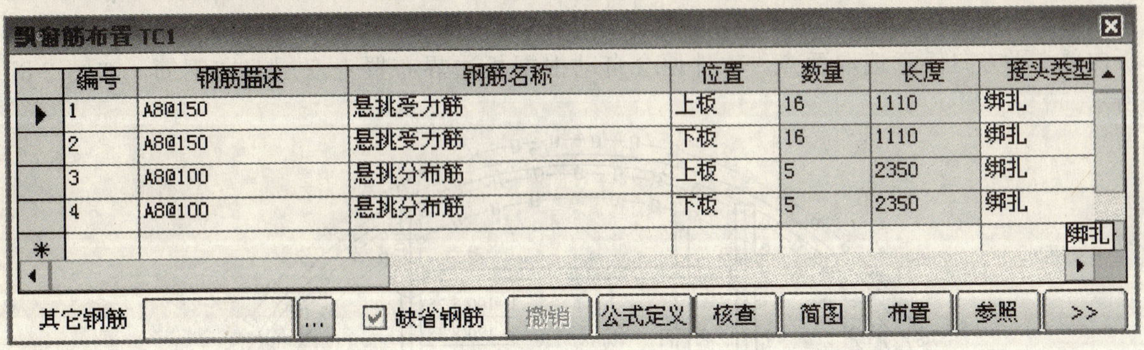

飘窗筋布置 TC1

	编号	钢筋描述	钢筋名称	位置	数量	长度	接头类型
▶	1	A8@150	悬挑受力筋	上板	16	1110	绑扎
	2	A8@150	悬挑受力筋	下板	16	1110	绑扎
	3	A8@100	悬挑分布筋	上板	5	2350	绑扎
	4	A8@100	悬挑分布筋	下板	5	2350	绑扎
*							绑扎

其它钢筋 … ☑缺省钢筋 撤销 公式定义 核查 简图 布置 参照 >>

图 2-89 飘窗板钢筋

点击〖布置〗按钮，钢筋就可以布置到飘窗上了。

十一、首层过梁钢筋

命令模块：【钢筋】→〖表格钢筋〗

过梁钢筋使用〖表格钢筋〗功能来布置。执行命令后，点击命令行的过梁表按钮，在弹出的过梁表对话框中，已经有之前在布置过梁时录入的过梁编号信息和洞口宽度，在过梁编号上录入钢筋描述便可布置过梁钢筋。点击布置钢筋按钮，过梁的钢筋就布置好了。注意，用过梁表布置过梁钢筋时，是布置当前楼层的过梁钢筋，其他楼层的过梁钢筋需切换到目标楼层后，再用过梁表来布置，首层录入的过梁钢筋数据会保存在过梁表中，布置其他楼层过梁钢筋时直接调用即可。

第九节　其他楼层钢筋工程量

一、地下室钢筋

依据结构施工图，本工程地下室需要计算的钢筋有：独立基础钢筋、基础梁钢筋、柱筋、柱墙插筋、梁筋、混凝土墙筋、板筋、过梁筋。钢筋的布置方法可参照首层钢筋工程量说明。

二、2～5 层钢筋工程量

本工程 2～5 层为标准层，其结构构造基本相同，且与首层结构类似，因此可以利用首层的钢筋构造来快速计算 2～5 层的钢筋工程量。

切换到第 2 层，用〖拷贝楼层〗功能，将首层的结构构件和钢筋一起拷贝到 2～5 层。最后将多余的雨篷及其钢筋删除即可。

首层与 2～5 层相同的结构与钢筋主要是柱、柱筋、梁、梁筋、板与板筋，2～5 层其他构件与钢筋，例如楼梯与楼梯钢筋、飘窗与飘窗板钢筋等等，需要另外手动布置。其操作方法请参照前面相关章节。

三、5 层顶层柱筋

本工程有两个屋面层，一个是出屋顶楼层的坡屋顶，一个是 5 层的平屋面，因此 5 层平屋面下的部分柱子属于顶层柱，其纵向钢筋有特殊的构造要求：外侧纵筋需要弯入梁内。

首先看一下5层哪些柱子属于顶层柱，请看图2-90。

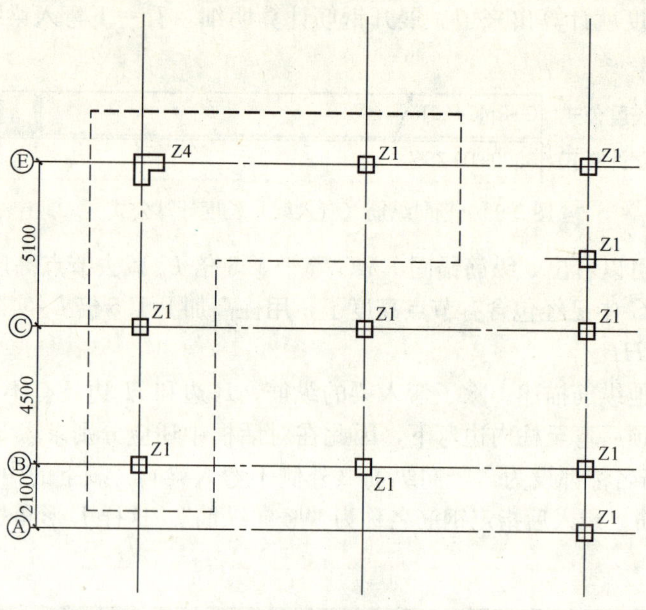

图2-90 5层顶层柱

上图中在黑色虚线框中的便是5层中属于顶层的柱子，这部分柱子的钢筋需要特殊处理。这些柱子是L形角柱Z4和三个矩形边柱Z1（均为框架柱）。按照规范要求，抗震KZ边柱和角柱柱顶纵向钢筋构造要弯入梁内，而要计算这些特殊要求的钢筋工程量，柱子首先要满足以下几个条件：

（1）柱子为框架柱；

（2）柱子的楼层位置为顶层；

（3）柱子的平面位置为边柱或角柱。

本工程定义的柱子全部是框架柱，第一个条件已经满足。对于第二个条件，需要在布置完柱子后，在〖构件查询〗中将“楼层位置”改为“顶层”，如图2-91所示，如果柱子所在楼层是楼层表中的最上面一层，则布置柱子时软件会自动赋予“顶层”属性，而类似本工程5层这部分顶层柱，需要进入〖构件查询〗中手动调整为“顶层”。对于第三个条件，同样也需要在〖构件查询〗中将“平面位置”改成边柱或角柱，目前软件暂时不会自动判定。

底高度(mm) - HZDI	0
平面位置 - PMWZ	角柱
楼层位置 - LCWZ	顶层
几何属性	

图2-91 顶层柱平面位置与楼层位置属性

如果柱子不满足以上三个条件中的任一个条件，柱纵筋都无法正确计算弯入梁的锚固。

确认柱子满足以上几个条件后，就可以调整拷贝上来的柱筋了。以E轴上的L形角柱Z4为例，执行〖钢筋布置〗命令，选中Z4，Z4中有原先从首层拷贝过来的钢筋，只需对纵向钢筋进行调整，箍筋不变。从图2-90可以看出，Z4的两个长边为外侧边。依据规范，顶层柱至少65%面积的外侧纵筋要伸入梁内（也可以是全部外侧纵筋弯入梁）。原先L形柱内有8*B*18的角筋、10*B*16的边筋，依据Z4钢筋截面图，*B*边和*H*边应有7根钢筋弯入梁，其中角筋3根、边筋4根（*B*边两根角筋、两根边筋，*H*边一根角筋、两根边筋）。根据这些计算结果，将原竖向纵筋描述改成弯入梁的角筋描述 3B18，钢筋名称选择“竖向纵筋（弯入梁）”，再录入弯入梁的边筋描述 4B16，钢筋名称也选择“竖向纵筋（弯入梁）”。指定完名称后，钢筋的数量及长度就计算出来了。展开钢筋计算明细，看一下弯入梁纵筋的长度计算式，如图 2-92 所示。

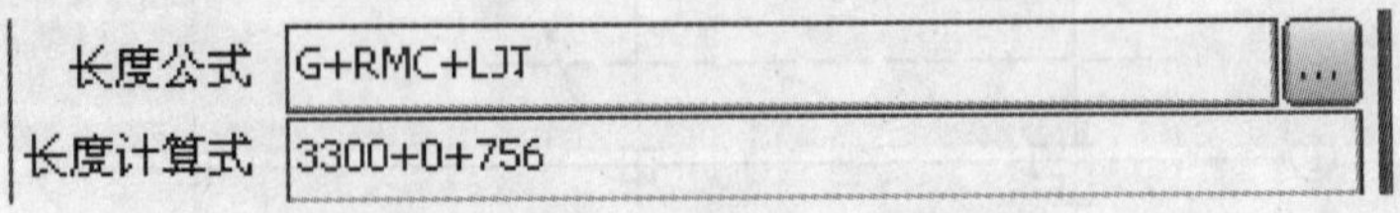

长度公式	G+RMC+LJT
长度计算式	3300+0+756

图 2-92　竖向纵筋（弯入梁）长度计算公式

从长度表达式中可以看出，纵筋锚固 RMC 等于 1.5 倍 L_a 减去节点高度 HB，减去 HB 的原因是因为构件高度 G 中已经包含有节点高度了，用柱高加上 1.5 倍 L_a 实际上等于算了两次节点高度，因此要减去 HB。

下面继续录入其他纵筋描述。除了弯入梁的纵筋，B 边和 H 边还有不弯入梁的外侧纵筋，其构造要求是伸到柱顶后弯至柱内边弯下，因此在对话框中还应分别录入 2B18 的角筋和 1B16 的边筋（B 边），钢筋名称都设为“竖向纵筋（外侧不弯入梁）”。剩下的内侧纵筋分别是 3B18 的角筋和 5B16 的边筋，录入后指定钢筋名称为“竖向纵筋”。这样 L 形角柱所有的钢筋就录入完了，如图 2-93 所示。

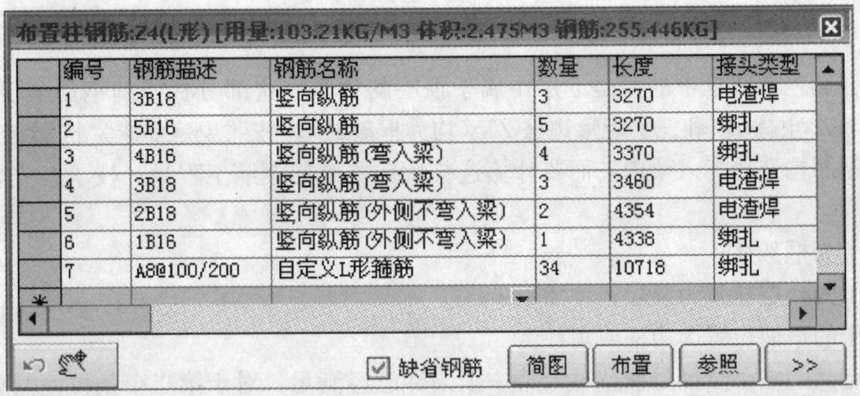

布置柱钢筋:Z4(L形) [用量:103.21KG/M3 体积:2.475M3 钢筋:255.446KG]

编号	钢筋描述	钢筋名称	数量	长度	接头类型
1	3B18	竖向纵筋	3	3270	电渣焊
2	5B16	竖向纵筋	5	3270	绑扎
3	4B16	竖向纵筋(弯入梁)	4	3370	绑扎
4	3B18	竖向纵筋(弯入梁)	3	3460	电渣焊
5	2B18	竖向纵筋(外侧不弯入梁)	2	4354	电渣焊
6	1B16	竖向纵筋(外侧不弯入梁)	1	4338	绑扎
7	A8@100/200	自定义L形箍筋	34	10718	绑扎

缺省钢筋　简图　布置　参照　>>

图 2-93　顶层 L 形角柱钢筋调整

同样，在核对钢筋公式准确无误后，便可以点击〖布置〗按钮，这样 L 形柱的钢筋就调整好了。类似的，调整三个边柱 Z1 的竖向纵筋。

按钢筋规范调整柱筋并重新布置后，按照同编号原则，其他非顶层柱的钢筋也与同编号的顶层柱相同，但软件会自动根据其平面位置和楼层位置计算纵筋长度，如果非顶层柱，即使钢筋名称为“竖向纵筋（弯入梁）”，其钢筋长度也与普通的竖向纵筋一样。如图 2-94 所示的非顶

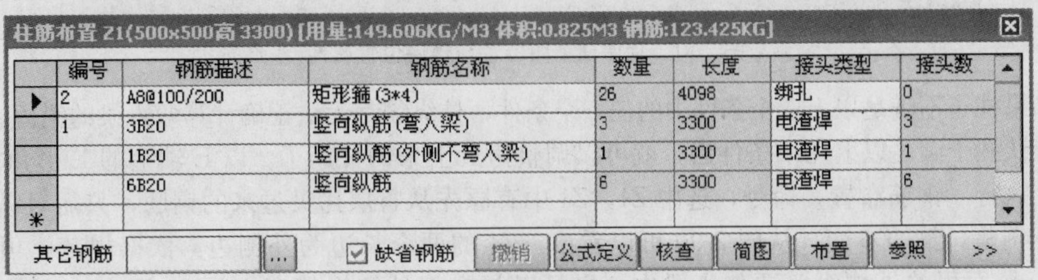

柱筋布置 Z1(500×500高 3300) [用量:149.606KG/M3 体积:0.825M3 钢筋:123.425KG]

编号	钢筋描述	钢筋名称	数量	长度	接头类型	接头数
2	A8@100/200	矩形箍(3*4)	26	4098	绑扎	0
1	3B20	竖向纵筋(弯入梁)	3	3300	电渣焊	3
	1B20	竖向纵筋(外侧不弯入梁)	1	3300	电渣焊	1
	6B20	竖向纵筋	6	3300	电渣焊	6

其它钢筋　缺省钢筋　撤销　公式定义　核查　简图　布置　参照　>>

图 2-94　非顶层柱钢筋构造

层柱的钢筋，虽然钢筋名称与顶层边柱的相同，但其钢筋长度全部取的是柱高，也就是普通纵

筋的长度。

如果是顶层的中柱，则图 2-94 所示的所有纵筋的长度都会自动减去一个保护层厚度。

四、出屋顶楼层钢筋工程量

依据施工图，出屋顶楼层要计算的钢筋有柱筋、梁筋、砌体墙拉结筋、板筋、过梁筋、挑檐钢筋。钢筋的布置方法大多与前面所介绍的内容相同，这里只介绍几处需要注意的地方。

（一）顶层柱筋

前面在讲解 5 层顶层柱钢筋时提过，要计算顶层柱筋须满足以下条件：（1）柱楼层位置为顶层；（2）必须是边柱或角柱。本楼层的柱由于出屋顶楼层是楼层表中的顶层，在布置柱子时，软件就已经自动给柱子赋上了顶层的属性。

因此在使用〖柱筋布置〗功能给顶层的柱子布置钢筋之前，应先用〖构件查询〗功能把边柱和角柱定义出来。然后按照前面介绍的方法，布置顶层的柱筋。

需要注意的是，在顶层中，Z1 的平面位置有角柱也有边柱，如果按角柱布置钢筋，则同编号的边柱上也会按角柱的钢筋计算，得出钢筋工程量是不正确的。这个问题可以通过修改柱子编号来处理，将边柱的编号改成“Z1-B”，再单独给 Z1-B 编号布置顶层边柱的钢筋即可。

按相同的步骤，布置顶层 Z2 的钢筋。

（二）顶层板筋

依据施工图，顶层的斜屋面板配置双层双向钢筋。执行〖板筋布置〗命令，在“板筋类型”中选择“双层双向”，然后选择合适的板筋编号或录入板面筋和板底筋描述。

本层的屋面板配筋相同，因此分别在各块斜板内部按正交方向点取两点，双层双向钢筋就会自动按板边界布置到图面上了，且板筋是自动随着斜板变斜的。

（三）挑檐钢筋

执行〖钢筋布置〗命令，选择挑檐，右键确认后，录入挑檐的钢筋描述。注意，在软件中，挑檐底板钢筋需要录入分布筋描述，而施工图中没有给出分布间距，只是给出悬挑底板有 3 根钢筋，这里可以先录入一个分布筋描述“A6@100”，指定钢筋名称为“悬挑底板分布筋”，此时要展开计算明细栏，将原数量公式删除，输入钢筋数量 3，这样软件就能正确计算底板钢筋量了。挑檐所有钢筋录入完后如图 2-95 所示。

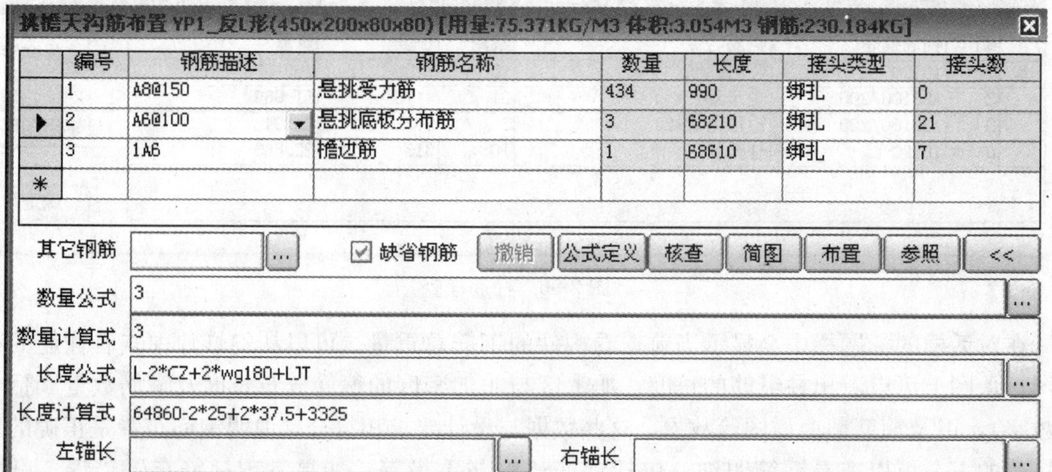

挑檐天沟筋布置 YP1_反L形(450×200×80×80) [用量:75.371KG/M3 体积:3.054M3 钢筋:230.184KG]

	编号	钢筋描述	钢筋名称	数量	长度	接头类型	接头数
	1	A8@150	悬挑受力筋	434	990	绑扎	0
▶	2	A6@100	悬挑底板分布筋	3	68210	绑扎	21
	3	1A6	檐边筋	1	68610	绑扎	7
*							

其它钢筋 … ☑缺省钢筋 撤销 公式定义 核查 简图 布置 参照 <<

数量公式：3

数量计算式：3

长度公式：L-2*CZ+2*wg180+LJT

长度计算式：64860-2*25+2*37.5+3325

左锚长：　右锚长：

图 2-95　挑檐钢筋布置

点击〖布置〗按钮便可以完成挑檐钢筋的布置。

第十节 钢筋核对与分析统计

在布置完构件的钢筋后，便可以分析计算钢筋的工程量了。但在分析统计之前，建议先用软件提供的核对钢筋功能核对钢筋的正确性，避免计算错误。也可以边布置某类构件的钢筋后便接着核对钢筋。

一、核对钢筋

软件提供的〖核对钢筋〗功能可用于核对柱、梁、墙的钢筋。执行命令后，用光标选择要查看的构件，例如选择柱子，点击右键确认后软件会弹出柱筋核查对话框（图 2-96）。

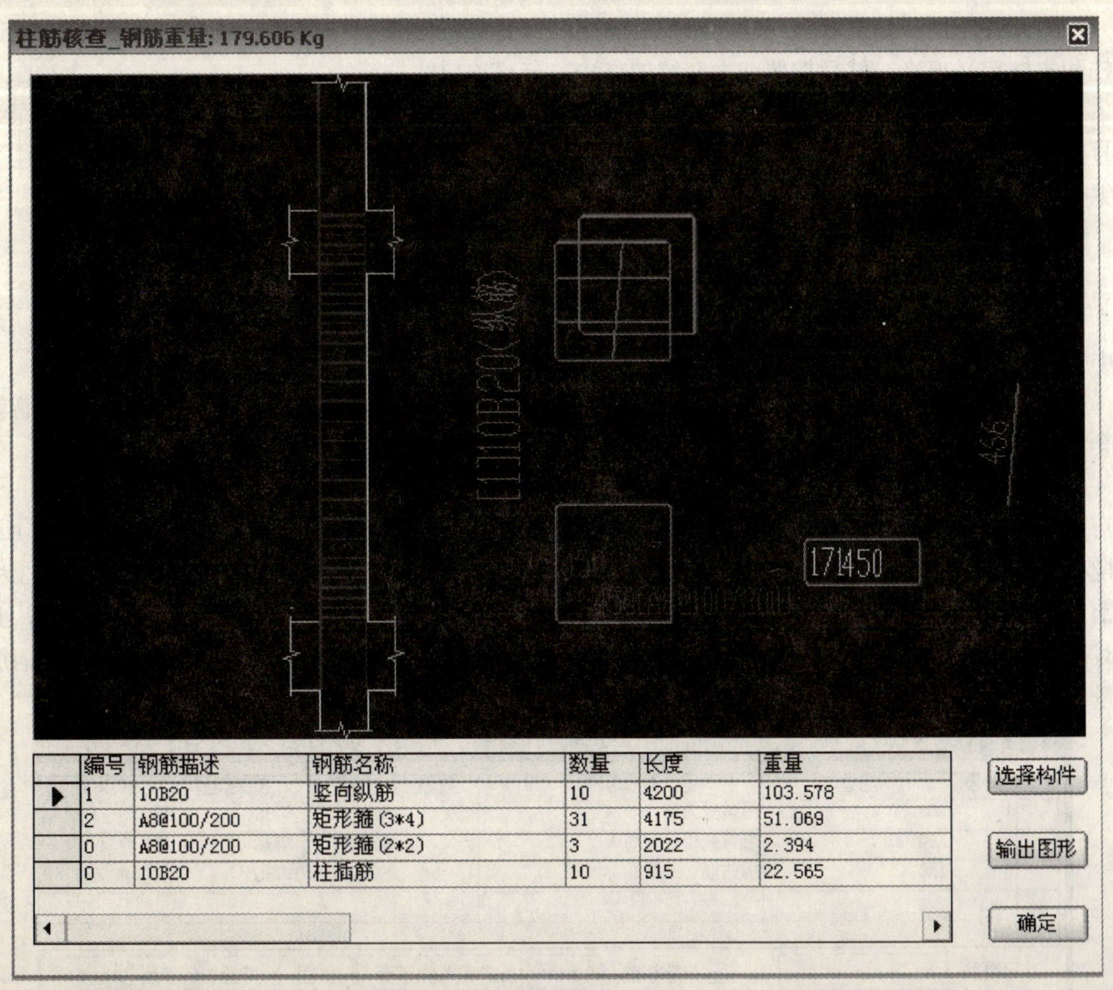

编号	钢筋描述	钢筋名称	数量	长度	重量
1	10B20	竖向纵筋	10	4200	103.578
2	A8@100/200	矩形箍(3*4)	31	4175	51.069
0	A8@100/200	矩形箍(2*2)	3	2022	2.394
0	10B20	柱插筋	10	915	22.565

图 2-96 柱筋核查

在对话框的标题栏中会显示当前查看构件的钢筋总重量。可以从幻灯片中查看柱筋的布置详图，从图上可以看出柱纵筋的长度、加密区与非加密区的箍筋分布长度及箍筋数量（括号中的数字），以及箍筋截面详图等数据，这些数据与设计要求相符合，说明钢筋布置是正确的。在幻灯片的下方可以查看钢筋明细，包括钢筋长度与重量等。如果发现柱筋布置错误，可以用〖钢筋布置〗来修改柱筋。同理，可以用〖核对钢筋〗功能核对梁、墙的钢筋。

除了用〖核对钢筋〗功能外，您还可以用【报表】菜单下的〖核对单筋〗功能核对某个构件的钢筋计算明细。例如执行命令后，选择要核对钢筋的柱子，点击右键确认，便可进入柱钢筋简图核查对话框，在标题栏上会给出柱编号与该柱子中的钢筋重量。在对话框中会详细列出柱中的钢筋描述、钢筋名称、钢筋简图、长度公式等。在钢筋简图上还可以看到钢筋各部分的长度组成，与报表的输出格式是一样的。这里软件将箍筋拆分成简单箍和拉筋的形式计算，例如“矩形箍 3×4”，软件将它拆分成两个矩形 2 肢箍和一个拉筋来分别计算长度。在打开对话框的情况下，还可以返回图面选择其他构件进行钢筋的核对（图 2-97）。

柱钢筋简图核查[21] 钢筋重量:154.65

编号	钢筋描述	钢筋名称	图号	图形	长度公式	长度(mm)	数量	单重(kg)	总重(kg)	接头数	接头
1	10B20	竖向纵筋	2001	4200	4200+0+0	4200	10	10.36	103.58	10	电渣焊
2	A8@100/200	矩形箍(3*4)	4237	450 450	(500-2*25+500-2*25)*2+3*0+2*111.2	2022	31	0.80	24.73	0	绑扎
2	A8@100/200	矩形箍(3*4)	4237	171 450	((500-2*25)+(500-2*35)*1/3+28)*2+3*0+2*111.2	1465	31	0.58	17.92	0	绑扎
2	A8@100/200	矩形箍(3*4)	1001	466	500-2*25+2*8+2*111.2	688	31	0.27	8.42	0	绑扎
0	A8@100/200	矩形箍(2*2)	4237	450 450	(500-2*25+500-2*25)*2+3*0+2*111.2	2022	0	0.80	0	0	绑扎
0	10B20	柱插筋	2001		0	0	10	0	0	10	电渣焊

图 2-97　核对单筋

板筋核对

在软件中，板筋属于特殊的图形钢筋，使用核对钢筋功能无法查看板筋的布置与计算明细。为此，软件通过显示板的钢筋分布情况来验证板筋的正确性。显示板筋明细的方法有两种。第一种是选中要查看的板筋线，单击右键，在右键菜单中选择〖明细开关〗，就能显示当前所选板筋的明细，如图 2-98 所示。选中这些钢筋后再次执行〖明细开关〗命令，便可关闭板筋明细显示。这种方法用于显示个别板筋的明细。

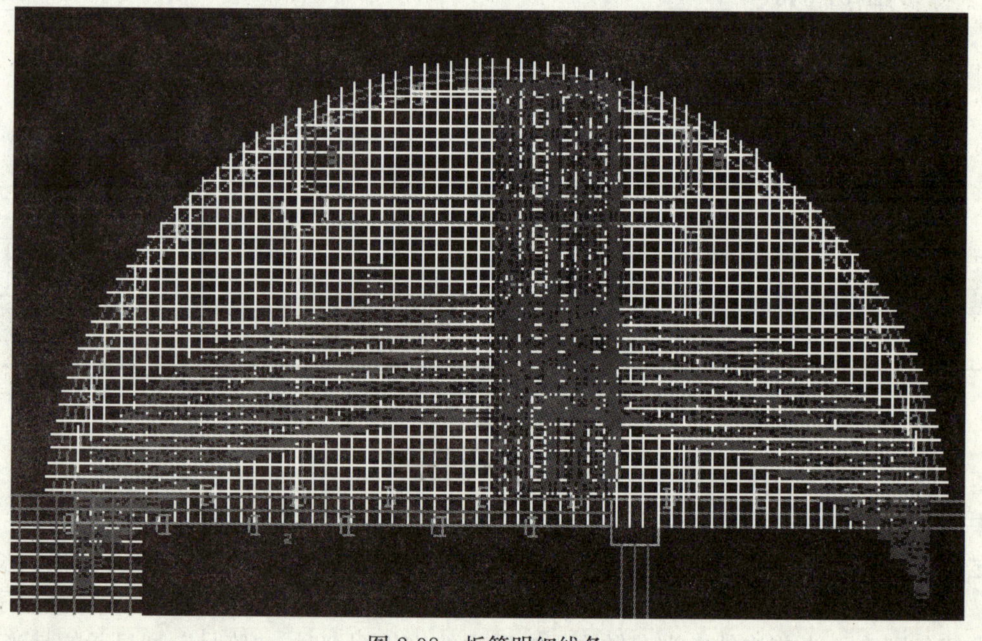

图 2-98　板筋明细线条

第二种是选择右键菜单中的〖所有明细〗命令，这种方法用于显示图面上所有的板筋明细。在〖钢筋选项〗的“基本设置”页面中的“板筋设置”中有关于板筋显示的控制选项，将“板筋显示明细线条”选项设置为“显示”，这里还可设置是否显示板筋长度数据、板筋描述等。板筋线上的钢筋计算式为“长度（根数）＝左锚长＋净长＋右锚长”。

二、图形管理

命令模块：【构件】→【构件管理】→〖图形管理〗

在布置完所有的构件与钢筋后，可以用〖图形管理〗功能来查看图形构件的数量、截面特征以及钢筋信息等。执行图形管理命令，进入图形管理对话框（图 2-99）。

在图 2-99 左边的目录树中，可以查看楼层信息和构件信息，在楼层节点上会显示当前层所有构件的总数量，这时非当前楼层的构件显示的是问号，可以点击需要查看的楼层名称，软件会将该楼层的构件个数分析出来。展开楼层节点后，可以看到当前查看的楼层上存在的构件类型和总数量，在构件类型节点下还有两级节点，分别是构件和构件编号节点，每个节点上都会显示构件数量。可查看首层的结构节点下，梁共有 44 跨 17 条，展开梁节点，可以查看每个编号的梁的数量。如果构件数量不对，则表明图形有问题，需要补画缺少的构件或删除多余的构件。

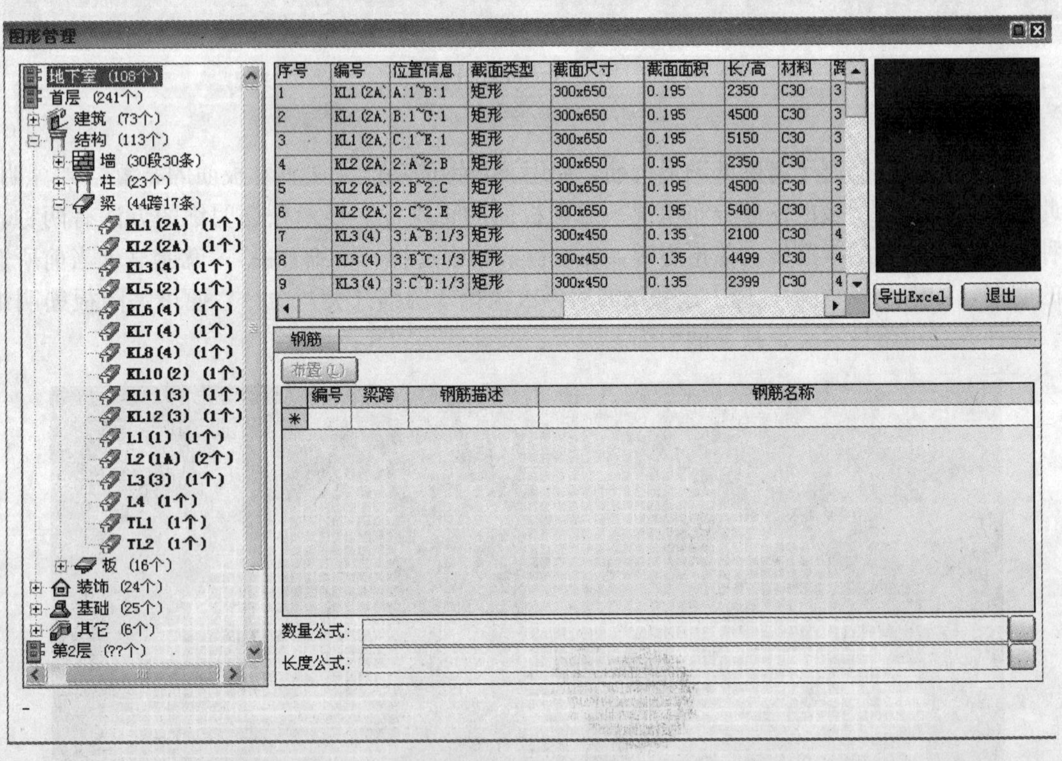

图 2-99　图形管理对话框

图 2-99 右上方的表格显示的是构件信息，如果当前光标定位在构件类型节点上，则构件信息中会显示该构件类型下所有的构件明细，如果光标定位在某一个编号上，则构件信息中只会显示当前编号的构件明细。构件明细包含了截面类型、截面尺寸、截面面积、长或高、材料、跨数等信息。除此之外，如果构件明细数据行显示为灰色，则表明该构件挂接了做法，显示为黄色则表示当前构件上没有做法。查看梁的构件明细时，“跨号”列显示的是当前编号一条梁的总跨数和当前梁跨的跨号信息，中括号里的数字表示梁跨号，中括号外的数字表示总跨数。通过这种查看方法，依次切换编号，如果发现没有挂接做法的构件明细，可以通过双击构件明细返回图面，软件会自动定位到当前查看的构件，给构件挂接做法后再返回图形管理对话框即可。

在构件树中，每个编号节点都对应一个构件图标，从图标上可以看出该编号的构件是否布置了钢筋（图 2-100）。如果图标显示为紫色（可以看到钢筋线条），则表明当前构件编号上有钢筋信息，且当前编号文字会加粗显示。如果编号图标与构件类型节点上的图标颜色相同，则表明该编号的构件没有布置钢筋。

在图 2-99 右边的钢筋信息表可以查看当前编号构件的钢筋明细（如图 2-101）。这些钢筋数据以及钢筋公式可以直接在这里修改，修改钢筋信息后工具栏上的〖布置〗按钮会变成亮显状态，必须点击〖布置〗按钮，重新将钢筋布置到构件上，否则修改无效。

KL5(2) (1个)
KL6(4) (1个)
KL7(4) (1个)
KL8(4) (1个)
KL10(2) (1个)

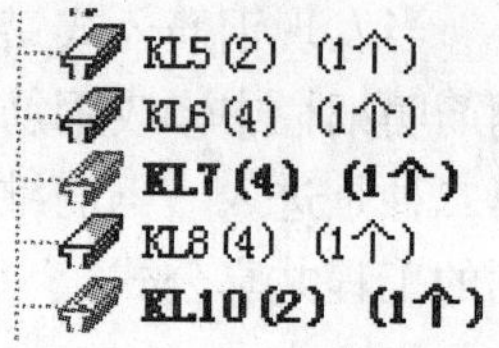

图 2-100　构件树图标与编号文字

如果发现没有布置钢筋的构件编号，且该编号的构件钢筋与其他同类构件的钢筋相同，则可以通过在已经布置了钢筋的编号上点击鼠标右键，选择“复制钢筋”（图 2-102），再到该编号上选择右键菜单中的“粘贴钢筋”，这样其他编号的钢筋信息就复制到该编号的钢筋信息表中了。此时编辑修改好钢筋信息后，必须点击〖布置〗按钮，钢筋才能布置到构件上，布置钢筋后该编号的图标会变成紫色。没有布置钢筋的构件，也可以直接在钢筋明细中录入钢筋数据后再布置到构件上。利用右键菜单功能，还可以选择删除当前编号上的钢筋。

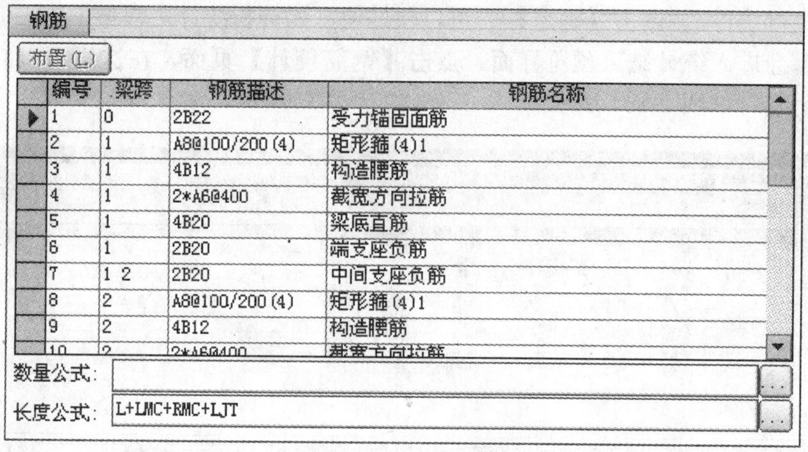

钢筋
布置(L)
编号 | 梁跨 | 钢筋描述 | 钢筋名称
1 | 0 | 2B22 | 受力锚固面筋
2 | 1 | A8@100/200(4) | 矩形箍(4)1
3 | 1 | 4B12 | 构造腰筋
4 | 1 | 2*A6@400 | 截宽方向拉筋
5 | 1 | 4B20 | 梁底直筋
6 | 1 | 2B20 | 端支座负筋
7 | 1 2 | 2B20 | 中间支座负筋
8 | 2 | A8@100/200(4) | 矩形箍(4)1
9 | 2 | 4B12 | 构造腰筋
10 | 2 | 2*A6@400 | 截宽方向拉筋
数量公式:
长度公式: L+LMC+RMC+LJT

图 2-101　钢筋明细

在构件类型节点上点击鼠标右键，在右键菜单中也可以选择“复制钢筋”，例如在首层的墙节点上选择右键菜单中的“复制钢筋”，如图 2-103 所示。

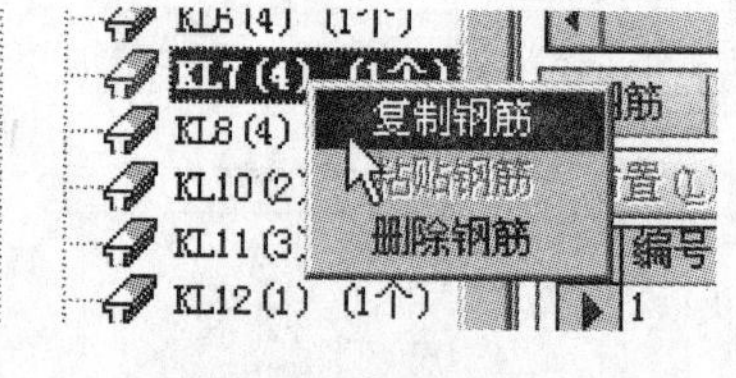

KL6(4) (1个)
KL7(4) (1个)
KL8(4)
KL10(2)
KL11(3)
KL12(1) (1个)
复制钢筋
粘贴钢筋
删除钢筋
布置(L)
编号

图 2-102　复制钢筋

建筑 (59个)
结构 (97个)
墙 (22段22条)
Q2
QT1
QT2
QT3 (2个)
柱 (22个)
梁 (40跨16条)
KL1(2A)
复制钢筋
粘贴钢筋
删除钢筋

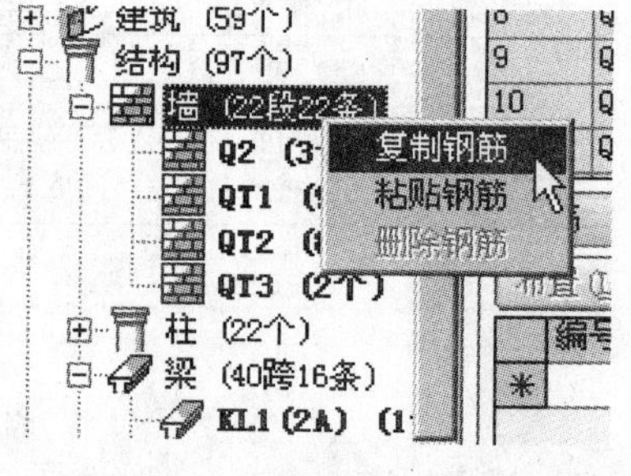

图 2-103　构件类型钢筋复制

接着到其他楼层的墙节点上选择右键菜单中“粘贴钢筋”，首层的墙钢筋就可以拷贝到其他楼层的相同编号的墙上了，用这种复制方法复制的钢筋会直接布置到构件上，不用再点击〖布置〗按钮。不同编号的构件钢筋会自动忽略。

在使用软件完成算量工作的过程中，利用图形管理功能可以对整个工程的构件及钢筋等信息进行统一管理。

三、修改钢筋公式

命令模块：【钢筋】→〖钢筋维护〗

当发现钢筋公式错误时，有两种修改方法。第一种是在布置钢筋的同时，在布置对话框的钢筋明细栏中修改钢筋公式，然后布置钢筋。这种方式修改的钢筋公式无法被其他构件共用。第二种是进入〖钢筋维护〗中修改公式，这样修改的钢筋公式能够为整个工程调用，且可以和别的工程共享公式。

四、分析统计钢筋量

命令模块：【报表】→〖分析〗

确认钢筋布置正确后，就可以分析统计钢筋工程量了。在统计之前，可以先在〖钢筋选项〗的基本设置页面中设置好钢筋的统计条件。设置好后，执行报表菜单下的〖分析〗命令，进入分析对话框。建筑工程量与钢筋工程量共用一个分析对话框，在这里可以选择构件与钢筋一起分析统计。在楼层列表中选择要统计的楼层，然后在构件列表中选择要统计的钢筋类型，注意选择“分析后执行统计”，点击〖确定〗按钮，软件便开始分析统计工程量了。

统计结束后会进入统计结果预览界面，点击【钢筋统计】页面，在这里可以查看钢筋量统计结果和计算明细，如图 2-104 所示。

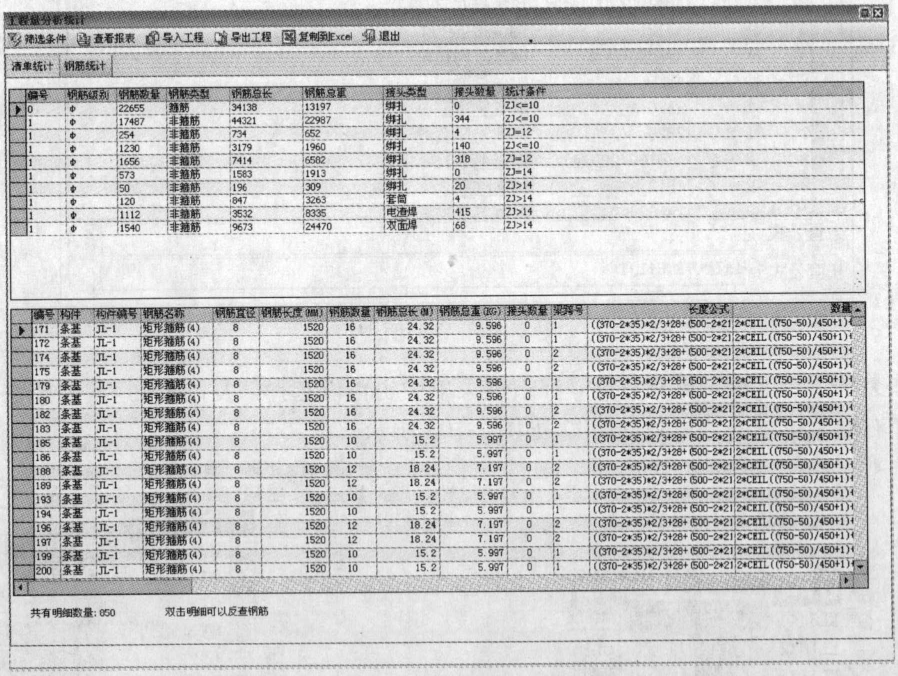

工程量分析统计

筛选条件 查看报表 导入工程 导出工程 复制到Excel 退出

清单统计 钢筋统计

编号	钢筋级别	钢筋数量	钢筋类型	钢筋总长	钢筋总重	接头类型	接头数量	统计条件
0	φ	22655	箍筋	34138	13197	绑扎	0	ZJ<=10
1	φ	17487	非箍筋	44321	22987	绑扎	344	ZJ<=10
1	φ	254	非箍筋	734	652	绑扎	4	ZJ=12
1	φ	1230	非箍筋	3179	1960	绑扎	140	ZJ<=10
1	φ	1656	非箍筋	7414	6582	绑扎	318	ZJ=12
1	φ	573	非箍筋	1583	1913	绑扎	0	ZJ=14
1	φ	50	非箍筋	196	309	绑扎	20	ZJ>14
1	φ	120	非箍筋	847	3263	套筒	4	ZJ>14
1	φ	1112	非箍筋	3532	8335	电渣焊	415	ZJ>14
1	φ	1540	非箍筋	9673	24470	双面焊	68	ZJ>14

编号	构件	构件编号	钢筋名称	钢筋直径	钢筋长度(MM)	钢筋数量	钢筋总长(M)	钢筋总重(KG)	接头数量	梁跨号	长度公式	数量
171	条基	JL-1	矩形箍筋(4)	8	1520	16	24.32	9.596	0	1	((370-2*35)*2/3+28+(500-2*21	2*CEIL((750-50)/450+1)
172	条基	JL-1	矩形箍筋(4)	8	1520	16	24.32	9.596	0	1	((370-2*35)*2/3+28+(500-2*21	2*CEIL((750-50)/450+1)
174	条基	JL-1	矩形箍筋(4)	8	1520	16	24.32	9.596	0	2	((370-2*35)*2/3+28+(500-2*21	2*CEIL((750-50)/450+1)
175	条基	JL-1	矩形箍筋(4)	8	1520	16	24.32	9.596	0	2	((370-2*35)*2/3+28+(500-2*21	2*CEIL((750-50)/450+1)
179	条基	JL-1	矩形箍筋(4)	8	1520	16	24.32	9.596	0	1	((370-2*35)*2/3+28+(500-2*21	2*CEIL((750-50)/450+1)
180	条基	JL-1	矩形箍筋(4)	8	1520	16	24.32	9.596	0	1	((370-2*35)*2/3+28+(500-2*21	2*CEIL((750-50)/450+1)
182	条基	JL-1	矩形箍筋(4)	8	1520	16	24.32	9.596	0	2	((370-2*35)*2/3+28+(500-2*21	2*CEIL((750-50)/450+1)
183	条基	JL-1	矩形箍筋(4)	8	1520	16	24.32	9.596	0	2	((370-2*35)*2/3+28+(500-2*21	2*CEIL((750-50)/450+1)
185	条基	JL-1	矩形箍筋(4)	8	1520	10	15.2	5.997	0	1	((370-2*35)*2/3+28+(500-2*21	2*CEIL((750-50)/450+1)
186	条基	JL-1	矩形箍筋(4)	8	1520	10	15.2	5.997	0	1	((370-2*35)*2/3+28+(500-2*21	2*CEIL((750-50)/450+1)
188	条基	JL-1	矩形箍筋(4)	8	1520	12	18.24	7.197	0	2	((370-2*35)*2/3+28+(500-2*21	2*CEIL((750-50)/450+1)
189	条基	JL-1	矩形箍筋(4)	8	1520	12	18.24	7.197	0	2	((370-2*35)*2/3+28+(500-2*21	2*CEIL((750-50)/450+1)
193	条基	JL-1	矩形箍筋(4)	8	1520	10	15.2	5.997	0	1	((370-2*35)*2/3+28+(500-2*21	2*CEIL((750-50)/450+1)
194	条基	JL-1	矩形箍筋(4)	8	1520	10	15.2	5.997	0	1	((370-2*35)*2/3+28+(500-2*21	2*CEIL((750-50)/450+1)
196	条基	JL-1	矩形箍筋(4)	8	1520	12	18.24	7.197	0	2	((370-2*35)*2/3+28+(500-2*21	2*CEIL((750-50)/450+1)
197	条基	JL-1	矩形箍筋(4)	8	1520	12	18.24	7.197	0	2	((370-2*35)*2/3+28+(500-2*21	2*CEIL((750-50)/450+1)
199	条基	JL-1	矩形箍筋(4)	8	1520	10	15.2	5.997	0	1	((370-2*35)*2/3+28+(500-2*21	2*CEIL((750-50)/450+1)
200	条基	JL-1	矩形箍筋(4)	8	1520	10	15.2	5.997	0	1	((370-2*35)*2/3+28+(500-2*21	2*CEIL((750-50)/450+1)

共有明细数量：850　　双击明细可以反查钢筋

图 2-104　钢筋统计结果

图 2-104 上部显示的是以钢筋级别与直径为条件统计的钢筋重量，而下部显示的是每一类钢筋统计结果对应的钢筋明细，包括构件信息、钢筋名称与钢筋计算明细等，通过双击计算明细，可以返回图面查看构件。

最后一步便是输出统计结果了，点击〖查看报表〗按钮，进入报表打印界面，在常用报表目录下，可以查看“钢筋接头汇总表”、“钢筋计算表”和“钢筋汇总表”等报表，其中钢筋计算表输出的是钢筋计算明细，在钢筋计算表节点上，可以展开所统计的各个楼层的钢筋统计信息，可以查看每个楼层的钢筋计算明细（图 2-105）。选择适用的钢筋报表，进行打印即可，也可将报表数据导出到 Excel 中。

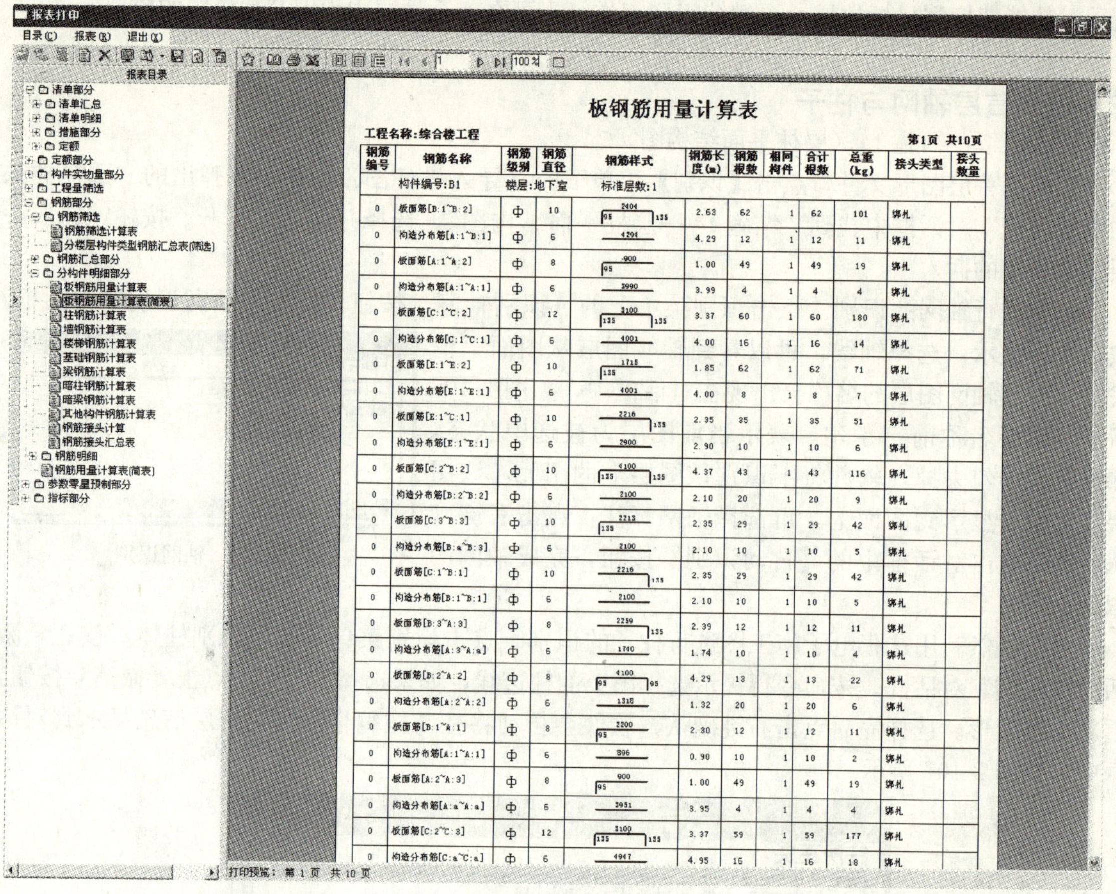

板钢筋用量计算表

工程名称：综合楼工程　　第1页　共10页

钢筋编号	钢筋名称	钢筋级别	钢筋直径	钢筋样式	钢筋长度(m)	钢筋根数	相同构件	合计根数	总重(kg)	接头类型	接头数量
	构件编号:B1	楼层:地下室		标准层数:1							
0	板面筋[B:1~B:2]	Φ	10	95 2404 135	2.63	62	1	62	101	绑扎	
0	构造分布筋[A:1~B:1]	Φ	6	4294	4.29	12	1	12	11	绑扎	
0	板面筋[A:1~A:2]	Φ	8	95 900	1.00	49	1	49	19	绑扎	
0	构造分布筋[A:1~A:1]	Φ	6	3990	3.99	4	1	4	4	绑扎	
0	板面筋[C:1~C:2]	Φ	12	135 3100 135	3.37	60	1	60	180	绑扎	
0	构造分布筋[C:1~C:1]	Φ	6	4001	4.00	16	1	16	14	绑扎	
0	板面筋[E:1~E:2]	Φ	10	135 1715	1.85	62	1	62	71	绑扎	
0	构造分布筋[E:1~E:1]	Φ	6	4001	4.00	8	1	8	7	绑扎	
0	板面筋[E:1~C:1]	Φ	10	2216 135	2.35	35	1	35	51	绑扎	
0	构造分布筋[E:1~E:1]	Φ	6	2900	2.90	10	1	10	6	绑扎	
0	板面筋[C:2~B:2]	Φ	10	135 4100 135	4.37	43	1	43	116	绑扎	
0	构造分布筋[B:2~B:2]	Φ	6	2100	2.10	20	1	20	9	绑扎	
0	板面筋[C:3~B:3]	Φ	10	135 2213	2.35	29	1	29	42	绑扎	
0	构造分布筋[B:a~B:3]	Φ	6	2100	2.10	10	1	10	5	绑扎	
0	板面筋[C:1~B:1]	Φ	10	2216 135	2.35	29	1	29	42	绑扎	
0	构造分布筋[B:1~B:1]	Φ	6	2100	2.10	10	1	10	5	绑扎	
0	板面筋[B:3~A:3]	Φ	8	2259 135	2.39	12	1	12	11	绑扎	
0	构造分布筋[A:3~A:a]	Φ	6	1740	1.74	10	1	10	4	绑扎	
0	板面筋[B:2~A:2]	Φ	8	95 4100 95	4.29	13	1	13	22	绑扎	
0	构造分布筋[A:2~A:2]	Φ	6	1318	1.32	20	1	20	6	绑扎	
0	板面筋[B:1~A:1]	Φ	8	95 2200	2.30	12	1	12	11	绑扎	
0	构造分布筋[A:1~A:1]	Φ	6	896	0.90	10	1	10	2	绑扎	
0	板面筋[A:2~A:3]	Φ	8	95 900	1.00	49	1	49	19	绑扎	
0	构造分布筋[A:a~A:a]	Φ	6	3951	3.95	4	1	4	4	绑扎	
0	板面筋[C:2~C:3]	Φ	12	135 3100 135	3.37	59	1	59	177	绑扎	
0	构造分布筋[C:a~C:a]	Φ	6	4947	4.95	16	1	16	18	绑扎	

图 2-105　钢筋报表

第十一节　识别建模

一、识别建模概述

在前面讲解建筑工程量工作流程时提过，建筑模型的建立分为手工建模和识别建模两种方式。有电子施工图时，可导入电子图文档进行构件识别。前面已经讲解了手工建立工程建筑模型的方法，本节讲解识别建模。

虽然建筑模型可以通过识别电子图建模，但不是所有的构件都可以通过识别的方式建立。目前软件能够识别的构件有：轴网、柱、梁、墙与门窗。所有其他的构件仍然需要手工绘制，如基础、板、楼梯、飘窗、过梁、房间装饰、脚手架等等。也就是说，识别建模和手工建模是相互补充的。利用识别建模，可以提高工作效率，快速建立结构模型；而利用手工建模，可以完成无法识别的构件的建立，以完成整个工程模型的建立。

对电子图的识别存在一个识别率问题，设计越规范的电子图，识别率就越高；反之，则越低。对于识别错误的构件，还需要手工调整。因此，掌握手工建模操作方法是学习识别建模的基础，建议在完成手工建模知识点的学习后，再进入识别建模章节进行学习。灵活运用识别建模与手工建模，将大大提高您的工作效率。

识别建模遵循以下工作步骤：导入施工图→对齐施工图→识别施工图→清空施工图。识别电子图的顺序应按柱、梁、门窗表、墙的顺序来完成。要识别哪一层的模型，必须先用〖楼层显示〗功能切换到目标楼层，再继续识别工作，不可在一个楼层中识别其他楼层的模型。

二、识别首层轴网与柱子

插入图纸：结施 14（层柱平面结构图）

切换到首层图形文件，点击【识别】菜单下的〖导入设计图〗按钮，在弹出的“选择插入的电子文档”对话框中找到“结施 14 一层柱平面结构图”，选择并点击〖打开〗按钮，完成一层柱电子图的插入。

首先进行轴网的识别。点击识别菜单下的〖识别轴网〗按钮，弹出“轴网识别”对话框，

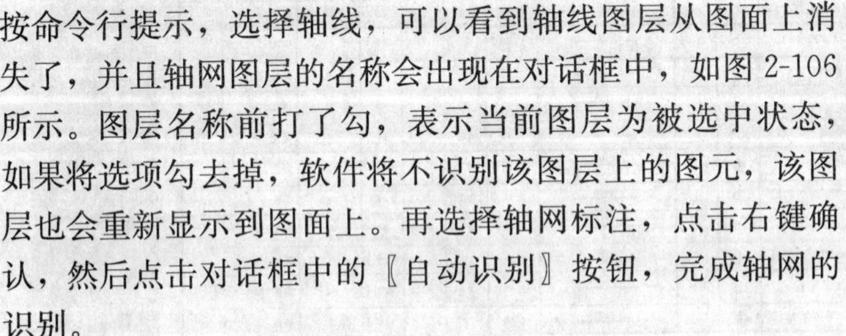

按命令行提示，选择轴线，可以看到轴线图层从图面上消失了，并且轴网图层的名称会出现在对话框中，如图 2-106 所示。图层名称前打了勾，表示当前图层为被选中状态，如果将选项勾去掉，软件将不识别该图层上的图元，该图层也会重新显示到图面上。再选择轴网标注，点击右键确认，然后点击对话框中的〖自动识别〗按钮，完成轴网的识别。

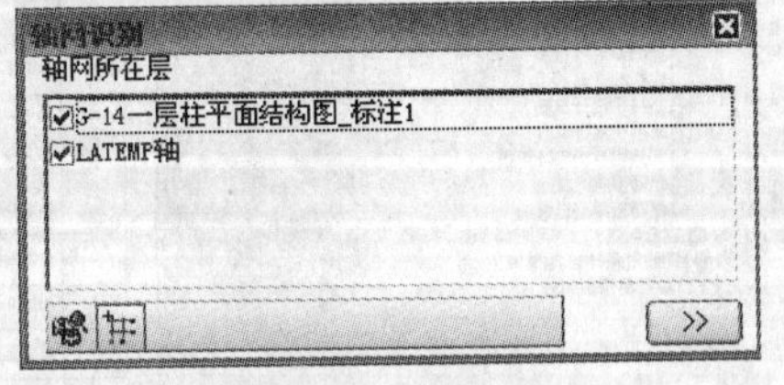

图 2-106　轴网识别

下面仍然利用这张电子施工图进行柱子的识别。点击识别菜单下的〖识别柱体〗按钮，激活“柱识别”对话框。按命令行提示选择图上的柱边线，如果选择错了，可点击〖撤消〗按钮，重新选择图形。选择完后点击右键确认，软件会自动将柱与柱编号标注的图层信息显示到对话框中，如图 2-107 所示。

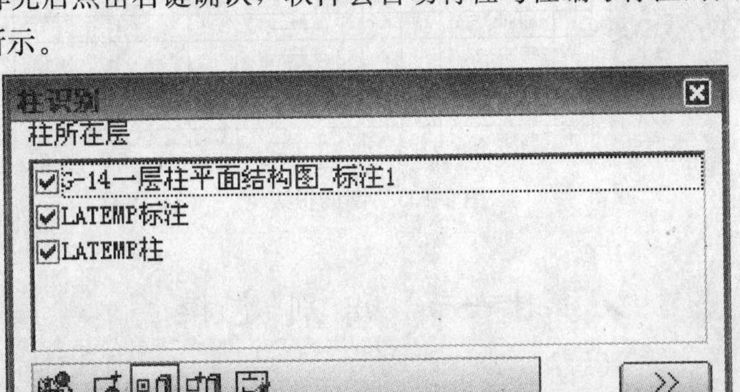

图 2-107　柱体识别

点击 >> 按钮，可以设置柱子的默认材料，按结构设计说明，应选择 C30。其他设置项取默认值即可。点击〖自动识别〗按钮，识别完后对话框自动退出，命令行会显示出所有识别出的柱子编号及其截面尺寸。

需要注意的是，识别出来的柱子还没有挂接做法。

挂接做法的方法有两种：一种是点击【构件】菜单下的〖定义编号〗按钮，进入定义编号界面，给柱编号挂接做法；另一种是选中要挂接做法的柱子，可以批量选择，然后执行〖构件查询〗功能，进入“做法”页面给柱子挂接做法。

三、识别柱筋

命令模块：【识别】→〖识别柱筋〗

参考图纸：结施 14（1 层柱平面结构图）

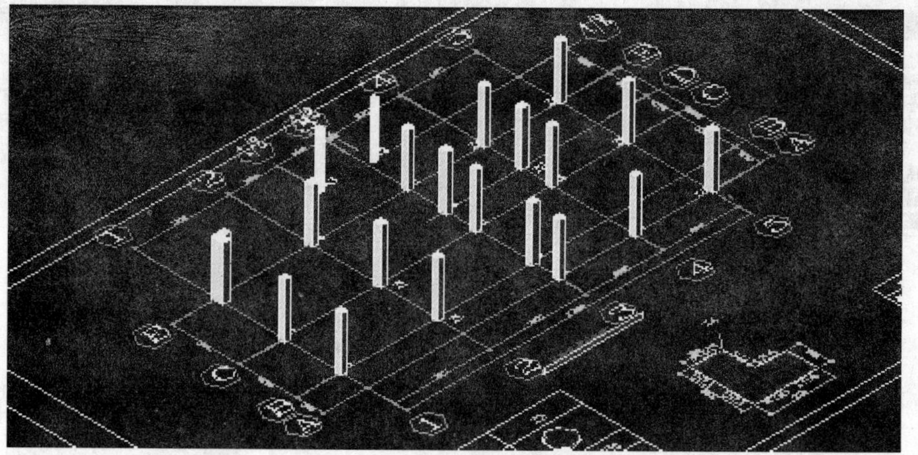

图 2-108　轴网与柱子识别

在识别完首层的轴网与柱子后，先不用清空设计图，在 1 层柱平面结构图中有本楼层的柱表，如图 2-109 所示，柱表中含有柱截面、截面尺寸参数、标高范围以及钢筋等信息。

柱号	Z1	Z2	Z3
截面形式	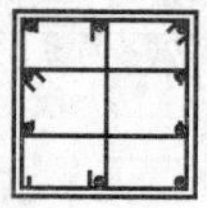		
BXH	500×500	500×500	D=450
标高	4.150～8.350	4.150～8.350	4.150～8.350
纵筋	10?20	8?18	6?20
箍筋	?8@100/200	?8@100/200	?8@150

图 2-109　柱表

如果柱表是单独的施工图，则导入柱表后，应先使用〖分解设计图〗功能，将柱表施工图炸开，否则将无法进行柱表识别。

原始柱表中的钢筋描述含有问号，应用〖描述转换〗命令将柱表中的钢筋描述转换成软件可以识别的样式。在软件中，一级、二级、三级钢筋分别用字母“A、B、C”表示，钢筋描述转换后，“10? 20”会显示成“10B20”，“? 8@100/200”会显示成“A8@100/200”。一个级别的钢筋描述转换一次即可。转换完后点击右键结束命令。

执行〖识别柱筋〗命令，弹出柱表钢筋对话框，在柱表钢筋对话框中，既可以按柱表输入柱与钢筋信息，也可以通过识别柱表获得数据。点击〖识别柱表〗按钮，此时命令行提示：请选择表格的相关直线。

用光标从表格左下角开始，框选整个表格，确认没有少选表格直线，也不能多选表格之外的线条，选择后点击右键确认，进入柱筋表识别对话框（图 2-110）。

在“表头对应表”中指定识别出的表头与软件提供的标准表头之间的对应关系，然后核对一下“原始的表”中的数据，如果发现错误的数据，可直接在“原始的表”中修改，再点击〖转化〗按钮，修改后的数据就反映到“识别出的表”中了，最后点击〖保存〗按钮，软件将回到柱表钢筋对话框（图 2-111）。

可以看到，柱表中的数据识别到对话框中了。下面需要为箍筋指定箍筋类型和箍筋名称。

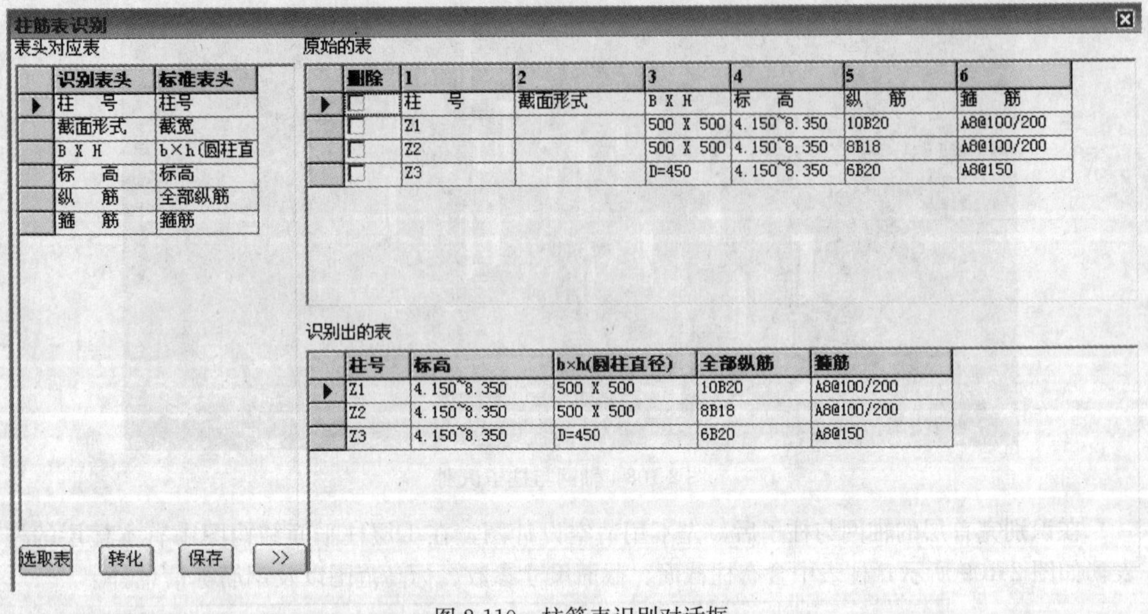

图 2-110　柱筋表识别对话框

柱表钢筋

编号	结构类型	标高	楼层	材料	截面	尺寸	全部纵筋	角筋	b边一侧筋	h边一侧筋	箍筋描述	箍筋类	加密长
Z1	普通柱	4.150~8.350	首层		矩形	500*500	10B20				A8@100/200	1	
Z2	普通柱	4.150~8.350	首层		矩形	500*500	8B18				A8@100/200	2	
Z3	普通柱	4.150~8.350	首层		圆形	450	6B20				A8@150	3	

增加柱号　删除柱号　复制柱号　增加柱层　删除柱层　公式定义　识别柱表　保存　导入定义　定义编号　导出　导入　布置　<<

箍筋类型	箍筋名称	箍筋描述	长度公式
1	矩形箍(3*4)	A8@100/200	G_1+G_10+G_40

图 2-111　柱表钢筋对话框

每种箍筋类型都可以对应一个或若干个箍筋名称，用于布置组合箍筋。箍筋类型实际上只是对柱箍筋的一种编号，柱箍筋不同，就要指定不同的箍筋类型。如指定 Z1 的箍筋类型为“1”，则如果遇到其他编号的柱箍筋与 Z1 相同的话，就可以直接录入箍筋类型“1”，软件会自动给该编号指定与 Z1 相同的箍筋名称。如果不同，则应给该编号定义其他箍筋类型代号。输入箍筋类型后，在对话框下方的表格中，点击箍筋名称中的下拉按钮，弹出钢筋名称选择菜单（图 2-112），在上方类型中选择“柱箍筋”，然后在下方钢筋名称中双击“矩形箍（3×4）”，箍筋名称就显示到表格中了，并自动生成相应的钢筋长度公式（图 2-113）。

依次给每个编号的柱指定箍筋名称，然后点击〖保存〗按钮，将柱表数据保存到工程中，下次可以直接调用柱表来查看柱筋信息。柱表中灰色的是不可改的数据项，您可以更改结构类型或柱材料，然后将修改结果定义到编号中，点击〖定义编号〗按钮即可。加密区长度如果按照规范计算，则不用输入。

点击〖布置〗按钮，柱表中的钢筋就布置到柱子上了。需要注意的是，利用柱表只能布置当前楼层的柱筋。其他楼层的柱筋需切换到目标楼层后，再用〖表格钢筋〗的柱表来布置。在

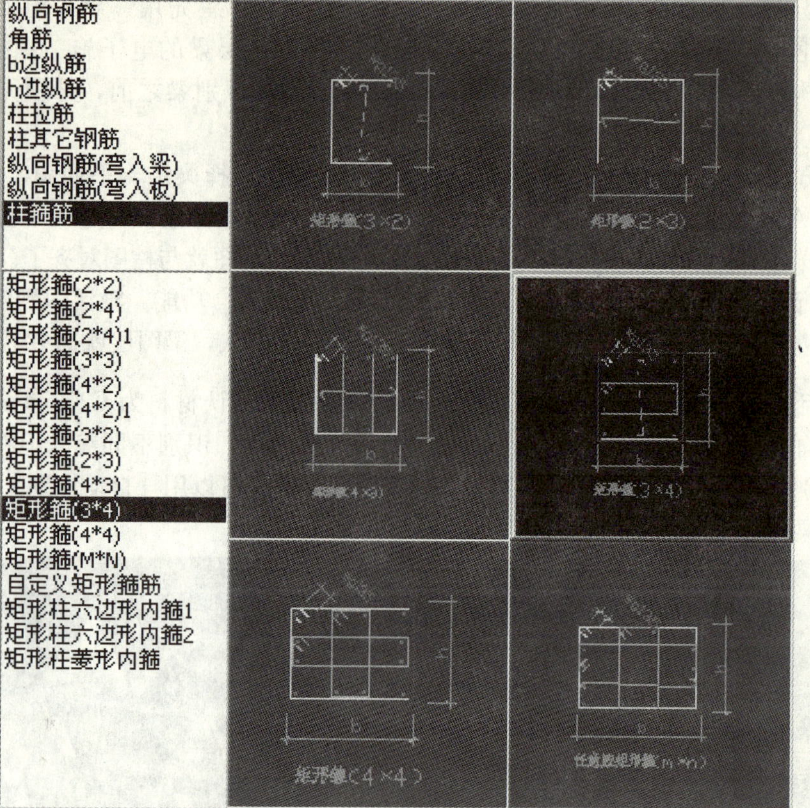

图 2-112 钢筋名称选择

	箍筋类型	箍筋名称	长度公式
		矩形箍(3*4)	G_1+G_10+G_40
*			

图 2-113 箍筋名称与公式

其他楼层中软件是直接调用已识别柱表的数据，无需再重复录入。

温馨提示：

有的柱表比较复杂，软件无法直接识别，可以对表格进行调整：

(1) 在识别柱表时，如果表头在表格的下面，可以通过 CAD 的镜像功能，把表头镜像到表格的上面，可以提高对表头的识别率。

(2) 多行表头无法识别，对这种表格可以把多余的表头删除，调整为单行表头再进行识别。

(3) 如果柱表是多个数据区域组成的，可通过补充部分线条，将大表划分成几个小表，分次框选识别。

为了不影响其他电子图的识别，应进行图面清理工作。点击识别菜单下的〖清空施工图〗按钮，将无用的图形删除，只留下识别出来的柱子与轴网。

四、识别首层梁

命令模块：【识别】菜单

插入图纸：结施 09（2 层楼面梁结构图）

下面在识别出来的轴网和柱子的基础上，识别首层梁。首先用〖导入施工图〗功能，在弹出的对话框中选择“结施 09 二层楼面梁结构图”，将首层梁的电子施工图插入到软件中。插入的梁结构平面图和先前识别的柱图是错开的，因此在识别梁之前，必须先将两张施工图对齐。

对齐的方法是选择【修改】菜单中的〖移动〗功能，选择梁结构平面图，点击右键确认，选择 1 轴与 A 轴的交点作为移动基点，便可以移动梁结构图。按命令行提示选择位移的第二点，此时同样选择柱图上的 1 轴与 A 轴的交点，这样梁结构图就与柱图对齐了。

下面进行梁的识别。选择【识别】菜单中的〖识别梁体〗功能，激活识别对话框。按命令行提示选梁边线，当所有的梁都从图面上消失后点击右键确认，梁图层就选中了。

点击对话框中的〖展开〗 >> 按钮，设置梁的默认材料为 C30。梁的识别方式有 6 种，分别是自动识别、全选一个编号的梁线识别、单选识别、识别不同编号但在一条直线上的梁、补画识别图元、手动布置梁。如果施工图比较规范，则可以用〖自动识别〗功能来识别梁。识别出来的梁的三维效果如图 2-114 所示。

图 2-114　识别出的梁

可以进入定义编号界面，给梁的各个编号挂接上做法。

> **注意事项：**
> 如果识别出来的梁显示为红色，就表明这条梁识别出来的梁跨数与编号中的跨数不符合，有错误。假设识别梁 KL1（8）时只识别出 7 跨，这条梁就会显示成红色，需要手动调整梁跨或修改编号。

五、识别梁筋

命令模块：【识别】→〖识别梁筋〗

参考图纸：结施 09（2 层楼面梁结构图）

在导入梁平面图识别完梁后，可直接将标注的梁筋进行识别布置（图 2-115）。

首先转换钢筋描述。执行〖描述转换〗命令，依次转换梁筋描述，将描述中的问号转换成钢筋级别字母，当图面上所有的梁筋文字都变成粉色时就转换好了。

执行〖识别梁筋〗命令，弹出梁筋布置对话框（图 2-116），梁筋布置与识别共用一个对话框。

点击对话框中的〖选梁识别〗按钮，如果在本工程中是首次识别梁筋，软件会先弹出一个

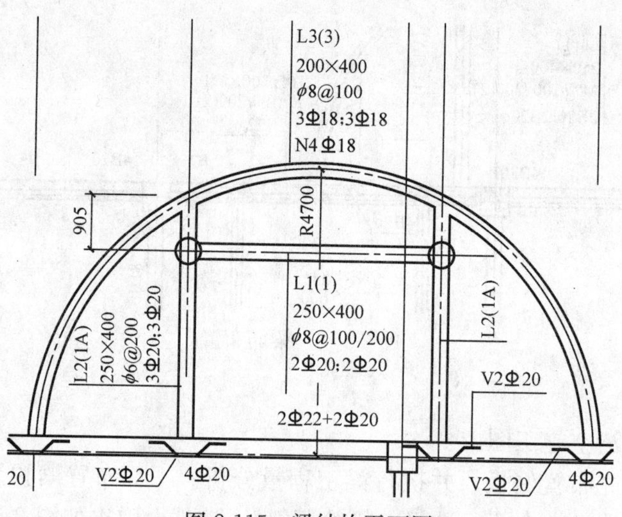

图 2-115　梁结构平面图

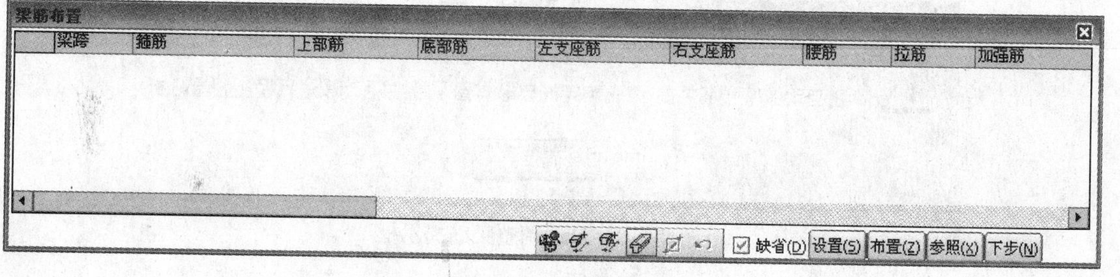

图 2-116　梁筋布置

操作步骤提示，帮助您快速掌握操作方法。点击〖确定〗按钮返回梁筋对话框。如果当前楼层中已经布置了板并执行过梁工程量分析，则可以在识别梁筋之前，点击〖设置〗按钮进入〖识别设置〗页面设置自动布置腰筋的条件。如果没有布置板，腰筋就要另行处理，不能设置自动布置腰筋。这里先将“自动布置腰筋”设置为“否”，后面再另行讲解腰筋的布置。

按命令行提示，选择要识别的梁，以首层的 KL7（4）为例，选择后点击右键确认，施工图上的梁筋信息会识别到对话框中，如图 2-117 所示。

梁筋布置 KL7(4)(300x650)

梁跨	箍筋	上部筋	底部筋	左支座筋	右支座筋	腰筋	拉筋	加强筋
集中标注	A8@100/200	2B22						
1			4B20	4B22	4B22			
2			4B20		4B22			V2B20;V2B20
3			4B20					V2B20;V2B20;V
4			4B20	4B22	4B22			V2B20

其它钢筋：　缺省　吊筋　核查　设置　布置　参照　下步(N)

图 2-117　梁筋识别

接着点击〖下步〗按钮，查看钢筋明细，注意修改箍筋的钢筋名称为“矩形箍（4）1”，确认钢筋明细无误后点击〖布置〗按钮，将识别出来的梁筋布置到图面上（图 2-118）。如果识别过来的数据有错，例如电子图上吊筋描述前没有加字母“V”，软件容易将其识别成底筋，类似的错误可以直接在对话框中修改，将错误数据删除，录入正确的数据即可。梁筋布置到图上后，原施工图上的钢筋描述会默认删除，只显示布置上的梁筋信息，用红色的钢筋文字显示。

按照以上步骤，依次识别其他梁筋。梁筋识别还有第二种方式，即〖选梁和文字识别〗方式，这种识别方式主要用于局部识别梁筋，或者是当第一种识别方式无法识别梁筋时，可用这

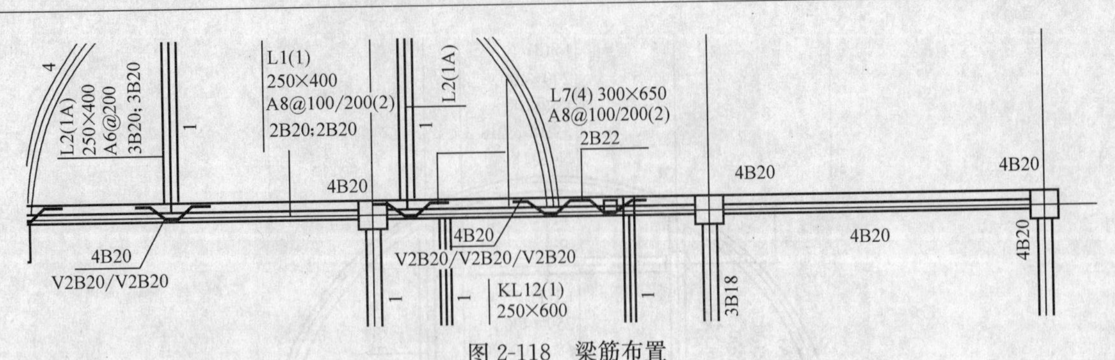

图 2-118 梁筋布置

种识别方法进行识别。

识别完梁筋后，清空施工图。

布置腰筋之前应先布置好板，并执行梁工程量分析。下面布置梁腰筋。执行【钢筋】菜单下的〖自动钢筋〗命令，在命令行选择〖腰筋调整〗，软件会弹出如图 2-119 所示的提示框。

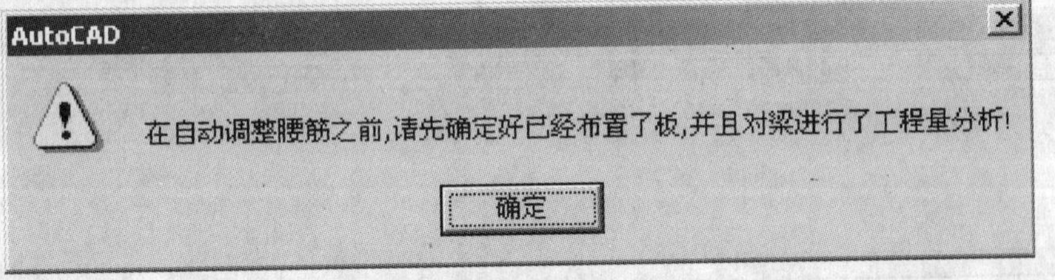

图 2-119 自动调整腰筋提示框

点击〖确定〗按钮，进入自动腰筋对话框（图 2-120）。

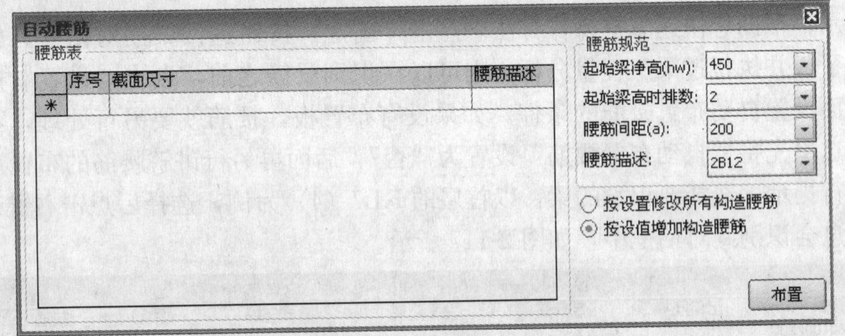

图 2-120 自动腰筋对话框

在对话框中已经默认按规范设置了腰筋的布置条件，如果之前已经布置过腰筋，则可以选择“按设置修改所有构造腰筋”，如果不想修改之前布置的腰筋或者是之前没有布置腰筋，可以

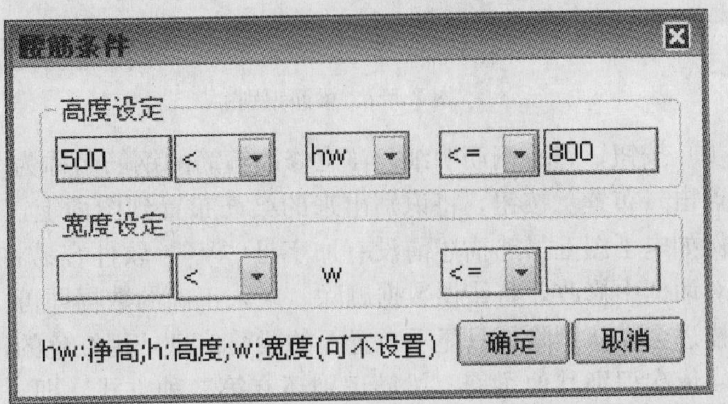

图 2-121 腰筋条件对话框

选择“按设置增加构造腰筋”。“腰筋表”用于设置按不同的梁高范围、梁宽范围布置不同的腰筋。在“序号”列中录入序号时，软件会自动新增一条记录。点击“截面尺寸”单元格中的下拉按钮，可以进入腰筋条件对话框（图 2-121），在这里设置梁净高（或梁高）及梁宽的条件并确定即可。

最后再录入该条件下要布置的腰筋描述。以此类推，直至录完所有的腰筋描述。本工程的腰筋按规范布置，因此无须设置腰筋表。直接点击〖布置〗按钮，当前楼层的梁腰筋就自动布置到梁上了，布置腰筋的同时软件会自动布置拉筋，拉筋的描述可以在〖识别设置〗的“钢筋选项”中修改。

> 温馨提示：
>
> 软件识别梁筋时，对施工图有一定的要求：
>
> (1) 集中标注线必须与梁线垂直；
>
> (2) 加强筋描述中最好带有加强筋代号，例如吊筋加“V”、构造腰筋加“G”、抗扭腰筋加“N”、节点加密箍筋加“J”等。
>
> 如果施工图不符合以上要求，识别梁筋时会出错。可以先修改好施工图，再用软件进行识别。对于加强筋，也可以在布置对话框中修改钢筋描述，不一定要在图上修改。

为了不影响其他电子图的识别，应进行图面清理工作。点击识别菜单下的〖清空施工图〗按钮，将无用的图形删除。

六、识别门窗表

命令模块：【识别】菜单

插入图纸：建施 10（门窗详图及门窗表）

识别完柱和梁后，一般接着识别首层的墙体和门窗。但在识别墙和门窗之前，应先识别门窗表，通过门窗表来生成门窗编号，软件才能依据门窗编号来识别门窗。因此用〖导入施工图〗功能，在对话框中找到“建筑”文件夹中的 J-10 门窗详图及门窗表，打开到软件中。由于门窗表上没有需要识别的构件，因此无需进行施工图对齐。但如果导入的门窗表与之前识别的构件重叠，也会影响门窗表的识别。为了精确识别门窗表，可以用〖移动〗功能将门窗表移到图面的空闲区域。

下面执行【识别】菜单中的〖识别窗表〗功能，此时光标变成选择状态，按命令行提示选择门窗表，用光标选择门窗表表框外右下角的某一点为起点，向表格左上角移动光标，选择表框外左上角某一点作为终点，这样门窗表的相关直线就变成亮显的被选中状态，点击鼠标右键确认选择，软件自动弹出如图 2-122 所示的对话框。

从对话框中可以看出，门窗表中的门窗编号以及洞口尺寸数据已经识别到表格中，核对一下“原始的表”中的数据与“识别出的表”的数据是否对应正确。如果表头对应错误，可在左边的“表头对应表”中修改。识别表头对应的是原始表的表头，标准表头对应的是软件特定的表头，两者需要正确对应。如果原始表中的门窗数据有误，可以直接在表格中修改后，点击〖转化〗按钮，修改结果便可反映到“识别出的表”中了。最后点击〖保存〗按钮，门窗表便识别完了。进入〖定义编号〗界面，可以看到在门和窗节点下已经生成了门窗编号，并且其对应的参数都已经识别到属性中，软件便是依据这些编号来识别门窗的。

识别完门窗表，需要执行〖清空施工图〗功能，将无用的门窗表从图面删除。然后选择〖全开图层〗，将先前识别的构件显示出来，进入下一步识别工作。

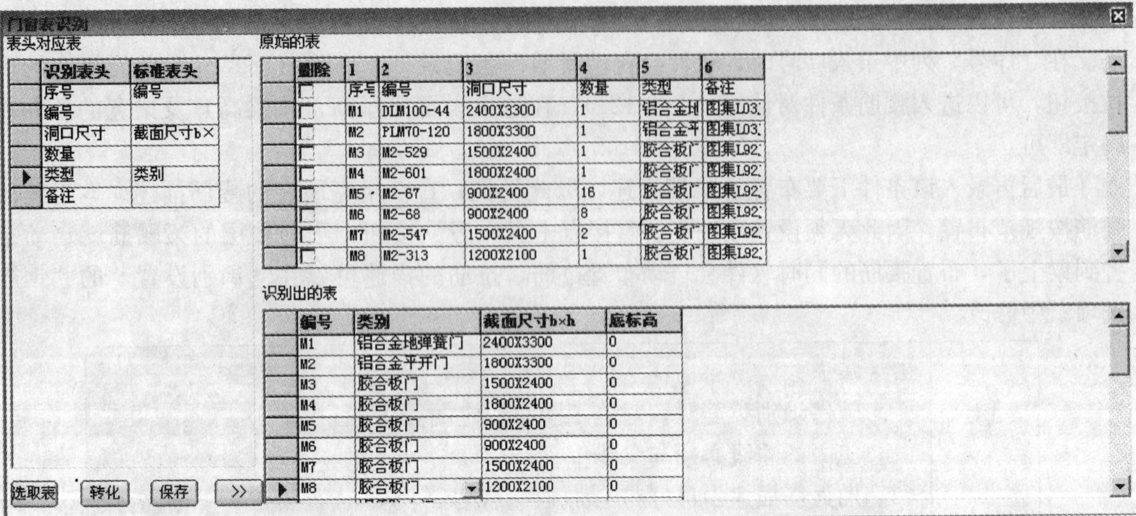

图 2-122 门窗表识别

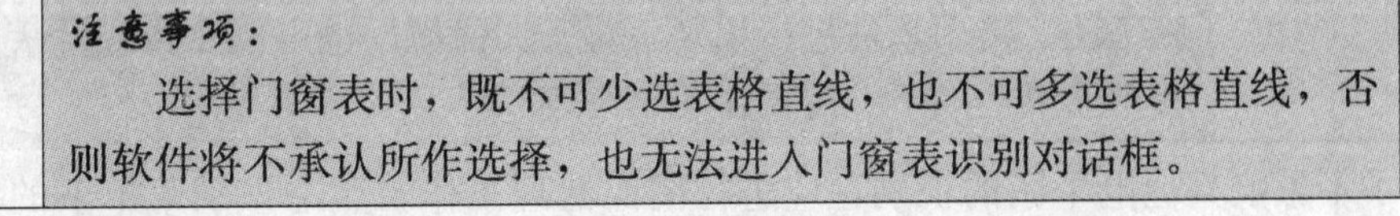

注意事项：

选择门窗表时，既不可少选表格直线，也不可多选表格直线，否则软件将不承认所作选择，也无法进入门窗表识别对话框。

七、识别首层墙与门窗

命令模块：【识别】菜单

插入图纸：建施 02（1 层平面图）

下面导入 1 层平面图来识别首层的墙与门窗。在识别之前，同样先用〖移动〗功能对齐施工图（参照梁识别）。为了方便识别，先用〖构件显示〗功能将图面上的梁隐藏起来，显示柱、轴网与 1 层平面图（显示非系统实体）。

在软件中，墙和门窗可以同步识别。执行〖识别墙体〗功能，弹出如图 2-123 所示的对话框。

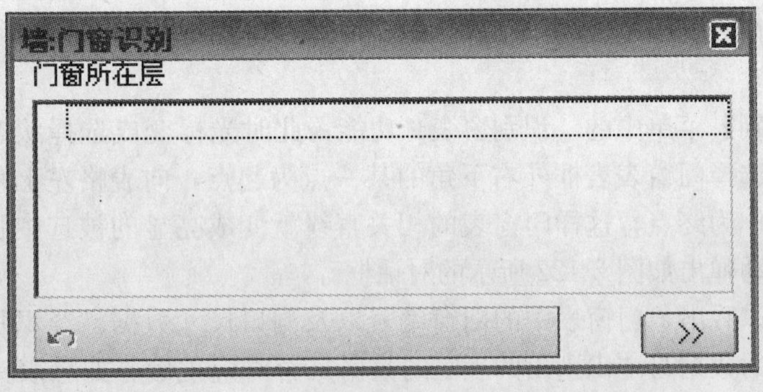

图 2-123 墙：门窗识别

对话框的标题是“墙：门窗识别”，且命令行提示“请选择门窗线或文字”，这表明识别墙体之前，应先选择墙上的门窗图元，以实现识别出来的墙段相连而不被门窗图元打断，同时也可将门窗同步识别出来。点击〖展开〗按钮 >> ，设置门底高为 0，窗底高为 900。然后用光标选择门窗图元，选择后同一门窗图层上的图元会自动从图面消失。如有遗漏，可继续选择，直至所有门窗图元全部隐藏。接着选择门窗编号文字，注意，如果不选择门窗编号，软件将无法正确识别门窗。当所有的门窗编号也从图面消失后，点击右键确认，软件会自动进入如图 2-124 所示的对话框。

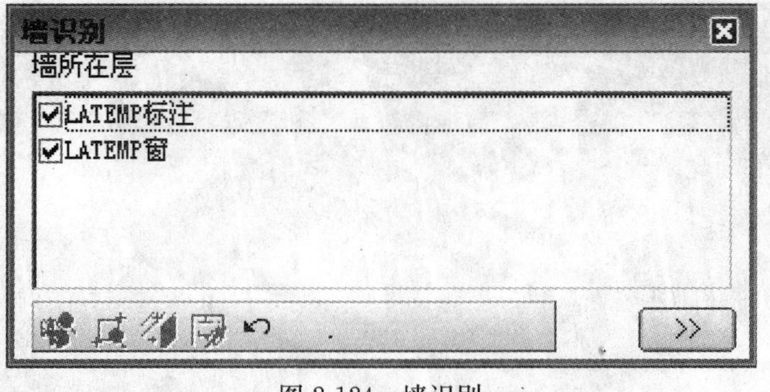

图 2-124　墙识别

此时对话框的标题变成了“墙识别”，且命令行提示“请选择墙线”，此时用光标选择墙边线，直至所有的墙图元从图面上消失，然后点击右键确认，墙识别对话框中的按钮便成为如图 2-125 所示的亮显状态了。点击〖展开〗按钮 >> ，展开设置选项。由建筑设计说明可知，首层大多数的墙为砌体墙，要将默认标头改成砌体墙编号“QT”，然后修改默认材料。这里需要记住一点，软件用“C00”来表示砌体墙材料，因此在默认材料中要选择“C00”。默认高度为“同梁底”，底高度为“0”。识别门窗选项选择“是”，表示同时识别门窗；如果选择“否”，则表示只识别墙，门窗单独用〖门窗识别〗功能来识别。设置好各种选项后便可以识别墙了。

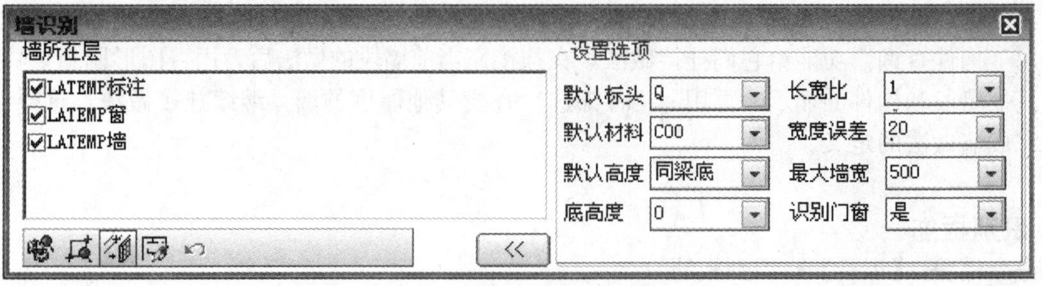

图 2-125　墙识别设置选项

这里选择〖单选识别墙〗方式，选择要识别的墙的某条边线，例如选择 E 轴上的墙边线，点击鼠标右键确认，软件便会自动识别出 E 轴上的所有墙段，且同时识别出墙上的所有门窗，如图 2-126 所示。

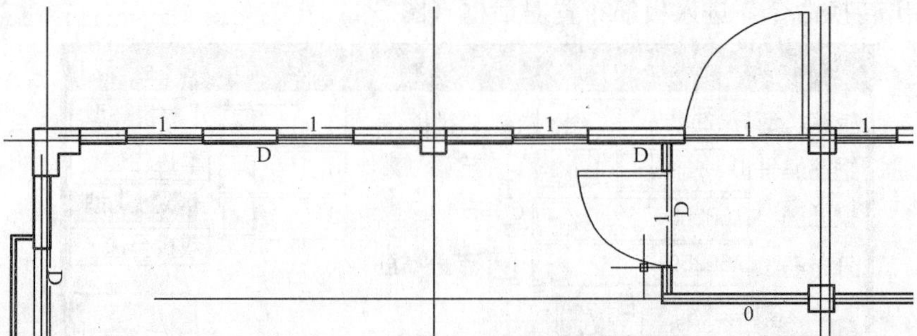

图 2-126　墙体识别

按照相同的步骤，依次选择要识别的墙边线，选择墙边线时也可以批量选择，只要所选择的墙边线不是一个方向上的即可。由于软件无法识别飘窗，1 轴上的混凝土墙可以用手动布置的方法。在定义编号界面中定义一个混凝土墙的编号，再将这堵墙布置到图面上即可。将所有的墙和门窗识别出来后的三维效果如图 2-127 所示。

图 2-127 墙与门窗识别

识别完墙和门窗，清空施工图，下面需要给它们挂接做法。这里需要注意一点，软件允许同编号的墙拥有不同的厚度，因此在给墙挂接做法时，建议在不同厚度墙的〖构件查询〗窗口中分别挂接做法，以区分统计。本工程中有 3 种不同厚度的墙，分别为 300 厚、180 厚、120 厚，在他们挂接做法时，可以用【构件】菜单中的〖构件筛选〗功能分别筛选出不同厚度的墙体，用〖构件查询〗功能给它们挂接做法。在挂接完当前墙段的做法后，用〖图形刷新〗功能，恢复其他墙段和构件的显示，再用〖构件筛选〗查找其他厚度的墙，继续挂接做法，这样便可快速完成墙做法的定义。

八、识别板筋

命令模块：【识别】→〖识别板筋〗

参考图纸：结施 05（2 层结构平面图、地下室结构平面图）

导入 2 层结构平面图，并将施工图与布置的结构图进行对齐。用〖分解设计图〗命令分解施工图后，将地下室部分删除。

执行〖识别板筋〗命令，软件会先弹出描述转换对话框，将板筋描述转换成软件可识别的格式，然后退出转换命令，进入板筋布置对话框（图 2-128）。

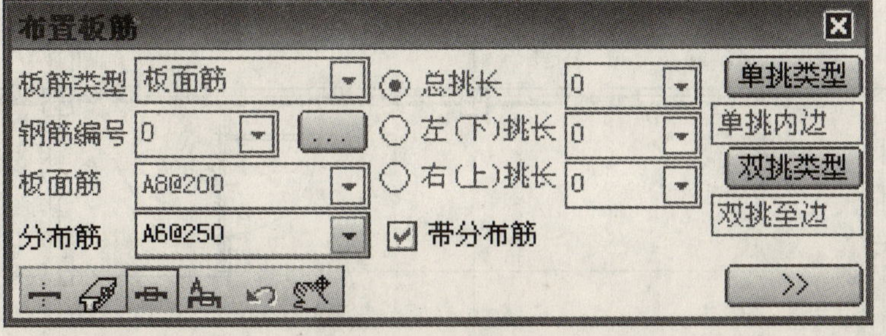

图 2-128 板筋布置对话框

识别板筋与布置板筋共用一个对话框，进入对话框后，软件默认选择〖选线识别板筋〗功能。识别板筋时，软件会自动根据板筋线条的弯钩类型来判断，有 180°弯钩的板筋线识别成底筋，有 90°弯钩的板筋线识别成面筋，因此识别板筋时无需设置板筋类型。按命令行提示，选择要识别的板筋线，并指定其分布范围，这样一条板底筋就识别出来了。如果两根板底筋互相垂直，且钢筋长度分别等于对方的分布长度时，可以同时选择这两根板筋线，点击右键确认，软件便同时将它们识别出来了，不用再指定分布范围。

将板底筋识别完后，接着识别板面筋，在识别之前，先按设计要求，将对话框中的分布筋描述改成 A6@200。然后设置挑长计算方法。在〖单挑类型〗中选择“单挑内边”，在〖双挑类型〗中选择“双挑至边”，表示面筋的挑长均是算至支座边。下面识别施工图上的板面筋。与识别板底筋类似，选择要识别的板筋线，再指定分布范围即可，软件会在识别面筋的同时自动布置上构造分布筋。识别板面筋不需要设置外挑长度，软件会自动从图面读取钢筋的长度数据。

对于分布范围相同的板面筋，可以批量进行识别。

选中这些面筋后，点击右键确认，再指定分布范围，这些面筋就同时识别出来了。

温馨提示：

识别板筋时，应打开对象捕捉功能，捕捉最近点和垂足，以便指定板筋分布范围。

注意事项：

板筋识别只适用于识别矩形范围分布的板筋，对于异形板的钢筋，必须使用异形板钢筋来手动布置。例如本工程首层的弧形雨篷板钢筋，就不能识别，只能用双层双向钢筋来布置。

九、其他楼层的处理

按照首层构件的识别方法，同样可以识别出地下室、2～5 层的轴网、柱、梁、墙和门窗。但需要注意的是，为了让楼层组合不错位，各层的轴网必须对齐，这样各楼层在组合时才能搭接起来。因此，在切换到其他楼层进行识别时，可以不用再识别轴网，直接用〖拷贝楼层〗功能，将首层的轴网拷贝过来利用即可。这样在其他楼层导入电子施工图时，只要与拷贝过来的轴网对齐，识别出来的构件就能与首层搭接起来。结合识别建模与手工建模，便可快速完成各个楼层的模型建立。

第十二节　清单项目定额展开

工程名称：综合楼　　　　建筑消耗量（06）

序号	项目编码	项目名称	单位	金额(元)	
				定额量	清单量
		A.1 土(石)方工程			
1	补 01010400101	竣工清理	m^3		7610.26
	1-4-3	竣工清理	$10m^3$	761.026	
2	010101001001	平整场地	m^2		343.77
	1-4-1	人工场地平整	$10m^2$	51.978	
3	010101003001 *	挖基础土方:坚土,地槽,2m 内	m^3		88.32
	1-2-12 *	人工挖沟槽坚土深 2m 内	$10m^3$	14.760	
4	010101003002	挖基础土方:坚土,地坑,2m 内	m^3		6.80
	1-2-18	人工挖地坑坚土深 2m 内	$10m^3$	0.972	
	1-4-4-1	基底钎探(灌砂)	十眼	0.800	

续表

序号	项目编码	项 目 名 称	单位	金额(元)	
				定额量	清单量
5	010101003001	挖基础土方:坚土,地坑,4m内	m^3		306.66
	1-2-19	人工挖地坑坚土深4m内	$10m^3$	53.773	
	1-4-4-1 *	基底钎探(灌砂)	十眼	14.600	
6	010103001001 *	土(石)方回填	m^3		346.33
	1-4-11 *	机械夯填土(地坪)	$10m^3$	6.243	
	1-4-13 *	槽、坑机械夯填土	$10m^3$	58.046	
	1-2-47 *	人力车运土方50m内	$10m^3$	1.394	
	1-2-3 *	人工挖坚土深2m内	$10m^3$	1.394	
		A.3 砌筑工程			
7	010302001001	实心砖墙:煤矸石多孔砖墙240,M5.0混浆	m^3		9.30
	3-3-75	M5.0混浆煤矸石多孔砖墙240	$10m^3$	0.930	
8	010304001001	空心砖墙、砌块墙:硅酸钙砌块墙120,M5.0砂浆	m^3		0.35
	3-3-31	M7.5混浆硅酸钙砌块墙120	$10m^3$	0.035	
	6-2-5	防水砂浆20	$10m^2$	0.034	
9	010304001002	空心砖墙、砌块墙:硅酸钙砌块墙180,M5.0砂浆	m^2		4.55
	3-3-32	M7.5混浆硅酸钙砌块墙180	$10m^3$	0.455	
	6-2-5	防水砂浆20	$10m^2$	0.437	
10	010304001003	空心砖墙、砌块墙:硅酸钙砌块墙300,M5.0砂浆	m^3		35.91
	3-3-69	M5.0混浆硅酸钙砌块墙300	$10m^3$	3.591	
	6-2-5	防水砂浆20	$10m^2$	1.893	
11	010304001004	空心砖墙、砌块墙:加气混凝土砌块墙120,M5.0混浆	m^3		5.89
	3-3-24	M5.0混浆加气混凝土砌块墙120	$10m^3$	0.589	
12	010304001005	空心砖墙、砌块墙:加气混凝土砌块墙180,M5.0混浆	m^3		127.00
	3-3-25	M5.0混浆加气混凝土砌块墙180	$10m^3$	12.700	
13	010304001006	空心砖墙、砌块墙:加气混凝土砌块墙300,M5.0混浆	m^3		233.70
	3-3-63	M5.0混浆加气混凝土砌块墙300	$10m^3$	23.370	
14	010305001001	石基础:毛石条基,M5.0砂浆	m^3		0.81
	3-2-1	M5.0砂浆乱毛石基础	$10m^3$	0.081	
		A.4 混凝土及钢筋混凝土工程			
15	010401002001	独立基础:C15混凝土垫层,C20混凝土柱基	m^3		70.82
	2-1-13-2	C154现浇无筋混凝土垫层(独立基础)(商品混凝土)	$10m^3$	1.475	
	4-2-7	C204现浇混凝土独立基础(商品混凝土)	$10m^3$	7.082	
16	010402001001	矩形柱:构造柱,C30	m^3		1.74
	4-2-20	C253现浇构造柱(商品混凝土)	$10m^3$	0.174	
17	010402001002	矩形柱:框架柱,C30	m^3		106.89
	4-2-17	C254现浇矩形柱(商品混凝土)	$10m^3$	10.689	
18	010402002001	异形柱:拐角柱,C30	m^3		11.33

续表

序号	项目编码	项 目 名 称	单位	金额(元)	
				定额量	清单量
	4-2-19	C254 现浇异形柱(商品混凝土)	$10m^3$	1.133	
19	010402002002	异形柱:框架拐角柱及圆形柱,C30	m^3		5.19
	4-2-18	C254 现浇圆形柱(商品混凝土)	$10m^3$	0.152	
	4-2-19	C254 现浇异形柱(商品混凝土)	$10m^3$	0.367	
20	010403001001	基础梁:C15 混凝土垫层,C20 混凝土基础梁	m^3		24.96
	2-1-13	C154 现浇无筋混凝土垫层(商品混凝土)	$10m^3$	0.650	
	4-2-23	C253 现浇基础梁(商品混凝土)	$10m^3$	2.496	
21	010403004001	圈梁:厕所墙底部防水,C20	m^3		3.80
	4-2-26	C253 现浇圈梁(商品混凝土)	$10m^3$	0.380	
22	010403005001	过梁:现浇,C30	m^3		17.87
	4-2-27	C253 现浇过梁(商品混凝土)	$10m^3$	1.787	
23	010404001001	直形墙:地下混凝土墙,C30	m^3		19.63
	4-2-30	C253 现浇混凝土墙(商品混凝土)	$10m^3$	1.963	
24	010404001002	直形墙:老虎窗侧墙,C30	m^3		1.00
	4-2-30	C253 现浇混凝土墙(商品混凝土)	$10m^3$	0.100	
25	010405001001	有梁板:C30	m^3		432.00
	4-2-36	C252 现浇有梁板(商品混凝土)	$10m^3$	38.546	
	4-2-41	C252 现浇斜板、折板(商品混凝土)	$10m^3$	4.654	
26	010405006001	栏板、雨篷栏板:C30	m^3		0.69
	4-2-51	C202 现浇栏板(商品混凝土)	$10m^3$	0.069	
27	010405007001	天沟、挑檐板:C30	m^3		4.26
	4-2-56	C202 现浇挑檐、天沟(商品混凝土)	$10m^3$	0.426	
28	010405008001	雨篷、阳台板:雨篷,C30	m^3		0.44
	4-2-49	C202 现浇雨篷(商品混凝土)	$10m^3$	0.548	
29	010406001001	直形楼梯:C30	m^3		67.04
	4-2-42	C202 现浇直形楼梯无斜梁 100(商品混凝土)	$10m^3$	6.704	
	4-2-46	C202 现浇楼梯板厚±10×2(商品混凝土)	$10m^3$	4.889	
30	010407001001	其他构件:C15 混凝土垫层,混凝土台阶,C20	m^3		2.28
	1-4-5	人工原土夯实	$10m^3$	1.792	
	2-1-13	C154 现浇无筋混凝土垫层(商品混凝土)	$10m^3$	0.179	
	4-2-57	C202 现浇台阶(商品混凝土)	$10m^3$	0.228	
31	010407001002	其他构件:压顶,C20	m^3		0.66
	4-2-58	C202 现浇压顶(商品混凝土)	$10m^3$	0.066	
32	010407002001	散水、坡道:混凝土散水	m^3		54.08
	2-1-1	3:7 灰土垫层	$10m^3$	−0.811	
	8-7-51	细石混凝土散水 3:7 灰土垫层(商品混凝土)	$10m^3$	5.408	
33	010416001001	现浇混凝土钢筋:Ⅰ级钢	t		48.044
	4-1-1	现浇构件圆钢筋 $\phi4$	t	0.004	
	4-1-2	现浇构件圆钢筋 $\phi6.5$	t	1.336	
	4-1-3	现浇构件圆钢筋 $\phi8$	t	7.720	
	4-1-4	现浇构件圆钢筋 $\phi10$	t	23.458	

续表

序号	项目编码	项目名称	单位	金额(元)	
				定额量	清单量
	4-1-5	现浇构件圆钢筋 ϕ12	t	1.287	
	4-1-52	现浇构件箍筋 ϕ6.5	t	1.227	
	4-1-53	现浇构件箍筋 ϕ8	t	13.019	
34	010416001002	现浇混凝土钢筋：Ⅱ级钢	t		44.567
	4-1-13	现浇构件螺纹钢筋 ϕ12	t	4.208	
	4-1-14	现浇构件螺纹钢筋 ϕ14	t	1.876	
	4-1-15	现浇构件螺纹钢筋 ϕ16	t	0.767	
	4-1-16	现浇构件螺纹钢筋 ϕ18	t	4.424	
	4-1-17	现浇构件螺纹钢筋 ϕ20	t	23.190	
	4-1-18	现浇构件螺纹钢筋 ϕ22	t	7.949	
	4-1-19	现浇构件螺纹钢筋 ϕ25	t	2.153	
35	010417002001	预埋铁件	t		0.026
	4-1-96	铁件	t	0.026	
		A.5 屋面及防水工程			
36	010701001001	瓦屋面：琉璃瓦坡屋面，细石混凝土防水，LM 高分子涂料防水	m^2		253.78
	4-1-1	现浇构件圆钢筋 ϕ4	t	0.350	
	6-1-19	钢筋混凝土斜面上琉璃瓦屋面	$10m^2$	25.378	
	6-1-20	琉璃瓦檐口线	$10m^2$	6.570	
	6-1-21	琉璃瓦脊瓦	$10m^2$	4.950	
	6-2-1	细石混凝土防水层 40(商品混凝土)	$10m^2$	25.378	
	6-2-93	1.5 厚 LM 高分子涂料防水层	$10m^2$	30.008	
	9-1-1	1∶3 砂浆硬基层上找平层 20	$10m^2$	30.008	
	9-1-5	C20 细石混凝土找平层±5	$10m^2$	−25.378	
37	010702001001	屋面卷材防水：上人地砖面层，沥青玻璃纤维布防水，LM 高分子涂料防水	m^2		126.57
	6-2-24	平面沥青玻璃纤维布±一布一油	$10m^2$	12.657	
	6-2-34	平面一层高强 APP 改性沥青卷材	$10m^2$	13.998	
	6-2-93	1.5 厚 LM 高分子涂料防水层	$10m^2$	12.657	
	9-1-1	1∶3 砂浆硬基层上找平层 20	$10m^2$	13.998	
	9-1-2	1∶3 砂浆填充料上找平层 20	$10m^2$	12.657	
	9-1-80	水泥砂浆彩釉砖楼地面 800 内	$10m^2$	12.657	
38	010702002001	屋面涂膜防水：聚氨脂二遍	m^2		44.63
	6-2-71	聚氨酯二遍	$10m^2$	4.463	
	6-4-18	玻璃钢短管 ϕ50	10 个	0.500	
	9-1-1	1∶3 砂浆硬基层上找平层 20	$10m^2$	4.463	
39	010702003001	屋面刚性防水：雨篷顶防水砂浆	m^2		5.48
	6-2-10	平面防水砂浆防水层	$10m^2$	0.548	
40	010702004001＊	屋面排水管：塑料落水管 ϕ100	m^2		133.20
	6-4-9＊	塑料落水管 ϕ100	10m	13.320	
	6-4-10＊	塑料水斗	10 个	0.700	

续表

序号	项目编码	项　目　名　称	单位	金额(元)	
				定额量	清单量
	6-4-20＊	铸铁雨水口	10个	0.400	
	6-4-22＊	铸铁弯头落水口(含箅子板)	10个	0.300	
41	补01070300401	地下室墙防水:墙面刷聚氨脂二遍,120砖墙保护	m²		86.57
	3-3-70	M5.0混浆煤矸石多孔砖墙115	10m³	0.996	
	6-2-71	聚氨酯二遍	10m²	8.657	
		A.8防腐、隔热、保温工程			
42	010803001001	保温隔热屋面:聚氨脂发泡保温40	m²		253.78
	6-3-13	混凝土板上聚氨酯发泡保温层40	10m²	25.378	
43	010803001002	保温隔热屋面:聚氨脂发泡保温40,水泥珍珠岩1∶8找平	m²		126.57
	6-3-13	混凝土板上聚氨酯发泡保温层40	10m²	12.657	
	6-3-15	混凝土板上现浇水泥珍珠岩	10m²	0.802	
		B.1楼地面工程			
44	020102001001	石材楼地面:混凝土垫层,花岗石地面	m²		28.81
	2-1-13	C154现浇无筋混凝土垫层(商品混凝土)	10m²	0.173	
	9-1-160	楼地面酸洗打蜡	10m²	2.881	
	9-1-165	干硬水泥砂浆花岗岩楼地面	10m²	2.881	
45	020102002001	块料楼地面:地面,干硬水泥砂浆地板砖300×300	m²		110.50
	2-1-13	C154现浇无筋混凝土垫层(商品混凝土)	10m²	0.663	
	9-1-169	干硬水泥砂浆全瓷地板砖300×300	10m²	110.50	
46	020102002002	块料楼地面:地面,干硬水泥砂浆地板砖500×500	m²		174.46
	2-1-13	C154现浇无筋混凝土垫层(商品混凝土)	10m²	1.046	
	9-1-169	干硬水泥砂浆全瓷地板砖500×500	10m²	17.446	
47	020102002003	块料楼地面:楼面,LM高分子涂料防水,干硬水泥砂浆地板砖300×300	m²		82.42
	6-2-1	细石混凝土防水层40(商品混凝土)	10m²	8.242	
	6-2-2	细石混凝土防水层±10(商品混凝土)	10m²	−8.242	
	6-2-93	1.5厚LM高分子涂料防水层	10m²	8.242	
	9-1-169	干硬水泥砂浆全瓷地板砖300×300	10m²	8.242	
48	020102002002	块料楼地面:楼面,干硬水泥砂浆地板砖300×300	m²		25.04
	9-1-169	干硬水泥砂浆全瓷地板砖300×300	10m²	2.504	
49	020102002005	块料楼地面:楼面,干硬水泥砂浆地板砖500×500	m²		1426.82
	9-1-169	干硬水泥砂浆全瓷地板砖500×500	10m²	142.682	
50	020105003001	块料踢脚线:水泥砂浆地板砖异形踢脚	m²		7.29
	9-1-173	水泥砂浆全瓷地板砖异形踢脚板	10m²	0.729	
51	020105003002	块料踢脚线:水泥砂浆地板砖直形踢脚	m²		103.44
	9-1-172	水泥砂浆全瓷地板砖直形踢脚板	10m²	10.344	
52	020106001001	石材楼梯面层:花岗岩台阶面	m²		13.25
	9-1-59	花岗岩台阶	10m²	1.325	

续表

序号	项目编码	项 目 名 称	单位	金额(元)	
				定额量	清单量
	9-1-161	楼梯台阶酸洗打蜡	10m^2	1.325	
53	020106002001	块料楼梯面层:彩釉砖楼梯	m^2		67.99
	9-1-84	彩釉砖楼梯	10m^2	6.799	
54	020107001001 *	金属扶手带栏杆、栏板:不锈钢扶手带栏杆	m		33.58
	9-5-203 *	不锈钢管扶手不锈钢栏杆	10m	3.358	
	9-5-204 *	不锈钢管扶手弯头另加料	10个	2	
		B.2 墙、柱面工程			
55	020201001001	墙面一般抹灰:混合砂浆内墙面(加气混凝土墙)	m^2		2251.31
	9-2-35	轻质墙墙面墙裙混合砂浆 14+6	10m^2	225.131	
	9-4-242	混凝土界面剂涂敷加气混凝土砌块面	10m^2	225.131	
56	020201001002	墙面一般抹灰:混合砂浆外墙面(加气混凝土墙)	m^2		1354.17
	9-2-32	混凝土墙面墙裙混合砂浆 12+8	10m^2	135.417	
	9-4-242	混凝土界面剂涂敷加气混凝土砌块面	10m^2	135.417	
57	020201001003	墙面一般抹灰:水泥砂浆内墙面(混凝土、砌块墙)	m^2		168.59
	9-2-21	混凝土墙面墙裙水泥砂浆 12+8	10m^2	16.859	
58	020201001004	墙面一般抹灰:水泥砂浆外墙面(砖墙)	m^2		42.12
	9-2-20	砖墙面墙裙水泥砂浆 14+6	10m^2	4.212	
59	020202001001	柱面一般抹灰:水泥砂浆柱面	m^2		39.71
	9-2-29	矩形混凝土柱水泥砂浆 12+7	10m^2	3.971	
60	020203001001	零星项目一般抹灰:外墙檐口,水泥砂浆	m^2		83.90
	9-2-25	零星项目水泥砂浆 6+14	10m^2	8.390	
61	020204001001	石材墙面:花岗岩勒脚	m^2		27.690
	9-2-129	混凝土墙面挂贴花岗岩(灌缝浆 50)	10m^2	2.769	
62	020204003001	块料墙面:内墙,贴瓷砖	m^2		730.15
	9-2-172	墙面墙裙砂浆粘贴瓷砖 200×150	10m^2	73.015	
	9-4-242	混凝土界面剂涂敷加气混凝土砌块面	10m^2	73.015	
63	020205003001	块料柱面:圆柱面贴面砖	m^2		12.82
	9-2-223-1	圆弧墙砂浆贴面砖 240×60 缝 10 内	10m^2	1.282	
64	020206003001	块料零星项目:门窗侧壁贴瓷砖	m^2		15.57
	9-2-173	零星项目砂浆粘贴瓷砖 200×150	10m^2	1.557	
	9-2-334	外墙面砖阳角 45°角对缝	10m	11.480	
65	020206003002	块料零星项目:雨篷栏板贴面砖	m^2		17.40
	9-2-223-1	圆弧墙砂浆贴面砖 240×60 缝 10 内	10m^2	1.740	
66	020209001001 *	隔断:塑钢隔断	m^2		98.08
	9-2-311 *	全塑钢板塑钢隔断	10m^2	9.808	
		B.3 顶棚工程			
67	020301001001	顶棚抹灰:现浇板下水泥砂浆面	m^2		1671.27
	9-3-3	现浇混凝土面顶棚水泥砂浆抹灰	10m^2	167.127	
68	020302001001	顶棚吊顶:轻钢龙骨,石膏板基层	m^2		541.30
	9-3-33	装配式 U 形龙骨 600×600 一级	10m^2	54.130	
	9-3-87	轻钢龙骨上铺钉纸面石膏板基层	10m^2	54.130	

续表

序号	项目编码	项 目 名 称	单位	金额(元)	
				定额量	清单量
		B.4门窗工程			
69	020401004001	胶合板门:成品门扇	m^2		119.88
	5-1-9	单扇带亮木门框制作	$10m^2$	9.504	
	5-1-10	单扇带亮木门框安装	$10m^2$	9.504	
	5-1-11	双扇带亮木门框制作	$10m^2$	2.232	
	5-1-12	双扇带亮木门框安装	$10m^2$	2.232	
	5-1-15	双扇木门框制作	$10m^2$	0.252	
	5-1-16	双扇木门框安装	$10m^2$	0.252	
	5-1-107	普通成品门扇安装(扇面积)	$10m^2$	8.460	
	5-3-3	单扇单玻璃木窗扇制作	$10m^2$	2.445	
	5-3-4	单扇单玻璃木窗扇安装	$10m^2$	2.445	
	5-9-1-1	单扇带亮木门配件(安执手锁)	10 樘	4.400	
	5-9-2	双扇带亮木门配件	10 樘	0.600	
	5-9-4	双扇木门配件	10 樘	0.100	
70	020402001001	金属平开门:铝合金门	m^2		12.78
	5-5-2	铝合金平开门安装	$10m^2$	1.278	
71	020402003001	金属地弹簧门:铝合金门	m^2		7.92
	5-5-1	铝合金地弹门安装	$10m^2$	0.792	
72	020402007001	钢制防火门	m^2		11.52
	5-4-12	钢制防火门安装(扇面积)	$10m^2$	1.152	
73	020406002001	金属平开窗:铝合金窗	m^2		311.49
	5-5-5	铝合金平开窗安装	$10m^2$	31.149	
74	020406007001	塑钢窗:单层窗	m^2		50.48
	5-6-2	单层塑料窗安装	$10m^2$	5.048	
75	020407001001	门窗套及贴脸:门窗套,中密度板基层,榉木板面	m^2		138.34
	6-2-74	立面砖墙面石油沥青一遍	$10m^2$	13.834	
	9-5-5-1	门窗套、贴脸中密度板基层	$10m^2$	13.834	
	9-5-10	门窗套、贴脸粘贴榉木夹板面层	$10m^2$	13.834	
76	020407004001	门窗木贴脸:贴脸 50×20	m^2		72.65
	9-5-56	平面木装饰线宽度 50 内	$10m^2$	145.30	
77	020409001001	木窗台板:中密度板基层,榉木板面	m^2		23.00
	9-5-18-1	中密度板窗台板	$10m^2$	2.300	
	9-5-24	窗台板粘贴面层榉木夹板	$10m^2$	2.300	
78	020409003001	石材窗台板:大理石面层	m^2		9.40
	9-5-22	窗台板水泥砂浆大理石面层	$10m^2$	0.940	
		B.5油漆、涂料、裱糊工程			
79	020501001001	门油漆:底油一遍,白色调和漆二遍	m^2		119.88
	9-4-1	底油一遍调和漆二遍(单层木门)	$10m^2$	11.988	
80	020504003001	窗台板、筒子板、盖板、门窗套、踢脚线油漆:门窗套,底油一遍,白色调和漆二遍	m^2		161.54
	9-4-5	底油一遍调合漆二遍(其他木材面)	$10m^2$	16.154	

续表

序号	项目编码	项目名称	单位	金额(元)	
				定额量	清单量
81	020504003002	窗台板、筒子板、盖板、门窗套、踢脚线油漆：贴脸，底油一遍，白色调和漆二遍	m²		1453
	9-4-4-1	底油一遍调和漆二遍装饰线 50 内	10m²	145.30	
82	020507001001	刷喷涂料：顶棚刮腻子二遍，乳胶漆二遍	m²		1671.27
	9-4-151	室内顶棚刷乳胶漆二遍	10m²	167.127	
	9-4-209	顶棚内墙抹灰面满刮腻子二遍	10m²	167.127	
83	020507001002	刷喷涂料：内墙面刮腻子二遍，乳胶漆二遍	m²		2459.61
	9-4-152	室内墙柱光面刷乳胶漆二遍	10m²	245.961	
	9-4-209	顶棚内墙抹灰面满刮腻子二遍	10m²	245.961	
84	020507001003	刷喷涂料：石膏板顶棚刮腻子二遍，乳胶漆二遍	m²		541.30
	9-3-126	顶棚石膏板嵌缝	10m²	54.130	
	9-4-151	室内顶棚刷乳胶漆二遍	10m²	54.130	
	9-4-209-1	木夹板、石膏板面满刮腻子二遍	10m²	54.130	
85	020507001004	刷喷涂料：外墙刷丙烯酸涂料	m²		1642.40
	9-4-184	抹灰外墙面丙烯酸涂料(一底二涂)	10m²	164.240	
		B.6 其他工程			
86	020603001001＊	洗漱台：大理石台面	m²		1.81
	9-5-107＊	大理石洗漱台台面及裙边	10m²	0.181	
	9-5-109＊	大理石台面现场加工开孔	10个	0.200	
87	补 02070100001	外墙保温墙面	m²		1516.38
	6-3-38	外墙挂贴保温板	10m³	6.815	
	9-4-211	外墙抹灰面满刮腻子二遍	10m²	151.638	
		建筑技术措施项目			
88	cs0101001001＊	脚手架	项		1
	10-1-6＊	双排外钢管脚手架 24m 内	10m²	173.982	
	10-1-21＊	单排里钢管脚手架 3.6m 内	10m²	85.739	
	10-1-24＊	双排里钢管脚手架 6m 内	10m²	4.371	
	10-1-102＊	单排外钢管脚手架 6m 内	10m²	276.119	
	10-1-103＊	双排外钢管脚手架 6m 内	10m²	7.850	
89	cs0101002001＊	混凝土、钢筋混凝土模板及支架	项		1
	10-4-27'＊	混凝土独立基础胶合板模板木支撑	10m²	12.792	
	10-4-49＊	混凝土基础垫层木模板	10m²	4.825	
	10-4-88'＊	矩形柱胶合板模板钢支撑	10m²	87.659	
	10-4-94'＊	异形柱胶合板模板钢支撑	10m²	8.316	
	10-4-97'＊	圆形柱胶合板模板木支撑	10m²	1.357	
	10-4-98＊	构造柱组合钢模板钢支撑	10m²	1.757	
	10-4-102＊	柱钢支撑高超过 3.6m 每增 3m	10m²	8.278	
	10-4-103＊	柱木支撑高超过 3.6m 每增 3m	10m²	2.629	
	10-4-109'＊	基础梁胶合板模板木支撑	10m²	13.562	
	10-4-118'＊	过梁胶合板模板木支撑	10m²	22.336	

续表

序号	项目编码	项 目 名 称	单位	金额(元)	
				定额量	清单量
	10-4-127'＊	圈梁胶合板模板木支撑	$10m^2$	3.364	
	10-4-136'＊	直形墙胶合板模板钢支撑	$10m^2$	0.750	
	10-4-137'＊	直形墙胶合板模板木支撑	$10m^2$	15.700	
	10-4-149＊	墙木支撑高超过 3.6m 每增 3m	$10m^2$	3.460	
	10-4-160'＊	有梁板胶合板模板钢支撑	$10m^2$	313.004	
	10-4-176＊	板钢支撑高超过 3.6m 每增 3m	$10m^2$	99.886	
	10-4-201＊	直形楼梯木模板木支撑	$10m^2$	6.701	
	10-4-203＊	直形悬挑板阳台、雨篷木模板木支撑	$10m^2$	0.548	
	10-4-205＊	台阶木模板木支撑	$10m^2$	0.689	
	10-4-206＊	栏板木模板木支撑	$10m^2$	2.432	
	10-4-211＊	挑檐、天沟木模板木支撑	$10m^2$	8.052	
	10-4-213＊	扶手、压顶木模板木支撑	$10m^2$	0.066	
	10-4-310＊	基础竹胶板模板	$10m^2$	6.430	
	10-4-311＊	柱竹胶板模板	$10m^2$	23.749	
	10-4-313＊	梁竹胶板模板制作	$10m^2$	6.271	
	10-4-314＊	墙竹胶板模板制作	$10m^2$	4.014	
	10-4-315＊	板竹胶板模板制作	$10m^2$	76.373	
90	cs0101003001＊	大型机械设备进出场及安拆费	项		1
	4-1-131＊	[措]现浇混凝土埋设螺栓	10 个	1.60	
	10-4-63＊	$20m^3$ 内设备基础组合钢模钢支撑	$10m^2$	1.30	
	10-5-1＊	C204 商品混凝土塔吊基础	$10m^3$	1	
	10-5-3＊	塔式起重机混凝土基础拆除	$10m^3$	1	
	10-5-20＊	6t 塔式起重机安、拆	次	1	
	10-5-20-1＊	6t 塔式起重机场外运输	次	1	
	补 1＊	[措]石渣外运(35 元/m^3)	m^3	10	
91	cs0101004001＊	垂直运输机械	项		1
	10-2-11-1＊	30m 内其他混合结构泵送垂直运输	$10m^2$	214.585	
		装饰技术措施项目			
92	cs0201001001＊	脚手架	项		1
	10-1-22-1＊	装饰双排里钢管脚手架 3.6m 内	$10m^2$	339.234	
	10-1-27＊	满堂钢管脚手架	$10m^2$	29.596	

第三章　工程量清单计价

第一节　工程量清单计价封面

投　标　总　价

建设单位：

工程名称：综合楼

投标总价(小写)：2401364（元）

（大写)：贰佰肆拾万零壹仟叁佰陆拾肆元

投　标　人：（单位签字盖章）

法定代表人：（签字盖章）

编 制 时间：2008-04-17

第二节　单位工程费汇总表

工程名称：办公楼　　　　建筑消耗量（06）

序号	项 目 名 称	金额(元)
1	一、分部分项工程量清单计价合计	1799142.95
2	二、措施项目清单计价合计	454554.40
3	三、其他项目清单计价合计	4653.08
4	四、清单计价合计:一+二+三	2258350.43
5	其中人工费 R	437882.22
6	五、规费:1+...+6	119918.41
7	1. 工程排污费:四×0.26%	5871.71
8	2. 定额测定费:四×0.1%	2258.35
9	3. 社会保障费:四×2.6%	58717.11
10	4. 住房公积金:四×0.2%	4516.70
11	5. 危险作业意外伤害保险:四×0.15%	3387.53
12	6. 安全施工费:四×2%	45167.01
13	六、税金:(四+五)×3.44%	81812.45
14	七、合计:四+五+六-社会保障费	2401364.18

第三节　分部分项工程量清单计价表

工程名称：综合楼

建筑消耗量（06）

序号	项目编码	项目名称	单位	工程量	金额(元)	
					综合单价	合价
		A.1　土石方工程				
1	010101001001	平整场地	m^2	343.75	4.53	1557.19
2	010101003001	挖基础土方:坚土,地坑,4m内	m^3	306.62	73.89	22656.15
3	010101003002	挖基础土方:坚土,地坑,2m内	m^3	6.80	54.93	373.52
4	010101003003	挖基础土方:坚土,地槽,2m内	m^3	88.32	50.66	4474.29
5	010103001001	土(石)方回填	m^3	346.33	11.52	3989.72
6	补01010400101	竣工清理	m^3	7609.99	0.78	5935.79
		小　　计				38986.66
		A.3　砌筑工程				
7	010302001001	实心砖墙:煤矸石多孔砖墙240,M5.0混浆	m^3	9.31	208.15	1937.88
8	010304001001	空心砖墙、砌块墙:硅酸钙砌块墙300,M5.0砂浆	m^3	35.97	228.32	8212.67
9	010304001002	空心砖墙、砌块墙:硅酸钙砌块墙180,M5.0砂浆	m^3	4.59	260.84	1197.26
10	010304001003	空心砖墙、砌块墙:硅酸钙砌块墙120,M5.0砂浆	m^3	0.36	247.27	89.02
11	010304001004	空心砖墙、砌块墙:加气混凝土砌块墙300,M5.0混浆	m^3	231.39	202.68	46898.13
12	010304001005	空心砖墙、砌块墙:加气混凝土砌块墙180,M5.0混浆	m^3	125.12	205.15	25668.37
13	010304001006	空心砖墙、砌块墙:加气混凝土砌块墙120,M5.0混浆	m^3	6.02	217.01	1306.40
14	010305001001	石基础:毛石条基,M5.0砂浆	m^3	0.81	150.63	122.01
		小　　计				85431.74
		A.4　混凝土及钢筋混凝土工程				
15	010401002001	独立基础:C15混凝土垫层,C20混凝土柱基	m^3	70.82	354.50	25105.69
16	010402001001	矩形柱:框架柱,C30	m^3	25.93	378.29	9809.06
17	010402001002	矩形柱:框架柱,C30	m^3	81.16	378.29	30702.02
18	010402001003	矩形柱:构造柱,C30	m^3	1.70	359.10	610.47
19	010402002001	异形柱:框架拐角柱及圆形柱,C30	m^3	5.20	390.52	2030.70
20	010402002002	异形柱:拐角柱,C30	m^3	11.34	397.78	4510.83
21	010403001001	基础梁:C15混凝土垫层,C20混凝土基础梁	m^3	24.95	383.66	9572.32
22	010403004001	圈梁:厕所墙底部防水,C20	m^3	3.79	360.19	1365.12
23	010403005001	过梁:现浇,C30	m^3	1.12	405.56	454.23
24	010403005002	过梁:现浇,C30	m^3	16.91	405.56	6858.02
25	010404001001	直形墙:地下混凝土墙,C30	m^3	19.63	367.79	7219.72
26	010404001002	直形墙:老虎窗侧墙,C30	m^3	0.90	367.79	331.01
27	010405001001	有梁板:C30	m^3	40.95	340.66	13950.03
28	010405001002	有梁板:C30	m^3	390.96	341.82	133637.95
29	010405006001	栏板、雨篷栏板:C30	m^3	0.70	429.87	300.91
30	010405007001	天沟、挑檐板:C30	m^3	4.65	403.92	1878.23
31	010405008001	雨篷、阳台板:雨篷,C30	m^3	0.22	487.10	107.16
32	010405008002	雨篷、阳台板:雨篷,C30	m^3	0.22	487.10	107.16

续表

序号	项目编码	项 目 名 称	单位	工程量	金额(元)	
					综合单价	合价
33	010406001001	直形楼梯:C30	m^2	67.01	90.44	6060.38
34	010407001001	其他构件:压顶,C20	m^3	0.66	380.63	251.22
35	010407001002	其他构件:C15 混凝土垫层,混凝土台阶,C20	m^3	2.25	574.74	1293.17
36	010407002001	散水、坡道:混凝土散水	m^2	54.08	37.28	2016.10
37	010416001001	现浇混凝土钢筋:Ⅰ级钢	t	49.089	4942.78	242636.13
38	010416001002	现浇混凝土钢筋:Ⅱ级钢	t	44.629	4429.05	197664.07
39	010417002001	预埋铁件	t	0.038	7669.03	291.42
		小 计				698763.12
		A.7 屋面及防水工程				
40	010701001001	瓦屋面:琉璃瓦坡屋面,细石混凝土防水,LM 高分子涂料防水	m^2	251.48	206.64	51965.83
41	010702001001	屋面卷材防水:上人地砖面层,沥青玻璃纤维布防水,LM 高分子涂料防水	m^2	126.57	185.11	23429.37
42	010702002001	屋面涂膜防水:聚氨酯二遍	m^2	44.67	75.16	3357.40
43	010702003002	屋面刚性防水:雨篷顶防水砂浆	m^2	5.56	10.62	59.05
44	010702004001	屋面排水管:塑料水落管 $\phi100$	m	133.20	23.73	3160.84
45	补 01070300401	地下室墙防水:墙面刷聚氨酯二遍,120 砖墙保护	m^2	86.10	89.61	7715.42
		小 计				89687.91
		A.8 防腐、隔热、保温工程				
46	010803001001	保温隔热屋面:聚氨酯发泡保温 40	m^2	251.48	53.08	13348.56
47	010803001002	保温隔热屋面:聚氨酯发泡保温 40,水泥珍珠岩 1:8 找平	m^2	126.57	64.53	8167.56
		小 计				21516.12
		B.1 楼地面工程				
48	020102001001	石材楼地面:混凝土垫层,花岗石地面	m^2	28.93	246.86	7141.66
49	020102002001	块料楼地面:地面,干硬水泥砂浆地板砖 300×300	m^2	109.68	66.56	7300.30
50	020102002002	块料楼地面:楼面,干硬水泥砂浆地板砖 300×300	m^2	24.00	50.19	1204.56
51	020102002003	块料楼地面:楼面,LM 高分子涂料防水,干硬水泥砂浆地板砖 300×300	m^2	82.08	118.05	9689.54
52	020102002004	块料楼地面:地面,干硬水泥砂浆地板砖 500×500	m^2	173.22	110.32	19109.63
53	020102002005	块料楼地面:楼面,干硬水泥砂浆地板砖 500×500	m^2	1418.41	92.01	130507.90
54	020105003001	块料踢脚线:水泥砂浆地板砖直形踢脚	m^2	103.30	84.12	8689.60
55	020105003002	块料踢脚线:水泥砂浆地板砖异形踢脚	m^2	7.29	92.06	671.12
56	020106001001	石材楼梯面层:花岗石台阶面	m^2	13.29	355.78	4728.32
57	020106002001	块料楼梯面层:彩釉砖楼梯	m^2	67.78	79.95	5419.01
58	020107001001	金属扶手带栏杆、栏板:不锈钢扶手带栏杆	m	43.58	887.04	38657.20
		小 计				233118.84
		B.2 墙、柱面工程				
59	020201001001	墙面一般抹灰:水泥砂浆内墙面(混凝土、砌块墙)	m^2	168.57	17.96	3027.52
60	020201001002	墙面一般抹灰:混合砂浆内墙面(加气混凝土墙)	m^2	2226.25	25.76	57348.20
61	020201001003	墙面一般抹灰:混合砂浆外墙面(加气混凝土墙)	m^2	1354.22	28.17	38148.38

续表

序号	项目编码	项 目 名 称	单位	工程量	金额(元)	
					综合单价	合价
62	020201001004	墙面一般抹灰:水泥砂浆外墙面(砖墙)	m^2	42.12	15.69	660.86
63	020202001001	柱面一般抹灰:水泥砂浆柱面	m^2	39.72	21.31	846.43
64	020203001001	零星项目一般抹灰:外墙檐口,水泥砂浆	m^2	83.72	54.95	4600.41
65	020204001001	石材墙面:花岗岩勒脚	m^2	27.33	282.05	7708.43
66	020204003001	块料墙面:内墙,贴瓷砖	m^2	712.59	70.17	50002.44
67	020205003001	块料柱面:圆柱面贴面砖	m^2	12.82	71.82	920.73
68	020206003001	块料零星项目:门窗侧壁贴瓷砖	m^2	15.55	160.38	2493.91
69	020206003002	块料零星项目:雨篷栏板贴面砖	m^2	17.50	71.82	1256.85
70	020209001001	隔断:塑钢隔断	m^2	98.08	190.98	18731.32
		小　计				185745.48
		B.3　顶棚工程				
71	020301001001	顶棚抹灰:现浇板下水泥砂浆面	m^2	1668.86	15.97	26651.69
72	020302001001	顶棚吊顶:轻钢龙骨,石膏板基层	m^2	540.98	98.23	53140.47
		小　计				79792.16
		B.4　门窗工程				
73	020401004001	胶合板门:成品门扇	m^2	119.88	204.20	24479.50
74	020402001001	金属平开门:铝合金门	m^2	12.78	383.25	4897.94
75	020402003001	金属地弹簧门:铝合金门	m^2	7.92	459.54	3639.56
76	020402007001	钢制防火门	m^2	11.52	451.11	5196.79
77	020406002001	金属平开窗:铝合金窗	m^2	311.49	323.49	100763.90
78	020406007001	塑钢窗:单层窗	m^2	50.50	198.86	10042.43
79	020407001001	门窗套及贴脸:门窗套,中密度板基层,榉木板面	m^2	138.51	103.73	14367.64
80	020407004001	门窗木贴脸:贴脸 50×20	m^2	72.65	158.61	11523.02
81	020409001001	木窗台板:中密度板基层,榉木板面	m^2	23.17	98.39	2279.70
82	020409003001	石材窗台板:大理石面层	m^2	9.36	194.85	1823.80
		小　计				179014.28
		B.5　油漆、涂料、裱糊工程				
83	020501001001	门油漆:底油一遍,白色调合漆二遍	m^2	119.88	20.05	2403.59
84	020504003001	窗台板、筒子板、盖板、门窗套、踢脚线油漆:门窗套,底油一遍,白色调和漆二遍	m^2	161.68	12.61	2038.78
85	020504003002	窗台板、筒子板、盖板、门窗套、踢脚线油漆:贴脸,底油一遍,白色调和漆二遍	m^2	130.77	8.85	1157.31
86	020507001001	刷喷涂料:内墙面刮腻子二遍,乳胶漆二遍	m^2	2434.54	12.60	30675.20
87	020507001002	刷喷涂料:顶棚刮腻子二遍,乳胶漆二遍	m^2	1668.86	13.25	22112.40
88	020507001003	刷喷涂料:石膏板顶棚刮腻子二遍,乳胶漆二遍	m^2	540.98	21.73	11755.50
89	020507001004	刷喷涂料:外墙刷丙烯酸涂料	m^2	1641.49	13.97	22931.62
		小　计				93074.40
		B.6　其他工程				
90	020603001001	洗漱台:大理石台面	m^2	1.81	440.12	796.62
91	补 02070100001	外墙保温墙面	m^2	1363.20	68.38	93215.62
		小　计				94012.24
		合　计				1799142.95

第四节　措施项目清单计价表

工程名称：综合楼　　　　建筑消耗量（06）

序号	项 目 名 称	金额(元)
	建筑技术措施项目	
1	脚手架	46635.53
2	混凝土、钢筋混凝土模板及支架	13464.00
3	混凝土、钢筋混凝土模板及支架	218613.66
4	大型机械设备进出场及安拆费	26262.71
5	垂直运输机械	54922.04
6	临时设施	8654.99
7	文明施工	3461.99
8	二次搬运	5192.99
9	已完工程及设备保护	1298.26
10	环境保护	1298.26
11	夜间施工	.6058.48
12	冬、雨季施工	6923.99
	小　计	392786.90
	装饰技术措施项目	
13	脚手架	9618.32
14	临时设施	24335.04
15	文明施工	1390.56
16	二次搬运	7025.77
17	已完工程及设备保护	1204.48
18	环境保护	1738.21
19	夜间施工	7765.34
20	冬、雨季施工	8689.78
	小　计	61767.50
	合　计	454554.40

第五节　其他项目清单计价表

工程名称：综合楼　　　　建筑消耗量（06）

序号	项 目 名 称	金额(元)
1	(一)招标人部分	
2	(1)预留金	
3	(2)材料购置费	
4	(3)其他	
5	(二)投标人部分	
6	(4)总承包服务费(计费基础 1551027.22×0.3%)	4653.08
7	(5)零星工作项目费	
8	(6)其他	

第六节　分部分项工程量清单综合单价计算表

工程名称：综合楼　　　　　　　　　　　　　　　　　　　　　　　　　　建筑消耗量（06）

序号	项目编码	项目名称	单位	工程量	综合单价组成(元)					综合单价(元)
					人工费	材料费	机械费	管理费	利润	
		A.1　土石方工程								
1	010101001001	平整场地	m^2	343.75	4.19			0.21	0.13	4.53
	1-4-1	人工场地平整	$10m^2$	51.975	4.19					
2	010101003001	挖基础土方：坚土，地坑，4m内	m^3	306.62	68.06	0.04	0.13	3.48	2.18	73.89
	1-2-19	人工挖地坑坚土深4m内	$10m^3$	56.817	65.63		0.13			
	1-4-4-1	基底钎探(灌砂)	十眼	14.60	2.43	0.04				
3	010101003002	挖基础土方：坚土，地坑，2m内	m^3	6.80	50.42	0.10	0.20	2.59	1.62	54.93
	1-2-18	人工挖地坑坚土深2m内	$10m^3$	0.961	44.40		0.20			
	1-4-4-1	基底钎探(灌砂)	十眼	0.80	6.02	0.10				
4	010101003003	挖基础土方：坚土，地槽，2m内	m^3	88.32	46.69		0.08	2.39	1.50	50.66
	1-2-12	人工挖沟槽坚土深2m内	$10m^3$	14.76	46.69		0.08			
5	010103001001	土(石)方回填	m^3	346.33	6.63		4.01	0.54	0.34	11.52
	1-2-3	人工挖坚土深2m内	$10m^3$	1.394	0.77					
	1-2-47	人力车运土方50m内	$10m^3$	1.394	0.28					
	1-4-11	机械夯填土(地坪)	$10m^3$	6.243	0.42		0.31			
	1-4-13	槽、坑机械夯填土	$10m^3$	58.046	5.16		3.70			
6	补01010400101	竣工清理	m^3	7609.99	0.72			0.04	0.02	0.78
	1-4-3	竣工清理	$10m^3$	760.999	0.70					
		A.3　砌筑工程								
7	010302001001	实心砖墙：煤矸石多孔砖墙240，M5.0混浆	m^3	9.31	48.02	142.12	2.06	9.80	6.15	208.15
	3-3-75	M5.0混浆煤矸石多孔砖墙240	$10m^3$	0.931	46.47	142.12	1.99			
8	010304001001	空心砖墙、砌块墙：硅酸钙砌块墙300，M5.0砂浆	m^3	35.97	51.69	158.29	0.84	10.75	6.75	228.32
	3-3-69.07	M5.0砂浆硅酸钙砌块墙300	$10m^3$	3.597	47.59	155.36	0.66			
	6-2-5	防水砂浆 防潮层20	$10m^2$	1.842	2.43	2.93	0.15			
9	010304001002	空心砖墙、砌块墙：硅酸钙砌块墙180，M5.0砂浆	m^3	4.59	62.32	177.43	1.10	12.28	7.71	260.84
	3-3-32.07	M5.0砂浆硅酸钙砌块墙180	$10m^3$	0.459	55.79	171.98	0.80			
	6-2-5	防水砂浆 防潮层20	$10m^2$	0.437	4.52	5.45	0.27			
10	010304001003	空心砖墙、砌块墙：硅酸钙砌块墙120，M5.0砂浆	m^3	0.36	66.12	161.10	1.10	11.64	7.31	247.27
	3-3-31.07	M5.0砂浆硅酸钙砌块墙120	$10m^3$	0.036	59.49	155.69	0.80			
	6-2-5	防水砂浆 防潮层20	$10m^2$	0.034	4.49	5.41	0.27			
11	010304001004	空心砖墙、砌块墙：加气混凝土砌块墙300，M5.0混浆	m^3	231.39	37.61	148.86	0.68	9.54	5.99	202.68
	3-3-63	M5.0混浆加气混凝土砌块墙300	$10m^3$	23.139	36.40	148.86	0.66			

续表

序号	项目编码	项目名称	单位	工程量	综合单价组成(元)					综合单价(元)
					人工费	材料费	机械费	管理费	利润	
12	010304001005	空心砖墙、砌块墙:加气混凝土砌块墙 180,M5.0 混浆	m^3	125.12	47.02	141.73	0.68	9.66	6.06	205.15
	3-3-25	M5.0 混浆加气混凝土砌块墙 180	$10m^3$	12.512	45.50	141.73	0.66			
13	010304001006	空心砖墙、砌块墙:加气混凝土砌块墙 120,M5.0 混浆	m^3	6.02	51.06	148.64	0.68	10.22	6.41	217.01
	3-3-24	M5.0 混浆加气混凝土砌块墙 120	$10m^3$	0.602	49.41	148.64	0.66			
14	010305001001	石基础:毛石条基,M5.0 砂浆	m^3	0.81	51.96	83.15	3.98	7.09	4.45	150.63
	3-2-1	M5.0 砂浆乱毛石基础	$10m^3$	0.081	51.96	83.15	3.98			
		A.4 混凝土及钢筋混凝土工程								
15	010401002001	独立基础:C15 混凝土垫层,C20 混凝土柱基	m^3	70.82	45.92	289.39	0.90	11.24	7.05	354.50
	2-1-13-2’	C154 现浇无筋混凝土垫层(独立基础)(商品混凝土)	$10m^3$	1.479	10.32	49.96	0.25			
	4-2-7’	C204 商品混凝土独立基础	$10m^3$	7.082	35.60	239.43	0.65			
16	010402001001	矩形柱:框架柱,C30	m^3	25.93	87.11	268.63	1.13	13.16	8.26	378.29
	4-2-17.2’	C304 商品混凝土矩形柱	$10m^3$	2.593	84.30	268.63	1.09			
17	010402001002	矩形柱:框架柱,C30	m^3	81.16	87.11	268.63	1.13	13.16	8.26	378.29
	4-2-17.2’	C304 商品混凝土矩形柱	$10m^3$	8.116	84.30	268.63	1.09			
18	010402001003	矩形柱:构造柱,C30	m^3	1.70	98.62	238.55	1.13	12.78	8.02	359.10
	4-2-20.27’	C203 商品混凝土构造柱	$10m^3$	0.17	95.44	238.55	1.09			
19	010402002001	异形柱:框架拐角柱及圆形柱,C30	m^3	5.20	98.48	268.55	1.13	13.74	8.62	390.52
	4-2-18.2’	C304 商品混凝土圆形柱	$10m^3$	0.153	23.48	79.00	0.32			
	4-2-19.2’	C304 商品混凝土异形柱	$10m^3$	0.367	71.83	189.55	0.77			
20	010402002002	异形柱:拐角柱,C30	m^3	11.34	105.16	268.57	1.13	14.08	8.84	397.78
	4-2-19.2’	C304 商品混凝土异形柱	$10m^3$	1.134	101.77	268.57	1.09			
21	010403001001	基础梁:C15 混凝土垫层,C20 混凝土基础梁	m^3	24.95	59.97	302.18	1.05	12.57	7.89	383.66
	2-1-13-1’	C154 商品混凝土无筋混凝土垫层(条形基础)	$10m^3$	0.647	12.23	62.04	0.29			
	4-2-23.27’	C203 商品混凝土基础梁	$10m^3$	2.495	47.74	240.14	0.76			
22	010403004001	圈梁:厕所墙底部防水,C20	m^3	3.79	98.25	240.37	0.79	12.77	8.01	360.19
	4-2-26.27’	C203 商品混凝土圈梁	$10m^3$	0.379	95.08	240.37	0.76			
23	010403005001	过梁:现浇,C30	m^3	1.12	107.34	273.59	0.79	14.65	9.19	405.56
	4-2-27.2’	C303 商品混凝土过梁	$10m^3$	0.112	103.88	273.59	0.76			
24	010403005002	过梁:现浇,C30	m^3	16.91	107.34	273.59	0.79	14.65	9.19	405.56
	4-2-27.2’	C303 商品混凝土过梁	$10m^3$	1.691	103.88	273.59	0.76			
25	010404001001	直形墙:地下混凝土墙,C30	m^3	19.63	77.56	268.05	1.04	12.99	8.15	367.79
	4-2-30.2’	C303 商品混凝土墙	$10m^3$	1.963	75.06	268.05	1.01			
26	010404001002	直形墙:老虎窗侧墙,C30	m^3	0.90	77.56	268.05	1.04	12.99	8.15	367.79
	4-2-30.2’	C303 商品混凝土墙	$10m^3$	0.09	75.06	268.05	1.01			
27	010405001001	有梁板:C30	m^3	40.95	48.55	271.89	0.90	11.87	7.45	340.66
	4-2-36.2’	C302 商品混凝土有梁板	$10m^3$	4.095	46.99	271.89	0.87			
28	010405001002	有梁板:C30	m^3	390.96	49.19	272.32	0.91	11.92	7.48	341.82

续表

序号	项目编码	项目名称	单位	工程量	综合单价组成(元)					综合单价(元)
					人工费	材料费	机械费	管理费	利润	
	4-2-36.2'	C302 商品混凝土有梁板	10m³	34.467	41.43	239.70	0.77			
	4-2-41.2'	C302 商品混凝土斜板、折板	10m³	4.629	6.17	32.62	0.11			
29	010405006001	栏板、雨篷栏板:C30	m³	0.70	129.12	274.60		16.07	10.08	429.87
	4-2-51.22'	C302 商品混凝土栏板	10m³	0.07	124.96	274.60				
30	010405007001	天沟、挑檐板:C30	m³	4.65	103.62	273.77	2.36	14.85	9.32	403.92
	4-2-56.22'	C302 商品混凝土挑檐、天沟	10m³	0.465	100.28	273.77	2.28			
31	010405008001	雨篷、阳台板:雨篷,C30	m³	0.22	118.35	337.99	1.76	17.82	11.18	487.10
	4-2-49.22'	C302 商品混凝土雨篷	10m²	0.274	114.53	337.99	1.71			
32	010405008002	雨篷、阳台板:雨篷,C30	m³	0.22	118.35	337.99	1.76	17.82	11.18	487.10
	4-2-49.22'	C302 商品混凝土雨篷	10m²	0.274	114.53	337.99	1.71			
33	010406001001	直形楼梯:C30	m²	67.01	21.63	62.93	0.52	3.29	2.07	90.44
	4-2-42.22'	C302 商品混凝土直形楼梯无斜梁 100	10m²	6.701	19.45	58.68	0.47			
	4-2-46.22*2'	C302 商品混凝土楼梯板厚＋10×2	10m²	4.885	1.48	4.25	0.03			
34	010407001001	其他构件:压顶,C20	m³	0.66	109.08	248.85		13.95	8.75	380.63
	4-2-58'	C202 商品混凝土压顶	10m³	0.066	105.56	248.85				
35	010407001002	其他构件:C15 混凝土垫层,混凝土台阶,C20	m³	2.25	105.96	433.36	4.37	19.08	11.97	574.74
	1-4-6	机械原土夯实	10m²	1.794	3.16		1.24			
	2-1-13'	C154 商品混凝土无筋混凝土垫层	10m³	0.179	35.74	190.34	0.85			
	4-2-57'	C202 商品混凝土台阶	10m³	0.225	67.06	243.02	2.28			
36	010407002001	散水、坡道:混凝土散水	m²	54.08	14.28	20.22	0.27	1.54	0.97	37.28
	2-1-1*-1	3:7 灰土垫层(扣除)	10m³	−0.811	−5.52	−9.94	−0.18			
	8-7-51'	C20 细石商品混凝土散水 3:7 灰土垫层	10m²	5.408	19.80	30.16	0.45			
37	010416001001	现浇混凝土钢筋:Ⅰ级钢	t	49.089	630.77	3881.78	51.42	232.76	146.05	4942.78
	4-1-1	现浇构件圆钢筋 ϕ4	t	0.004	0.07	0.34				
	4-1-2	现浇构件圆钢筋 ϕ6.5	t	1.366	27.06	109.54	1.05			
	4-1-3	现浇构件圆钢筋 ϕ8	t	7.518	96.50	596.74	6.27			
	4-1-4	现浇构件圆钢筋 ϕ10	t	23.995	225.83	1885.67	18.22			
	4-1-5	现浇构件圆钢筋 ϕ12	t	1.257	10.43	100.08	2.10			
	4-1-52	现浇构件箍筋 ϕ6.5	t	1.30	32.59	104.24	1.07			
	4-1-53	现浇构件箍筋 ϕ8	t	12.914	207.89	1025.05	16.25			
	4-1-98	砌体加固筋 ϕ6.5 内	t	0.735	10.07	60.12	4.80			
38	010416001002	现浇混凝土钢筋:Ⅱ级钢	t	44.629	268.71	3744.40	76.50	208.57	130.87	4429.05
	4-1-13	现浇构件螺纹钢筋 ϕ12	t	4.292	39.18	368.43	9.13			
	4-1-14	现浇构件螺纹钢筋 ϕ14	t	1.935	15.07	163.58	3.67			
	4-1-15	现浇构件螺纹钢筋 ϕ16	t	0.755	5.20	62.89	1.39			
	4-1-16	现浇构件螺纹钢筋 ϕ18	t	4.319	26.19	361.78	7.24			
	4-1-17	现浇构件螺纹钢筋 ϕ20	t	23.173	125.66	1938.16	37.83			
	4-1-18	现浇构件螺纹钢筋 ϕ22	t	7.966	39.19	665.84	12.01			
	4-1-19	现浇构件螺纹钢筋 ϕ25	t	2.189	9.56	183.72	2.76			
39	010417002001	预埋铁件	t	0.038	1113.79	5532.80	434.69	361.15	226.60	7669.03

续表

序号	项目编码	项目名称	单位	工程量	综合单价组成(元)					综合单价(元)
					人工费	材料费	机械费	管理费	利润	
	4-1-96	铁件	t	0.038	1078.00	5532.80	420.74			
		A.7 屋面及防水工程								
40	010701001001	瓦屋面:琉璃瓦坡屋面,细石混凝土防水,LM高分子涂料防水	m^2	251.48	61.83	128.33	0.84	9.61	6.03	206.64
	4-1-1	现浇构件圆钢筋 $\phi4$	t	0.332	1.13	5.45	0.06			
	6-1-19	钢筋混凝土斜面上琉璃瓦屋面	$10m^2$	25.148	36.56	48.27	0.32			
	6-1-20	琉璃瓦檐口线	10m	6.57	5.03	2.87	0.04			
	6-1-21	琉璃瓦脊瓦	10m	4.929	4.71	1.00	0.03			
	6-2-1'	C20细石商品混凝土防水层40	$10m^2$	25.148	8.23	13.77	0.04			
	6-2-93	1.5厚LM高分子涂料防水层	$10m^2$	30.133	0.69	53.37				
	9-1-1	1:3砂浆硬基层上找平层20	$10m^2$	30.133	4.11	4.80	0.33			
	9-1-5*-1'	C20细石商品混凝土找平层−5	$10m^2$	−25.148	−0.62	−1.20	−0.01			
41	010702001001	屋面卷材防水:上人地砖面层,沥青玻璃纤维布防水,LM高分子涂料防水	m^2	126.57	26.00	143.11	1.81	8.72	5.47	185.11
	6-2-24	平面沥青玻璃纤维布±一布一油	$10m^2$	12.657	1.94	7.74				
	6-2-34	平面一层高强APP改性沥青卷材	$10m^2$	13.999	1.95	35.53				
	6-2-93	1.5厚LM高分子涂料防水层	$10m^2$	12.657	0.57	44.54				
	9-1-1	1:3砂浆硬基层上找平层20	$10m^2$	13.999	3.80	4.43	0.30			
	9-1-2	1:3砂浆填充料上找平层20	$10m^2$	12.657	3.52	4.54	0.34			
	9-1-80H	1:3砂浆25彩釉砖楼地面800内	$10m^2$	12.657	13.38	46.33	1.11			
42	010702002001	屋面涂膜防水:聚氨酯二遍	m^2	44.67	6.08	63.03	0.29	3.54	2.22	75.16
	6-2-71	聚氨酯二遍	$10m^2$	4.467	1.80	58.53				
	6-4-18H	塑料短管 $\phi50$	10个	0.50	0.65	0.49				
	9-1-1	1:3砂浆硬基层上找平层20	$10m^2$	4.467	3.43	4.01	0.28			
43	010702003002	屋面刚性防水:雨篷顶防水砂浆	m^2	5.56	4.18	5.34	0.29	0.50	0.31	10.62
	6-2-10	平面防水砂浆防水层	$10m^2$	0.556	4.05	5.34	0.28			
44	010702004001	屋面排水管:塑料水落管 $\phi100$	m	133.20	3.20	18.71		1.12	0.70	23.73
	6-4-9	塑料水落管 $\phi100$	10m	13.32	2.20	16.10				
	6-4-10	塑料水斗	10个	0.70	0.12	0.48				
	6-4-20	铸铁雨水口	10个	0.40	0.43	1.09				
	6-4-22	铸铁弯头落水口(含箅子板)	10个	0.30	0.35	1.04				
45	补01070300401	地下室墙防水:墙面刷聚氨酯二遍,120砖墙保护	m^2	86.10	7.61	74.94	0.19	4.22	2.65	89.61
	3-3-70.07	M5.0砂浆煤矸石多孔砖墙115	$10m^3$	0.996	5.56	16.41	0.18			
	6-2-71	聚氨酯二遍	$10m^2$	8.61	1.80	58.53				
		A.8 防腐、隔热、保温工程								
46	010803001001	保温隔热屋面:聚氨酯发泡保温40	m^2	251.48	0.59	48.23	0.19	2.50	1.57	53.08
	6-3-13	混凝土板上聚氨酯发泡保温层40	$10m^2$	25.148	0.57	48.23	0.18			
47	010803001002	保温隔热屋面:聚氨酯发泡保温40,水泥珍珠岩1:8找平	m^2	126.57	2.67	56.72	0.19	3.04	1.91	64.53

续表

序号	项目编码	项目名称	单位	工程量	综合单价组成(元)					综合单价(元)
					人工费	材料费	机械费	管理费	利润	
	6-3-13	混凝土板上聚氨酯发泡保温层 40	10m²	12.657	0.57	48.23	0.18			
	6-3-15-1	混凝土板上现浇水泥珍珠岩 1∶8	10m³	0.803	2.01	8.49				
		B.1　楼地面工程								
48	020102001001	石材楼地面:混凝土垫层,花岗石地面	m²	28.93	17.52	215.87	1.55	8.94	2.98	246.86
	2-1-13'	C154 商品混凝土无筋混凝土垫层	10m³	0.174	2.70	14.39	0.06			
	9-1-160	楼地面酸洗打蜡	10m²	2.893	1.94	0.53				
	9-1-165H	干硬 1∶3 砂浆花岗岩楼地面	10m²	2.893	12.88	200.95	1.49			
49	020102002001	块料楼地面:地面,干硬水泥砂浆地板砖 300×300	m²	109.68	15.17	39.95	1.12	7.74	2.58	66.56
	2-1-13'	C154 商品混凝土无筋混凝土垫层	10m³	0.658	2.70	14.35	0.06			
	9-1-169H1	干硬水泥砂浆全瓷地板砖 300×300	10m²	11.023	12.47	25.60	1.06			
50	020102002002	块料楼地面:楼面,干硬水泥砂浆地板砖 300×300	m²	24.00	13.38	26.58	1.14	6.82	2.27	50.19
	9-1-169H1	干硬水泥砂浆全瓷地板砖 300×300	10m²	2.504	12.95	26.58	1.10			
	10-2-50	整体建筑超高 30m 内人机增 3.33%	%	1.00	0.43		0.04			
51	020102002003	块料楼地面:楼面,LM 高分子涂料防水,干硬水泥砂浆地板砖 300×300	m²	82.08	21.23	81.26	1.12	10.83	3.61	118.05
	6-2-1'	C20 细石商品混凝土防水层 40	10m²	8.208	8.23	13.77	0.04			
	6-2-2＊-1'	C20 细石商品混凝土防水层－10	10m²	－8.208	－0.66	－2.52	－0.01			
	6-2-93	1.5 厚 LM 高分子涂料防水层	10m²	8.208	0.57	44.54				
	9-1-169H1	干硬水泥砂浆全瓷地板砖 300×300	10m²	8.208	12.41	25.47	1.05			
52	020102002004	块料楼地面:地面,干硬水泥砂浆地板砖 500×500	m²	173.22	15.19	83.68	1.12	7.75	2.58	110.32
	2-1-13'	C154 商品混凝土无筋混凝土垫层	10m³	1.039	2.69	14.35	0.06			
	9-1-169H2	干硬水泥砂浆全瓷地板砖 500×500	10m²	17.449	12.50	69.33	1.06			
53	020102002005	块料楼地面:楼面,干硬水泥砂浆地板砖 500×500	m²	1418.41	12.90	69.24	1.10	6.58	2.19	92.01
	9-1-169H2	干硬水泥砂浆全瓷地板砖 500×500	10m²	142.683	12.48	69.24	1.06			
54	020105003001	块料踢脚线:水泥砂浆地板砖直形踢脚	m²	103.30	23.38	43.78	1.07	11.92	3.97	84.12
	9-1-172	1∶2.5 砂浆全瓷地板砖直形踢脚板	10m²	10.33	22.63	43.78	1.04			
55	020105003002	块料踢脚线:水泥砂浆地板砖异形踢脚	m²	7.29	26.89	45.82	1.07	13.71	4.57	92.06
	9-1-173	1∶2.5 砂浆全瓷地板砖异形踢脚板	10m²	0.729	26.02	45.82	1.04			
56	020106001001	石材楼梯面层:花岗石台阶面	m²	13.29	25.64	308.15	4.55	13.08	4.36	355.78
	9-1-59	花岗岩台阶	10m²	1.329	22.04	307.40	4.40			
	9-1-161	楼梯台阶酸洗打蜡	10m²	1.329	2.77	0.75				
57	020106002001	块料楼梯面层:彩釉砖楼梯	m²	67.78	27.05	31.15	3.35	13.80	4.60	79.95
	9-1-84	彩釉砖楼梯	10m²	6.778	26.18	31.15	3.24			

续表

序号	项目编码	项目名称	单位	工程量	综合单价组成(元)					综合单价(元)
					人工费	材料费	机械费	管理费	利润	
58	020107001001	金属扶手带栏杆、栏板:不锈钢扶手带栏杆	m	43.58	38.18	808.53	14.37	19.47	6.49	887.04
	9-5-203	不锈钢管扶手不锈钢栏杆	10m	4.358	20.06	806.36	3.75			
	9-5-204	不锈钢管扶手弯头另加工料	10个	2.50	16.89	2.17	10.16			
		B.2 墙、柱面工程								
59	020201001001	墙面一般抹灰:水泥砂浆内墙面(混凝土、砌块墙)	m²	168.57	7.27	5.40	0.34	3.71	1.24	17.96
	9-2-21H	混凝土墙面墙裙1:2.5水泥砂浆14+7	10m²	16.857	7.04	5.40	0.33			
60	020201001002	墙面一般抹灰:混合砂浆内墙面(加气混凝土墙)	m²	2226.25	7.22	13.28	0.35	3.68	1.23	25.76
	9-2-35H	轻质墙墙面墙裙混合砂浆7+14	10m²	225.21	6.28	4.17	0.34			
	9-4-242	混凝土界面剂涂敷加气混凝土砌块面	10m²	225.21	0.71	9.11				
61	020201001003	墙面一般抹灰:混合砂浆外墙面(加气混凝土墙)	m²	1354.22	8.87	12.94	0.33	4.52	1.51	28.17
	9-2-32	混凝土墙面墙裙混合砂浆12+8	10m²	135.422	7.88	3.94	0.32			
	9-4-242	混凝土界面剂涂敷加气混凝土砌块面	10m²	135.422	0.70	9.00				
62	020201001004	墙面一般抹灰:水泥砂浆外墙面(砖墙)	m²	42.12	6.59	4.29	0.33	3.36	1.12	15.69
	9-2-20	砖墙面墙裙水泥砂浆14+6	10m²	4.212	6.38	4.29	0.32			
63	020202001001	柱面一般抹灰:水泥砂浆柱面	m²	39.72	9.77	4.59	0.31	4.98	1.66	21.31
	9-2-29	矩形混凝土柱水泥砂浆12+7	10m²	3.972	9.46	4.59	0.30			
64	020203001001	零星项目一般抹灰:外墙檐口,水泥砂浆	m²	83.72	29.82	4.54	0.31	15.21	5.07	54.95
	9-2-25	零星项目水泥砂浆6+14	10m²	8.372	28.86	4.54	0.30			
65	020204001001	石材墙面:花岗岩勒脚	m²	27.33	32.78	222.36	4.62	16.72	5.57	282.05
	9-2-129	混凝土墙面挂贴花岗岩(灌缝浆50)	10m²	2.733	31.72	222.36	4.47			
66	020204003001	块料墙面:内墙,贴瓷砖	m²	712.59	19.19	36.90	1.03	9.79	3.26	70.17
	9-2-172	墙面墙裙砂浆粘贴瓷砖200×150	10m²	73.011	17.85	27.68	1.00			
	9-4-242	混凝土界面剂涂敷加气混凝土砌块面	10m²	73.011	0.72	9.22				
67	020205003001	块料柱面:圆柱面贴面砖	m²	12.82	22.90	32.34	1.01	11.68	3.89	71.82
	9-2-223-1	圆弧墙砂浆贴面砖240×60缝10内	10m²	1.282	22.16	32.34	0.98			
68	020206003001	块料零星项目:门窗侧壁贴瓷砖	m²	15.55	66.83	39.69	8.42	34.08	11.36	160.38
	9-2-173	零星项目砂浆粘贴瓷砖200×150	10m²	1.555	19.27	31.06	1.08			
	9-2-334	面砖阳角45°角对缝	10m	11.48	45.41	8.63	7.07			
69	020206003002	块料零星项目:雨篷栏板贴面砖	m²	17.50	22.90	32.34	1.01	11.68	3.89	71.82
	9-2-223-1	圆弧墙砂浆贴面砖240×60缝10内	10m²	1.75	22.16	32.34	0.98			
70	020209001001	隔断:塑钢隔断	m²	98.08	13.64	167.43	0.63	6.96	2.32	190.98
	9-2-311	全塑钢板塑钢隔断	10m²	9.808	13.20	167.43	0.61			
		B.3 顶棚工程								

续表

序号	项目编码	项目名称	单位	工程量	综合单价组成(元)					综合单价(元)
					人工费	材料费	机械费	管理费	利润	
71	020301001001	顶棚抹灰:现浇板下水泥砂浆面	m^2	1668.86	7.18	3.66	0.25	3.66	1.22	15.97
	9-3-3	现浇混凝土顶棚水泥砂浆抹灰	$10m^2$	166.886	6.95	3.66	0.24			
72	020302001001	顶棚吊顶:轻钢龙骨,石膏板基层	m^2	540.98	13.83	73.79	1.21	7.05	2.35	98.23
	9-3-33	装配式U形龙骨600×600一级	$10m^2$	54.098	8.23	54.95	1.17			
	9-3-87	轻钢龙骨上铺钉纸面石膏板基层	$10m^2$	54.098	5.15	18.84				
		B.4　门窗工程								
73	020401004001	胶合板门:成品门扇	m^2	119.88	20.48	168.85	0.95	10.44	3.48	204.20
	5-1-9	单扇带亮木门框制作	$10m^2$	9.504	3.00	25.81	0.54			
	5-1-10	单扇带亮木门框安装	$10m^2$	9.504	5.13	4.81	0.01			
	5-1-11	双扇带亮木门框制作	$10m^2$	2.232	0.50	4.42	0.09			
	5-1-12	双扇带亮木门框安装	$10m^2$	9.504	3.66	3.21	0.01			
	5-1-15	双扇木门框制作	$10m^2$	0.252	0.05	0.41	0.01			
	5-1-16	双扇木门框安装	$10m^2$	0.252	0.10	0.09				
	5-1-107	普通成品门扇安装(扇面积)	$10m^2$	8.48	3.45	77.81				
	5-3-3	单扇单玻璃木窗扇制作	$10m^2$	2.295	0.94	5.61	0.26			
	5-3-4	单扇单玻璃木窗扇安装	$10m^2$	2.295	1.71	1.81				
	5-9-1-1	单扇带亮木门配件(安执手锁)	10樘	4.40	1.28	41.54				
	5-9-2	双扇带亮木门配件	10樘	0.60		2.97				
	5-9-4	双扇木门配件	10樘	0.10		0.36				
74	020402001001	金属平开门:铝合金门	m^2	12.78	22.73	345.04	0.03	11.59	3.86	383.25
	5-5-2	铝合金平开门安装	$10m^2$	1.278	22.00	345.04	0.03			
75	020402003001	金属地弹簧门:铝合金门	m^2	7.92	25.46	416.73	0.04	12.98	4.33	459.54
	5-5-1	铝合金地弹门安装	$10m^2$	0.792	24.64	416.73	0.04			
76	020402007001	钢制防火门	m^2	11.52	18.14	420.64		9.25	3.08	451.11
	5-4-12	钢质防火门安装(扇面积)	$10m^2$	1.152	17.56	420.64				
77	020406002001	金属平开窗:铝合金窗	m^2	311.49	21.82	286.80	0.03	11.13	3.71	323.49
	5-5-5	铝合金平开窗安装	$10m^2$	31.149	21.12	286.80	0.03			
78	020406007001	塑钢窗:单层窗	m^2	50.50	11.37	179.74	0.02	5.80	1.93	198.86
	5-6-2	单层塑料窗安装	$10m^2$	5.05	11.00	179.74	0.02			
79	020407001001	门窗套及贴脸:门窗套,中密度板基层,榉木板面	m^2	138.51	11.55	82.94	1.39	5.89	1.96	103.73
	6-2-74	立面砖墙面石油沥青一遍	$10m^2$	13.851	0.88	7.10				
	9-5-5-1	门窗套、贴脸中密度板基层	$10m^2$	13.851	3.92	24.71				
	9-5-10	门窗套、贴脸粘贴榉木夹板面层	$10m^2$	13.851	6.38	51.13	1.35			
80	020407004001	门窗木贴脸:贴脸50×20	m^2	72.65	20.91	115.08	8.41	10.66	3.55	158.61
	9-5-56	平面木装饰线宽度50内	10m	145.30	20.24	115.08	8.14			

续表

序号	项目编码	项目名称	单位	工程量	综合单价组成(元)					综合单价(元)
					人工费	材料费	机械费	管理费	利润	
81	020409001001	木窗台板、中密度板基层,榉木板面	m²	23.17	11.55	77.60	1.39	5.89	1.96	98.39
	9-5-18-1	中密度板窗台板	10m²	2.317	4.80	26.47				
	9-5-24	窗台板粘贴面层榉木夹板	10m²	2.317	6.38	51.13	1.35			
82	020409003001	石材窗台板:大理石面层	m²	9.36	15.73	168.18	0.25	8.02	2.67	194.85
	9-5-22	窗台板水泥砂浆大理石面层	10m²	0.936	15.22	168.18	0.24			
		B.5 油漆、涂料、裱糊工程								
83	020501001001	门油漆:底油一遍,白色调和漆二遍	m²	119.88	8.05	6.52		4.11	1.37	20.05
	9-4-1	底油一遍调和漆二遍(单层木门)	10m²	11.988	7.79	6.52				
84	020504003001	窗台板、筒子板、盖板、门窗套、踢脚线油漆:门窗套,底油一遍,白色调和漆二遍	m²	161.68	5.55	3.29		2.83	0.94	12.61
	9-4-5	底油一遍调合漆二遍(其他木材面)	10m²	16.168	5.37	3.29				
85	020504003002	窗台板、筒子板、盖板、门窗套、踢脚线油漆:贴脸,底油一遍,白色调和漆二遍	m²	130.77	4.44	1.40		2.26	0.75	8.85
	9-4-4-1	底油一遍调和漆二遍装饰线 50 内	10m	145.30	4.30	1.40				
86	020507001001	刷喷涂料:内墙面刮腻子二遍,乳胶漆二遍	m²	2434.54	3.49	6.74		1.78	0.59	12.60
	9-4-152	室内墙柱光面刷乳胶漆二遍	10m²	246.039	1.42	6.19				
	9-4-209	顶棚、内墙抹灰面满刮腻子二遍	10m²	246.039	1.96	0.55				
87	020507001002	刷喷涂料:顶棚刮腻子二遍,乳胶漆二遍	m²	1668.86	3.73	6.99		1.90	0.63	13.25
	9-4-151	室内顶棚刷乳胶漆二遍	10m²	166.886	1.67	6.45				
	9-4-209	顶棚、内墙抹灰面满刮腻子二遍	10m²	166.886	1.94	0.54				
88	020507001003	刷喷涂料:石膏板顶棚刮腻子二遍,乳胶漆二遍	m²	540.98	6.20	11.32		3.16	1.05	21.73
	9-3-126	顶棚石膏板嵌缝	10m²	54.098	2.20	4.22				
	9-4-151	室内顶棚刷乳胶漆二遍	10m²	54.098	1.67	6.45				
	9-4-209-1	木夹板、石膏板面满刮腻子二遍	10m²	54.098	2.13	0.65				
89	020507001004	刷喷涂料:外墙刷丙烯酸涂料	m²	1641.49	3.68	7.78		1.88	0.63	13.97
	9-4-184	抹灰外墙面丙烯酸涂料(一底二涂)	10m²	164.149	3.56	7.78				
		B.6 其他工程								
90	020603001001	洗漱台:大理石台面	m²	1.81	103.69	250.32	15.60	52.88	17.63	440.12
	9-5-107	大理石洗漱台台面及裙边	10m²	0.181	93.54	247.16	5.65			
	9-5-109	大理石台面现场加工开孔	10 个	0.20	6.81	3.16	9.45			
91	补 02070100001	外墙保温墙面	m²	1363.20	15.23	42.79		7.77	2.59	68.38
	6-3-38	外墙挂贴保温板	10m³	6.816	12.10	41.74				
	9-4-211	外墙抹灰面满刮腻子二遍	10m²	151.565	2.64	1.05				

第七节　措施项目费计算表

工程名称：综合楼　　　　建筑消耗量（06）

序号	措施项目名称	单位	数量	金额(元)					
				人工费	材料费	机械费	管理费	利润	小计
	建筑技术措施项目								
1	脚手架	项	1.00	14380.64	23288.49	5392.30	2196.13	1377.97	46635.53
	[10-1-6]双排外钢管脚手架 24m 内	10m²	173.982	7502.10	12611.96	2188.69			
	[10-1-21]单排里钢管脚手架 3.6m 内	10m²	85.739	1471.28	449.27	847.10			
	[10-1-24]双排里钢管脚手架 6m 内	10m²	4.371	107.70	33.04	45.15			
	[10-1-102]单排外钢管脚手架 6m 内	10m²	276.119	5102.68	9810.51	2233.80			
	[10-1-103]双排外钢管脚手架 6m 内	10m²	7.85	196.88	383.71	77.56			
2	混凝土、钢筋混凝土模板及支架	项	1.00	3195.78	8856.92	379.43	634.04	397.83	13464.00
	[10-4-27]混凝土独立基础胶合板模板木支撑	10m²	12.792	1120.07	1667.18	157.73			
	[10-4-49]混凝土基础垫层木模板	10m²	4.852	273.26	1050.07	26.20			
	[10-4-109]基础梁胶合板模板木支撑	10m²	13.562	1390.38	1829.24	171.69			
	[10-4-205]台阶木模板木支撑	10m²	0.689	78.22	79.17	3.49			
	[10-4-310]基础竹胶板模板制作	10m²	6.43	333.85	4231.26	20.32			
3	混凝土、钢筋混凝土模板及支架	项	1.00	77566.58	112835.49	11457.27	10294.82	6459.50	218613.66
	[10-4-88]矩形柱胶合板模板钢支撑	10m²	87.659	10992.44	5527.78	1876.78			
	[10-4-94]异形柱胶合板模板钢支撑	10m²	8.316	1353.84	392.43	185.20			
	[10-4-97]圆形柱胶合板模板木支撑	10m²	1.357	180.92	170.86	16.46			
	[10-4-98]构造柱组合钢模板钢支撑	10m²	1.757	378.04	367.62	39.01			
	[10-4-102]柱钢支撑高超过 3.6m 每增 3m	10m²	8.278	400.66	76.49	18.63			
	[10-4-103]柱木支撑高超过 3.6m 每增 3m	10m²	2.629	127.24	95.75	5.92			
	[10-4-118]过梁胶合板模板木支撑	10m²	22.336	3999.93	3624.91	268.93			
	[10-4-127]圈梁胶合板模板木支撑	10m²	3.364	356.72	265.02	24.19			
	[10-4-136]直形墙胶合板模板钢支撑	10m²	0.75	54.78	43.88	10.79			
	[10-4-137]直形墙胶合板模板木支撑	10m²	15.70	1181.27	2405.55	197.51			
	[10-4-149]墙木支撑高超过 3.6m 每增 3m	10m²	3.46	105.05	25.78	1.56			
	[10-4-160]有梁板胶合板模板钢支撑	10m²	313.004	36496.27	24589.59	7289.86			
	[10-4-176]板钢支撑高超过 3.6m 每增 3m	10m²	99.886	3691.79	762.13	266.70			
	[10-4-201]直形楼梯木模板木支撑	10m²	6.701	3134.19	3596.63	246.66			
	[10-4-203]直形悬挑板阳台、雨篷木模板木支撑	10m²	0.548	179.39	267.48	20.28			
	[10-4-206]栏板木模板木支撑	10m²	2.432	324.23	1007.87	28.33			
	[10-4-211]挑檐、天沟木模板木支撑	10m²	8.052	1898.98	1581.98	119.89			
	[10-4-213]扶手、压顶木模板木支撑	10m³	0.066	275.04	229.12	12.12			
	[10-4-311]柱竹胶板模板制作	10m²	23.749	1264.40	16267.35	79.08			
	[10-4-313]梁竹胶板模板制作	10m²	6.271	557.37	4590.31	29.16			
	[10-4-314]墙竹胶板模板制作	10m²	4.014	150.12	2556.68	10.36			
	[10-4-315]板竹胶板模板制作	10m²	76.373	7964.18	44390.28	340.62			

续表

序号	措施项目名称	单位	数量	金额(元)					
				人工费	材料费	机械费	管理费	利润	小计
4	大型机械设备进出场及安拆费	项	1.00	4698.67	3845.12	15804.60	1176.27	738.05	26262.71
	[4-1-131]现浇混凝土埋设螺栓	10个	1.60	165.44	703.98	18.37			
	[10-4-63]20m^{3}内设备基础组合钢模钢支撑	10m^2	1.30	213.93	184.68	24.49			
	[10-5-1-1]C204 现浇混凝土塔吊基础	10m^3	1.00	354.90	2404.38	6.49			
	[10-5-3]塔式起重机混凝土基础拆除	10m^3	1.00	796.40	7.94	565.03			
	[10-5-20]6t 塔式起重机安、拆	台次	1.00	2640.00	138.84	5123.76			
	[10-5-20-1]6t 塔式起重机场外运输	台次	1.00	528.00	55.30	10066.46			
	[措]石渣外运(35元/m^3)	m^3	10.00		350.00				
5	垂直运输机械	项	1.00			50712.87	2586.36	1622.81	54922.04
	[10-2-11-1]30m内其他混合结构泵送垂直运输	10m^2	214.585			50712.87			
6	临时设施	项	1	799.17	7192.51		407.58	255.73	8654.99
	计费基础 799167.47×1%,人工占 10%								
7	文明施工	项	1	319.67	2877.00		163.03	102.29	3461.99
	计费基础 799167.47×0.4%,人工占 10%								
8	二次搬运	项	1	959.00	3836.00		244.55	153.44	5192.99
	计费基础 799167.47×0.6%,人工占 20%								
9	已完工程及设备保护	项	1	119.88	1078.88		61.14	38.36	1298.26
	计费基础 799167.47×0.15%,人工占 10%								
10	环境保护	项	1	119.88	1078.88		61.14	38.36	1298.26
	计费基础 799167.47×0.15%,人工占 10%								
11	夜间施工	项	1	1118.83	4475.34		285.30	179.01	6058.48
	计费基础 799167.47×0.7%,人工占 20%								
12	冬、雨季施工	项	1	1278.67	5114.67		326.06	204.59	6923.99
	计费基础 799167.47×0.8%,人工占 20%								
	小　计			104556.77	174479.21	83746.47	18436.42	11567.94	392786.90
	装饰技术措施项目								
13	脚手架	项	1.00	3668.88	1903.71	1550.89	1871.13	623.71	9618.32
	[10-1-22-1]装饰钢管脚手架 3.6m 内	10m^2	339.234	2418.74	597.05	1418.00			
	[10-1-27]满堂钢管脚手架	10m^2	29.596	1250.14	1306.66	132.89			
14	临时设施	项	1	2278.56	20507.05		1162.07	387.36	24335.04
	计费基础 162754.4×14%,人工占 10%								
15	文明施工	项	1	130.20	1171.83		66.40	22.13	1390.56
	计费基础 162754.4×0.8%,人工占 10%								
16	二次搬运	项	1	1236.93	4947.73		630.83	210.28	7025.77
	计费基础 162754.4×3.8%,人工占 20%								
17	已完工程及设备保护	项	1	112.78	1015.01		57.52	19.17	1204.48
	计费基础 751859.75×0.15%,人工占 10%								
18	环境保护	项	1	162.75	1464.79		83.00	27.67	1738.21
	计费基础 162754.4×1%,人工占 10%								
19	夜间施工	项	1	1367.14	5468.55		697.24	232.41	7765.34
	计费基础 162754.4×4.2%,人工占 20%								
20	冬、雨季施工	项	1	1529.89	6119.57		780.24	260.08	8689.78
	计费基础 162754.4×4.7%,人工占 20%								
	小　计			10487.13	42598.25	1550.89	5348.43	1782.81	61767.50
	合　计			115043.90	217077.46	85297.36	23784.85	13350.75	454554.40

第四章　定 额 计 价

第一节　工程预算书封面、编制说明

工 程 预 算 书

建设单位：______

工程名称：综　合　楼

工程类别：Ⅲ类　　建筑面积：2145.85m²

工程造价：2394870 元　　平方造价：1116 元/m²

编 制 人：英　特　　编制日期：2008-04-17

编 制 说 明

1. 本工程按Ⅲ类工程取费，建筑部分管理费率 5.1%，利润率 3.2%，以山东省定额价直接费为计费基础；装饰部分管理费率 51%，利润率 17%，以山东省定额价人工费为计费基础。

2. 本工程依据综合楼图纸，按《山东省建筑工程消耗量定额》计算工程量，依据 2008 年山东省定额价计算工程直接费。

3. 本工程共有 7 项临时换算，换算数据见附表。

4. 本工程统一按商品混凝土考虑，C15、C20 商品混凝土价格均为 235 元/m³，C25 商品混凝土价格为 255 元/m³，C30 商品混凝土价格为 265 元/m³。

5. 室内坪以下部分包括地面、垫层、基础、护坡、台阶均不计取超高费，以上部分除脚手架、垂直运输外均计取超高费。

第二节　建筑项目预算费用表

工程名称：综合楼　　　　建筑消耗量（06）

序号	费用名称	费率	费用说明	金额
1	一、直接费		(一)+(二)	1468825.37
2	(一)直接工程费			1078397.59
3	(一)'省价直接工程费			1007165.48
4	(二) 措施费		1+2+3	390427.78
5	1. 定额规定计取的措施费			349134.00
6	1'. 按定额计取的省价措施费			347849.66
7	2. 参照费率计取的措施费			41293.78
8	(1)环境保护费	0.15%	(一)'	1510.75
9	(2)文明施工费	0.4%	(一)'	4028.66
10	(3)临时设施费	1%	(一)'	10071.65

续表

序号	费用名称	费率	费用说明	金额
11	(4)夜间施工费	0.7%	(一)’	7050.16
12	(5)二次搬运费	0.6%	(一)’	6042.99
13	(6)冬雨季施工增加费	0.8%	(一)’	8057.32
14	(7)已完工程及设备保护费	0.15%	(一)’	1510.75
15	(8)总承包服务费	0.3%	(一)’	3021.50
16	其中人工费		[(4)+(5)+(6)]×0.2+[(1)+(2)+(3)+(7)+(8)]×0.1	6244.43
17	3. 施工组织设计计取的措施费			
18	(二)’省价措施费			389143.44
19	二、企业管理费	5.1%	(一)’+(二)’	71211.75
20	三、利润	3.2%	(一)’+(二)’	44681.89
21	四、规费		1+…+6	84148.58
22	1. 工程排污费	0.26%	一+…+四	4120.27
23	2. 定额测定费	0.1%	一+…+四	1584.72
24	3. 社会保障费	2.6%	一+…+四	41202.69
25	4. 住房公积金	0.2%	一+…+四	3169.44
26	5. 危险作业意外伤害保险	0.15%	一+…+四	2377.08
27	6. 安全施工费	2%	一+…+四	31694.38
28	五、税金	3.44%	一+…+四	57409.05
29	六、建筑工程费用合计		一+…+五-社会保障费	1685073.95

第三节　装饰项目预算费用表

工程名称：综合楼　　　　建筑消耗量（06）

序号	费用名称	费率	费用说明	金额
1	一、直接费		(一)+(二)	573276.55
2	(一)直接工程费			534171.34
3	(一)’省价直接工程费			534266.40
4	其中人工费 $R1$			132999.37
5	(二)措施费		1+2+3	39105.21
6	1. 参照定额规定计取的措施费			
7	其中人工费			
8	2. 参照费率计取的措施费			39105.21
9	(1)环境保护费	1%	$R1$	1329.99
10	(2)文明施工费	0.8%	$R1$	1063.99
11	(3)临时设施费	14%	$R1$	18619.91
12	(4)夜间施工费	4.2%	$R1$	5585.97
13	(5)二次搬运费	3.8%	$R1$	5053.98
14	(6)冬雨季施工增加费	4.7%	$R1$	6250.97
15	(7)已完工程及设备保护费	0.15%	(一)’	801.40
16	(8)总承包服务费	0.3%	$R1$	399.00
17	其中人工费		[(4)+(5)+(6)]×0.2+[(1)+(2)+(3)+(7)+(8)]×0.1	5599.61

续表

序号	费用名称	费率	费用说明	金额
18	3. 施工组织设计计取的措施费			
19	其中人工费 $R2$		7+17	5599.61
20	二、企业管理费	51%	$R1+R2$	70685.48
21	三、利润	17%	$R1+R2$	23561.83
22	四、规费		1+…+6	35445.52
23	1. 工程排污费	0.26%	一+二+三	1735.56
24	2. 定额测定费	0.1%	一+二+三	667.52
25	3. 社会保障费	2.6%	一+二+三	17355.62
26	4. 住房公积金	0.2%	一+二+三	1335.05
27	5. 危险作业意外伤害保险	0.15%	一+二+三	1001.29
28	6. 安全施工费	2%	一+二+三	13350.48
29	五、税金	3.44%	一+…+四	24182.15
30	六、装饰工程费用合计		一+…+五-社会保障费	709795.91

第四节　单位工程费汇总表

工程名称：综合楼　　　　建筑消耗量（06）

序号	项目名称	金额(元)	造价(元/m²)
1	建筑项目	1685073.95	785.27
2	装饰项目	709795.91	330.78
	合　计	2394869.86	1116.05

第五节　建筑工程预算表

工程名称：综合楼　　　　建筑消耗量（06）

序号	定额号	项目名称	单位	数量	单价(元)	合价(元)	计费单价(元)	计费基础(元)
		建筑项目(不计超高)						
1	1-2-3	人工挖坚土深 2m 内	10m³	1.394	191.40	266.81	191.40	266.81
2	1-2-12	人工挖沟槽坚土深 2m 内	10m³	14.76	279.90	4131.32	279.90	4131.32
3	1-2-18	人工挖地坑坚土深 2m 内	10m³	0.961	315.60	303.29	315.60	303.29
4	1-2-19	人工挖地坑坚土深 4m 内	10m³	56.817	354.89	20163.79	354.89	20163.79
5	1-2-47	人力车运土方 50m 内	10m³	1.394	69.52	96.91	69.52	96.91
6	1-4-1	人工场地平整	10m²	51.975	27.72	1440.75	27.72	1440.75
7	1-4-4-1	基底钎探(灌砂)	十眼	15.4	51.96	800.18	51.96	800.18
8	1-4-6	机械原土夯实	10m²	1.794	5.51	9.88	5.51	9.88
9	1-4-11	机械夯填土(地坪)	10m³	6.243	40.30	251.59	40.30	251.59
10	1-4-13	槽、坑机械夯填土	10m³	58.046	52.86	3068.31	52.86	3068.31
11	2-1-1＊-1	3∶7 灰土垫层(扣除)	10m³	−0.811	1043.41	−846.21	1043.41	−846.21
12	2-1-13'	C154 商品混凝土无筋混凝土垫层	10m³	2.05	2852.43	5847.48	1781.33	3651.73

续表

序号	定额号	项目名称	单位	数量	单价(元)	合价(元)	计费单价(元)	计费基础(元)
13	2-1-13-1’	C154 商品混凝土无筋混凝土垫层(条形基础)	$10m^3$	0.647	2875.42	1860.40	1804.32	1167.40
14	2-1-13-2’	C154 现浇无筋混凝土垫层(独立基础)(商品混凝土)	$10m^3$	1.479	2898.42	4286.76	1827.32	2702.61
15	3-2-1	M5.0 砂浆乱毛石基础	$10m^3$	0.081	1390.89	112.66	1390.89	112.66
16	4-2-7’	C204 商品混凝土独立基础	$10m^3$	7.082	2756.79	19523.59	1822.48	12906.80
17	4-2-23.27’	C203 商品混凝土基础梁	$10m^3$	2.495	2886.39	7201.54	1996.24	4980.62
18	4-2-57’	C202 商品混凝土台阶	$10m^3$	0.225	3123.55	702.80	2279.88	512.97
19	8-7-51’	C20 细石商品混凝土散水 3∶7 灰土垫层	$10m^2$	5.408	504.06	2725.96	459.06	2482.60
		小　　计				71947.81		58204.01
		装饰项目(不计超高)						
20	9-1-59	花岗岩台阶	$10m^2$	1.329	3338.45	4436.80	220.44	292.96
21	9-1-160	楼地面酸洗打蜡	$10m^2$	2.893	24.66	71.34	19.36	56.01
22	9-1-161	楼梯台阶酸洗打蜡	$10m^2$	1.329	35.24	46.83	27.72	36.84
23	9-1-165H	干硬 1∶3 砂浆花岗岩楼地面	$10m^2$	2.893	2153.25	6229.35	128.83	372.71
24	9-1-169H1	干硬水泥砂浆全瓷地板砖 300×300	$10m^2$	11.023	389.33	4291.58	124.08	1367.73
25	9-1-169H2	干硬水泥砂浆全瓷地板砖 500×500	$10m^2$	17.449	822.89	14358.61	124.08	2165.07
		小　　计				29434.51		4291.32
		措施项目(不计超高)						
26	10-4-27’	混凝土独立基础胶合板模板木支撑(扣胶合板)	$10m^2$	12.792	230.22	2944.97	230.22	2944.97
27	10-4-49	混凝土基础垫层木模板	$10m^2$	4.852	278.14	1349.54	278.14	1349.54
28	10-4-109’	基础梁胶合板模板木支撑(扣胶合板)	$10m^2$	13.562	250.06	3391.31	250.06	3391.31
29	10-4-205	台阶木模板木支撑	$10m^2$	0.689	233.50	160.88	233.50	160.88
30	10-4-310	基础竹胶板模板制作	$10m^2$	6.43	713.13	4585.43	713.13	4585.43
		小　　计				12432.13		12432.13
		建筑项目						
31	1-4-3	竣工清理	$10m^3$	760.999	7.04	5357.43	7.04	5357.43
32	3-3-24	M5.0 混浆加气混凝土砌块墙 120	$10m^3$	0.602	1987.18	1196.28	1987.18	1196.28
33	3-3-25	M5.0 混浆加气混凝土砌块墙 180	$10m^3$	12.512	1878.91	23508.92	1878.91	23508.92
34	3-3-31.07	M5.0 砂浆硅酸钙砌块墙 120	$10m^3$	0.036	2159.82	77.75	2159.83	77.75
35	3-3-32.07	M5.0 砂浆硅酸钙砌块墙 180	$10m^3$	0.459	2285.70	1049.14	2285.69	1049.13
36	3-3-63	M5.0 混浆加气混凝土砌块墙 300	$10m^3$	23.139	1859.24	43020.95	1859.24	43020.95
37	3-3-69.07	M5.0 砂浆硅酸钙砌块墙 300	$10m^3$	3.597	2036.14	7324.00	2036.14	7324.00
38	3-3-70.07	M5.0 砂浆煤矸石多孔砖墙 115	$10m^3$	0.996	1914.19	1906.53	1914.19	1906.53
39	3-3-75	M5.0 混浆煤矸石多孔砖墙 240	$10m^3$	0.931	1905.68	1774.19	1905.68	1774.19
40	4-1-1	现浇构件圆钢筋 ϕ4	t	0.336	5030.30	1690.18	5030.30	1690.18
41	4-1-2	现浇构件圆钢筋 ϕ6.5	t	1.366	4946.38	6756.76	4946.38	6756.76
42	4-1-3	现浇构件圆钢筋 ϕ8	t	7.518	4567.46	34338.16	4567.46	34338.16
43	4-1-4	现浇构件圆钢筋 ϕ10	t	23.995	4356.99	104545.98	4356.99	104545.98
44	4-1-5	现浇构件圆钢筋 ϕ12	t	1.257	4398.14	5528.46	4398.14	5528.46
45	4-1-13	现浇构件螺纹钢筋 ϕ12	t	4.292	4333.35	18598.74	4333.35	18598.74
46	4-1-14	现浇构件螺纹钢筋 ϕ14	t	1.935	4205.19	8137.04	4205.19	8137.04
47	4-1-15	现浇构件螺纹钢筋 ϕ16	t	0.755	4106.81	3100.64	4106.81	3100.64

续表

序号	定额号	项目名称	单位	数量	单价(元)	合价(元)	计费单价(元)	计费基础(元)
48	4-1-16	现浇构件螺纹钢筋ϕ18	t	4.319	4083.79	17637.89	4083.79	17637.89
49	4-1-17	现浇构件螺纹钢筋ϕ20	t	23.173	4047.56	93794.11	4047.56	93794.11
50	4-1-18	现浇构件螺纹钢筋ϕ22	t	7.966	4017.22	32001.17	4017.22	32001.17
51	4-1-19	现浇构件螺纹钢筋ϕ25	t	2.189	3996.71	8748.80	3996.71	8748.80
52	4-1-52	现浇构件箍筋ϕ6.5	t	1.30	5207.34	6769.54	5207.34	6769.54
53	4-1-53	现浇构件箍筋ϕ8	t	12.914	4748.46	61321.61	4748.46	61321.61
54	4-1-96	铁件	t	0.038	7031.54	267.20	7031.54	267.20
55	4-1-98	砌体加固筋ϕ6.5内	t	0.735	5008.10	3680.95	5008.10	3680.95
56	4-2-17.2’	C304商品混凝土矩形柱	$10m^3$	10.709	3540.19	37911.89	2552.59	27335.69
57	4-2-18.2’	C304商品混凝土圆形柱	$10m^3$	0.153	3494.16	534.61	2506.56	383.50
58	4-2-19.2’	C304商品混凝土异形柱	$10m^3$	1.501	3714.30	5575.16	2726.70	4092.78
59	4-2-20.27’	C203商品混凝土构造柱	$10m^3$	0.17	3350.72	569.62	2473.72	420.53
60	4-2-26.27’	C203商品混凝土圈梁	$10m^3$	0.379	3362.20	1274.27	2472.05	936.91
61	4-2-27.2’	C303商品混凝土过梁	$10m^3$	1.803	3782.39	6819.65	2837.54	5116.08
62	4-2-30.2’	C303商品混凝土墙	$10m^3$	2.053	3441.20	7064.78	2521.47	5176.58
63	4-2-36.2’	C302商品混凝土有梁板	$10m^3$	38.562	3197.54	123303.54	2311.45	89134.13
64	4-2-41.2’	C302商品混凝土斜板、折板	$10m^3$	4.629	3285.96	15210.71	2391.13	11068.54
65	4-2-42.22’	C302商品混凝土直形楼梯无斜梁100	$10m^2$	6.701	785.91	5266.38	594.72	3985.22
66	4-2-46.22*2’	C302商品混凝土楼梯板厚+10×2	$10m^2$	4.885	79.00	385.92	59.80	292.12
67	4-2-49.22’	C302商品混凝土雨篷	$10m^2$	0.548	364.71	199.86	277.41	152.02
68	4-2-51.22’	C302商品混凝土栏板	$10m^3$	0.07	3995.62	279.69	3109.53	217.67
69	4-2-56.22’	C302商品混凝土挑檐、天沟	$10m^3$	0.465	3763.23	1749.90	2877.14	1337.87
70	4-2-58’	C202商品混凝土压顶	$10m^3$	0.066	3544.06	233.91	2700.39	178.23
71	5-1-9	单扇带亮木门框制作	$10m^2$	9.504	370.26	3518.95	370.26	3518.95
72	5-1-10	单扇带亮木门框安装	$10m^2$	9.504	125.55	1193.23	125.55	1193.23
73	5-1-11	双扇带亮木门框制作	$10m^2$	2.232	269.08	600.59	269.08	600.59
74	5-1-12	双扇带亮木门框安装	$10m^2$	9.504	86.82	825.14	86.82	825.14
75	5-1-15	双扇木门框制作	$10m^2$	0.252	224.75	56.64	224.75	56.64
76	5-1-16	双扇木门框安装	$10m^2$	0.252	87.42	22.03	87.42	22.03
77	5-1-107	普通成品门扇安装(扇面积)	$10m^2$	8.48	1148.84	9742.16	1148.84	9742.16
78	5-3-3	单扇单玻璃木窗扇制作	$10m^2$	2.295	355.72	816.38	355.72	816.38
79	5-3-4	单扇单玻璃木窗扇安装	$10m^2$	2.295	183.78	421.78	183.78	421.78
80	5-4-12	钢质防火门安装(扇面积)	$10m^2$	1.152	4381.91	5047.96	4381.91	5047.96
81	5-5-1	铝合金地弹门安装	$10m^2$	0.792	4414.10	3495.97	4414.10	3495.97
82	5-5-2	铝合金平开门安装	$10m^2$	1.278	3670.73	4691.19	3670.73	4691.19
83	5-5-5	铝合金平开窗安装	$10m^2$	31.149	3079.49	95923.03	3079.49	95923.03
84	5-6-2	单层塑料窗安装	$10m^2$	5.05	1907.60	9633.38	1907.60	9633.38
85	5-9-1-1	单扇带亮木门配件(安执手锁)	10樘	4.40	1166.45	5132.38	1166.45	5132.38
86	5-9-2	双扇带亮木门配件	10樘	0.60	594.06	356.44	594.06	356.44
87	5-9-4	双扇木门配件	10樘	0.10	436.52	43.65	436.52	43.65
88	6-1-19	钢筋混凝土斜面上琉璃瓦屋面	$10m^2$	25.148	851.60	21416.04	851.60	21416.04

续表

序号	定额号	项目名称	单位	数量	单价(元)	合价(元)	计费单价(元)	计费基础(元)
89	6-1-20	琉璃瓦檐口线	10m	6.57	304.16	1998.33	304.16	1998.33
90	6-1-21	琉璃瓦脊瓦	10m	4.929	292.72	1442.82	292.72	1442.82
91	6-2-1’	C20 细石商品混凝土防水层 40	$10m^2$	33.356	220.45	7353.33	190.54	6355.65
92	6-2-2＊-1’	C20 细石商品混凝土防水层-10	$10m^2$	−8.208	31.86	−261.51	24.38	−200.11
93	6-2-5	防水砂浆 防潮层 20	$10m^2$	2.313	107.65	248.99	107.65	248.99
94	6-2-10	平面防水砂浆防水层	$10m^2$	0.556	96.67	53.75	96.67	53.75
95	6-2-24	平面沥青玻璃纤维布±一布一油	$10m^2$	12.657	96.75	1224.56	96.75	1224.56
96	6-2-34	平面一层高强 APP 改性沥青卷材	$10m^2$	13.999	338.88	4743.98	338.88	4743.98
97	6-2-71	聚氨酯二遍	$10m^2$	13.077	603.30	7889.35	603.30	7889.35
98	6-2-74	立面砖墙面石油沥青一遍	$10m^2$	13.851	79.80	1105.31	79.80	1105.31
99	6-2-93	1.5 厚 LM 高分子涂料防水层	$10m^2$	50.998	451.10	23005.20	451.10	23005.20
100	6-3-13	混凝土板上聚氨酯发泡保温层 40	$10m^2$	37.805	489.85	18518.78	489.85	18518.78
101	6-3-15-1	混凝土板上现浇水泥珍珠岩 1∶8	$10m^3$	0.803	1654.40	1328.48	1654.40	1328.48
102	6-3-38	外墙挂贴保温板	$10m^3$	6.816	10767.90	73394.01	10767.90	73394.01
103	6-4-9	塑料水落管 ϕ100	10m	13.32	183.02	2437.83	183.02	2437.83
104	6-4-10	塑料水斗	10 个	0.70	112.75	78.93	112.75	78.93
105	6-4-18H	塑料短管 ϕ50	10 个	0.50	101.72	50.86	101.72	50.86
106	6-4-20	铸铁雨水口	10 个	0.40	505.15	202.06	505.15	202.06
107	6-4-22	铸铁弯头落水口(含箅子板)	10 个	0.30	618.23	185.47	618.23	185.47
		小　　计				1011511.01		954022.70
		装饰项目						
108	9-1-1	1∶3 砂浆硬基层上找平层 20	$10m^2$	48.599	77.16	3749.90	34.32	1667.92
109	9-1-2	1∶3 砂浆填充料上找平层 20	$10m^2$	12.657	84.00	1063.19	35.20	445.53
110	9-1-5＊-1’	C20 细石商品混凝土找平层-5	$10m^2$	−25.148	18.20	−457.69	6.16	−154.91
111	9-1-80H	1∶3 砂浆 25 彩釉砖楼地面 800 内	$10m^2$	12.657	608.11	7696.85	133.76	1693.00
112	9-1-84	彩釉砖楼梯	$10m^2$	6.778	605.67	4105.23	261.80	1774.48
113	9-1-169H1	干硬水泥砂浆全瓷地板砖 300×300	$10m^2$	10.712	389.33	4170.50	124.08	1329.14
114	9-1-169H2	干硬水泥砂浆全瓷地板砖 500×500	$10m^2$	142.683	822.89	117412.41	124.08	17704.11
115	9-1-172	1∶2.5 砂浆全瓷地板砖直形踢脚板	$10m^2$	10.33	674.48	6967.38	226.34	2338.09
116	9-1-173	1∶2.5 砂浆全瓷地板砖异形踢脚板	$10m^2$	0.729	728.76	531.27	260.22	189.70
117	9-2-20	砖墙面墙裙水泥砂浆 14＋6	$10m^2$	4.212	109.88	462.81	63.80	268.73
118	9-2-21H	混凝土墙面墙裙 1∶2.5 水泥砂浆 14＋7	$10m^2$	16.857	127.69	2152.47	70.40	1186.73
119	9-2-25	零星项目水泥砂浆 6＋14	$10m^2$	8.372	337.07	2821.95	288.64	2416.49
120	9-2-29	矩形混凝土柱水泥砂浆 12＋7	$10m^2$	3.972	143.48	569.90	94.60	375.75
121	9-2-32	混凝土墙面墙裙混合砂浆 12＋8	$10m^2$	135.422	121.31	16428.04	78.76	10665.84
122	9-2-35H	轻质墙墙面墙裙混合砂浆 7＋14	$10m^2$	225.21	106.60	24007.39	62.04	13972.03
123	9-2-129	混凝土墙面挂贴花岗岩(灌缝浆 50)	$10m^2$	2.733	2585.54	7066.28	317.24	867.02
124	9-2-172	墙面墙裙砂浆粘贴瓷砖 200×150	$10m^2$	73.011	454.10	33154.30	174.24	12721.44
125	9-2-173	零星项目砂浆粘贴瓷砖 200×150	$10m^2$	1.555	514.15	799.50	192.72	299.68
126	9-2-223-1	圆弧墙砂浆贴面砖 240×60 缝 10 内	$10m^2$	3.032	554.79	1682.12	221.63	671.98
127	9-2-311	全塑钢板塑钢隔断	$10m^2$	9.808	1812.36	17775.63	132.00	1294.66

续表

序号	定额号	项目名称	单位	数量	单价(元)	合价(元)	计费单价(元)	计费基础(元)
128	9-2-334	面砖阳角45°角对缝	10m	11.48	82.77	950.20	61.51	706.13
129	9-3-3	现浇混凝土顶棚水泥砂浆抹灰	$10m^2$	166.886	108.51	18108.80	69.52	11601.91
130	9-3-33	装配式U形龙骨600×600一级	$10m^2$	54.098	643.45	34809.36	82.28	4451.18
131	9-3-87	轻钢龙骨上铺钉纸面石膏板基层	$10m^2$	54.098	239.90	12978.11	51.48	2784.97
132	9-3-126	顶棚石膏板嵌缝	$10m^2$	54.098	64.20	3473.09	22.00	1190.16
133	9-4-1	底油一遍调合漆二遍(单层木门)	$10m^2$	11.988	143.09	1715.36	77.88	933.63
134	9-4-4-1	底油一遍调合漆二遍装饰线50内	10m	145.30	5.13	745.39	3.87	562.31
135	9-4-5	底油一遍调合漆二遍(其他木材面)	$10m^2$	16.168	86.59	1399.99	53.68	867.90
136	9-4-151	室内顶棚刷乳胶漆二遍	$10m^2$	220.984	81.17	17937.27	16.72	3694.85
137	9-4-152	室内墙柱光面刷乳胶漆二遍	$10m^2$	246.039	75.37	18543.96	14.08	3464.23
138	9-4-184	抹灰外墙面丙烯酸涂料(一底二涂)	$10m^2$	164.149	113.39	18612.86	35.64	5850.27
139	9-4-209	顶棚、内墙抹灰面满刮腻子二遍	$10m^2$	412.925	24.77	10228.15	19.36	7994.23
140	9-4-209-1	木夹板、石膏板面满刮腻子二遍	$10m^2$	54.098	27.80	1503.92	21.30	1152.29
141	9-4-211	外墙抹灰面满刮腻子二遍	$10m^2$	151.565	33.21	5033.47	23.76	3601.18
142	9-4-242	混凝土界面剂涂敷加气混凝土砌块面	$10m^2$	433.643	97.03	42076.38	7.00	3035.50
143	9-5-5-1	门窗套、贴脸中密度板基层	$10m^2$	13.851	286.25	3964.85	39.16	542.41
144	9-5-10	门窗套、贴脸粘贴榉木夹板面层	$10m^2$	13.851	588.63	8153.11	63.80	883.69
145	9-5-18-1	中密度板窗台板	$10m^2$	2.317	312.63	724.36	47.96	111.12
146	9-5-22	窗台板水泥砂浆大理石面层	$10m^2$	0.936	1836.38	1718.85	152.24	142.50
147	9-5-24	窗台板粘贴面层榉木夹板	$10m^2$	2.317	588.63	1363.86	63.80	147.82
148	9-5-56	平面木装饰线宽度50内	10m	145.30	71.73	10422.37	10.12	1470.44
149	9-5-107	大理石洗漱台台面及裙边	$10m^2$	0.181	3463.60	626.91	935.44	169.31
150	9-5-109	大理石台面现场加工开孔	10个	0.20	175.77	35.15	61.60	12.32
151	9-5-203	不锈钢管扶手不锈钢栏杆	10m	4.358	8301.66	36178.63	200.64	874.39
152	9-5-204	不锈钢管扶手弯头另加工料	10个	2.50	509.20	1273.00	294.36	735.90
		小　计				509257.97		133229.19
		措施项目						
153	4-1-131	现浇混凝土埋设螺栓	10个	1.60	554.87	887.79	554.87	887.79
154	10-1-6	双排外钢管脚手架24m内	$10m^2$	173.982	128.19	22302.75	128.19	22302.75
155	10-1-21	单排里钢管脚手架3.6m内	$10m^2$	85.739	32.28	2767.65	32.28	2767.65
156	10-1-22-1	装饰钢管脚手架3.6m内	$10m^2$	339.234	13.07	4433.79	13.07	4433.79
157	10-1-24	双排里钢管脚手架6m内	$10m^2$	4.371	42.53	185.90	42.53	185.90
158	10-1-27	满堂钢管脚手架	$10m^2$	29.596	90.88	2689.68	90.88	2689.68
159	10-1-102	单排外钢管脚手架6m内	$10m^2$	276.119	62.10	17146.99	62.10	17146.99
160	10-1-103	双排外钢管脚手架6m内	$10m^2$	7.85	83.84	658.14	83.84	658.14
161	10-2-11-1	30m内其他混合结构泵送垂直运输	$10m^2$	214.585	236.33	50712.87	236.33	50712.87
162	10-4-63	$20m^3$内设备基础组合钢模钢支撑	$10m^2$	1.30	325.46	423.10	325.46	423.10
163	10-4-88'	矩形柱胶合板模板钢支撑(扣胶合板)	$10m^2$	87.659	209.87	18396.99	209.87	18396.99
164	10-4-94'	异形柱胶合板模板钢支撑(扣胶合板)	$10m^2$	8.316	232.26	1931.47	232.26	1931.47
165	10-4-97'	圆形柱胶合板模板木支撑(扣胶合板)	$10m^2$	1.357	271.36	368.24	271.36	368.24
166	10-4-98	构造柱组合钢模板钢支撑	$10m^2$	1.757	446.59	784.66	446.59	784.66

续表

序号	定额号	项目名称	单位	数量	单价(元)	合价(元)	计费单价(元)	计费基础(元)
167	10-4-102	柱钢支撑高超过 3.6m 每增 3m	$10m^2$	8.278	59.89	495.77	59.89	495.77
168	10-4-103	柱木支撑高超过 3.6m 每增 3m	$10m^2$	2.629	87.07	228.91	87.07	228.91
169	10-4-118’	过梁胶合板模板木支撑(扣胶合板)	$10m^2$	22.336	353.41	7893.77	353.41	7893.77
170	10-4-127’	圈梁胶合板模板木支撑(扣胶合板)	$10m^2$	3.364	192.01	645.92	192.00	645.89
171	10-4-136’	直形墙胶合板模板钢支撑(扣胶合板)	$10m^2$	0.75	145.92	109.44	145.92	109.44
172	10-4-137’	直形墙胶合板模板木支撑(扣胶合板)	$10m^2$	15.70	241.04	3784.33	241.04	3784.33
173	10-4-149	墙木支撑高超过 3.6m 每增 3m	$10m^2$	3.46	38.26	132.38	38.26	132.38
174	10-4-160’	有梁板胶合板模板钢支撑(扣胶合板)	$10m^2$	313.004	218.45	68375.72	218.45	68375.72
175	10-4-176	板钢支撑高超过 3.6m 每增 3m	$10m^2$	99.886	47.26	4720.61	47.26	4720.61
176	10-4-201	直形楼梯木模板木支撑	$10m^2$	6.701	1041.26	6977.48	1041.26	6977.48
177	10-4-203	直形悬挑板阳台、雨篷木模板木支撑	$10m^2$	0.548	852.46	467.15	852.46	467.15
178	10-4-206	栏板木模板木支撑	$10m^2$	2.432	559.39	1360.44	559.39	1360.44
179	10-4-211	挑檐、天沟木模板木支撑	$10m^2$	8.052	447.20	3600.85	447.20	3600.85
180	10-4-213	扶手、压顶木模板木支撑	$10m^3$	0.066	7822.43	516.28	7822.43	516.28
181	10-4-311	柱竹胶板模板制作	$10m^2$	23.749	741.54	17610.83	741.54	17610.83
182	10-4-313	梁竹胶板模板制作	$10m^2$	6.271	825.52	5176.84	825.52	5176.84
183	10-4-314	墙竹胶板模板制作	$10m^2$	4.014	676.92	2717.16	676.92	2717.16
184	10-4-315	板竹胶板模板制作	$10m^2$	76.373	689.97	52695.08	689.97	52695.08
185	10-5-1-1’	C204 现浇混凝土塔吊基础	$10m^3$	1.00	2765.77	2765.77	1831.46	1831.46
186	10-5-3	塔式起重机混凝土基础拆除	$10m^3$	1.00	1369.37	1369.37	1369.37	1369.37
187	10-5-20	6t 塔式起重机安、拆	台次	1.00	7902.60	7902.60	7902.60	7902.60
188	10-5-20-1	6t 塔式起重机场外运输	台次	1.00	10649.76	10649.76	10649.76	10649.76
189	补-1	石渣外运(35 元/m^3)	m^3	10.00	35.00	350.00		
		小　　计				327119.50		325835.16
		建筑项目合计				1078397.59		1007165.48
		建筑项目技术措施项目合计				349134.00		347849.66
		装饰项目合计				534171.34		132999.37

第六节　主要材料价格表

工程名称：综合楼　　　　建筑消耗量 (06)

序号	材料编码	材料名称及规格	单位	数量	单价(元)	合价(元)	每平方米指标
1	1004	钢筋 ϕ6.5	t	3.499	3770.00	13191.23	0.002
2	1005	钢筋 ϕ8	t	20.848	3770.00	78596.96	0.010
3	1006	钢筋 ϕ10	t	24.475	3750.00	91781.25	0.011
4	1007	钢筋 ϕ12	t	1.282	3750.00	4807.50	0.001
5	1026	钢筋 ϕ10	kg	318.10	3.75	1192.86	0.148
6	1038	螺纹钢筋 ϕ12	t	4.378	3674.00	16084.77	0.002
7	1039	螺纹钢筋 ϕ14	t	1.974	3624.00	7153.78	0.001
8	1040	螺纹钢筋 ϕ16	t	0.77	3574.00	2751.98	

续表

序号	材料编码	材料名称及规格	单位	数量	单价(元)	合价(元)	每平方米指标
9	1041	螺纹钢筋 ϕ18	t	4.405	3574.00	15743.47	0.002
10	1042	螺纹钢筋 ϕ20	t	23.636	3574.00	84475.06	0.011
11	1043	螺纹钢筋 ϕ22	t	8.125	3574.00	29038.75	0.004
12	1044	螺纹钢筋 ϕ25	t	2.233	3574.00	7980.74	0.001
13	1102	角钢∠40×40×4	kg	419.34	3.70	1551.57	0.195
14	1296	冷拔钢丝 ϕ4	t	0.343	3995.00	1370.29	
15	1570	铁件	kg	85.36	5.20	443.88	0.040
16	29054	人工降效				2499.73	
17	29055	其他机械降效				369.23	
18	3039	方木	m^3	22.35	1650.32	36884.65	0.010
19	3051	门窗材	m^3	2.82	1800.00	5083.20	0.001
20	3055	模板材	m^3	3.75	1400.00	5247.20	0.002
21	3058	装修材	m^3	0.15	1887.22	281.20	
22	3067	挡脚板(三等板材)	m^3	0.15	1224.80	181.27	
23	3068	方撑木	m^3	14.44	1300.00	18766.80	0.007
24	3130	竹胶板	m^2	1275.55	27.00	34439.96	0.594
25	4006	普通硅酸盐水泥 32.5MPa	t	111.255	252.00	28036.26	0.052
26	4017	白水泥	kg	1107.74	0.50	553.87	0.516
27	5024	硅酸钙砌块 365×180×180	千块	0.37	2000.00	744.00	
28	5030	加气混凝土块 585×120×240	千块	0.35	2401.50	842.93	
29	5031	加气混凝土块 585×180×240	千块	4.63	3601.00	16669.03	0.002
30	5102	琉璃瓦脊 225×180	块	231.66	0.67	155.21	0.108
31	5103	琉璃瓦片 230×230	块	13403.88	0.60	8042.33	6.246
32	5104	琉璃瓦筒 220×115	块	5431.97	0.60	3259.18	2.531
33	5105	琉璃满面瓦(滴水)	块	328.50	1.10	361.35	0.153
34	5106	琉璃满面瓦筒(勾头)	块	289.08	1.10	317.99	0.135
35	5107	石灰	t	9.447	125.00	1180.88	0.004
36	5167	黄砂(过筛中砂)	m^3	291.27	63.00	18349.82	0.136
37	5284	花岗岩板	m^2	78.24	190.00	14864.65	0.036
38	5304	大理石板	m^2	11.39	160.00	1822.88	0.005
39	5430	全瓷地板砖踢脚板(直形)	m^2	105.37	40.00	4214.64	0.049
40	5431	全瓷地板砖踢脚板(异形)	m^2	7.44	42.00	312.31	0.003
41	5436	加气混凝土砌块 585×300×240	千块	5.32	6107.40	32503.58	0.002
42	5442	硅酸钙砌块 585×300×240	千块	0.83	6402.20	5294.62	
43	5443	煤矸石多孔砖 240×115×90	千块	6.70	348.00	2331.25	0.003
44	6003	平板玻璃 3 厚	m^2	17.00	11.80	200.59	0.008
45	6005	平板玻璃 5 厚	m^2	280.34	17.00	4765.80	0.131
46	6007	平板玻璃 6 厚	m^2	19.87	25.00	496.80	0.009
47	6068	瓷砖 200×150	m^2	767.46	20.70	15886.34	0.358
48	6078	瓷质外墙砖 60×240	块	1873.78	0.43	805.72	0.873
49	6082	彩釉砖 200×200	块	3227.54	1.60	5164.06	1.504
50	6083	彩釉砖 300×300	块	3525.58	1.62	5711.44	1.643

续表

序号	材料编码	材料名称及规格	单位	数量	单价(元)	合价(元)	每平方米指标
51	6094	全瓷抛光地板砖 500×500	块	6565.41	15.00	98481.18	3.060
52	7151	胶条(铝合金门窗专用)	m	614.81	0.70	430.36	0.287
53	8036	玻璃纤维布	m^2	146.71	3.98	583.89	0.068
54	8051	珍珠岩	m^3	9.69	70.90	686.81	0.005
55	8066	聚苯乙烯泡沫板材	m^3	69.52	433.36	30128.49	0.032
56	8086	软填料	kg	132.45	4.00	529.80	0.062
57	8101	石棉粉	kg	328.19	0.43	141.12	0.153
58	9012	电焊条 E4303ϕ3.2	kg	444.16	7.80	3464.44	0.207
59	9043	不锈钢焊丝	kg	6.51	40.00	260.40	0.003
60	9089	钍钨棒	kg	2.53	390.00	988.26	0.001
61	10015	无光调合漆	kg	107.67	10.33	1112.23	0.050
62	10020	红丹防锈漆	kg	178.44	14.50	2587.39	0.083
63	10024	乳胶漆	kg	1329.51	21.92	29142.82	0.620
64	10025	丙烯乳胶漆	kg	689.43	11.37	7838.77	0.321
65	10058	丙烯酸清漆	kg	196.98	25.00	4924.48	0.092
66	10146	聚氨酯甲乙料	kg	360.99	20.90	7544.71	0.168
67	10156	熟桐油	kg	9.75	14.71	143.36	0.005
68	10190	油漆溶剂油	kg	46.22	3.62	167.32	0.022
69	10226	滑石粉	kg	1744.13	0.25	436.03	0.813
70	12004	石油沥青 10 号	kg	494.01	1.90	938.61	0.230
71	12006	石油沥青 30 号	kg	6436.69	2.40	15448.06	3.000
72	12017	防腐油	kg	86.77	1.34	116.27	0.040
73	12031	APP 改性沥青防水卷材	m^2	173.83	20.08	3490.43	0.081
74	12044	建筑油膏	kg	351.13	3.24	1137.65	0.164
75	12046	密封油膏	kg	247.45	4.70	1163.02	0.115
76	12068	冷底子油 30：70	kg	67.15	5.06	339.78	0.031
77	12079	1.5 厚 LM 高分子涂料	kg	1526.37	14.88	22712.39	0.711
78	13093	酒精	kg	3218.38	3.00	9655.14	1.500
79	13103	二甲苯	kg	16.48	6.60	108.75	0.008
80	13132	异氰酸酯	kg	449.80	22.73	10224.04	0.210
81	13193	氩气	m^3	18.28	13.20	241.34	0.009
82	13211	多元醇料	kg	449.80	17.00	7646.67	0.210
83	13246	隔离剂	kg	513.26	3.31	1698.90	0.239
84	13256	高强 APP 基底处理剂	kg	35.39	7.80	276.03	0.016
85	13299	108 胶	kg	853.73	1.50	1280.60	0.398
86	13311	白乳胶	kg	128.98	5.00	644.92	0.060
87	13331	玻璃胶 310g	支	246.45	8.00	1971.62	0.115
88	13352	高强 APP 胶粘剂 B 型	kg	127.39	5.50	700.65	0.059
89	13362	环氧树脂	kg	6.54	36.00	235.33	0.003
90	13384	混凝土界面处理剂	kg	12997.58	3.00	38992.75	6.057
91	14244	膨胀螺栓 M8	套	5240.32	0.93	4873.50	2.442

续表

序号	材料编码	材料名称及规格	单位	数量	单价(元)	合价(元)	每平方米指标
92	14313	螺栓 M20×110-150	套	44.00	3.28	144.32	0.021
93	14471	螺钉	百个	46.02	4.20	193.29	0.021
94	14544	自攻螺钉镀锌(4−6)×(10−16)	百个	200.17	3.85	770.67	0.093
95	14579	螺母	个	2408.44	0.38	915.21	1.122
96	14716	元钉	kg	502.06	5.30	2660.90	0.234
97	14718	模板元钉	kg	138.19	5.15	711.69	0.064
98	14786	执手锁	把	44.00	82.60	3634.40	0.021
99	14818	铁插销 100 封闭式	个	100.00	1.68	168.00	0.047
100	14830	普通合页 90	副	112.00	2.20	246.40	0.052
101	14832	普通合页 125	副	116.00	3.20	371.20	0.054
102	14858	地脚	个	4023.74	1.54	6196.55	1.875
103	14881	立式磁性吸门器	个	58.00	10.50	609.00	0.027
104	14929	镀锌钢丝 8 号	kg	1359.01	4.70	6387.35	0.633
105	14945	镀锌钢丝 22 号	kg	477.14	5.80	2767.43	0.222
106	14946	镀锌钢丝 14 号	kg	36.21	5.20	188.31	0.017
107	15047	无缝钢管 ϕ50×3.5	m	201.47	27.26	5492.10	0.094
108	15087	不锈钢管 ϕ32×1.5	m	248.10	25.00	6202.53	0.116
109	15092	不锈钢管 ϕ60×2	m	46.20	70.50	3256.75	0.022
110	15096	不锈钢管 ϕ89×2.5	m	46.20	100.50	4642.60	0.022
111	15383	塑料水落管 ϕ100	m	139.86	12.60	1762.24	0.065
112	15384	塑料套管	套	92.03	4.20	386.52	0.043
113	17501	铸铁雨水口(带罩) DN100	套	4.04	33.89	136.92	0.002
114	17550	塑料管卡子 ϕ100	个	88.52	2.00	177.04	0.041
115	23013	榉木夹板	m^2	177.85	45.00	8003.16	0.083
116	23027	中密度板	m^2	169.76	20.87	3542.97	0.079
117	23084	纸面石膏板 12 厚	m^2	568.03	16.68	9474.72	0.265
118	23140	轻钢大龙骨 h=45	m	740.33	9.70	7181.21	0.345
119	23147	轻钢中龙骨 h=19	m	1348.88	5.50	7418.84	0.629
120	23148	轻钢中龙骨横撑 h=19	m	1124.37	3.97	4463.76	0.524
121	23221	轻钢大龙骨垂直吊挂件	个	952.13	0.60	571.28	0.444
122	23222	轻钢龙骨次接件	个	627.54	0.46	288.67	0.292
123	23224	轻钢龙骨主接件	个	357.05	0.63	224.94	0.166
124	23229	轻钢中龙骨垂直吊挂件	个	1309.17	0.60	785.50	0.610
125	23230	轻钢中龙骨平面连接件	个	3602.93	0.60	2161.76	1.679
126	23290	平面木装饰线 50	m	1598.30	5.13	8199.28	0.745
127	23318	不锈钢法兰 ϕ59	只	251.50	77.17	19408.26	0.117
128	23459	全塑钢板隔断	m^2	100.04	156.21	15627.56	0.047
129	25006	钢质防火门	m^2	11.52	415.83	4790.36	0.005
130	25035	塑料窗单层	m^2	47.87	155.00	7420.47	0.022
131	25040	铝合金地弹簧门	m^2	7.60	391.77	2978.63	0.004
132	25042	铝合金平开门 70 系列白色	m^2	12.14	310.00	3763.71	0.006

续表

序号	材料编码	材料名称及规格	单位	数量	单价(元)	合价(元)	每平方米指标
133	25054	铝合金平开窗 70 系列白色	m^2	280.34	260.00	72888.66	0.131
134	25068	成品门扇	m^2	84.80	110.00	9328.00	0.040
135	26002	棉纱	kg	31.13	4.22	131.38	0.015
136	26025	布条	m	784.42	2.81	2204.22	0.366
137	26105	草袋	m^2	622.15	1.47	914.56	0.290
138	26122	砂纸	张	4196.78	0.50	2098.39	1.956
139	26199	切割锯片	片	19.80	110.85	2194.83	0.009
140	26200	石料切割锯片	片	16.26	95.02	1544.55	0.008
141	26244	草板纸 80 号	张	1441.62	4.44	6400.79	0.672
142	26287	锯末	m^3	12.48	20.00	249.62	0.006
143	26298	木柴	kg	3267.66	0.50	1633.83	1.523
144	26371	水	m^3	540.58	3.80	2054.22	0.252
145	27003	木脚手板	m^3	3.74	1920.00	7178.88	0.002
146	27024	钢管 ϕ48×3.5	m	335.23	14.98	5021.72	0.156
147	27030	零星卡具	kg	64.16	5.80	372.11	0.030
148	27032	支撑钢管及扣件	kg	2483.07	3.90	9683.95	1.157
149	27036	对接扣件	个	63.06	4.36	274.92	0.029
150	27038	直角扣件	个	408.46	5.70	2328.23	0.190
151	27050	组合钢模板	kg	33.27	3.80	126.43	0.016
152	27053	梁卡具(模板用)	kg	184.36	4.50	829.62	0.086
153	29044	其他材料费占材料费				483.53	
154	29053	回程费占人材机费				2129.95	
155	29063	其他机械费占机械费				994.37	
156	81020	C202 现浇混凝土碎石粒径<20(商品混凝土)	m^3	2.95	235.00	694.19	0.001
157	81022	C302 现浇混凝土碎石粒径<20(商品混凝土)	m^3	460.58	265.00	122053.70	0.215
158	81027	C203 现浇混凝土碎石粒径<31.5(商品混凝土)	m^3	30.87	235.00	7254.69	0.014
159	81029	C303 现浇混凝土碎石粒径<31.5(商品混凝土)	m^3	38.58	265.00	10224.76	0.018
160	81036	C154 现浇混凝土碎石粒径<40(商品混凝土)	m^3	42.18	235.00	9911.83	0.020
161	81037	C204 现浇混凝土碎石粒径<40(商品混凝土)	m^3	82.03	235.00	19277.52	0.038
162	81039	C304 现浇混凝土碎石粒径<40(商品混凝土)	m^3	123.63	265.00	32761.95	0.058
163	81046	C20 细石混凝土(商品混凝土)	m^3	14.65	235.00	3443.22	0.007
165	29054	人工降效				9125.34	
166	29055	其他机械降效				469.97	

注：本表仅列出合价大于 100 元的项目。除 t 取 3 位小数外，其余均为 2 位小数。

第七节　临时换算定额计算表

工程名称：综合楼　　建筑消耗量（06）

定额号	定 额 名 称	单位	单价(元)	人工费(元)	材料费(元)	机械费(元)
9-1-80H	1∶3 砂浆 25 彩釉砖楼地面 800 内	$10m^2$	608.11	133.76	463.3	11.05
材机编码	材机名称	单位	定额量	换算量	单价(元)	合价(元)
2	综合工日(装饰)	工日	2.62	3.04	44	133.76

续表

定额号	定 额 名 称	单位	单价(元)	人工费(元)	材料费(元)	机械费(元)
81079	水泥砂浆 1∶3	m^3		0.254	178.55	45.35
81078	水泥砂浆 1∶2.5	m^3	0.101	0	198.96	0
56017	灰浆搅拌机 200L	台班	0.017	0.044	81.01	3.56
定额号	定额名称	单位	单价(元)	人工费(元)	材料费(元)	机械费(元)
6-4-18H	塑料短管 ϕ50	10 个	101.72	57.64	44.08	0
材机编码	材机名称	单位	定额量	换算量	单价(元)	合价(元)
15384	塑料套管	套		10.1	4.2	42.42
15406	玻璃钢短管 50	个	10.1	0	10	0
定额号	定额名称	单位	单价(元)	人工费(元)	材料费(元)	机械费(元)
9-1-165H	干硬 1∶3 砂浆花岗岩楼地面	$10m^2$	2153.25	128.83	2009.48	14.94
材机编码	材机名称	单位	定额量	换算量	单价(元)	合价(元)
81079	水泥砂浆 1∶3	m^3		0.303	178.55	54.1
81077	水泥砂浆 1∶2	m^3	0.303	0	209.04	0
定额号	定额名称	单位	单价(元)	人工费(元)	材料费(元)	机械费(元)
9-1-169H1	干硬水泥砂浆全瓷地板砖 300×300	$10m^2$	389.33	124.08	254.74	10.51
材机编码	材机名称	单位	定额量	换算量	单价(元)	合价(元)
6083	彩釉砖 300×300	块		112	1.62	181.44
6095	全瓷抛光地板砖 600×600	块	28	0	18	0
定额号	定额名称	单位	单价(元)	人工费(元)	材料费(元)	机械费(元)
9-1-169H2	干硬水泥砂浆全瓷地板砖 500×500	$10m^2$	822.89	124.08	688.3	10.51
材机编码	材机名称	单位	定额量	换算量	单价(元)	合价(元)
6094	全瓷抛光地板砖 500×500	块		41	15	615
6095	全瓷抛光地板砖 600×600	块	28	0	18	0
定额号	定额名称	单位	单价(元)	人工费(元)	材料费(元)	机械费(元)
9-2-21H	混凝土墙面墙裙 1∶2.5 水泥砂浆 14＋7	$10m^2$	127.69	70.4	53.97	3.32
材机编码	材机名称	单位	定额量	换算量	单价(元)	合价(元)
2	综合工日(装饰)	工日	1.56	1.6	44	70.4
81077	水泥砂浆 1∶2	m^3		0.08	209.04	16.72
81078	水泥砂浆 1∶2.5	m^3	0.092	0.163	198.96	32.43
81079	水泥砂浆 1∶3	m^3	0.139	0	178.55	0
26371	水	m^3	0.07	0.071	3.8	0.27
56017	灰浆搅拌机 200L	台班	0.039	0.041	81.01	3.32
定额号	定额名称	单位	单价(元)	人工费(元)	材料费(元)	机械费(元)
9-2-35H	轻质墙墙面墙裙混合砂浆 7＋14	$10m^2$	106.6	62.04	41.24	3.32
材机编码	材机名称	单位	定额量	换算量	单价(元)	合价(元)
2	综合工日(装饰)	工日	1.37	1.41	44	62.04
81084	混合砂浆 1∶0.3∶3	m^3		0.162	182.02	29.49
81089	混合砂浆 1∶1∶4	m^3	0.069	0	158.13	0
81091	混合砂浆 1∶1∶6	m^3	0.162	0.081	141.79	11.48
26371	水	m^3	0.069	0.07	3.8	0.27
56017	灰浆搅拌机 200L	台班	0.039	0.041	81.01	3.32

第八节　综合楼费用分析表

定额计价					清单计价				
名称		金额(元)	权重(%)		名称		金额(元)	权重(%)	
实体项目	人工费	313712	13.10	74.60	分部分项	人工费	322838	13.44	74.92
	材料费	1282829	53.56			材料费	1282829	53.42	
	机械费	16025	0.67			机械费	16497	0.69	
	管理费利润	174034	7.27			管理费利润	176989	7.37	
措施项目	措施费	429532	17.93	19.44	措施项目	措施及其他	422071	17.58	19.12
	管理费利润	36107	1.51			管理费利润	37136	1.54	
规费(扣社保)		61034	2.55		规费(扣社保)		61201	2.55	
税金		81591	3.41		税金		81812	3.41	
费用合计		2394869			费用合计		2401364		

注：定额计价与清单计价相差 6495 元，占 0.27‰，其原因是：

(1) 定额计价规定的超高费、构件运输及安装费列入措施项目，清单计价中均列入分部分项。

(2) 定额计价规定的计费基础，除装饰工程按山东省定额价人工费计取外，其余按直接费计取；清单计价则按清单项目编码，建筑工程按山东省定额价直接费计取，装饰工程则按山东省定额价人工费计取。

(3) 清单计价中的总承包服务费列入其他项目中，以山东省定额价直接费作为计费基础；定额计价中则列入措施项目中，在建筑和装饰项目中分别按山东省定额价直接费和山东省定额价人工费为计费基础。

参考文献

[1] 王在生. 微电脑用于编制预算. 北京：中国建筑工业出版社，1990.

[2] 深圳市清华斯维尔软件科技有限公司. 三维算量 3DA 工程实例高级教程. 北京：中国建筑工业出版社，2007.

[3] 黄伟典. 建设工程计量与计价案例详解. 济南：山东科学技术出版社，2006.

[4] 苗曙光，施兆洲. 土建工程量计算实战技法. 北京：中国电力出版社，2007.

[5] 中华人民共和国建设部. 建设工程工程量清单计价规范. 北京：中国计划出版社，2003.

[6] 建设部标准定额研究所.《建设工程工程量清单计价规范》宣贯辅导教材. 北京：中国计划出版社，2003.

[7] 山东省建设厅. 山东省建筑工程消耗量定额. 北京：中国建筑工业出版社，2003.

[8] 山东省建设厅. 山东省建筑工程工程量清单计价办法. 北京：中国建筑工业出版社，2004.

[9] 山东省建设厅. 山东省装饰工程工程量清单计价办法. 北京：中国建筑工业出版社，2004.